U0314181

# 汽车维修手册

周晓飞 主编

化学工业出版社

·北京·

## 内 容 简 介

　　《汽车维修手册》主要介绍了汽车行业内各工种的基本知识，全面覆盖了汽车维修的各大知识点，包括汽车的原理构造、维修工具及设备，汽车机修、汽车计算、汽车电脑、汽车电路图、汽车正时，汽车的发动机、底盘、变速器、传感器、车轮与轮胎、悬架，汽车空调、防盗、燃油、冷却、润滑、启动、充电、进气、排气、转向、制动，汽车电控、汽车总线、汽车数据流，汽车的钣金、喷漆、美容、改装，新能源汽车、电动汽车，事故车与二手车等方方面面。

　　本手册内容翔实、通俗易懂、全彩色印刷、图文表并茂、数据准确可靠，配备维修操作视频讲解，系统、实用、便查，适合广大汽车维修工人、汽车技术人员、职业技术院校师生、培训机构及各类汽车相关从业者使用。

**图书在版编目（CIP）数据**

汽车维修手册/周晓飞主编. —北京：化学工业出版社，
2020.9
　ISBN 978-7-122-37223-9

　Ⅰ.①汽…　Ⅱ.①周…　Ⅲ.①汽车-车辆维修-手册
Ⅳ.①U472.4-62

中国版本图书馆 CIP 数据核字（2020）第 104063 号

---

责任编辑：黄　滢　黎秀芬　　　　　　　　　文字编辑：冯国庆
责任校对：宋　玮　　　　　　　　　　　　　装帧设计：刘丽华

---

出版发行：化学工业出版社（北京市东城区青年湖南街13号　邮政编码100011）
印　　装：北京瑞禾彩色印刷有限公司
710mm×1000mm　1/16　印张32　字数663千字　2021年1月北京第1版第1次印刷

---

购书咨询：010-64518888　　　　　　　　售后服务：010-64518899
网　　址：http://www.cip.com.cn
凡购买本书，如有缺损质量问题，本社销售中心负责调换。

---

定　　价：128.00元　　　　　　　　　　　　　　　版权所有　违者必究

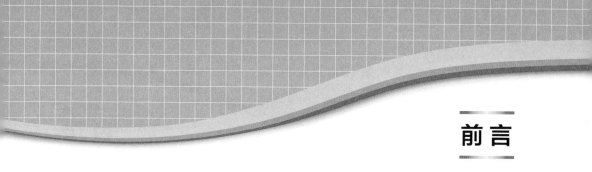

# 前言

随着我国汽车产业的迅猛发展和百姓收入的持续增加，汽车进入家庭的步伐加快，国内私家车保有量逐年增加，社会对汽车维修技术人员的需求量也在不断增长。为了方便广大汽车维修人员和各类相关从业人员全面学习汽车维修基础知识和技能，掌握和了解汽车上各大系统及零部件的使用维护、检修及故障诊断排除方法，工作中及时查阅有关的数据和资料，在化学工业出版社的组织下，特编写了本手册。

本手册全面介绍了汽车行业内各工种的基本知识，内容覆盖了汽车维修的各大知识点，包括汽车的原理构造、维修工具及设备，汽车机修、汽车计算、汽车电脑、汽车电路图、汽车正时，汽车的发动机、底盘、变速器、传感器、车轮与轮胎、悬架，汽车空调、防盗、燃油、冷却、润滑、启动、充电、进气、排气、转向、制动，汽车电控、汽车总线、汽车数据流，汽车的钣金、喷漆、美容、改装，新能源汽车、电动汽车，事故车与二手车等方方面面，有利于引导汽车维修人员和初学者快速入门，轻松学习各项知识和技能。

对于汽车上的关键部件（如变速器总成、传感器、发电机、蓄电池、空气流量计等），会涉及检查、检测、拆卸、安装、调整、清洗、更换、匹配等较复杂的操作，以及品牌汽车电路图识读技巧等内容，为便于读者学习和理解，手册中专门配备了高清视频讲解，由专业视频教学团队精心制作。读者可在使用本手册时参照配套视频目录提示的页码，在正文中找到相应的二维码，用手机"扫一扫"即可轻松学习各项操作技能，如同有老师亲临汽车维修车间现场指导，学习效果事半功倍。

为了确保专业品质，本手册由微共享汽车学院具有数十年汽车维修经验的维修专家团队精心打造而成。其中周晓飞任主编，参加编写的还有万建才、董小龙、宋东兴、郝建庄、赵朋、李新亮、刘振友、赵小斌、江珍旺、梁志全、樊志刚、温云、宋亚东、石晓东、彭飞、边先锋、宇雅慧、赵义坤、刘文瑞、李立强、张建军、李飞云、李飞霞。编写团队中有一线汽车维修高手、高级工程师、高级技师和院校教师，保证了手册内容的系统实用和数据的准确可靠。在编写过程中参考了相关的图书、多媒体资料及原车维修手册，在此一并表示衷心的感谢！

由于水平所限，疏漏之处在所难免，恳请广大读者批评指正。

# 目录

## 第1章　汽车与汽车维修基础　/1

## 第2章　汽车维修工具及设备　/16

## 第3章　汽车维修常用计算　/44

**第4章　汽车电路图　/ 52**

**第5章　发动机基础　/ 92**

**第6章　汽车机修　/117**

## 第7章　冷却系统　/154

## 第8章　润滑系统　/177

## 第9章　燃油系统　/196

## 第10章　启动与充电系统　/212

## 第11章　点火系统　/ 240

## 第12章　发动机正时　/ 251

## 第13章　进、排气系统　/ 258

# 14 第14章　发动机控制系统 / 270

# 15 第15章　汽车底盘基础 / 298

# 16 第16章　手动变速器 / 306

**第17章　自动变速器　/ 317**

**第18章　转向系统　/ 326**

**第19章　制动系统　/ 333**

**第20章　汽车悬架　/ 345**

# 第21章 车轮与轮胎 / 351

# 第22章 空调系统 / 357

# 第23章 防盗系统 / 367

# 第24章 其他电气及辅助装置 / 376

# 第25章　汽车电脑　/ 399

# 第26章　汽车传感器　/ 407

# 第27章　汽车总线　/ 422

# 第28章 汽车数据流 /428

# 第29章 汽车故障诊断 /436

# 第30章 车身基础 /456

# 第31章 汽车钣金与喷涂 /459

# 《汽车维修手册》配套视频

第1章

# 汽车与汽车维修基础

## 1.1 汽车的分类

### 1.1.1 按燃料分类

（1）汽油车　汽油车即以汽油发动机（图 1.1-1）为动力的汽车。汽油的沸点低、容易气化，汽油发动机通过气缸压缩，将吸入的汽油气化，并与缸内空气相混合，形成可燃混合气体，最后由火花塞放电点燃气体推动气缸活塞做功。

气门室盖
机油滤清器
发电机

燃油轨
进气歧管
节气门
气缸体
油底壳

图 1.1-1　汽油发动机

（2）**柴油车**　柴油车即以柴油发动机为动力的汽车，柴油机能产生大转矩，多用于商用车、SUV以及皮卡等。柴油的特点是自燃温度低，所以柴油发动机不需要火花塞之类的点火装置，它采用压缩空气的办法提高空气温度，使空气温度超过柴油的自燃温度，这时再喷入柴油，柴油喷雾和空气混合的同时自己点火燃烧。

（3）**天然气汽车**　天然气汽车即以天然气为燃料的汽车，多用于出租车，例如石家庄巡游出租车绝大部分是天然气汽车。该发动机的燃烧系统，可增强缸内挤流和紊流，提高天然气燃烧速率，采用高能点火系统调整点火参数，提高燃烧效率。天然气作为汽车燃料具有辛烷值高、燃烧完全、热值高、运行成本低和对大气的排气污染小等特点。

 ## 1.1.2　按发动机布局（驱动方式）分类

车辆可通过发动机、驱动轮位置和驱动轮数来分类，见表1.1-1。

表 1.1-1　按照驱动方式分类

| 驱动方式 | 缩写 | 特点 | 图示 |
|---|---|---|---|
| 发动机前置/前轮驱动车辆 | FF | 由于FF车辆没有传动轴，故乘员室内宽敞，很舒服 | |
| 发动机前置/后轮驱动车辆 | FR | 由于FR车辆有很好的重平衡，故其控制性和稳定性很好 | |
| 发动机中置/前轮驱动车辆 | MR | 由于MR车辆在前桥和后桥上有很好的重平衡，故其控制性很好 | |
| 4轮驱动车辆 | 4WD | 由于4轮驱动车用4轮驱动，故其可以稳定的方式在很差的状况下行驶。其重量比其他类型车辆重 | |

 ## 1.1.3　按发动机气缸数量、排列和形态分类

按照发动机气缸数量，分为单缸发动机和多缸发动机。其中单缸发动机在汽车中罕见，多用于农用车和摩托车。

（1）**直列和V型发动机**　多缸发动机包括直列3缸、4缸、5缸、6缸。V型发动机常见的有6缸、8缸（图1.1-2）。大众公司生产的汽车还有W型排列的发动机（图1.1-3）。

（2）**对置发动机**　对置发动机，也称H型发动机（图1.1-4）。其实这也是V型发动机的一种，只不过V的夹角变成了180°，一般为4缸或6缸。

图 1.1-2　V型发动机气缸排列

目前只有保时捷和斯巴鲁两家汽车制造商生产水平对置发动机。

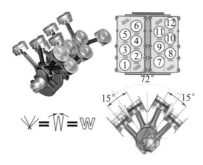

图 1.1-3  W 型发动机气缸排列

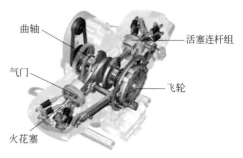

图 1.1-4  对置发动机

（3）**转子发动机**  转子发动机（图 1.1-5）取消了无用的直线运动，因而同样功率的转子发动机尺寸较小，重量较轻，而且振动和噪声较低，具有较大优势。三角转子把气缸分成三个独立空间，三个空间各自先后完成进气、压缩、做功和排气，三角转子自转一周，发动机点火做功三次。目前只有日本马自达公司在应用这项技术。

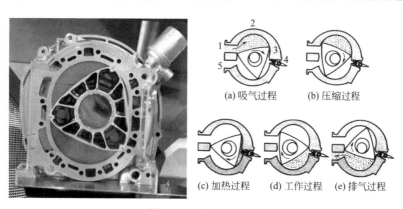

图 1.1-5  转子发动机

1—进气口；2—缸体；3—转子；4—火花塞；5—排气口

 **1.1.4  按发动机排量分类**

在我国，通常按发动机排量把轿车分为微型车、小型车、紧凑型车、中级车、中高级车、高级车、豪华车。

德国把轿车分为 A、B、C、D 级，其中 A 级轿车又可分为 A00、A0 级，相当于我国微型车、小型车和紧凑型车；B 级轿车和 C 级轿车分别相当于我国的中级车和中高级车；D 级轿车相当于我国高级车和豪华车（表 1.1-2）。轿车的轴距越长，排量和重量越大，豪华程度越高。

随着车型的增加以及价格、款式、配置选择越来越多样化，A、B、C 级轿车的边缘交会也会越来越多。例如，有些车型或许轴距属于 A 级轿车范围，而排量与价格却与 B 级轿车相差无几。因此，轿车分级不应过于僵化死板，需灵活处理。

表 1.1-2　轿车级别

| 轿车级别 | | 结构特征 | 发动机排量 | 图例 |
|---|---|---|---|---|
| A 级 | A00 级 | A00 级轿车的轴距应为 2～2.2m | 小于 1L | |
| | A0 级 | A0 级轿车的轴距为 2.3～2.45m | 1～1.3L | |
| | A 级 | 一般所说的 A 级轿车其轴距范围为 2.45～2.65m | 1.3～1.6L | |
| B 级 | | B 级中档轿车轴距为 2.6～2.75m | 1.6～2.4L | |
| C 级 | | C 级高档轿车的轴距为 2.7～2.8m | 2.3～3.0L | |
| D 级 | | D 级豪华轿车大多外形气派，车内空间宽敞；其轴距一般均大于 2.8m | 3.0L 以上 | |

##  1.1.5　按用途分类（乘用车）

乘用车按用途分为 SUV、MPV、越野汽车、跑车、皮卡车、普通轿车。其中，MPV 的英文全称为 Multi-Purpose Vehicles，即多用途汽车。它是从旅行轿车演变而来的，它集旅行车宽大乘员空间、轿车的舒适性和厢式货车的功能于一身，一般为两厢式结构，可以坐 6 人或 7 人。

##  1.1.6　按进气方式分类

（1）自然吸气发动机汽车　自然吸气是指汽车发动机在不通过任何增压器的情况下，依靠活塞向下运动而产生的真空负压使大气压将空气直接压入发动机燃烧室的一种进气形式。自然吸气发动机在动力输出上的平顺性与响应的直接性上，要远优于增压发动机。

（2）涡轮增压发动机汽车　涡轮增压是一种利用内燃机（Internal Combustion Engine）运作所产生的废气驱动空气压缩机的进气方式。在相同排量的前提下，能大幅提升发动机的功率和转矩。

# 1.2 汽车基本构造与原理

## 1.2.1 汽车基本构造

汽车是一个大的总成器械，一辆汽车由8千到3万个的零部件组成。按系统功能，其由发动机、底盘（包括变速器）、车身、电气设备四个基本部分组成。各部分相互配合才能完成车辆的全部功能（图1.2-1）。

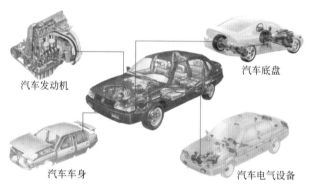

汽车发动机

汽车底盘

汽车车身

汽车电气设备

图 1.2-1　汽车基本构造

## 1.2.2 汽车原理

（1）汽车动力原理　如图1.2-2所示，混合气通过发动机管理系统进入气缸（直喷汽油发动机中，直接在燃烧室内形成汽油和空气的混合气），点火系统点燃混合气。燃料在气缸内燃烧，产生巨大压力，推动活塞上下往复运动，燃烧压力转化为机械能。

**小贴士**

牵引力，也就是汽车的驱动力，指驱使汽车行驶的动力。

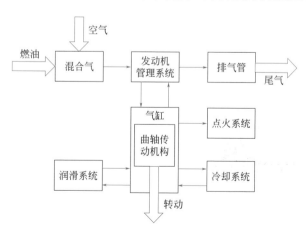

图 1.2-2　汽车动力原理框图

燃烧后的气体通过发动机管理系统输送至排气管。冷却液流入发动机内以吸收发动机热量，返回冷却系统以吸收冷却液热量。润滑系统为发动机提供用于功能元件润滑的机油。

（2）汽车行驶原理　发动机输出动力，经离合驱动器→变速箱→传动轴→差速器→半轴→驱动轮，驱动轮转动给地面一个力，地面给驱动轮一个反作用力（即牵引力），使汽车行驶。也就是说，动力总成产生的作用力转换为可供使用的驱动力（$F_A$）（图1.2-3），驱使汽车行驶。

（3）汽车行车制动原理　汽车行车制动原理其实就是产生出巨大的摩擦力，将车辆的动能转化为热能。汽车在加速过程中把化学能转化成热能和动能，制动时制动系统又将汽车的动能转化成热能散发到空气中。驾驶员踩下制动踏板时，向制动总泵中的制动液施加压力，液体将压力通过管路传递到每个车轮制动卡钳的活塞上，活塞驱动制动卡钳夹紧制动盘，从而产生巨大摩擦力，令车辆减速或停止。行车制动系统工作原理如图1.2-4所示（以鼓式制动器为例）。

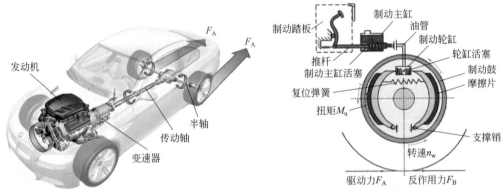

图1.2-3　传动系统的动力传动　　　　图1.2-4　行车制动系统工作原理

> ⚙ **小贴士**
>
> 　　能量既不会凭空产生，也不会凭空消失，它只能从一种形式转化为其他形式，或者从一个物体转移到另一个物体，在转化或转移过程中，能量总量不变。乘用车通常都采用液压制动，因为液体是不容易被压缩的，能够几乎100%地传递动力。

# 1.3　汽车维修符号

## 1.3.1　旋转符号

旋转符号（表1.3-1）表示组件旋转的方向或角度信息。

表 1.3-1　旋转符号

| 符号 / 图形 | 说明 / 释义 | 符号 / 图形 | 说明 / 释义 |
|---|---|---|---|
| 45° | 组件顺时针旋转 45° | 180° | 组件顺时针旋转 180° |
| 45° | 组件逆时针旋转 45° | 180° | 组件逆时针旋转 180° |
| 90° | 组件顺时针旋转 90° | ×2 | 组件顺时针旋转 2 周 |
| 90° | 组件逆时针旋转 90° | ×2 | 组件逆时针旋转 2 周 |

## 1.3.2　方向盘符号

方向盘符号（表 1.3-2）提供更多的关于方向盘位置或者转向柱锁状态的信息。

表 1.3-2　方向盘符号

| 符号 / 图形 | 说明 / 释义 | 符号 / 图形 | 说明 / 释义 | 符号 / 图形 | 说明 / 释义 |
|---|---|---|---|---|---|
| 0° | 方向盘在正前位置 | 90 | 向左转动方向盘 90° | MAX | 转动方向盘到右侧止点 |
| 🔒 | 转向柱锁锁定 | 90 | 向右转动方向盘 90° | | |
| 🔓 | 转向柱锁开锁 | MAX | 转动方向盘到左侧止点 | | |

## 1.3.3　车型符号（表 1.3-3）

表 1.3-3　车型符号

| 符号 / 图形 | 说明 / 释义 | 符号 / 图形 | 说明 / 释义 |
|---|---|---|---|
| | 3 门、4 门、5 门车身类型 | | 运动多用途车车身类型 |
| | 旅行车车身类型 | | 跑车车身类型 |
| | 敞篷车车身类型 | | 仰视图 |
| | 货车车身类型 | | 右侧驾驶（RHD）车辆 |
| | 3 门、4 门、5 门车身类型（俯视图） | | 左侧驾驶（LHD）车辆 |
| | 旅行车车身类型（俯视图） | | |

### 1.3.4　变速杆和排挡杆位置符号

变速杆和排挡杆位置符号（表1.3-4）表示在执行维修步骤中，变速杆和排挡杆需要处于的位置。

表1.3-4　变速杆和排挡杆位置符号

| 符号/图形 | 说明/释义 | 符号/图形 | 说明/释义 |
|---|---|---|---|
|  | 排挡杆置于停车挡（P）位置 | 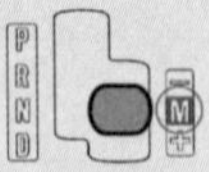 | 将有手动模式的排挡杆置于手动模式（M）位置 |
|  | 排挡杆置于倒挡（R）位置 | 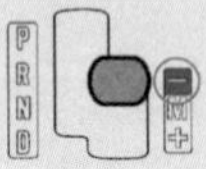 | 将排挡杆置于手动模式下的降挡（−）位置 |
|  | 排挡杆置于空挡（N）位置 |  | 将排挡杆置于手动模式下的升挡（+）位置 |
| 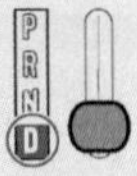 | 排挡杆置于前进挡（D）位置 | 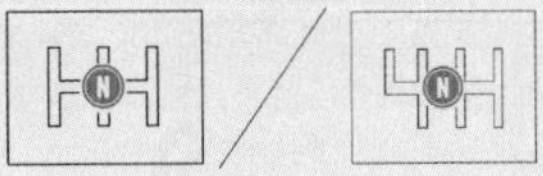 | 变速杆置于空挡（N）位置 |
|  | 将有手动模式的排挡杆置于停车挡（P）位置 |  | 更多变速杆位置显示在插图中 |

### 1.3.5　螺钉起子符号

螺钉起子（亦称改锥或螺丝刀）符号（表1.3-5）表示在执行步骤中所需的刀具。

表1.3-5　螺钉起子符号

| 符号/图形 | 说明/释义 | 符号/图形 | 说明/释义 |
|---|---|---|---|
|  | 螺钉起子 |  | 六角螺钉起子 |
|  | 十字头螺钉起子 |  | TORX 螺钉起子 |
| | 一字头螺钉起子 | | |

### 1.3.6　夹钳符号

夹钳符号（表1.3-6）表示在执行维修步骤中推荐使用的夹钳。

表 1.3-6　夹钳符号

| 符号/图形 | 说明/释义 | 符号/图形 | 说明/释义 | 符号/图形 | 说明/释义 |
|---|---|---|---|---|---|
|  | 组合钳 |  | 外卡簧钳 |  | 尖嘴钳 |
|  | 剪切钳 |  | 软管钳 |  |  |
|  | 内卡簧钳 |  | 大力钳 |  |  |

 ## 1.3.7　钻头符号

钻头符号（表 1.3-7）表示在执行维修步骤时推荐使用的钻头。

表 1.3-7　钻头符号

| 符号/图形 | 说明/释义 | 符号/图形 | 说明/释义 |
|---|---|---|---|
| φ5mm | 特定直径的钻头 | M6 | 特定直径的模具 |
| φ25mm | 特定直径的孔钻 |  | 圆洞刮刀 |
| φ25mm | 特定直径的分级钻头 |  | 直边刮刀 |
| M6 | 特定直径的攻螺纹 |  |  |

 ## 1.3.8　切割工具符号

切割工具符号（表 1.3-8）表示在执行维修步骤时推荐使用的切割工具。

表 1.3-8　切割工具符号

| 符号/图形 | 说明/释义 | 符号/图形 | 说明/释义 |
|---|---|---|---|
| 切割刀 | 切割刀 |  | 砂纸 |
|  | 气动锯 | φ5mm | 用指定直径的钻头穿过规定层数的车身钣金件 |
|  | 剪刀 |  | 用合适直径的钻头穿过规定层数的车身钣金件 |

| 符号/图形 | 说明/释义 | 符号/图形 | 说明/释义 |
|---|---|---|---|
| | 磨具 | $\phi 5mm$ | 用规定直径的钻头钻过一层车身仪表盘 |
| | 齿锯 | | 用适当直径的钻头钻过一层车身仪表盘 |
| | 等离子切割器 | | 钢丝刷 |

 ### 1.3.9　化学品和负载符号

化学品和负载符号（表1.3-9）表示在执行维修步骤时需要用到化学品和负载的类型。

表1.3-9　化学品和负载符号

| 符号/图形 | 说明/释义 | 符号/图形 | 说明/释义 |
|---|---|---|---|
| | 使用指定胶管涂抹黏结剂 | | 使用来自储液罐的油液 |
| | 使用指定胶筒涂抹黏结剂 | | 使用指定的材料清洁特定的组件 |
| | 使用刷子涂抹指定化学品 | $\phi 10mm$ | 使用指定的胶管涂抹易断黏结剂 |
| ××kg | 在指定组件上施加负载 | | 利用喷壶喷涂指定的化学品 |
| $\phi 10mm$ | 使用指定直径的胶管涂抹黏结剂 | | 特定组件需使用指定的润滑剂 |
| $\phi 10mm$ | 使用指定直径的胶筒涂抹黏结剂 | | 特定组件需使用点焊 |
| | 使用滚筒涂抹指定化学品 | | 特定组件需使用连续焊接 |
| | 指定组件需要热黏结 | | 用洗涤器处理油液 |
| 250mL | 使用指定数量的来自储液罐的油液 | 250mL | 用洗涤器收集指定数量的油液 |

## 1.3.10 测量工具符号

测量工具符号（表1.3-10）表示在执行维修步骤、需要进行测量时用到的测量工具。

表1.3-10 测量工具符号

| 符号/图形 | 说明/释义 | 符号/图形 | 说明/释义 |
|---|---|---|---|
| A | 使用数字式万用表测量电流 | ℃ 80 MIN. | 完成作业需要指定的最低温度 |
| V | 使用数字式万用表测量电压 | ℃ 100 MAX. | 完成作业不能超过的最高温度 |
| Ω | 使用数字式万用表测量电阻 | ℃ 100 80 | 完成作业需要在一定的温度范围 |
| | 测量长度/距离 | ℃ 80 | 完成作业需要指定的温度 |
| 25bar | 使用压力表测量压力 | mm 10.65±0.25 | 用千分表测量并检查指定数值 |
| bar | 使用压力表在指定的接口测量压力 | mm MAX. 0.02 | 用千分表测量并检查指定MAX（最大）数值 |
| | 使用秒表测量时间 | mm MIN. 0.02 | 用千分表测量并检查指定MIN（最小）数值 |
| 15 min | 等待一段时间 | | |

注：1bar=$10^5$Pa。

## 1.3.11 通用设备符号

通用设备符号（表1.3-11）表示在执行维修步骤时需要用到的通用设备。

表1.3-11 通用设备符号

| 符号/图形 | 说明/释义 | 符号/图形 | 说明/释义 | 符号/图形 | 说明/释义 |
|---|---|---|---|---|---|
| | 热空气枪 | | 焊接烙铁 | | 划线器 |

| 符号/图形 | 说明/释义 | 符号/图形 | 说明/释义 | 符号/图形 | 说明/释义 |
|---|---|---|---|---|---|
| | 紧固索带 | MIG | 金属熔化惰性气体保护焊接设备 | | 真空清洁器 |
| 10mm | 特定尺寸的锉刀 | | 软管夹 | | 绑扎带钳 |
| | 中心冲 | | 刮刀 | | 楔子 |
| | 记号笔 | | 内饰清洁剂 | | 销冲头 |

 ## 1.3.12　物料符号

物料符号（表1.3-12）表示在执行一个维修步骤时需要用到哪些类型的物料。

表 1.3-12　物料符号

| 符号/图形 | 说明/释义 | 符号/图形 | 说明/释义 |
|---|---|---|---|
| | 拆卸/安装指定铆钉 | | 拆卸/安装线缆夹 |
| | 某些组件/区域需要用胶带 | | |

 ## 1.3.13　其他符号

其他符号（表1.3-13）表示在执行一个维修步骤时需要的详细信息。

表 1.3-13　其他符号

| 符号/图形 | 说明/释义 | 符号/图形 | 说明/释义 |
|---|---|---|---|
| | 点火开关置于0位置 | | 特殊组件的处理 |
| | 点火开关置于Ⅱ位置 | | 处理指定元件 |
| ×2 | 此步骤需要其他工程师协助 | 2000~2500 | 设置发动机转速在一定数值 |

续表

| 符号/图形 | 说明/释义 | 符号/图形 | 说明/释义 |
|---|---|---|---|
|  | 氧气呼吸器 | | 充分拉起驻车制动杆 |
| | 与其他符号结合使用的一般禁止符号 | | 充分释放驻车制动杆 |
| | 勿使用电动工具 | | 禁止将废电池放入废物箱进行处理 |
| | 视觉检查 | | 用镜子目视检查 |
| | 噪声检查 | | 区域/组件必须干燥 |

 ### 1.3.14　安全符号

（1）强制保护装备符号　强制保护装备符号（表1.3-14）表示建议使用强制保护装备，从而避免或减少对健康和安全的伤害。

表1.3-14　强制保护装备符号

| 符号/图形 | 说明/释义 | 符号/图形 | 说明/释义 | 符号/图形 | 说明/释义 |
|---|---|---|---|---|---|
| | 戴手套 | | 戴护目镜 | | 戴护目镜和护耳罩 |
| | 戴护面罩 | | 戴护耳罩 | | 戴呼吸器 |

（2）禁止符号　禁止符号（表1.3-15）表示禁止某个动作，从而避免或减少组件的损坏或对健康和安全的危害。

表1.3-15　禁止符号

| 符号/图形 | 说明/释义 | 符号/图形 | 说明/释义 | 符号/图形 | 说明/释义 |
|---|---|---|---|---|---|
| | 一般禁止符号 | | 禁止触摸 | | 禁止用水 |
| | 禁止明火 | | 禁止开关 | | |
| | 禁止吸烟 | | 禁止碾磨 | | |

（3）警告符号　警示符号（表1.3-16）用来建议在危险情况下避免或减小可能的元件损坏和安全健康风险。

表1.3-16　警告符号

| 符号/图形 | 说明/释义 | 符号/图形 | 说明/释义 | 符号/图形 | 说明/释义 |
|---|---|---|---|---|---|
| | 高压/电击/电死 | | 电池泄漏危险 | | 举升危险 |
| | 火灾/高度易燃 | | 腐蚀物 | | 手掌碾压/上部压力 |
| | 剧毒 | | 烧伤/表面高温 | | 手指或手掌切伤 |
| | 易爆物 | | 自动运行 | | 压力危险 |

# 1.4　汽车维修职业要求

## 1.4.1　职业定义

　　汽车维修工职业标准中是这样定义汽车维修工的：使用工、夹、量具和仪器仪表、检修设备，维护、修理和调试汽车及特种车辆的人员。

## 1.4.2　素养要求

　　（1）健康要求　具有一般智力水平、表达能力、动作协调性和空间感；手指和手臂灵活性好；有一定的计算能力；从事车身涂装修复的人员应具有正常色觉。

　　（2）受教育水平　初中以上文化程度。

　　（3）职业道德　首先要热爱汽车维修工这个职业，钻研技术自然是分内之事。要严格执行工艺文件和厂家维修手册要求，具有很强的质量意识。其次，一定要有安全意识，毕竟是整天在车间和机器打交道，修理电动汽车还要和高压电打交道，所以不能掉以轻心。再次，要有环保意识，不要随意乱丢废弃物。

## 1.4.3　专业技能要求

　　（1）基础知识　了解常用汽车材料；熟悉燃料和各种润滑油（脂）的规格、性能及应用；对汽车轮胎、轴承等各种常用件的基础知识要熟知和会应用；熟悉汽车构造和原理。

汽车维修安
全操作流程
视频精讲

（2）汽车电工知识

❶ 电路基础知识。

❷ 电路基本元件的名称与代号。

❸ 电子电路基础知识。

❹ 常见电子元件的名称与代号。

（3）液压传动　了解液压传动基本知识在汽车上的应用。

（4）相关工具和设备　对汽车维修常用工具（量具）、仪器仪表、维修设备、诊断设备的功能应熟知，以及进行合理选择和熟练使用。

 ### 1.4.4　相关法律法规

对于一线汽车维修工，需要了解《汽车维修术语》（GB/T 5624—2019）、《汽车操纵件、指示器及信号装置的标志》（GB 4094—2016）、《汽车玻璃零配安装要求》（QC/T 984）、《汽车维护、检测、诊断技术规范》（GB/T 18344—2016）、《汽车发动机电子控制系统修理技术要求》（GB/T 19910）等相关技术规范标准的相关内容。

对于技术总监、车间主管等岗位上的二线技术支持人员及技术管理人员，除上述的规范标准外，还需要了解以下技术规范标准和法律法规，如《机动车维修管理规定》《道路运输车辆技术管理规定》《家用汽车产品修理、更换、退货责任规定》等相关知识，《轻型汽车车载诊断（OBD）系统管理技术规范》（HJ 500—2009）、《轻型汽车污染物排放限值及测量方法》（国六）（GB 18352.6—2016）、《乘用车轮胎气压监测系统的性能要求和试验方法》（GB/T 26149—2017）、《机动车运行安全技术条件》（GB 7258）、《道路运输车辆综合性能要求和检验方法》（GB 18565—2016）、《汽车大修竣工出厂技术条件》（GB/T 3798）、《汽车修理质量检查评定标准》（GB/T 15746—2011）等相关技术规范标准。

### 1.4.5　着装和防护

尤其是在喷漆作业中，要注意身体防护安全。喷漆作业着装如图 1.4-1 所示。喷漆技师应该穿上防护工作服（防火及防静电服装）。护目镜必须不与溅出的溶剂起任何反应，并且完全地将两侧眼角的区域包裹起来。在喷漆过程中最好的保护便是戴上全面罩式呼吸防护器或带有内置面罩的头盔式呼吸防护器。

图 1.4-1　喷漆作业着装
1—供给新鲜空气的防护罩；
2—防护服；3—防护手套；
4—防护鞋

# 第2章

# 汽车维修工具及设备

## 2.1 基本工具

### 2.1.1 套头（套筒）

汽车维修工具分为普通常用的基本工具、专用工具和一些相对大型的维修设备。螺丝刀、钳子、棘轮扳手、歪把儿、接杆、梅花扳手、开口扳手、活动扳手等都是一些常用的利用率极高的普通工具。专用的工具和设备包括空调压力表、万用表、汽油泵拆卸工具、压力机、安装活塞的专用工具等。还有一些比较大型的设备，包括举升机、气泵、四轮定位仪、轮胎拆装机、轮胎动平衡机、自动变速器油加注机等。另外还有专门的维修用的电子设备，例如常用的故障诊断仪、里程表调校仪等。

套头见图 2.1-1。套头（套筒）扳手是拆卸螺栓最方便、灵活且安全的工具，是汽车维修中最常用的工具之一。使用套筒扳手不易损坏螺母的棱角。根据工作空间大小、扭矩要求和螺栓或螺母的尺寸来选用合适的套筒头。套筒呈短管状，一端内部呈六角形或十二角形，与配套快速扳手或者连接杆、弯把儿配合使用。套筒类型也很多，如六角长套筒（例如，拆装火花塞就可以用这样的套筒）、六角或十二角花形套筒；风动套筒（气动工具用套筒）、旋具套筒等。对于头部制成特殊形状的螺栓、螺母，则必须采用专用套筒进行拆卸。1/2in 长套筒参数见表 2.1-1。

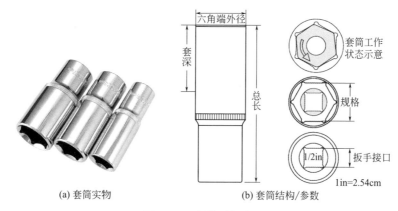

(a) 套筒实物　　　　　　　　(b) 套筒结构/参数

图 2.1-1　套筒（套头）

表 2.1-1　1/2in 长套筒参数　　　　　　　　　　（单位：mm）

| 套筒规格 | 外径 | 套深 | 套筒规格 | 外径 | 套深 |
|---|---|---|---|---|---|
| 8 | 14.8 | 25 | 18 | 25.8 | 30 |
| 9 | 15.5 | 25 | 19 | 25.8 | 34 |
| 10 | 15.9 | 25 | 20 | 27.8 | 32 |
| 11 | 16.6 | 26 | 21 | 27.8 | 28 |
| 12 | 18.0 | 28 | 22 | 29.6 | 30 |
| 13 | 19.0 | 23 | 23 | 31.6 | 35 |
| 14 | 20.5 | 23 | 24 | 31.6 | 31 |
| 15 | 21.8 | 32 | 27 | 35.8 | 32 |
| 16 | 21.8 | 31 | 30 | 39.8 | 27 |
| 17 | 23.8 | 32 | 32 | 41.8 | 36 |

注：套筒总长为 78mm。

 ### 2.1.2　棘轮扳手

（1）棘轮扳手结构　通常维修工把棘轮扳手称为快把儿或快速扳手。按所拆卸螺栓的扭矩和使用的工作环境不同，可将套筒分为大、中、小三个系列。棘轮扳手见图 2.1-2。棘轮扳手也在更新换代，其中最核心的齿轮（图 2.1-3），从第一代的 24

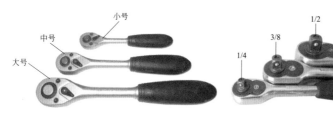

图 2.1-2　棘轮扳手

图 2.1-3　齿轮

齿，到第二代的 48 齿，到现在第三代的 72 齿。72 齿的，转动一下只有 5° 回转，适应维修需求，尤其是狭窄的空间。棘轮扳手规格 / 参数见表 2.1-2。

表 2.1-2　棘轮扳手规格 / 参数

| 规格 | 接口规格 /in | 对应安装套筒规格 /mm | 国标力矩 /N·m | 某品牌力矩 /N·m |
| --- | --- | --- | --- | --- |
| 大号 | 1/2 | 12.5 | 512 | 750 |
| 中号 | 3/8 | 10 | 204 | 300 |
| 小号 | 1/4 | 6.3 | 62 | 90 |

（2）棘轮扳手的使用　由于棘轮的结构，它不可能获得很高的扭矩。大力矩螺栓或者螺母要用力矩扳手最后锁紧。根据工作需求进行工具选择。套筒（与棘轮扳手一同使用）的用处在于它能旋转螺栓 / 螺母而不需要一把一把倒着重新调整，这就可以迅速转动螺栓 / 螺母套筒扳手并根据所装的手柄以各种方式工作。

如图 2.1-4 所示，根据需要与长接杆、短接杆或万向接头配合使用，将套筒套在棘轮扳手接口上，再将套筒套住螺栓或螺母，左手握住手柄与套筒连接处，保持套筒与所拆卸或紧固的螺栓同轴，右手握住配套手柄加力。

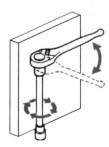

图 2.1-4　套头和棘轮扳手使用

 **2.1.3　旋具套筒头**

内六角及内六花键螺栓的使用越来越多，尤其是铝制配件上，例如进气歧管。如果要拆卸这种螺栓，就必须使用专用的旋具套筒头。旋具套筒头（图 2.1-5）有花形、十字形、一字形、六角形、米字形，维修时，根据不同的螺栓，选择不同的旋具套筒头。使用六角套筒头拆装进气歧管螺栓如图 2.1-6 所示。

图 2.1-5　旋具套筒头

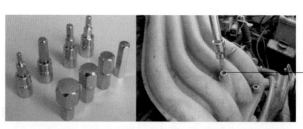

内六角螺栓

图 2.1-6　使用六角套筒头拆装进气歧管螺栓

 **2.1.4　力矩扳手**

（1）力矩扳手类型　现在常用力矩扳手是预置力式力矩扳手（图 2.1-7）和电子力矩扳手（图 2.1-8），使得力矩更精准。传统的指针力矩扳手已逐渐退出汽修市场。

（2）预置力扭力扳手的使用　预置力扭力扳手主要用于有规定扭矩值的螺栓和

螺母的装配，如气缸盖、连杆、曲轴主轴承等处的螺栓。使用预置力扭力扳手时，左手握住扳手与套筒连接处，起到托稳作用，右手向身体方向均匀使拉力，用力得当且稳衡。

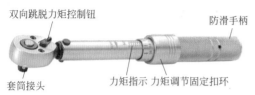

图2.1-7 预置力扭力扳

图2.1-8 电子力矩扳手

　　预置力扭力扳手可通过旋转手柄，预先调整设定力矩，预置力扭力扳手工作时若达到设定的力矩，即可听到"咔哒"声响，说明螺栓或螺母锁紧力矩到位，应停止加力。下拉解锁"锁定环"，顺时针增加力矩值；逆时针减小力矩值。松开"锁定环"锁定力矩值（图2.1-9）。如图2.1-10所示，预置力扭力扳手扭力为10～110N·m，扭力扳手调节：顺时针增加力矩值、逆时针减小力矩值。

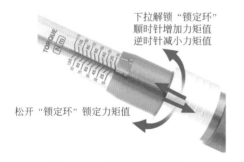

图2.1-9 力矩扳手的使用

图2.1-10 预置力扭力扳手读数

　　（3）电子力矩扳手的使用　　如图2.1-11所示，电子力矩扳手采用顺/逆双向棘轮，便捷操作，使用更高效。操作者可通过简单的按键操作轻松将数据扭力扳手的单位、模式和扭力键盘功能进行调整切换，操作非常便捷（图2.1-12），且带有比较大的LED显示屏，精确到0.01N·m，反应灵敏，显示清晰（图2.1-13）。

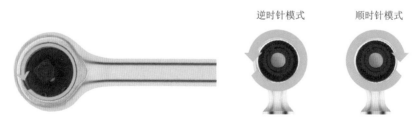

图2.1-11 顺/逆双向棘轮

　　该电子力矩扳手有四种单位转换，适应不同测量要求，力矩单位换算见表2.1-3。

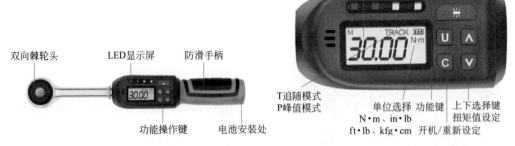

图 2.1-12　电子力矩扳手　　　　　　　　　图 2.1-13　电子力矩扳手显示屏

表 2.1-3　力矩单位换算

| 原单位 | N·cm 牛·厘米 | N·m 牛·米 | ozf·in 盎司力·英寸 | lbf·in 磅力·英寸 | lbf·ft 磅力·英尺 | kgf·cm 千克力·厘米 | kgf·m 千克力·米 |
|---|---|---|---|---|---|---|---|
| N·cm | 1 | 0.001 | 1.416 | 0.088 | 0.007 | 0.102 | 0.001 |
| N·m | 100 | 1 | 141.6 | 8.851 | 0.738 | 10.2 | 0.102 |
| ozf·in | 0.706 | 0.007 | 1 | 0.0625 | 0.005 | 0.072 | 0.0007 |
| lbf·in | 11.3 | 0.113 | 16 | 1 | 0.083 | 1.152 | 0.0115 |
| lbf·ft | 135.6 | 1.1356 | 192 | 12 | 1 | 13.83 | 0.138 |
| kgf·cm | 9.807 | 0.098 | 13.89 | 0.868 | 0.072 | 1 | 0.01 |
| kgf·m | 980.7 | 9.807 | 1389 | 86.8 | 7.233 | 100 | 1 |

 ## 2.1.5　滑杆

　　滑杆（图 2.1-14）是套筒专用配套手柄，横杆部可以滑动调节。通过滑动方榫（安装套头位置）部分，使手柄可以有两种使用方法（图 2.1-15）。

图 2.1-14　滑杆

图 2.1-15　滑杆的使用

　　安装套头位置在一端，形成"L"形结构，从而增加力矩，达到拆卸或紧固螺栓的目的，与"L"形手柄（弯把）类似。安装套头可以滑动到整个滑杆的中部位置，形成"T"形结构，接上加力杆，两只手同时用力，可以增加拆卸速度，一般用于拆卸已经松动的螺栓或者螺母，安装小力矩螺栓或螺母。

### 2.1.6　旋柄工具

旋柄也是套筒配套手柄，它可以与套筒头及旋具头配合，与螺丝刀手柄类似。旋柄的柄部可接棘轮扳手或其他手柄，用以增加拆卸或紧固时的扭矩。通常这种工具是 1/4in 的规格，专用于接 6.3mm 系列的套筒（旋具头）（图 2.1-16）。

图 2.1-16　旋柄工具

旋柄可以快速旋动螺栓、螺钉，主要用于将螺栓、螺钉旋到底。常用于拆卸和安装小的螺栓和螺母，例如，拆装仪表台、拆装内饰，分解和装配起动机、发动机等。

### 2.1.7　万向接头

万向接头（图 2.1-17）的方形套头部分可以前后或左右移动，配套手柄和套筒之间的角度可以自由变化，在普通"L"形手柄不能放置的维修位置，视情况使用万向接头，这样可适度改变所需操作角度，达到顺利拆装目的。

图 2.1-17　万向接头

### 2.1.8　可弯式接杆

可弯式接杆类似于普通接杆，与接杆的使用道理一样。可弯式接杆的身部采用特殊材料制成，以弹簧形式连接，不像普通接杆那样。普通接杆无法完成的拆卸，可使用可弯式接杆操作。可弯式接杆如图 2.1-18 所示，其规格见表 2.1-4。

图 2.1-18　可弯式接杆

表 2.1-4　可弯式接杆

| 规格 /in | 可弯曲度 /（°） |
| --- | --- |
| 1/4（6.3mm） | 6 |
| 3/8（10mm） | 8 |

### 2.1.9　梅花扳手

（1）梅花扳手的用途　梅花扳手，修理工俗称为眼镜扳手，两端是套筒式圆环状，圆环内有 12 个棱角，能将螺母或螺栓的六角部分全部围住，工作时不易滑脱，适合于初松螺母或最后锁紧螺母。梅花扳手操作可靠，应尽量多使用。梅花扳手常用于拆装部位受到限制的螺母、螺栓处。不同规格的梅花扳手见图 2.1-19。

（2）梅花扳手的使用　如图 2.1-20 所示，使用推力拆卸时，应该用手掌来推动梅花扳手；锁紧时，用拉力，整个手掌握住梅花扳手一端，均匀使力。笔者建议，

拆卸已经初松的螺母用可梅花扳手，拆卸和安装螺栓一般可使用套头工具。

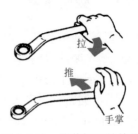

图2.1-19　不同规格的梅花扳手　　　图2.1-20　梅花扳手的使用

 ## 2.1.10　卡簧钳

（1）卡簧钳的类型　　卡簧钳包括内卡簧钳和外卡簧钳，分为曲口（图2.1-21）和直口（图2.1-22）。原始状态为张开的，紧握手柄向内夹紧，即内卡，为内卡簧钳（图2.1-23）；原始状态为闭合的，紧握手柄向外张开，即外卡，为外卡簧钳（图2.1-24）。还有特殊功能的多用卡簧钳（图2.1-25）。

（2）卡簧钳的使用（图2.1-26）　　卡簧钳用于拆卸和安装带有弹性卡簧挡圈的零部件。维修变速器时经常会用到卡簧钳。前后轮轴承一般在轴承的外侧也有卡簧挡圈，也是使用卡簧钳的零部件之一。

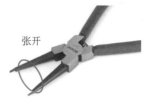

图2.1-21　内卡簧钳（曲口）　图2.1-22　内卡簧钳（直口）　图2.1-23　内卡簧钳

（a）内卡簧钳（穴用）　　　（b）外卡簧钳（轴用）

图2.1-24　外卡簧钳　　　图2.1-25　多用卡簧钳　　　图2.1-26　卡簧钳的使用

 ## 2.1.11　大力钳

大力钳在汽车维修中用途比较广泛，有普通钳子和夹具的功能。大力钳见图2.1-27和图2.1-28。

曲口　　　圆口带刃　　　直口　　　尖嘴带刃

图 2.1-27　大力钳（一）　　　　　图 2.1-28　大力钳（二）

##  2.1.12　剥线钳

（1）剥线钳的作用　剥线钳（图 2.1-29）是用来剥除小线径电线、电缆端头橡胶或塑料绝缘层的专用工具，由钳头和手柄两部分组成，手柄是绝缘的。钳口部分由压线口和切口组成，一般可分直径 0.5 ～ 4.5mm 的多个切口，以适应不同规格的芯线。

（2）剥线钳的使用　剥线时，电线必须放在稍大于线芯直径的切口中，然后用手握钳柄，导线的绝缘层被切破后自动弹出，当需要剥削稍长一段绝缘层时，应分段进行。

##  2.1.13　斜口钳

斜口钳（图 2.1-30）也叫偏口钳，主要用来剪断导线或剖切软导线绝缘层。

图 2.1-29　剥线钳　　　　　　　　　　图 2.1-30　斜口钳

## 2.1.14　压线钳

压线钳（图 2.1-31）是用来压制导线与连接件的一种工具。根据需要压制的连接件规格不同，压线钳内置的压接口也有不同的大小（图 2.1-32）。

图 2.1-31　压线钳

##  2.1.15　尖嘴钳

尖嘴钳（图 2.1-33）是一种常用的钳形工具。主要用来剪切线径较细的单股线与多股线，以及给单股线接头弯圈、剥塑料绝缘层等，能在较狭小的工作空间操作。

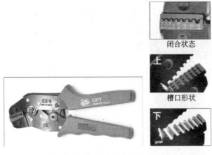

图 2.1-32　压线钳的压接范围（0.14 ～ 2.5mm²）　　　　图 2.1-33　尖嘴钳

##  2.1.16　活动扳手

（1）结构　活动扳手简称活扳手，其开口宽度可在一定范围内调节，是用来紧固和松动不同规格的四角或六角螺栓及螺母的工具（图 2.1-34 和图 2.1-35）。

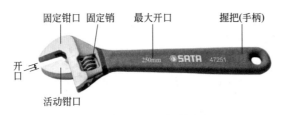

固定钳口　固定销　最大开口　　　　握把(手柄)

开口

活动钳口

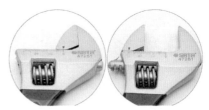

图 2.1-34　活动扳手　　　　　　　图 2.1-35　活动扳手开口有刻度

（2）使用方法　用相互平行的固定钳口和活动钳口将对称多边形工件固定住，通过朝活动钳口方向用力旋转握把，来拆卸或紧固零部件。

##  2.1.17　电动旋具

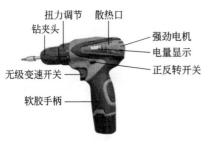

扭力调节　散热口

钻夹头　　　　　　强劲电机

　　　　　　　　电量显示

无级变速开关　　　正反转开关

软胶手柄

图 2.1-36　电动旋具

在汽车电工维修中我们通常使用的电动旋具（图 2.1-36）是组合螺钉旋具。

使用旋具时，需将旋具头部放至螺钉槽口中，并用力推压螺钉，平稳旋转旋具，特别要注意用力均匀，不要在槽口中蹭，以免磨毛槽口。

根据不同螺钉选用不同的螺钉旋具。旋具头部厚度应与螺钉尾部槽形相配合，斜度不宜太大，头部不应该有倒角，否则容易打滑。

## 2.2　专用工具

### 2.2.1　拉具

（1）作用　拉具根据需要的不同，有多种适用工具，可根据安装和拆装的零部件不同进行选择。

（2）使用方法

❶ 拉具（上）与拉具（下）和推盘配合使用，用于拉出轴承内圈（图2.2-1）。

❷ 拉具用于拉出车轮轴承等，拆卸和安装盘式制动车型车轮轴承/轮毂时会用得着（图2.2-2）。

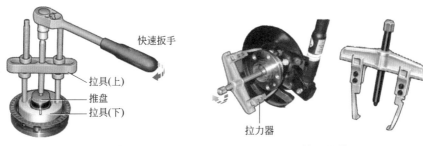

图 2.2-1　拉具的使用（一）　　　　图 2.2-2　拉具的使用（二）

❸ 用拉具从轮毂轴上拉下轴承内圈，拆卸和安装盘式制动车型车轮轴承/轮毂（图2.2-3）。

### 2.2.2　内拉具

内拉具和固定支撑配合使用，主要用于从变速箱壳体上拉出圆锥滚子轴承外圈（图2.2-4）。

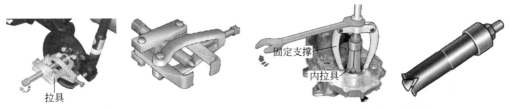

图 2.2-3　拉具的使用（三）　　　　图 2.2-4　内拉具的使用

冲压座与拔起工具配合使用，用拉具拔出需要拆卸的轮或者轴套（图2.2-5）。

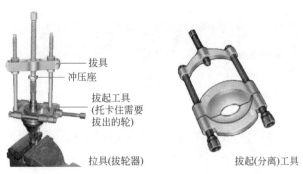

图 2.2-5　拉具（拔轮器）的使用

### 🔧🛞 2.2.3　减振器工具

（1）柱式减振器专用工具　柱式减振器专用工具是指六角 / 套筒和减振器压紧装置配合使用，压缩减振器螺旋弹簧后，进行拆装和安装（图 2.2-6）。

（2）丝杠减振器弹簧压缩专用工具　利用上下抓钩固定弹簧上下两端，旋转螺纹挤压固定弹簧，加强拆卸减振器的安全性。拆卸减振器工具如图 2.2-7 所示。

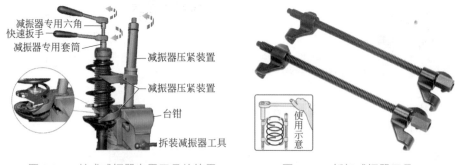

图 2.2-6　柱式减振器专用工具的使用　　　　图 2.2-7　拆卸减振器工具

### 🔧🛞 2.2.4　机油滤清器扳手

（1）机油滤清器扳手的类型　机油滤清器扳手有多种（图 2.2-8 和图 2.2-9），包括链条式扳手、齿形扳手、圆三爪式扳手、套筒扳手等。根据作业空间可选择不同的机油滤清器扳手来操作。

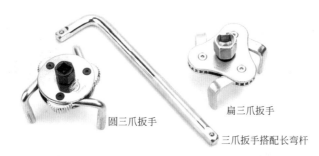

圆三爪扳手

扁三爪扳手

三爪扳手搭配长弯杆

图 2.2-8　机油滤清器扳手类型

图 2.2-9　不同规格的套筒式机油滤清器扳手

（2）机油滤清器扳手的使用

❶ 三爪式滤清器扳手。三爪式滤清器扳手需配套套筒手柄或是扳手使用，其内部设计有行星齿轮传递机构，可以根据机油滤清器的大小自动调节三爪的大小。

❷ 套筒机油滤清器扳手。套筒机油滤清器扳手在汽修中使用率比较高，这种工具一般是大小不同的组套形式配装的工装，拆卸不同车型的滤清器需要不同尺寸的扳手。使用时，根据机油滤清器尾部的多边形的边数及大小，来确定合适的扳手（图 2.2-10）。

先数一下滤清器下面多边形是多少边，如果是奇数就量到对角的距离；如果是偶数，就量边到对边的距离，这个边的距离可以用卡尺测量，然后选择合适型号的扳手。

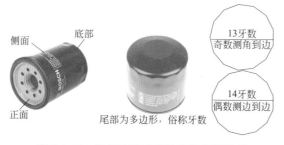

侧面　底部

正面

尾部为多边形，俗称牙数

13牙数
奇数测角到边

14牙数
偶数测边到边

图 2.2-10　根据机油滤清器选择合适扳手

❸ 其他扳手。齿形皮带机油滤清器扳手的使用，见图 2.2-11；普通皮带机油滤清器扳手的使用，见图 2.2-12；链条式机油滤清器扳手的使用，见图 2.2-13；铐式机油滤清器扳手的使用，见图 2.2-14。

图 2.2-11　齿形皮带机油滤清器扳手的使用

图 2.2-12　普通皮带机油滤清器扳手的使用

图 2.2-13　链条式机油滤清器扳手的使用

图 2.2-14　铸式机油滤清器扳手的使用

 **2.2.5　氧传感器专用工具**

氧传感器工具有设计为外加力内六角的，也有花型角度和方口驱动的，在不方便使用接口时还可以用扳手、钳子等工具进行作业，如图 2.2-15 和图 2.2-16 所示。

图 2.2-15　氧传感器工具（一）　　　　图 2.2-16　氧传感器工具（二）

 **2.2.6　喷油管专用工具**

喷油管专用工具是一边开槽的套筒工具（图 2.2-17），适用于密闭空间中螺母与螺栓的拆卸，如共轨油管、喷射器等。

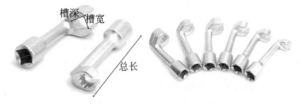

图 2.2-17　不同型号的喷油管专用工具

### 2.2.7  铆钉拆卸钳

铆钉拆卸钳（图 2.2-18），也可以称钉子起拔器。多用于内饰（如车门内饰板）、表面塑料件的卡扣、铆钉等的拆卸和拔取。

图 2.2-18  铆钉拆卸钳

 ### 2.2.8  气动冲击扳手（风炮）

（1）作用  气动冲击扳手（图 2.2-19），俗称风炮，是一种手持式旋转气动工具，以高压气泵为动力源的较大力矩输出的扳手，多用于完成力矩较大的螺母和螺栓的预锁紧或拆卸工作，比如拆卸和安装轮胎螺栓（图 2.2-20）。

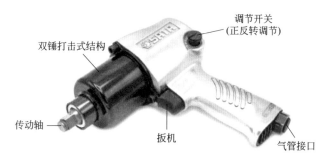

调节开关
（正反转调节）

双锤打击式结构

传动轴

扳机

气管接口

图 2.2-19  气动冲击扳手

图 2.2-20  气动冲击扳手的使用

（2）使用注意事项

❶ 避免气动冲击扳手无负荷冲击运转，导致零件损伤，降低冲击效果。

❷ 避免用气动冲击扳手拧紧过大的螺栓或螺母，长期无效冲击导致过度磨损。

❸ 禁止往地面抛扔、敲击或翻倒气动冲击扳手。

❹ 避免强行插拔套筒和使用不标准的套筒，导致打击轴损坏。

❺ 适当滴注润滑油。打击机构、齿轮、轴承的润滑每月可进行 2 次（图 2.2-21）。马达部分的润滑：如果安装了"三联件"，则从注油润滑装置随压缩空气导入工具马达，调整注油量到 2 ～ 4 滴 /min，这种方式最佳。如果没有安装"三联件"，则直接从软管接口供给气动专用油数滴。

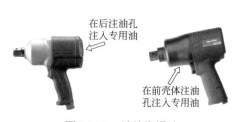

在后注油孔注入专用油

在前壳体注油孔注入专用油

图 2.2-21  滴注润滑油

 ### 2.2.9  压缩机维修工具

压缩机维修工具属专用工具，用于固定空调压缩机离合器盘（图 2.2-22 和图 2.2-23）。

固定空调压缩机
离合器盘

固定空调压缩机离合器盘

图 2.2-22　压缩机维修工具（一）　　　　图 2.2-23　压缩机维修工具（二）

 **2.2.10　活塞环安装工具**

活塞环安装工具，也就是活塞环环配套钳，主要用于安装和拆卸活塞环。安装活塞环的时候，注意活塞环在钳子上的位置。活塞环安装工具如图 2.2-24 和图 2.2-25 所示。

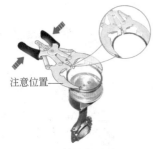

注意位置

高强度弹簧钢

调节扳手

棘轮钢带

卡簧按钮

图 2.2-24　活塞环安装工具（一）　　　图 2.2-25　活塞环安装工具（二）

 **2.2.11　燃油压力表**

燃油压力表串联在燃油系统中，用于检查燃油系统压力功能，检查燃油调节器压力和保持压力（图 2.2-26 和图 2.2-27）。

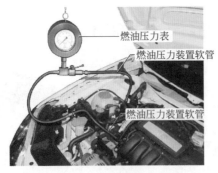

燃油压力表

燃油压力装置软管

燃油压力装置软管

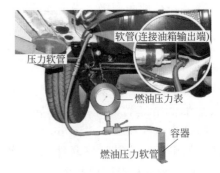

软管(连接油箱输出端)

压力软管

燃油压力表

容器

燃油压力软管

图 2.2-26　燃油压力表的使用（一）　　　图 2.2-27　燃油压力表的使用（二）

图 2.2-28　燃油压力表的转换接头

燃油压力表附件有适用于各种车辆的适配接头，可以满足不同车型的需要（图 2.2-28）。燃油压力表用于检测输油量和检查燃油泵单向阀，这样可以检查出燃油泵的工作情况。

## 2.2.12　气缸压力测试仪（压力表）

（1）气缸压力测试仪　将适配接头旋入火花塞的螺纹孔中，并与气缸压力检测装置配合使用检测气缸压力。气缸压力测试仪显示屏显示气缸压力数值（图 2.2-29）。

安装在缸盖火花塞孔上

气缸压力检测仪

图 2.2-29　气缸压力测试仪

（2）气缸压力表　将气缸压力锥形接头连接到压力表（图 2.2-30）的接头上。如图 2.2-31 所示，测量时根据不同车型的需要可选择弯型锥形接头和直型锥形接头。

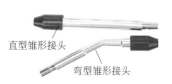

直型锥形接头

弯型锥形接头

图 2.2-30　压力表

图 2.2-31　锥形接头

## 2.2.13　冰点测试仪（图 2.2-32）

❶ 首先，滴入少许清水，校正折射计，使其归零。

❷ 然后擦干清水，滴入少许冷却液，通过后部观察其状态，会显示标度，以此来判断冷却液冰点情况（判断冬天在零下多少摄氏度天气下冷却液性能正常）。

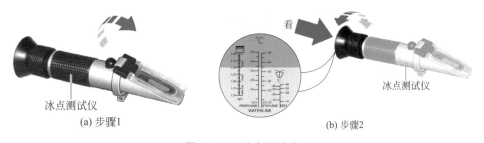

看

冰点测试仪

冰点测试仪

(a) 步骤1

(b) 步骤2

图 2.2-32　冰点测试仪

## 2.2.14　冷却系统检查仪

冷却系统检查仪（图 2.2-33）和冷却系统检查仪适配接头安装在储液罐盖上，用于检查储液罐盖中的安全阀以及检查冷却系统的密封性（图 2.2-34）。

## 2.2.15　测试灯

（1）测试灯的结构　测试灯（图 2.2-35）的结构很简单，自己完全可以制作。

测试灯的内部有发光的二极管或灯泡，还有导线和一个用于固定的夹子。测试时，一端连接在正极，一端连接在负极，形成一个完整的闭合回路。维修测试中，观察小灯泡或者二极管的工作状态，也就是其亮度或者闪烁，作为参考测试依据。

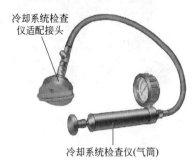

图 2.2-33  冷却系统检查仪

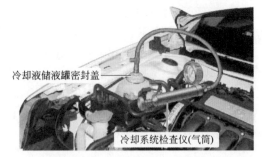

图 2.2-34  冷却系统检查仪的使用

（2）测试灯的使用  测量辅助工具和二极管检测指示灯连接在一起使用，组成测试灯，用于检测电压（图 2.2-36）。例如，测试燃油泵有无供电电压。

 ## 2.2.16  启动跨接电缆

如果因蓄电池放完电无法启动发动机，则可通过跨接电缆连接另一辆汽车的蓄电池启动发动机，但用于连接的跨接电缆必须要足够粗。必须先接正接线柱，后接负极接线柱。如图 2.2-37 所示，连接跨接电缆的方法如下。

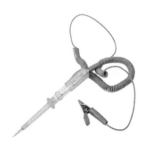

图 2.2-35  测试灯

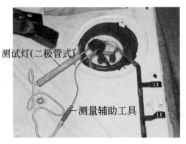

图 2.2-36  测试灯的使用

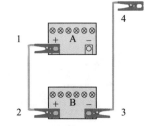

图 2.2-37  连接跨接电缆的方法

1,2—红色跨接电缆接头；3,4—黑色跨接电缆接头；A,B—蓄电池

❶ 关闭两车点火开关。

❷ 将红色电缆的一端连接到无电蓄电池 A 的正极（+）上。

❸ 将红色电缆的另一端连接到供电蓄电池 B 的正极（+）上。

❹ 将黑色电缆的一端连接到供电蓄电池 B 的负极（−）上。

### 小贴士

跨接启动时两车切勿相互接触，否则，一旦连接两个蓄电池正极，电流立即流通。无电蓄电池必须与整车电气系统正确连接。

将黑色电缆的另一端（图 2.2-37 中 4 的位置）连接到无电蓄电池汽车发动机缸体的螺栓连接金属部件上或发动机舱内的连接点上，连接点必须尽可能远离无电蓄电池 A。适当安置跨接电缆，注意避免使其与发动机舱内的运动部件接触。

 ### 2.2.17　钳形表

钳形表（图 2.2-38）也叫直流钳形万用表。主要用于检测电气设备或线缆工作时的电压与电流，在使用钳形表检测电流时不需要断开电路，便可通过钳形表对导线的电磁感应进行电流的测量，使用比较方便。

图 2.2-38　钳形表

测试电流时，根据维修测试需求调整设置测量数据的挡位量程，然后按压钳头扳机使钳口张开，使待测导线置于钳口中，松开钳口扳机使钳口紧闭，显示屏会显示测量数据。按下"HOLD 键"保持按钮，可将测量结果保存到钳形表内部，以方便测量操作完毕后读取测量值。

### 2.2.18　数字式万用表

常见的万用表有指针式和数字式两种，主要用于进行电流、电压、电阻以及导线的通断性、电子元件的检测等。通常在汽车维修中使用最广泛的是数字式万用表。指针式万用表一般不能用于汽车电子元件的测试，否则会因检测电流过大而烧坏电控元件或 ECU。数字式万用表工作可靠，它最大的优点就是可以直接显示测量数据，而指针式万用表的读数则不能直接显示，需要根据量程及指针摆度进行计算。数字式万用表电源开关，一般会在面板左上部显示屏下方字母"POWER"（电源）的旁边，"OFF"表示关，"ON"表示开。数字式万用表的组成如图 2.2-39 所示。数字式万用表的量程如图 2.2-40 所示。

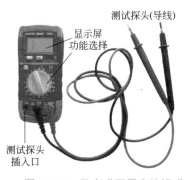

图 2.2-39　数字式万用表的组成

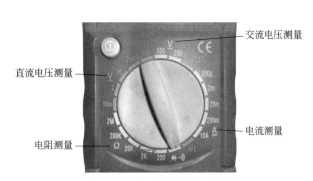

图 2.2-40　数字式万用表的量程

## 2.2.19　指针式万用表

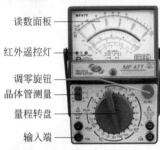

读数面板
红外遥控灯
调零旋钮
晶体管测量
量程转盘
输入端

图 2.2-41　指针式万用表

指针式万用表（图 2.2-41）是一种多功能、多量程的测量仪表，一般可测量直流电压及电流、交流电压及电流、电阻、电容器、电感等一些数据，尤其是普通的电阻、热敏电阻器、光敏电阻器、气敏电阻器、湿敏电阻器、电解电容器、电感器、二极管、三极管等。但是，从这些罗列不难看出，汽车维修中能使用指针式万用表的概率已经很少了。由于指针万用表的局限性，在汽车维修中广泛使用数字式万用表。

## 2.2.20　蓄电池测试仪

蓄电池检测仪（图 2.2-42 和图 2.2-43）可以进行蓄电池测试、启动系统测试、发电充电系统测试。瞬间测量出蓄电池的电压、电量（%）、最大冷启动电流（CCA）、内阻等。如果蓄电池使用时间较长，随着极板的老化和硫化物的产生，蓄电池不能进行有效的化学反应，这是蓄电池不能继续使用的主要原因。蓄电池的内阻会增大，极板老化越严重，内阻就越大。通过精确测量内阻数值，就可以判断蓄电池的寿命。

图 2.2-42　传统的蓄电池测试仪

图 2.2-43　电导法蓄电池测试仪

## 2.2.21　调校设备

一般大部分汽车仪表（包括里程表）的数据都存储在仪表里的八角码片 EEPROM 内，只要修改里程表内的 EEPROM 数据，就完全可以改变里程数，从而使得仪表显示修改后的里程数。这些操作一般可以用专门的里程表调校仪（图 2.2-44）来完成，操作非常简单，根据调校仪提示操作即可。平常我们使用的故障诊断仪一般也具有里程表调校功能，以及节气门匹配、轮胎气压调校归零、保养归零、转向角复位等。

## 2.2.22　故障诊断仪

故障诊断仪（故障检测仪）有很多品牌，可以视个人情况进行选择，基本都能

满足车辆故障码分析、数据流检测、波形分析等一般诊断功能。如果是专修某一款车型，可以使用笔记本电脑加装一套专用维修诊断软件（如大众专门诊断软件）；如果是修各种车型，可以选择其他故障诊断仪，如图2.2-45所示为某品牌故障诊断仪。

 **2.2.23　钥匙开槽机**

目前市场上有手动钥匙机和自动数控钥匙机（图2.2-46）。手动钥匙机分两种：平铣钥匙机和立铣钥匙机。自动数控钥匙机操作非常简单，当有钥匙时，只需按步骤输入齿号，即可配制新钥匙。当钥匙丢失时，输入相应锁头上的编码或者输入相应的钥匙编码，就可以开槽和配制新钥匙。

图 2.2-44　里程表调校仪　　　　图 2.2-45　故障诊断仪　　　图 2.2-46　自动数控钥匙机

 **2.2.24　制动分泵回位调节器**

（1）制动分泵回位调节器的结构　安装后制动片通常会用到制动分泵回位调节器。制动分泵回位调节器见图2.2-47。

（2）制动分泵回位调节器的使用　使用制动分泵回位调节器时向里推活塞（图2.2-48）。

图 2.2-47　制动分泵回位调节器　　　图 2.2-48　制动分泵回位调节器的使用

## 大型设备

 **2.3.1　双柱举升机**

（1）普通双柱举升机

❶ 结构。普通双柱举升机（图2.3-1）将汽车举升在空中的同时可以节约大量的

地面空间，方便地面作业。普通双柱举升机对安装地基的要求是很高的。

为确保普通双柱举升机的安全性，一般来说有如下配置：标配双边手动解锁结构；标配防压脚装置及车门防撞保护垫；标配高强度三节对称式支臂；标配进口关键液压零部件；标配高强度双层旋转托盘；标配高性能钢丝绳、链条、链条防脱落结构；整机采用上限位设计，采用双保险自锁保护装置；固定式底护板；标配电控盒。

❷举升原理。普通双柱举升机的举升机构的传动系统是由液压系统来驱动和控制的，由两边两个立柱里安装的液压缸来推动连接柱与滑台的链条，使滑台上安装的大轮沿立柱转动，实现滑台的上下移动。用钢丝绳作为同步装置来保持整个举升机的同步性，托臂与立柱内的滑台相连，当滑台上下移动时带动托臂一起移动。

（2）龙门双柱举升机　龙门双柱举升机（图 2.3-2）与普通双柱举升机的功能和结构原理相同，所不同的就是龙门双柱举升机的高度要高于普通双柱举升机，更能满足作业高度要求；龙门双柱举升机顶部装有横梁，安全系数更高。

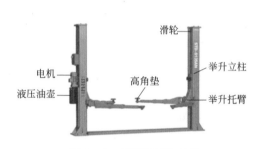

图 2.3-1　普通双柱举升机　　　　　图 2.3-2　龙门双柱举升机

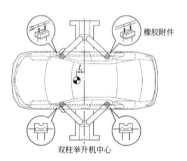

图 2.3-3　双柱举升机支撑车辆位置

（3）双柱举升机的使用　双柱举升机支撑车辆位置见图 2.3-3。

❶前端举升机垫块及支撑位置（图 2.3-4）。前端举升机垫块不能碰到门槛板至车架纵梁外侧或地板。将前端举升机垫块放置在以下位置：在前车架纵梁和侧车架纵梁之间连接处的下面。

❷后端举升机垫块及支撑位置（图 2.3-5）。后端举升机垫块不能碰到门槛板至车架纵梁外侧或地板。将后端举升机垫块放置在以下位置：在后车架纵梁和侧车架纵梁之间连接处的下面。

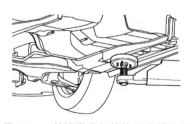

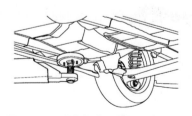

图 2.3-4　前端举升机垫块及支撑位置　　　图 2.3-5　后端举升机垫块及支撑位置

### 2.3.2 平板举升机

平板举升机（图 2.3-6）主要用于汽车维修保养，安全性高，操作方便。这种举升机多用于配合四轮定位仪使用，也可以用于汽车维修以及轮胎、底盘检修。固定时可以挖槽，也可以直接安装在地面上。支撑车辆时，需要支撑垫块（图 2.3-7）。

 ### 2.3.3 四柱举升机

四柱举升机（图 2.3-8）有配二次举升和没有二次举升之分，配二次举升的多用于配合四轮定位使用，与上述平板举升机功能相同。按汽车被举升的部位不同分为下述三种。

 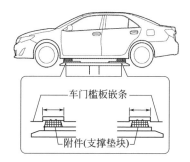 

图 2.3-6　平板举升机　　　图 2.3-7　平板举升机举升机操作　　　图 2.3-8　四柱举升机

（1）车桥举升式　车桥举升式四柱举升机是通过举升汽车的前后桥或横梁把整车举起的举升机。这类举升机的主要特点是装有支撑前后桥或者横梁的专用支座或者托架。这类举升机的举升重量一般较大，多用于大型汽车的举升作业。

（2）车架举升式　车架举升式四柱举升机是通过举升汽车的车架或者纵梁把整辆汽车举升的。举升后，汽车的轮胎、前后桥、传动系统、排气系统和悬架装置全部悬空，因此可以方便地在车下进行多项保修作业，应用比较广泛。

（3）车轮举升式　车轮举升式四柱举升机是通过举升车轮把汽车举升到一定的高度的，它的特点是支撑车轮的轨道或者托架，主要用于各种客车和大中型货车的维修作业。

 ### 2.3.4 扒胎机

（1）扒胎机的结构　扒胎机（图 2.3-9）也就是轮胎拆装机，利用扒胎机在汽车维修过程中能更方便顺利地拆卸轮胎。扒胎机种类众多，最常用的是气动式扒胎机。

（2）扒胎机的使用

❶ 使用扒胎机拆卸轮胎。a. 气动连接。b. 旋转或调节车轮的位置使气门固定在离拆装头前约 10cm 的位置（图 2.3-10）。c. 压下踏板将机器立柱倾斜至工作位置。

图 2.3-9　扒胎机

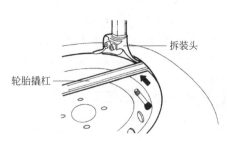

图 2.3-10　拆卸轮胎（一）

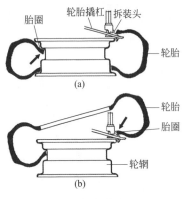

图 2.3-11　拆卸轮胎（二）

d. 使用轮胎撬杠将上胎压上胎圈使其超过拆装头的臂。e. 为方便拆下，将拆装头对侧的上轮胎胎圈向下压并将其推入轮辋体。f. 下压踏板使卡盘可以旋转。g. 将轮胎撬杠留在拆装头的臂上并下压后者直至轮胎胎圈超过轮辋凸缘，然后旋转轮胎撬杠并旋转卡盘。h. 拆卸时确保与拆装头相对的轮胎胎圈的部分处于凹槽中并避免胎圈张力过大 ［图 2.3-11（a）］。如果由于胎圈过紧造成运行过程中卡盘停止旋转，则抬升踏板并将拆装头所对的胎圈压入轮辋的凹槽使卡盘向后旋转，然后继续拆卸。i. 拆卸下半部分胎圈时，则需将与拆装头相对的胎圈部分推入凹槽并在拆装头正下方插一根轮胎撬杠［图 2.3-11（b）］。胎圈必须一直位于拆装鼻上方［图 2.3-11（b）中箭头］。

❷ 使用扒胎机安装轮胎。安装轮胎时，如果在安装轮胎前，在胎圈以及拆卸的胎圈的轮辋上涂抹一层轮胎润滑剂，轮胎安装起来会比较简单。a. 夹紧或调节轮辋使气门与拆装头成180°。b. 在轮胎和轮辋上涂上充足的润滑剂。c. 将轮胎斜置在轮辋上（图 2.3-12）。d. 踩下踏板将机器立柱倾斜至工作位置。e. 检查拆装头的设置。f. 根据拆装头固定轮胎，使得下半部分轮胎胎圈在朝上的拆装臂的下面且在胎圈导轨凸缘的上方［图 2.3-13（a）中箭头］。g. 操作踏板开始安装。安装过程中应观察胎圈是否正常运转，否则停止并用手修正。然后继续，直至轮胎胎圈完全在胎圈凸缘之上。h. 如果是有内胎的轮胎，则在安装完下半部分轮胎胎圈后将内胎放入。为确保内胎在安装时不会损坏，在安装轮胎时请注意内胎的位置。i. 安装上半部分轮胎胎圈时，应再次固定轮胎，使胎圈在向上的拆装鼻的下方及胎圈导轨凸缘的上方运行［图 2.3-13（b）中箭头］。j. 操作踏板开始安装。将轮胎装入胎圈凸缘 10cm 后，停止夹盘旋转，将装好的轮胎向下按，使其位于拆装头的后方，使得胎圈被迫进入胎圈凹槽的同时，胎圈张紧力一直保持较低。k. 继续操作，直至轮胎胎圈安装完成。l. 为轮胎充气时，松开车轮夹紧装置。

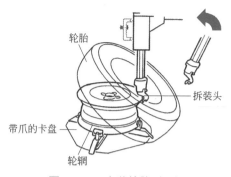

图 2.3-12　安装轮胎（一）

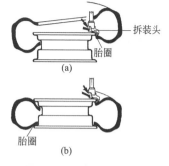

图 2.3-13　安装轮胎（二）

 ## 2.3.5　轮胎动平衡机

（1）轮胎动平衡机的作用　车轮是由轮胎和轮毂构成的，由于制造上的原因，整体各部分的质量分布不可能非常均匀。当汽车车轮高速旋转起来后，就会形成动不平衡状态，造成车辆在行驶中车轮抖动、方向盘震动的现象。轮胎动平衡机就是用来消除上述震动现象的设备。轮胎动平衡机见图 2.3-14。轮胎动平衡机套组见图 2.3-15。轮胎动平衡机校正的过程就是我们常说的动平衡，也就是加装平衡块（铅块），有 5g、10g、15g、20g 等。

图 2.3-14　轮胎动平衡机

图 2.3-15　轮胎动平衡机套组

（2）轮胎动平衡机的使用

❶ 将轮胎安装到动平衡机主轴上；打开动平衡机的电源。

❷ 拉出尺子测量轮辋与动平衡机之间的距离；用轮胎卡尺测量轮胎的轮毂宽度。

❸ 准备好后按下开始按键，接着动平衡机开始带动轮胎旋转，这时候测量即开始。

❹ 动平衡机测出数据然后自动停止。

❺ 将轮胎旋转一直到动平衡机一侧的位置灯全亮。

❻重复操作❸，直到动平衡机显示 0。

## 2.3.6　四轮定位仪

　　四轮定位仪有前束尺和光学水准定位仪、拉线定位仪、CCD（光学传感器）定位仪、极光定位仪、3D 影像定位仪等多种。其中 3D、CCD 和激光产品是市场上的三大主流产品，3D 产品是市场上最先进的四轮定位仪。

　　四轮定位仪用于检测车辆的轮偏、轴偏、倾角、前束等定位参数，并与原厂设计参数进行对比，指导使用者对车轮定位参数进行相应调整，使其符合原设计要求，以达到理想的汽车行驶性能，即行驶稳定可靠、减少轮胎偏磨损，是一种操纵轻便的精密测量仪器，特别是有助于事故车辆的底盘检测（图 2.3-16）。

## 2.3.7　空调制冷剂加注机

　　（1）空调制冷剂加注机的功能　市面上，空调制冷加注机（图 2.3-17）的型式很多。所有加注机都执行空调系统排放、制冷剂回收、系统排空、定量添加制冷剂油和定量重新加注制冷剂等各种任务。参见加注机使用说明书，掌握初始安装程序和维护程序。

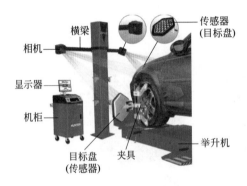

图 2.3-16　使用四轮定位仪进行车辆检测（局部）　　　图 2.3-17　空调制冷剂加注机

　　（2）功能键（钮）操作　控制面板的功能：维修技师可用加注机上的控制按钮和指示灯控制及监测操作过程（图 2.3-18）。

❶主电源开关：主电源开关向控制面板供电。

❷显示屏：显示屏显示编程设定的抽真空所需时间和重新加注的制冷剂重量。

❸低压侧歧管压力表：该表显示系统低压侧压力。

❹高压侧歧管压力表：该表显示系统高压侧压力。

❺控制面板：包括控制各种操作功能的控制钮。

❻低压侧阀：该阀用于连接空调系统低压侧和加注机。

❼湿度指示灯：该指示灯指示制冷剂是否潮湿。

❽高压侧阀：该阀用于连接空调系统高压侧和加注机。

图 2.3-18　制冷剂加注机显示器

# 汽车维修用量具

 **2.4.1　游标卡尺（表 2.4-1）**

表 2.4-1　游标卡尺

| 工具名称 | 游标卡尺 |
| --- | --- |
| 普通机械游标卡尺 | 1—外量爪；2—内量爪；<br>3—弹簧片；4—紧固螺栓；<br>5—尺框；6—尺身；<br>7—深尺度；8—标尺 |
| 电子计数游标卡尺 | 内径测量　公英制转换　液晶显示屏　台阶测量　外径测量　开关　电池仓　卡身　深度测量杆（深度尺）　置零 |
| 图解 | 游标卡尺是一种能直接测量工件内外直径、宽度、长度或深度的量具，按照其精度可以分为 0.10mm、0.20mm、0.50mm 等几种 |
| 使用方法 | ①使用前，必须将工件被测表面和卡脚接触表面擦干净<br>②测量工件外径时，将量爪向外移动，使两量爪间距大于工件外径，然后慢慢移动游标，使两量爪与工件接触。切忌硬卡硬拉，以免影响游标卡尺的精度和读数的准确性<br>③测量工件内径时，将量爪向内移动，使两量爪间距小于工件内径，然后缓慢地向外移动游标，使两量爪与工件接触<br>④测量时，应使游标卡尺与工件垂直，固定锁紧螺钉。测外径时，记下最小尺寸；测内径时，记下最大尺寸 |

| 工具名称 | 游标卡尺 |
|---|---|
| 读数方法 | ①读出游标卡尺刻线所指示尺身上左边刻线的长度（mm）<br>②观察游标卡尺上零刻线右边第几条刻线与尺身某一刻线对准，将读数乘以游标上的格数，即为毫米小数值<br>③将尺身上的整数值和游标上的小数值相加即得被测工件的尺寸 |

 ## 2.4.2 千分尺（表2.4-2）

表 2.4-2 千分尺

| 工具名称 | 千分尺 |
|---|---|
| 图示 / 示意图 | 锁紧解锁<br>1—尺架；2—固定测砧；3—测微螺杆；4—固定套筒；5—微分筒(粗调)；6—棘轮盘(微调)；7—锁紧装置 |
| 电子计数<br>千分尺 | 锁紧装置　　棘轮盘(微调)<br>固定测砧　测微螺杆<br>56.78 |
| 图解 | 千分尺是一种用于测量加工精度要求较高的精密量具，其测量精度可达到0.01mm<br>　按照测量范围可以分为0～25mm、25～50mm、50～75mm、75～100mm、100～125mm等多种。虽然千分尺的规格不同，但每一种千分尺的测量范围均为25mm |
| 读数方法 | ①从固定套筒上露出的刻线读出工件的毫米整数和半毫米整数<br>②从微分筒上由固定套筒纵向对准的刻线读出工件的小数部分（百分之几毫米），不足一格数（千分之几毫米），可用估算读法确定<br>③将两次读数相加就是工件的测量尺寸 |
| 读数实例 | 读数3.766mm　　读数8.35mm　　读数14.18mm |
| 千分尺的使用 | 误差检查 | ①将千分尺砧端表面擦拭干净<br>②旋转棘轮盘，使两个测砧端先靠拢，直到棘轮发出2～3响"咔咔"声响，这时检视指示值<br>③微分筒前端应与固定套筒的"0"线对齐<br>④微分筒的"0"线应与固定套筒的基线对齐<br>⑤若两者中有一个"0"线不能对齐，表明该千分尺有误差，应予以检调后才能测量 |
| | 使用方法 | ①将工件被测表面擦拭干净，并置于千分尺两测砧之间，使千分尺螺杆轴线与工件中心线垂直或平行，若歪斜着测量，则直接影响测量的准确性<br>②旋转旋钮，使测砧端与工件测量表面接近，这时改用旋转棘轮盘，直到棘轮发出"咔咔"声响为止，此时的指示数值就是所测量到的工件尺寸<br>③测量完毕，放倒微分筒后，取下千分尺<br>④使用完毕，应将千分尺擦拭干净，保持清洁，并涂抹一薄层工业凡士林，然后放入盒内保存。禁止重压、弯曲千分尺，且两砧端不得接触，以免影响千分尺精度 |

## 2.4.3　百分表和千分表

（1）百分表和千分表及其读数（表 2.4-3）

表 2.4-3　百分表和千分表及其读数

| 工具名称 | 百分表和千分表 |
|---|---|
| 图示 / 示意图 | 小指针　表盘<br>大指针<br>测头<br>百分表　　千分表 |
| 电子表 | |
| 图解 | 百分表是一种比较性测量仪器，主要用于测定工件的偏差值、零件平面度、直线度、跳动量、气缸圆度、圆柱度误差以及配合间隙等 |
| 读数方法 | 百分表的表盘刻度分为 100 格，当测头每移动 0.01mm 时，大指针就偏转 1 格（表示 0.01mm），指针的偏转量就是被测零件的实际偏差或间隙值<br>千分表的表盘刻度为 1000 格，当测头每移动 0.001mm 时，大指针就偏转 1 格（表示 0.001mm） |

（2）百分表（千分表）的使用方法

❶ 先将百分表（千分表）固定在表面（根据测量物需要，固定在支架上）上，测杆端测头抵住被测工件表面，并使测头产生一定位移（即指针在一个预偏转值）。

❷ 移动被测工件，同时观察百分表（千分表）表盘上指针的偏转量，该偏转量即为被测物体的偏差尺寸或间隙值。

（3）注意事项

❶ 测杆轴线应与被测工件表面垂直。

❷ 百分表（图 2.4-1）用毕，应解除所有的负荷，用干净布将表面擦拭干净，并在容易生锈的金属表面涂抹一薄层工业凡士林，水平地放置在盒内，严禁重压。

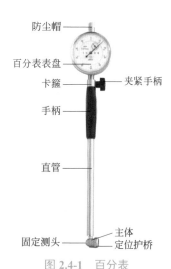

防尘帽<br>百分表表盘<br>卡箍<br>手柄<br>夹紧手柄<br>直管<br>固定测头<br>主体<br>定位护桥

图 2.4-1　百分表

# 第3章

# 汽车维修常用计算

 3.1 汽车电工计算

汽车电工计算见表 3.1-1。

表 3.1-1　汽车电工计算

| 物理量 / 名称 | 特点 / 释义 | 计算公式 |
| --- | --- | --- |
| 基本物理量 | 电流 = 电压 / 电阻<br>$I=U/R$ | $U=IR$　$I=U/R$　$R=U/I$；$P=UI$　$I=P/U$　$U=P/I$；<br>$P=U^2/R$　$R=U^2/P$ |
| 串联电路 | 电流相等 | $I_1=I_2=I$ |
| | 总电压等于各用电器两端电压之和 | $U=U_1+U_2$ |
| | 总电阻等于各电阻之和 | $R=R_1+R_2$；$U_1/U_2=R_1/R_2$ |
| | 总电功等于各电功之和 | $W=W_1+W_2$；$W_1/W_2=R_1/R_2=U_1/U_2$；$P_1/P_2=R_1/R_2=U_1/U_2$ |
| | 总电功率等于各电功率之和 | $P=P_1+P_2$ |
| 并联电路 | 总电流等于各电流之和 | $I=I_1+I_2$ |
| | 各处电压相等 | $U_1=U_1=U$ |
| | 总电阻等于各电阻之积除以各电阻之和 | $R=R_1R_2/(R_1+R_2)$ |
| | 总电功等于各电功之和 | $W=W_1+W_2$；$I_1/I_2=R_2/R_1$；$W_1/W_2=I_1/I_2=R_2/R_1$；$P_1/P_2=R_2/R_1=I_1/I_2$ |

续表

| 物理量 / 名称 | 特点 / 释义 | 计算公式 |
|---|---|---|
| 电阻 R | 电阻等于材料密度乘以（长度除以横截面积） | $R=\rho(L/S)$ |
| | 电阻等于电压除以电流 | $R=U/I$ |
| | 电阻等于电压的平方除以电功率 | $R=U^2/P$ |
| 电功 W | 电功等于电流乘以电压再乘以时间 | $W=UIt$ |
| | 电功等于电功率乘以时间 | $W=Pt$ |
| | 电功等于电荷乘以电压 | $W=QT$ |
| | 电功等于电流的平方乘以电阻再乘以时间 | $W=I^2Rt$ |
| | 电功等于电压的平方除以电阻再乘以时间 | $W=U^2/Rt$ |
| 电功率 P | 电功率等于电压乘以电流 | $P=UI$ |
| | 电功率等于电流的平方乘以电阻 | $P=I^2R$ |
| | 电功率等于电压的平方除以电阻 | $P=U^2/R$ |
| | 电功率等于电功除以时间 | $P=W/t$ |

# 3.2 曲轴轴承计算

　　如果更换轴承，则选择具有相同号码的新轴承。如果不能确定轴承的号码，则可将印在气缸体和曲轴上的号码相加，计算出正确的轴承号码（图 3.2-1）。然后，用计算出的号码选择新轴承。有 4 个标准轴承尺寸，标记相应为 "1""2""3"和表 3.2-1 所列。例如：气缸体（A）"3" + 曲轴（B）"4" = 总号码 "7"，选择标记 "3" 的轴承。

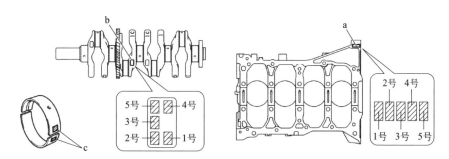

图 3.2-1　标记

a—气缸体号码标记（A）；b—曲轴号码标记（B）；c—直径标记

表 3.2-1　轴承表

| （A）+（B） | 所用轴承 | （A）+（B） | 所用轴承 |
|---|---|---|---|
| 0～2 | 1 | 6～8 | 3 |
| 3～5 | 2 | 9～11 | 4 |

# 螺栓等级计算

## 3.3.1 螺栓强度

用螺栓和螺母紧固部件时，所使用螺母的强度等级号必须等于（或大于）螺栓强度等级号（表3.3-1）。示例：如果螺栓=4T，那么螺母=4N或更大。

表 3.3-1 螺栓类型及螺栓强度

| 六角头螺栓 | | 等级 |
|---|---|---|
| 内凹槽六角螺栓 | 凹顶螺栓 | |
|  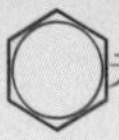 4 / 无标记 | 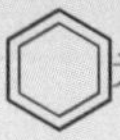 无标记 | 4T（5N） |
| 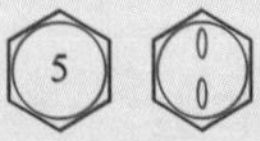 5 / |  | 5T（7N） |
|   6 / 0 带垫圈 |  带垫圈 | 6T |
| 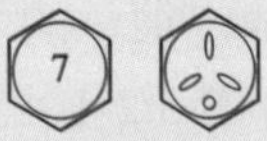 7 / | 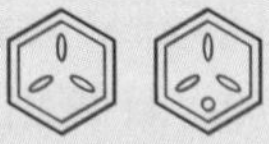 | 7T（10N） |
| 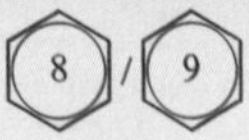 8 / 9 | 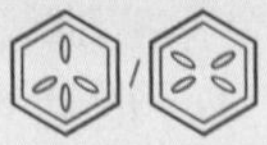 / | 8T/9T |
|  10 | 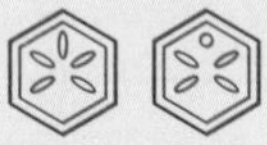 | 10T |
|  11 |  | 11T |
| 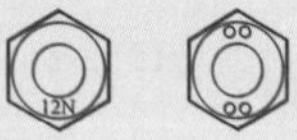 12N | | 12N |

## 3.3.2 标准螺栓规定扭矩（表3.3-2）

表 3.3-2 标准螺栓规定扭矩

| 等级 | 直径/mm | 螺距/mm | 规定扭矩 | | | | | |
|---|---|---|---|---|---|---|---|---|
| | | | 六角头螺栓 | | | 六角法兰螺栓 | | |
| | | | N·m | kgf·cm | ft·lbf | N·m | kgf·cm | ft·lbf |
| 4T | 6 | 1 | 5 | 55 | 48 | 6 | 60 | 52 |
| | 8 | 1.25 | 12.5 | 130 | 9 | 14 | 145 | 10 |

续表

| 等级 | 直径/mm | 螺距/mm | 规定扭矩 | | | | | |
|---|---|---|---|---|---|---|---|---|
| | | | 六角头螺栓 | | | 六角法兰螺栓 | | |
| | | | N · m | kgf · cm | ft · lbf | N · m | kgf · cm | ft · lbf |
| 4T | 10 | 1.25 | 26 | 260 | 19 | 29 | 290 | 21 |
| | 12 | 1.25 | 47 | 480 | 35 | 53 | 540 | 39 |
| | 14 | 1.5 | 74 | 760 | 55 | 84 | 850 | 61 |
| | 16 | 1.5 | 115 | 1150 | 83 | — | — | — |
| 5T | 6 | 1 | 6.5 | 65 | 56 | 7.5 | 75 | 65 |
| | 8 | 1.25 | 15.5 | 160 | 12 | 17.5 | 175 | 13 |
| | 10 | 1.25 | 32 | 330 | 24 | 36 | 360 | 26 |
| | 12 | 1.25 | 59 | 600 | 43 | 65 | 670 | 48 |
| | 14 | 1.5 | 91 | 930 | 67 | 100 | 1050 | 76 |
| | 16 | 1.5 | 140 | 1400 | 101 | — | — | — |
| 6T | 6 | 1 | 8 | 80 | 69 | 9 | 90 | 78 |
| | 8 | 1.25 | 19 | 195 | 14 | 21 | 210 | 15 |
| | 10 | 1.25 | 39 | 400 | 29 | 44 | 440 | 32 |
| | 12 | 1.25 | 71 | 730 | 53 | 80 | 810 | 59 |
| | 14 | 1.5 | 110 | 1100 | 80 | 125 | 1250 | 90 |
| | 16 | 1.5 | 170 | 1750 | 127 | — | — | — |
| 7T | 6 | 1 | 10.5 | 110 | 8 | 12 | 120 | 9 |
| | 8 | 1.25 | 25 | 260 | 19 | 28 | 290 | 21 |
| | 10 | 1.25 | 52 | 530 | 38 | 58 | 590 | 43 |
| | 12 | 1.25 | 95 | 970 | 70 | 105 | 1050 | 76 |
| | 14 | 1.5 | 145 | 1500 | 108 | 165 | 1700 | 123 |
| | 16 | 1.5 | 230 | 2300 | 166 | — | — | — |
| 8T | 8 | 1.25 | 29 | 300 | 22 | 33 | 330 | 24 |
| | 10 | 1.25 | 61 | 620 | 45 | 68 | 690 | 50 |
| | 12 | 1.25 | 110 | 1100 | 80 | 120 | 1250 | 90 |
| 9T | 8 | 1.25 | 34 | 340 | 25 | 37 | 380 | 27 |
| | 10 | 1.25 | 70 | 710 | 51 | 78 | 790 | 57 |
| | 12 | 1.25 | 125 | 1300 | 94 | 140 | 1450 | 105 |
| 10T | 8 | 1.25 | 38 | 390 | 28 | 42 | 430 | 31 |
| | 10 | 1.25 | 78 | 800 | 58 | 88 | 890 | 64 |
| | 12 | 1.25 | 140 | 1450 | 105 | 155 | 1600 | 116 |
| 11T | 8 | 1.25 | 42 | 430 | 31 | 47 | 480 | 35 |
| | 10 | 1.25 | 87 | 890 | 64 | 97 | 990 | 72 |
| | 12 | 1.25 | 155 | 1600 | 116 | 175 | 1800 | 130 |

# 3.4 英制和国际单位换算

英制和国际单位换算见表 3.4-1。

表 3.4-1　英制和国际单位换算

| 物理量 | 英制 | 换算系数 | 国际标准单位 |
|---|---|---|---|
| 长度 | 英寸（in） | 25.4 | 毫米（mm） |
| | 英尺（ft） | 0.3048 | 米（m） |
| | 码（yd） | 0.9144 | 米（m） |
| | 英里（mil） | 1.609 | 千米（km） |
| 面积 | 平方英寸（in$^2$） | 645.2 | 平方毫米（mm$^2$） |
| | 平方英寸（in$^2$） | 6.45 | 平方厘米（cm$^2$） |
| | 平方英尺（ft$^2$） | 0.0929 | 平方米（m$^2$） |
| | 平方码（yd$^2$） | 0.8361 | 平方米（m$^2$） |
| 容积 | 立方英寸（in$^3$） | 16387.0 | 立方毫米（mm$^3$） |
| | 立方英寸（in$^3$） | 16.387 | 立方厘米（cm$^3$） |
| | 品脱（pt） | 0.5680 | 升（L） |
| | 夸脱（quart） | 0.9464 | 立方米（m$^3$） |
| | 美加仑（USgal） | 3.7854 | 立方米（m$^3$） |
| | 立方码（yd$^3$） | 0.764 | 立方米（m$^3$） |
| 质量 | 磅（lb） | 0.4536 | 千克（kg） |
| | 短吨 | 907.18 | 千克（kg） |
| | 长吨 | 1016.05 | 千克（kg） |
| 力 | 千克力（kgf） | 9.807 | 牛顿（N） |
| | 盎司力（ozf） | 0.2780 | 牛顿（N） |
| | 磅力（lbf） | 4.448 | 牛顿（N） |
| 加速度 | 英尺/秒$^2$（ft/s$^2$） | 0.3048 | 米/秒$^2$（m/s$^2$） |
| | 英尺/秒$^2$（ft/s$^2$） | 0.0254 | 米/秒$^2$（m/s$^2$） |
| 扭矩 | 磅英寸（lb·in） | 0.11298 | 牛·米（N·m） |
| | 磅英尺（lb·ft） | 1.3558 | 牛·米（N·m） |
| 功率 | 马力（hp） | 0.745 | 千瓦（kW） |
| 压力 | 英寸水柱（in·H$_2$O） | 0.2488 | 千帕（kPa） |
| | 磅/平方英寸（lb/in$^2$） | 6.895 | 千帕（kPa） |
| | | | 1巴（bar）=100000帕（Pa）=0.1MPa |

续表

| 物理量 | 英制 | 换算系数 | 国际标准单位 |
|---|---|---|---|
| 能量（功率） | 英国热量单位（Btu） | 1055.0 | 焦耳（1 焦耳 =1 瓦秒）J（1J=1W·s） |
| | 磅英尺（lb·ft） | 1.3558 | 焦耳（1 焦耳 =1 瓦秒）J（1J=1W·s） |
| | 千瓦时（kW·h） | 3600000.0 | 焦耳（1 焦耳 =1 瓦秒）J（1J=1W·s） |
| 光 | 英尺烛光（fc） | 10.764 | 流明 / 米 $^2$（lm/m$^2$） |
| 速度 | 英里 / 小时（mil/h） | 1.6093 | 千米 / 小时（km/h） |
| 温度 | （$x$℉$-32$）× 5/9 | = | ℃ |
| | ℉ | = | $x$℃ × 9/5+32 |

# 3.5　汽车钣金计算

（1）**平面直角坐标系**　平面直角坐标系如图 3.5-1 所示，相互垂直的横轴 $Ox$ 和纵轴 $Oy$ 将平面分为 Ⅰ、Ⅱ、Ⅲ 和Ⅳ四个象限，它们分别对应右上、左上、左下、右下四个区域。平面中一点 $M$ 的位置可用 $x$ 和 $y$ 两个坐标来确定，如图 3.5-2 所示。柱面构件的计算展开常用到平面直角坐标系。

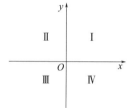

图 3.5-1　平面直角坐标系

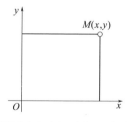

图 3.5-2　平面直角坐标系中 $M$ 点的位置坐标

（2）**平面极坐标系**　平面极坐标系如图 3.5-3 所示。$O$ 点为极点，$Ox$ 为极轴，平面中点 $M$ 的位置用极角 $\theta$ 和矢径 $\rho$ 来确定。

（3）**钣金表面展开的基本方法**　立体表面展开的基本方法有平行线法、三角形法和放射线法三种（表 3.5-1），均是利用作图法将金属板壳构件的表面全部或局部按其实际形状和大小，依次铺平在同一平面上，铺成平面图形的绘图方法。作展开图的整个过程均是由"结构分析""化整为零""积零为整"三个阶段完成。

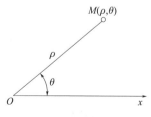

图 3.5-3　平面极坐标系

表 3.5-1　钣金表面展开的基本方法

| 类别 | 方法 / 说明 | 图示 | |
|---|---|---|---|
| 平行线展开法 | 当构件由棱柱面、圆柱面等柱状面构成时，假想沿构件的某条棱线或素线将构件切开，然后将构件的表面沿着与棱线垂直的方向打开，并依次摊平在同一平面上，所得的轮廓形状即为构件的展开图<br><br>在平面上画一条水平线 $AA$，使其等于断面图周围伸直总长度（两个 $a+b$ 的尺寸总和），且将长度 $c$ 含在长度 $a$ 内，并照画各分点 | 顶部切缺矩形管 | |
| | | 顶部切缺圆形管 | |
| 三角形展开法 | 这种画法是以立体表面棱线为主，画出必要的辅助线，并将构件立体表面依复杂形状分成一组或多组三角形平面。然后求出每个三角形的实形，并依次画在平面上，从而得到整个立体表面的展开图。用三角形展开法可展开平行线展开法和放射线展开法所不能展开的复杂表面构件，适用于各类形体和一般平面立体表面，只是精确程度有所不同<br><br>在完成各种不同类型的钣金结构件的展开时，既需要展前结构分析，又需要熟悉作图法展开和计算法展开技术，还需要了解板厚处理方法及其对展开图尺寸的影响，以便能准确确定各种构件的展开尺 | | |
| 放射线展开法 | 放射线展开法是将锥体表面用呈放射形的素线，分割成共顶的若干三角形小平面，求出其实际大小后，以这些放射形素线为骨架，依次将其画在同一平面上，即得所求锥体表面的展开图。它适用于构件表面素线相交于一个共同点的圆锥、棱锥及其截体件<br><br>引垂线时，由等分点 2、3、4、5、6 或角点向主视图底边引垂线，得与锥底 1～7 各垂足点，再由各垂足点向锥顶引素线，分锥面为 12 个小三角形面 | | |

# 二手车估价计算

（1）**直接市价法**　当被评估车与参照车辆完全相同时，被评估车的评估价值。计算公式为

$$P_1 = P_2$$

式中，$P_1$ 为被评估车的评估价值；$P_2$ 为参照车辆的交易价值。

（2）**重置成本法计算**  重置成本计算法评估二手车价值的计算公式有以下两种。计算公式一为

$$P=P'-A_1-A_2-A_3$$

式中，$P$ 为评估值；$P'$ 为被评估车的重置成本；$A_1$ 为实体性贬值；$A_2$ 为功能性贬值；$A_3$ 为经济性贬值。计算公式二为

$$P=P'\beta$$

式中，$P$ 为评估值；$P'$ 为被评估车的重置成本；$\beta$ 为被评估车的成新率。

（3）**重置核算法**  计算公式为

$$P'=P_M+P_t$$

式中，$P'$ 为重置成本；$P_M$ 为全新车辆市场成交价；$P_t$ 为国家和地方政府一次性应该缴纳的税费总和。

（4）**车价指数法**  车价指数即车辆价值波动指数。被评估车辆停止生产或是进口车辆，当查询不到现时市场价值时采用车价指数法。计算公式为

$$P'= P_M+\lambda$$

式中，$P'$ 为重置成本；$P_M$ 为车辆购买原始成本；$\lambda$ 为车辆价值变动指数。

（5）**二手车成新率计算**

❶ 使用年限法计算。计算公式为

$$\beta =\left(1-\frac{N_1}{N_0}\right)\times100\%$$

式中，$\beta$ 为二手车成新率，%；$N_1$ 为二手车实际已使用年限，年或月；$N_0$ 为车辆规定的使用年限，年或月。

❷ 行驶里程法计算。计算公式为

$$\beta =\left(1-\frac{S_1}{S_0}\right)\times100\%$$

式中，$\beta$ 为二手车成新率，%；$S_1$ 为二手车累计行驶里程，万千米；$S_0$ 为车辆规定的行驶里程，万千米。

❸ 部件鉴定法计算。计算公式为

$$\beta =\sum_{i=1}^{n} \alpha_i\rho_i$$

式中，$\beta$ 为二手车成新率，%；$\alpha_i$ 为第 $i$ 项部件成新率，%，由评估人员鉴定评估；$\rho_i$ 为第 $i$ 项部件价值权重。

❹ 综合分析法。计算公式为

$$\beta =\beta_N \sum \rho$$

式中，$\beta$ 为二手车成新率，%；$\beta_N$ 为使用年限成新率，%；$\sum\rho$ 为综合调整系数。

# 第4章

# 汽车电路图

## 4.1 汽车电路符号

汽车电路图以电流路径概览图的形式描述其工作原理。电路图必须包括带有符合《电气简图用图形符号》（GB/T 4728.1—2018）及相关标准电路符号的电路，符合相关标准规定的设备符号，符合相关标准规定的车辆技术接线总线端符号，或符合标准规定的电气技术连接符号。

 ### 4.1.1 常用的基本电路符号（表 4.1-1）

电路符号就是电路图中以简化的形式表示电气元件，原则上是在无电流并且是在不能以机械方式控制的状态下画出电气元件的。

表 4.1-1  常用的基本电路符号

| 名称 | 图形（字母）符号 | 名称 | 图形（字母）符号 |
|---|---|---|---|
| 直流 | —— | 搭铁 | |
| 交流 | ∿ | 蓄电池 | |
| 正极 | ┼ | 蓄电池组 | |
| 负极 | — | 闭合 | ON |
| 断开 | OFF | 直流 | CD |

续表

| 名称 | 图形（字母）符号 | 名称 | 图形（字母）符号 |
|---|---|---|---|
| 输出 | OUT | 模拟 | A |
| 磁场 | F | 数字 | D |
| 交流发电机输出接线柱 | B | 接地 | E |
| 磁场二极管输出端 | D. | 启动 | ST |
| 交流 | AC | 输入 | IN |

 ### 4.1.2　导线端子和导线连接符号（表 4.1-2）

表 4.1-2　导线端子和导线连接符号

| 名称 | 图形符号 | 名称 | 图形符号 |
|---|---|---|---|
| 接点 | ● | 插头和插座 | |
| 端子 | ○ | 多极插头和插座（示出的为三极） | |
| 导线的连接 | | | |
| 导线的分支连接 | | | |
| 导线的交叉连接 | | 接通的连接片 | |
| 插座的一个极 | | 断开的连接片 | |
| 插头的一个极 | | 屏蔽导线 | |

 ### 4.1.3　触点开关符号（表 4.1-3）

表 4.1-3　触点开关符号

| 名称 | 图形符号 | 名称 | 图形符号 |
|---|---|---|---|
| 动合（常开）触点 | | 凸轮控制 | |
| 动断（常闭）触点 | | 联动开关 | |
| 先断后合的触点 | | 手动开关的一般符号 | |
| 中间断开的双向触点 | | 定位开关（非自动复位） | |
| 双动合触点 | | 按钮开关 | |
| 双动断触点 | | 能定位的按钮开关 | |

续表

| 名称 | 图形符号 | 名称 | 图形符号 |
|------|----------|------|----------|
| 单动断双动合触点 | | 拉拔开关 | |
| 双动断单动合触点 | | 旋转、旋钮开关 | |
| 一般情况下手动控制 | | 液位控制开关 | |
| 拉拔操作 | | 机油滤清器报警开关 | OP |
| 旋转操作 | | 热敏开关动合触点 | $t$ |
| 推动操作 | | 热敏开关动断触点 | $t$ |
| 一般机械操作 | | 热敏自动开关的动断触点 | |
| 钥匙操作 | | 热继电器触点 | |
| 热执行器操作 | | 旋转多挡开关位置 | 1  2  3 |
| 温度控制 | $t$ | 推拉多挡开关位置 | 1  2  3 |
| 压力控制 | $p$ | 钥匙开关（全部定位） | 1  2  3 |
| 制动压力控制 | BP | 多挡开关、点火、启动开关，瞬时位置为2能自动返回到1（即2挡不能定位） | 1  2  3<br>0.1 |
| 液位控制 | | 节流阀开关 | |

 4.1.4　电气元件符号（表4.1-4）

表4.1-4　电气元件符号

| 名称 | 图形符号 | 名称 | 图形符号 |
|------|----------|------|----------|
| 电阻器 | | 光电二极管 | |

续表

| 名称 | 图形符号 | 名称 | 图形符号 |
|---|---|---|---|
| 可变电阻器 | | PNP 型三极管 | |
| 压敏电阻器 | U | 集电极接管壳三极管（NPN） | |
| 热敏电阻器 | t | 具有两个电极的压电晶体 | |
| 滑线式变阻器 | | 电感器、线圈、绕组 | |
| 分路器 | | 带铁芯的电感器 | |
| 滑动触点电位器 | | 熔断器 | |
| 仪表照明调光电阻器 | | 易熔线 | |
| 光敏电阻 | | 电路断电器 | |
| 加热元件、电热塞 | | 永久磁铁 | |
| 电容器 | | 操作器件一般符号 | |
| 可变电容器 | | 一个绕组电磁铁 | |
| 极性电容器 | | | |
| 穿心电容器 | | 两个绕组电磁铁 | |
| 半导体二极管一般符号 | | | |
| 稳压二极管 | | 不同方向绕组电磁铁 | |
| 发光二极管 | | | |
| 双向二极管（变阻二极管） | | 触点常开的继电器 | |
| 三极晶体闸流管 | | 触点常闭的继电器 | |

 4.1.5  仪表符号（表4.1-5）

表 4.1-5  仪表符号

| 名称 | 图形符号 | 名称 | 图形符号 | 名称 | 图形符号 |
|------|---------|------|---------|------|---------|
| 指示仪表 | （*） | 电功表 | （W） | 车速里程表 | （V） |
| 电压表 | （V） | 油压表 | （OP） | 电钟 | 时钟符号 |
| 电流表 | （A） | 转速表 | （n） | 数字式电钟 | 数字显示+时钟 |
| 电流、电压表 | （A/V） | 温度表 | （t°） |  |  |
| 欧姆表 | （Ω） | 燃油表 | （Q） |  |  |

 4.1.6  传感器符号（表4.1-6）

表 4.1-6  传感器符号

| 名称 | 图形符号 | 名称 | 图形符号 | 名称 | 图形符号 |
|------|---------|------|---------|------|---------|
| 传感器的一般符号 | [*] | 油压表传感器 | [OP] | 制动压力传感器 | [BP] |
| 温度表传感器 | [t°] | 空气质量传感器 | [m] | 爆震传感器 | [K] |
| 空气温度传感器 | [t°ₙ] | 空气流量传感器 | [AF] | 转速传感器 | [n] |
| 水温传感器 | [t°w] | 氧传感器 | [λ] | 速度传感器 | [V] |
| 燃油表传感器 | [Q] | 空气压力传感器 | [AP] |  |  |

 4.1.7  电气设备符号（表4.1-7）

表 4.1-7  电气设备符号

| 名称 | 图形符号 | 名称 | 图形符号 | 名称 | 图形符号 |
|------|---------|------|---------|------|---------|
| 照明灯、信号灯、仪表灯、指示灯 | ⊗ | 双丝灯 | （X X） | 荧光灯 | ─[ x ]─ |

| 名称 | 图形符号 | 名称 | 图形符号 | 名称 | 图形符号 |
|---|---|---|---|---|---|
| 组合灯 | | 过电压保护装置 | $U>$ | 点火线圈 | |
| 预热指示器 | | 过电流保护装置 | $I>$ | 分电器 | |
| 电喇叭 | | 加热器（出霜器） | | 火花塞 | |
| 扬声器 | | 振荡器 | | 电压调节器 | $U$ |
| 蜂鸣器 | | 变换器、转换器 | | 转速调节器 | $n$ |
| 报警器、电警笛 | | 光电发生器 | $G$ | 温度调节器 | $t°$ |
| 信号发生器 | $G$ | 空气调节器 | | 串激绕组 | |
| 脉冲发生器 | $G$ | 滤波器 | | 并激或他激绕组 | |
| 闪光器 | $G$ | 稳压器 | $U$ const | 集电环或换向器上的电刷 | |
| 霍尔信号发生器 | | 点烟器 | | 直流电动机 | $M$ |
| 磁感应信号发生器 | | 热继电器 | | 串激直流电动机 | $M$ |
| 温度补偿器 | $t°$ comp | 间歇刮水继电器 | | 并激直流电动机 | $M$ |
| 电磁阀一般符号 | | 防盗报警系统 | | 永磁直流电动机 | $M$ |
| 常开电磁阀 | | 内部通信联络及音乐系统 | | 起动机（带电磁开头） | $M$ |
| 常闭电磁阀 | | 天线一般符号 | | 燃油泵电动机、洗涤电动机 | $M$ |
| 电磁离合器 | | 天线电话 | | 晶体管电动汽油泵 | |
| 用电动机操纵的怠速调整装置 | $M$ | 收放机 | | 加热定时器 | $H$ $T$ |

| 名称 | 图形符号 | 名称 | 图形符号 | 名称 | 图形符号 |
|---|---|---|---|---|---|
| 点火电子组件 | | 直流伺服电动机 | SM | 定子绕组为星形连接的交流发电机 | |
| 风扇电动机 | M | 直流发电机 | G | 定子绕组为三角形连接的交流发电机 | |
| 刮水电动机 | M | 星形连接的三相绕组 | Y | 外接电压调节器与交流发电机 | |
| 电动天线 | M | 三角形连接的三相绕组 | △ | 整体式交流发电机 | |

## 4.1.8 电气设备字母符号（表4.1-8）

在汽车电路图中所有电气设备和电子元件都是用字母及一组数字标记来表示的。元件，例如开关"S5"的标记，字母是始终保持不变的，只有数字有所不同。

（1）单字母符号 电气字母表示中，将各种电气设备、装置和元器件划分为大类，每大类用一个专用单字母符号表示，如"C"表示电容器类，"R"表示电阻类等。

（2）双字母符号 双字母符号由一个表示种类的单字母符号与另一个字母组成，其组合型式一般以单字母符号在前而另一个字母在后的方式列出，如"R"表示电阻，"RP"就表示电位器，"RT"表示热敏电阻；"G"表示电源、发电机、发生器，"GB"就表示蓄电池，"GS"表示同步发电机、发生器，"GA"表示异步发电机。

表 4.1-8 电气设备字母符号

| 字母对应表示的电气设备、装置和元器件 | | | | | | |
|---|---|---|---|---|---|---|
| A | AB | AD | AJ | AP | AT | AR |
| 组件/部件 | 分离元件放大器调节器 | 电桥 | 晶体管放大器 | 集成电路放大器 | 印制电路板 | 抽屉柜 | 支架盘 |
| B | | | BP | | BT | |
| 非电量到电量变换器或电量到非电量变换器 | | | 送话器/扬声器晶体换能器 | 压力变换器 | | 温度变换器 |
| C | | | | | | |
| 电容器 | | | 电容器 | | | |
| D | | | | | | |
| 二进制元件、延迟器件、存储器件 | | | 数字集成电路和器件 | | | |
| E | | | EH | | EL | |
| 其他元器件 | | | 发热器件 | | 照明灯 | |
| F | | | FU | | FV | |
| 保护器件 | 过电压放电器件避雷器 | | 熔断器 | | 限压保护器件 | |
| G | | GS | | GA | | GB |
| 发生器/发电机/电源 | 振荡器 | 发生器 | | 同步发电机 | 异步发电机 | 蓄电池 |

字母对应表示的电气设备、装置和元器件

| H | HA | HL | |
|---|---|---|---|
| 信号器件 | 声响指示 | 光指示器 | 指示灯 |

| K | KA | KL | KM | KR |
|---|---|---|---|---|
| 继电器 / 接触器 | 交流继电器 | 双稳态继电器 | 接触器 | 簧片继电器 |

| L | |
|---|---|
| 电感器 / 电抗器 | 感应线圈电抗器 |

| M | MS | MT |
|---|---|---|
| 电动机 | 同步电动机 | 力矩电动机 |

| N | |
|---|---|
| 模拟元件 | 运算放大器 / 混合模拟 / 数字器件 |

| P | PA | PC | PJ | PV |
|---|---|---|---|---|
| 测量设备 / 试验设备　指示器件信号发生器 | 电流表 | （脉冲）计数器 | 电度表 | 电压表 |

| Q | QF | QM | QS |
|---|---|---|---|
| 电力电路的开关器件 | 断路器 | 电动机保护开关 | 隔离开关 |

| R | RP | RT | RV |
|---|---|---|---|
| 电阻器　电阻器 / 变阻器 | 电位器 | 热敏电阻 | 压敏电阻 |

| S | SA | SB | SP | SQ | ST |
|---|---|---|---|---|---|
| 控制、记忆、信号电路的开关器件 / 选择器 | 控制开关选择开关 | 按钮开关 | 压力传感器 | 位置传感器 | 温度传感器 |

| T | TA | TC | TM | TV |
|---|---|---|---|---|
| 变压器 | 电流互感器 | 控制电路电源用变压器 | 电力变压器 | 电压互感器 |

| V | VE |
|---|---|
| 电子管 / 晶体管　二极管 / 晶体管 / 晶闸管 | 电子管 |

| W | |
|---|---|
| 传输通道波导天线 | 导线 / 母线 / 波导 / 天线 |

| X | XB | XJ | XP | XS | XT |
|---|---|---|---|---|---|
| 端子 / 插头 / 插座　连接插头和插座接线柱焊 / 接端子板 | 连接片 | 测试插孔 | 插头 | 插座 | 端子板 |

| Y | YA | YM | YV |
|---|---|---|---|
| 电气操作的机械器件　气阀 | 电磁铁 | 电动阀 | 电磁阀 |

| Z | |
|---|---|
| 终端设备 / 混合变压器 / 滤波器 / 均衡器 / 限幅器 | 晶体滤波器 |

## 4.2　总线端

### 4.2.1　电源线

汽车电路正常工作，必须具备良好的供电。查看电源就是要看清楚蓄电池的电

源都供给了哪些元件。汽车电路的电源一般来说有常电源和条件电源两种。

（1）常电源（30号线）　常电源就是在蓄电池正常的情况下，均有规定电压的电源线，30号线接蓄电池正极，汽车维修中我们称为"常火线"，专门给发动机熄火时还需要用电的电气供电，如停车灯、报警灯、制动灯、顶灯、冷却风扇电动机等。

（2）条件电源（15号线）　条件电源就是在一定条件下才有规定电压的电源线，即15号线，为小容量用电设备的电源正极。点火开关置于"ON"（接通）和"ST"（启动）挡时，30号电经点火开关接中央继电器盒内的15号线，也就是说打开钥匙开关的时候会有电，用电设备才能通电使用。

（3）卸荷线　卸荷线（X）是在车辆起步运行中才接通的大容量电气用火线，即只有在点火开关接通、卸荷继电器触点闭合时，X电源线才有电。雾灯、刮水器、风窗加热等用电取自X线，在点火开关位于"ON"挡时X触点继电器才工作，30号线经X触点继电器触点接通X线，而在点火开关位于"ST"（启动）挡启动发动机时X线自动断电，从而保证发动机能顺利启动。

 ## 4.2.2　总线端名称

总线端名称（表4.2-1）有助于防止将导线连接到总线端上时发生混淆。在不会产生混淆的接口上一般没有总线端名称。

表4.2-1　总线端名称

| 总线端 | 释义/说明 | 总线端 | 释义/说明 |
| --- | --- | --- | --- |
| 1 | 点火线圈、点火分电器<br>低压时带两个独立电路的点火分电器 | 31b | 蓄电池负极或地线上的回线，经过开关或继电器（切换负极）<br>蓄电池转换继电器 |
| 1a/1b | 连接到点火断电器Ⅰ/Ⅱ | | |
| 2 | 短路总线端（磁电点火） | 31c | 在蓄电池Ⅰ负极上的回线电动机 |
| 4 | 点火线圈、点火分电器<br>高压时带两个独立电路的点火分电器 | 32 | 回线 |
| | | 33 | 主接口 |
| 4a/4b | 来自点火线圈Ⅰ/Ⅱ，总线端4 | 33a | 终端关闭 |
| 15 | 蓄电池后的切换正极［点火（行驶）开关输出端］ | 33b | 并励磁场 |
| | | 33f/33g/33h | 用于第2～4低转速级 |
| 15a | 串联电阻上连接到点火线圈和起动机的输出端 | 33L/33R | 向左/右转 |
| 17 | 启动（预热启动开关） | 45 | 独立式启动继电器输出端，起动机输入端（主电流）；双起动机并联运行，用于启动电流的启动继电器 |
| 19 | 预热 | | |
| 30 | 蓄电池Ⅰ正极输入端（直接连接）蓄电池转换继电器 | 45a | 起动机Ⅰ输出端；起动机Ⅰ和Ⅱ输入端 |
| 30a | 蓄电池Ⅱ正极输入端 | 45b | 起动机Ⅱ输出端；转向信号发生器（脉冲发生器） |
| 31 | 蓄电池Ⅰ负极或地线上的回线（直接连接） | 48 | 起动机上和启动重复继电器（监控启动过程）上的总线端 |
| 31a | 在蓄电池Ⅱ负极上的回线 | | |

| 总线端 | 释义 / 说明 | 总线端 | 释义 / 说明 |
|---|---|---|---|
| 49/49a | 起动机输入 / 输出端 | 59a | 充电电枢输出端（交流发电机） |
| 49b/49c | 端起动机第 2/3 转向信号电路输出 | 59b | 尾灯电枢输出端（交流发电机） |
| 50 | 起动机控制（直接） | 59c | 制动信号灯电枢输出端（交流发电机） |
| 50a | 蓄电池转换继电器，用于起动机控制的输出端 | 61 | 交流发电机指示灯 |
| | | 71 | 输入端（音序开关装置） |
| 50b | 起动机控制，利用顺序控制使两个起动机并联运行；用于两个起动机并联运行时顺序控制启动电流的启动继电器 | 71a/71b | 连接到喇叭 1+2 低 / 高音的输出端 |
| | | 72 | 示宽灯报警开关（音序开关装置） |
| | | 75 | 收音机，点烟器（音序开关装置） |
| 50c/50d | 起动机 I / II 启动继电器内的输入端 | 76 | 扬声器（音序开关装置） |
| 50e/50f | 启动锁止继电器输入 / 出端 | 77 | 车门控制（音序开关装置） |
| 50g/50h | 启动重复继电器输入 / 出端 | 81 | 输入端（常闭触点和转换器） |
| 51 | 交流发电机整流器上的直流电压 | 81a/81b | 第 1/2 输出端，常闭触点侧（开关） |
| 51e | 在白天行驶时扼流圈整流器上的直流电压（交流发电机） | 82 | 输入端（常开触点） |
| | | 82a/82b | 第 1/2 输出端（常开触点） |
| 52 | 从挂车向牵引车继续发送信号（挂车信号） | 82z/82y | 第 1/2 输入端（常开触点） |
| 53 | 刮水器电动机输入端（＋） | 83 | 输入端（多位开关） |
| 53a | 刮水器（＋），终端关闭 | 83a/83b | 输出端，第 1/2 位（多位开关） |
| 53b | 刮水器（分路绕组） | 83L/83R | 输出端，左 / 右位（多位开关） |
| 53c | 电动风窗玻璃清洗泵；刮水器（制动绕组） | 84 | 输入端（传动装置和继电器触点） |
| 53i | 带有永久磁铁和第三电刷（用于更高转速）的刮水器电动机 | 84a/84b | 输出端（传动装置 / 继电器触点） |
| | | 85 | 开关继电器输入端（末端负极或地线，传动装置，线圈始端） |
| 54 | 挂车插接连接器和组合车灯，制动信号灯（挂车信号） | 86 | 线圈始端或第 1 线圈 |
| | | 86a | 线圈 |
| 54g | 挂车中下坡缓行制动器压缩空气阀，电磁操纵（挂车信号） | 86b | 线圈引出头或第 2 线圈 |
| 55/57a | 前雾灯 / 停车灯 | 87 | 输入端（常闭触点和转换器中的继电器触点） |
| 56/56b | 远 / 近光灯 | | |
| 56a | 远光灯和远光指示灯 | 87a ～ 87c | 第 1 ～ 3 输出端（常闭触点侧） |
| 56d | 远光灯瞬时接通触点 | 87z/87y/87x | 第 1 ～ 3 输入端（常闭触点侧） |
| 57 | 车用停车报警灯 | 88 | 输入端（常开触点和转换器中的继电器触点） |
| 57L/57R | 左 / 右侧停车灯 | | |
| 58 | 示宽灯，尾灯，牌照灯，仪表照明灯 | 88a ～ 88c | 第 1 ～ 3 输出端（常开触点侧） |
| 58b | 单轴牵引车中的尾灯转换 | 88z/88y/88x | 第 1 ～ 3 输入端（常开触点侧） |
| 58c | 挂车插接器，用于单芯铺设且在挂车中有熔体的尾灯 | B+/B- | 蓄电池正 / 负极 |
| | | D+/D- | 发电机正 / 负极 |
| 58d | 可调仪表板照明灯、尾灯 | DF | 发电机磁场 |
| 58L | 左侧示宽灯 | DF1/DF2 | 发电机磁场 1/2 |
| 58R | 右侧牌照灯 | U,V,W | 交流发电机总线端 |
| 59 | 交流电压输出端，整流器输入端 | C | 转向信号发生器 |

| 总线端 | 释义 / 说明 | 总线端 | 释义 / 说明 |
|---|---|---|---|
| CO | 第1转向指示灯；主接口，用于与转向信号发生器隔开的指示灯 | C3 | 第3转向指示灯（例如在双挂车模式时） |
|  |  | L/R | 左 / 右侧转向信号灯 |
| C2 | 第2转向指示灯 |  |  |

# 4.3 电阻元件

## 4.3.1 电阻特性及影响因素

（1）**电阻特性**　电阻可阻碍或限制电流在电路中的流动。所有的电路都有电阻。所有导体，如铜、银和金，都对电流有阻力。在一个正常的照明灯电路中，灯泡的灯丝通常是唯一可测到的电阻。灯丝的电阻抵抗电流，使灯丝加热到白炽的程度。

（2）**影响因素**　三个因素可以影响电阻的大小：温度、导体长度和导体材料截面积。

### 注 / 意

电路中如有不需要的电阻则会消耗电流，造成负荷工作不正常或根本不能工作。电路的电阻越大，其电流越小。

## 4.3.2 色环电阻

色环电阻分三环、四环、五环和六环，通常用四环。电阻器上带有四个色环，每种

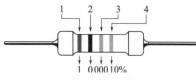

图 4.3-1　电阻器

颜色都代表一个特定的阻值，因此可以通过计算色环数值总和得到电阻值。第一、第二环分别代表阻值的前两位数；第三环代表倍率；第四环代表误差（图 4.3-1）。快速识别色环电阻的关键在于根据第三环的颜色把阻值确定在某一数量级范围内。电阻值通过压印在电阻器上的数值或通过色环识别。电阻器的颜色代码见表 4.3-1。

表 4.3-1　电阻器的颜色代码

| 色别 | 第1环 | 第2环 | 第3环 | 第4环 |
|---|---|---|---|---|
|  | 第1个数字 | 第2个数字 | 应该乘的数 | 误差 /% |
| 黑色 |  | 0 | 1 |  |
| 棕色 | 1 | 1 | 10 | ±1 |

| 色别 | 第 1 环 | 第 2 环 | 第 3 环 | 第 4 环 |
| --- | --- | --- | --- | --- |
| | 第 1 个数字 | 第 2 个数字 | 应该乘的数 | 误差 /% |
| 红色 | 2 | 2 | 100 | ± 2 |
| 橙色 | 3 | 3 | 1000 | |
| 黄色 | 4 | 4 | 10000 | |
| 绿色 | 5 | 5 | 100000 | |
| 蓝色 | 6 | 6 | 1000000 | |
| 紫色 | 7 | 7 | 10000000 | |
| 灰色 | 8 | 8 | 100000000 | |
| 白色 | 9 | 9 | 1000000000 | |
| 金色 | | | 0.1 | ± 5 |
| 银色 | | | 0.01 | ± 10 |
| 无色 | | | | ± 20 |

### 4.3.3　热敏电阻器

（1）NTC 热敏电阻器　非金属物质具有热敏电阻特性，NTC 热敏电阻器就是利用过渡金属氧化物为主要原材料。NTC 表示"负温度系数"，其电阻值随温度升高而降低，电阻器可通过电流固有的加热特性直接加热，也可通过外接电源间接加热。在车辆内，NTC 热敏电阻器用于测量温度，例如冷却液、进气、车内和车外温度。

（2）PTC 热敏电阻器　PTC 热敏电阻器的阻值随温度升高而增加。因此，这种热敏电阻器的温度系数称为正温度系数。这表示，该电阻器在低温条件下比高温条件下能够更有效地导电。

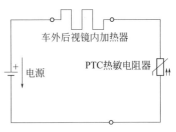

图 4.3-2　车外后视镜
内加热控制电路

PTC 热敏电阻器用作空调系统内风扇电动机的过载保护装置，也用来控制车外后视镜内的加热电流。例如，PTC 热敏电阻器用来监控燃油箱储备量。车外后视镜内加热控制电路见图 4.3-2。

### 4.3.4　光敏电阻器

光敏电阻器（LDR）是可以在光线影响下改变自身电阻的光敏半导体组件。例如，在自动防眩车内后视镜中，两个 LDR 测量向行驶方向的入射光线和向其他方向的入射光线并将它们进行比较。

# 4.4 线圈

## 4.4.1 线圈的作用

在车辆电气系统上线圈有多种用途，例如用作点火线圈；在继电器内利用线圈的磁力切换开关；电动机内的线圈。在车辆电子系统上，线圈用于感应式传感器内，例如曲轴和凸轮轴传感器。

## 4.4.2 线圈的特性

基本线圈是指缠绕在一个固体上的导线，但不一定要有这个固体，它主要用于固定较细的导线。线圈用在变压器、继电器和电动机内。有电流经过线圈时，就会产生磁场。线圈将电能存储在磁场中。切断电流时，磁能重新转化为电能，产生感应电压。线圈最重要的物理特性即其电感。通过在线圈中放入一个铁芯可使磁场强度增大上千倍。这种带有铁芯的线圈称为"电磁铁"。

## 4.4.3 电感原理

（1）感应电压　电导体或线圈在磁场中移动时，导体或线圈内就会产生一个电压。磁场强度改变时，导体或线圈内也会产生电压。该过程称为电磁感应，产生的电压称为感应电压。电感原理见图4.4-1。

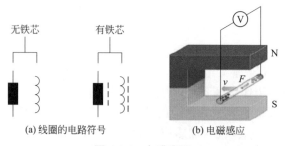

(a) 线圈的电路符号　　　　(b) 电磁感应

图 4.4-1　电感原理

（2）决定感应电压大小的因素　感应电压的大小取决于磁场强度（线圈绕组数量 $n$、电流强度 $I$ 和线圈结构）。

## 4.4.4 感应式传感器

感应式传感器根据感应原理工作，为此主要需要一个线圈（绕组）、一个磁场和"移动"。通过这种测量原理能够以非接触（因此也不产生磨损）方式测量角度、

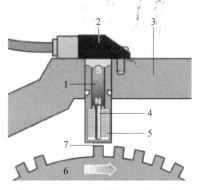

图 4.4-2　发动机曲轴位置传感器

1—永久磁铁；2—传感器壳体；3—发动机
（变速器）壳体；4—软铁芯；5—线圈；
6—齿隙（基准标记）；7—间歇

距离和速度。

　　例如感应式脉冲曲轴位置传感器，用来测量发动机转速。它由一个永久磁体和一个带有软铁芯的感应线圈构成。飞轮上装有一个齿圈作为脉冲传感器。在感应式传感器与齿圈之间只有一个很小的间隙。经过线圈的磁流情况取决于传感器对面是间隙还是轮齿。轮齿将散乱的磁流集中起来，而间隙则会削弱磁流。飞轮及齿圈转动时，就会通过各个轮齿使磁场产生变化。磁场变化时在线圈内产生感应电压。每个单位时间内的脉冲数量是衡量飞轮转速的标准。控制单元也可以通过已知的齿圈齿隙确定发动机的当前状态。通常使用 60 齿距的脉冲信号轮，缺少一个或两个轮齿的部位定为基准标记。发动机曲轴位置传感器见图 4.4-2。

# 4.5　电容元件

## 4.5.1　电容器的结构

　　最简单的电容器由两个对置的金属板和金属板之间的一个绝缘体组成（图 4.5-1）。

## 4.5.2　电容器的作用

　　电容器是一个能够存储电荷或电能的元件。电容器和电阻在汽车中大量使用，汽车上的控制模块都离不开电容器。电容器在车辆上作为短时电荷存储器使用，用于电压滤波和减小过压峰值。

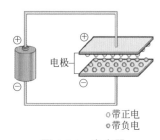

　　电极

　　○带正电
　　●带负电

图 4.5-1　电容器

## 4.5.3　电容器的特性

　　电容器与直流电压电源断开后仍保持充电状态，即两个金属板之间存在电势差，电容器存储了电能。如图 4.5-2 所示为汽车车内照明灯关闭延迟电路。

　　电容器 C 与继电器的线圈并联在一起，因此，释放开关后仍有电流通过继电器，从而通过照明灯。通过继电器的励磁线圈使电容器放电后，继电器就会关闭照明灯电路，照明灯电流在开关释放后延迟一小段时间才中断。

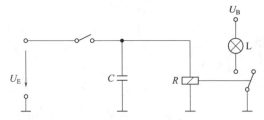

图 4.5-2　汽车车内照明灯关闭延迟电路

 **4.6　半导体元件**

 **4.6.1　二极管**

（1）**二极管的结构**　半导体是指电导率处于强导电性金属与绝缘体之间的材料。

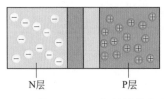

N层　　　　　P层

图 4.6-1　二极管结构和电路符号

二极管是一种由两种不同半导体区域（即 P 层和 N 层）构成的电子元件。使用塑料或金属外壳对半导体晶体进行保护，以免受到机械损伤。两种半导体层与外部进行电气连接。P 层形成阳极，而 N 层形成阴极。二极管结构和电路符号见图 4.6-1。

（2）**二极管的检测**　检测二极管最好的方法是检查其单向导电特性。

用万用表检测二极管的电阻，如果二极管正向电阻比较小而反向电阻比较大，说明二极管是良好的；如果二极管正反向电阻都比较大或比较小，那么可以判断二极管是损坏的。

 **4.6.2　发光二极管**

（1）**结构**　发光二极管（LED）和普通二极管一样，是 P-N 结二极管。当发光二极管正向导通时能够发光。

（2）**电路特点**　LED 必须始终与一个串联电阻连接在一起，以便限制经过发光二极管的电流。发光二极管电路见图 4.6-2。

（3）**发光原理**　发光二极管的 N 层掺杂较多时，P 层的掺杂只能较少。这样二极管接入流通方向时，电流几乎只通过电子运载。P 层内出现空穴与电子结合（复合）的情况时，释放出能量。根据具体半导体材料，这种能量以可见光或红外辐射形式释放出来。由于 P 层非常薄，因此可能有光线溢出。发光二极管见图 4.6-3。

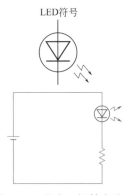

LED符号

图 4.6-2　发光二极管电路

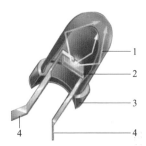

1—发光光线；2—P-N 结；
3—壳体；4—接头

图 4.6-3　发光二极管

 ### 4.6.3　光敏二极管

（1）结构　光敏二极管是 P-N 结二极管，由半导体和透镜组成（图 4.6-4）。

（2）特性　如果在有光线照射的光敏二极管加上反向电压，则反向电流就会通过。它的电流强度的变化和照在光敏二极管上的光线多少成比例。当光敏二极管加上反向电压时，由它测试的逆向电流的多少就可确定光照量的多少。光敏二极管电路见图 4.6-5，光敏二极管特性见图 4.6-6。

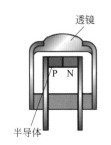

图 4.6-4　光敏二极管结构

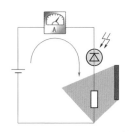

图 4.6-5　光敏二极管电路

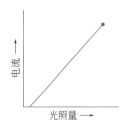

图 4.6-6　光敏二极管特性

 ### 4.6.4　稳压二极管

（1）作用　稳压二极管通过提高掺杂物质可使阻隔层变得很薄，因此电压为 $1 \sim 200V$ 时就会击穿。为了在出现击穿电压时电流迅速升高不会造成二极管损坏，必须通过一个相应的电阻限制电流。稳压二极管在车辆电子系统中用于稳压和限制电压峰值。

（2）特性　稳压二极管接入阻隔方向。如果在阻隔方向上超过一个特定的电压，电流就会明显提高，二极管即可导电（图 4.6-7）。

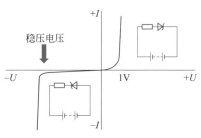

图 4.6-7　稳压二极管特性

## 4.6.5　整流二极管

整流二极管是利用 P-N 结的单向导电特性，把交流电变成脉动直流电。整流二极管中流过的电流较大，多数采用面接触性材料封装的二极管。另外，整流二极管的参数除前面介绍的几个外，还有最大整流电流，是指整流二极管长时间工作所允许通过的最大电流值。它是整流二极管的主要参数，是选项用整流二极管的主要依据。

# 4.7　三极管元件

## 4.7.1　三极管

（1）结构　三极管也叫晶体管，是由三个半导体层组成的电子元件。每个半导体层都各有一个电气接头。根据半导体层的分布方式分为 P-N-P 晶体管和 N-P-N 晶体管。这三个半导体层及其接头称为发射极（E）、基极（B）和集电极（C）。电荷载体从发射极移动到基极（发射出去）并由集电极吸收，因此晶体管有两个 P-N 结，一个位于发射极与基极之间，另一个位于集电极与基极之间。三极管结构见图 4.7-1。

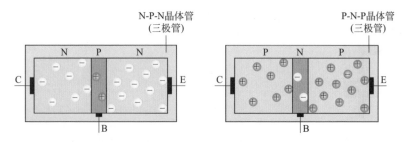

图 4.7-1　三极管结构

（2）特性　在普通的三极管中，集电极电流（$I_c$）和基极电流（$I_b$）的关系如图 4.7-2 所示。普通三极管有两个基本的应用功能，如图 4.7-2 左图所示，A 部分

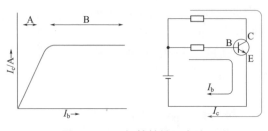

图 4.7-2　三极管特性及电路

可以作为信号放大器，B 部分可以作为开关。

（3）信号放大　在 A 的曲线部分，集电极电流是基极电流的 10 ～ 1000 倍，因此输入信号是被放大后的信号，只要把三极管的电信号 B 基极作为输入时，它就是输出端的输出。

（4）开关功能　在三极管中没有 $I_b$ 的流动，就没有 $I_c$ 的流动，因此可根据基极电流的开和关来控制集电极电流的开和关（$I_b$）。三极管的这种特性可以被用作继电器开关。三极管开关功能见图 4.7-3。

三极管在汽车上的应用见图 4.7-4。

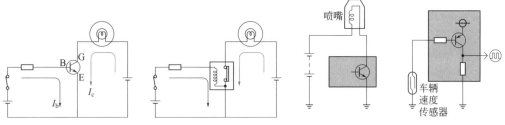

图 4.7-3　三极管开关功能　　　　图 4.7-4　三极管在汽车上的应用

##  4.7.2　光敏三极管

当光敏三极管接收到光时而集电极接电源正极、发射极接地，这时就会产生电流通过电路。通过电路的电流强度是根据光敏三极管上的光照量而变化的。因此，照在光敏三极管上的光照量和普通三极管通过基极电流的光照量有同样的功能（图 4.7-5 和图 4.7-6）。

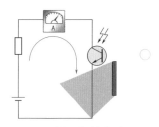

图 4.7-5　光敏三极管电路原理

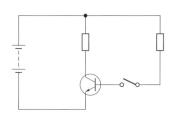

图 4.7-6　发光二极管电路

## 4.8　压电元件

压电元件是将电压强制转换成力的电子元件。晶体谐振器也是压电元件的一种。压电元件的电阻是根据它受压或张紧程度而变化的。有些压电元件能产生电压。

压电元件在汽车中也应用很多，例如汽车座椅重量传感器、柴油发动机喷油嘴、减振器输入传感器等。

# 4.9 点火开关

## 4.9.1 三挡位点火开关

点火开关用于接通和切断点火开关电源，接通和关闭发动机，打开和锁止方向盘。最常见的点火开关有三挡位和四挡位。三挡位点火开关（图4.9-1）具有0、1、2（或LOCK、ON、START）挡位。0挡时钥匙可自由插入或拔出，顺时针旋转40°至1挡，继续再旋转40°为2挡。

（1）三挡位工作状态　见表4.9-1。

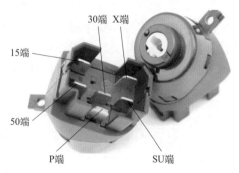

图 4.9-1　三挡位点火开关

表 4.9-1　三挡位工作状态

| 点火钥匙位置 | 点火开关状态 | 发动机状态 | 方向盘状态 | 说明 | 图示 |
|---|---|---|---|---|---|
| 0挡 | 关闭 | 熄火 | 锁止 | 拔出点火钥匙后应转动一下方向盘，直至听到方向盘锁止机构的啮合声，确保锁止方向盘 | 0—切断点火开关电源/关闭发动机/锁止方向盘；1—接通点火开关；2—启动发动机 |
| 1挡 | 接通 | 未启动 | 解锁 | 如果钥匙难以或无法自位置0拧至位置1，则应来回转动方向盘，使方向盘锁止机构分离 | |
| 2挡 | 启动挡 | 启动发动机 | 解锁 | 此时，汽车内的大功率耗电设备将被暂时关闭 | |

（2）三挡位点火开关电路连接（表4.9-2）

表 4.9-2　三挡位点火开关电路连接电路

| 位置 | 接线端子 | | | | | |
|---|---|---|---|---|---|---|
| | 30 | P | X | 15 | 50 | SU |
| 0 | ○ | ○ | | | | |
| 1 | ○ | | ○ | ○ | | ○ |
| 2 | ○ | | | ○ | ○ | ○ |

注：位置0表示关闭点火开关、锁止方向盘；位置1表示接通点火开关；位置2表示启动发动机；30表示接蓄电池；P表示接停车灯电源；X表示接卸荷工作电源；15表示接点火电源；50表示接启动电源；SU表示接蜂鸣器电源

❶ 点火开关位于0位置：点火开关处于关闭状态，此时电源总线30与P端接通，停车灯点亮，与点火开关是否拔下无关，如将点火开关钥匙插入，将使总线30与SU端接通，蜂鸣器工作。

❷ 点火开关位于1位置：启动后，松开点火开关钥匙，点火开关将自动逆时针

旋转回到位置 1，这是工作挡，这时 P 端无电，而 15、X、SU 三端通电，15 端通电使点火系统继续工作，X 端通电使前照灯、雾灯等工作，以满足夜间行驶的需要。

❸ 点火开关位于 2 位置：电源总线 30 与 50、15、SU 端接通，使起动机运转，点火系统工作。因 P 端断电，停车灯不能工作；因 X 端断电，前照灯、雾灯等不能工作，这样就将前照灯、雾灯等耗电量大的用电设备关闭，达到卸荷目的，以满足启动时需要瞬间大电流输入起动机的需要，发动机启动后，应立即松开点火开关，使其回到位置 1，切断起动机的电流，起动机驱动齿轮退回。

点火开关电路如图 4.9-2 所示。

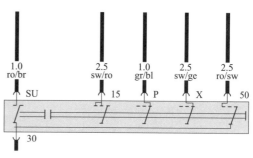

图 4.9-2　点火开关电路

 ### 4.9.2　四挡位点火开关

（1）四挡位工作状态　见表 4.9-3。四挡位点火开关有 LOCK、ACC、ON、STARI（ST）（或 0、1、2、3）四个挡位，在三挡位的基础上增加了一个 ACC 电气附件元件工作挡，其他不变。

表 4.9-3　四挡位工作状态

| 点火钥匙位置 | 点火开关状态 | 发动机状态 | 全车电路 / 说明 |
|---|---|---|---|
| 0（LOCK）挡 | 关闭 | 熄火 | 切断全车电源 |
| 1（ACC）挡 | 接通 | 未启动 | 部分电气可以工作，如音响 |
| 2（ON）挡 | 接通 | 未启动 | 全车电路接通 |
| 3（ST）挡 | 接通 | 启动（瞬间） | ST 挡是发动机启动挡位，启动时即使松开点火开关，点火开关也会自动恢复到"ON"挡 |

（2）四挡位点火开关电路连接　四挡位点火开关电路连接如图 4.9-3 所示，点火开关的 BT1、BT2 端子为供电输入，ACC 端子输出至 ACC 卸荷继电器，IG2 端子输出至 IG 卸荷继电器空调，IG1 端子输出至发电机、发动机 ECU 和油泵继电器，ST 端子为启动控制，K1 端子输出至中央门锁控制器，K2 为接地端。

 ### 4.9.3　三挡位一键启动

（1）一键启动按钮工作状态　当智能钥匙在车内时，按下"一键启动"（START）按钮（图 4.9-4），就能切换开关模式、启动发动机或关闭发动机。

踩下制动踏板（手动挡为离合器踏板），启动按钮灯就变成绿色，直接按压启动按钮发动机启动；不踩制动踏板（手动挡为离合器踏板），启动按钮灯为黄色，此时按一下启动按钮则局部通电，再按一下则全车通电，按第三下则全车关闭电源。开关按照表 4.9-4 所示的顺序进行模式切换。

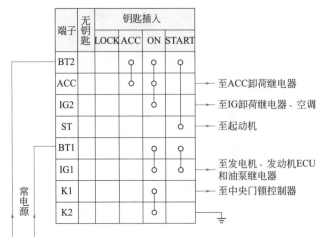

| 端子 | 无钥匙 | 钥匙插入 | | | |
|---|---|---|---|---|---|
| | | LOCK | ACC | ON | START |
| BT2 | | | ○ | ○ | ○ |
| ACC | | | ○ | ○ | |
| IG2 | | | | ○ | |
| ST | | | | | ○ |
| BT1 | | | | ○ | ○ |
| IG1 | | | | ○ | ○ |
| K1 | | | ○ | ○ | ○ |
| K2 | | | ○ | ○ | ○ |

至ACC卸荷继电器
至IG卸荷继电器、空调
至起动机
至发电机、发动机ECU和油泵继电器
至中央门锁控制器

常电源

图 4.9-3　四挡位点火开关电路连接

图 4.9-4　一键启动按钮

表 4.9-4　一键启动按钮开关及工作状态

| 顺序 | 挡位 | 指示灯 | 电气工况 |
|---|---|---|---|
| 1 | LOCK | 关闭 | 非工作状态 |
| 2 | ACC | 黄色 | 部分电气可以工作，如音响 |
| 3 | ON | 黄色 | 全车电气系统有电 |

（2）一键启动按钮识别故障

❶ 启动发动机时，如果一键启动按钮的绿色指示灯闪烁，则表明电子转向锁解锁失败，此时左右轻轻转动方向盘，即可解除锁定。

❷ 如果一键启动按钮上的黄色指示灯闪烁，则表明一键启动系统存在故障，应关闭发动机。

 ### 4.9.4　四挡位一键启动

一键启动电路原理见图 4.9-5。

（1）电源分配器（PDU）的功能　电源分配器取代传统的点火开关。"START"按钮通过芯片防盗系统 ECU 将需求信号送至电源分配器（PDU）。当驾驶员按下"START"按钮时，电源分配器（PDU）能将电源分配到符合驾驶员所需要的状态。

（2）START 按钮的功能

❶ 如果钥匙扣内的 ID 码正确，在未踩下制动踏板的状况下，每按一下"START"按钮，会以（ACC → ON → OFF）的顺序作循环。

❷ 若钥匙扣内的 ID 码正确，不管是在 ACC、IG2 或 OFF 的状态下，只要挡位开关为 P/N 挡且制动踏板为踩下的状态，按下"START"按钮，起动机将会运转并将发动机启动。

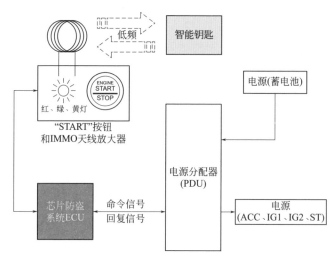

图 4.9-5　一键启动系统电路原理

———— 导线；▭▭▭▷ 无线频率信号

❸ 发动机为运转状态时，只要挡位开关为 P/N 挡状态，按下 "START" 按钮，发动机将会熄火。

❹ 当按下 "START" 按钮时，芯片防盗系统 ECU 会发送信号给电源分配器（PDU），使电源分配器工作。

**（3）"START" 按钮指示灯的状态**（表 4.9-5）

❶ "START" 按钮中内置 3 个 LED 灯，分别为黄色、红色及绿色，LED 灯会依照不同的车辆状态来亮起或熄灭。

❷ "START" 按钮中的黄色 LED 灯由 BCM 控制，具有点火开关照明灯的功能。

表 4.9-5　"START" 按钮指示灯的状态

| 点火开关状态 | LED 灯状态 | 车辆状态 | 控制的模块 |
| --- | --- | --- | --- |
| OFF | 黄灯 | 左前车门关闭→开启 | BCM |
| | 黄灯亮 30s 后→关闭 | 左前车门开启→关闭 | |
| | LED 灯关闭 | 车门状态无改变 | |
| ACC | 红灯 | 点火开关（ACC） | 芯片防盗系统 ECU |
| ON | 绿灯 | 发动机未运转 | |
| | LED 灯关闭 | 发动机运转 | |
| ST | LED 灯关闭 | 发动机运转 | |
| ON 或 OFF | 红灯和绿灯交替闪烁 | 智能钥匙故障 | |

❸ "START" 按钮中的红色与绿色 LED 灯是由芯片防盗系统 ECU 所控制的，主要用来判别点火开关的状态。

（4）芯片防盗系统 ECU 控制电源分配器（PDU）的命令信号

❶ 芯片防盗系统 ECU 会通过四条信号线来控制电源分配器（PDU）。

❷ 当驾驶员按压"START"按钮时，芯片防盗系统 ECU 会传送信号到电源分配器（PDU），电源分配器（PDU）会依照信号来控制点火开关状态（表 4.9-6）。

表 4.9-6　电源分配器端

| 芯片防盗系 ECU 的命令信号 | 电源分配器（PDU）信号端子（1 表示蓄电池电压；0 表示 0V） | | | | 点火开关状态 |
|---|---|---|---|---|---|
| | CT1 | CT2 | CT3 | EN | |
| 状况 1 | 0 | 1 | 1 | 0 | OFF → ACC |
| 状况 2 | 1 | 0 | 1 | 0 | ACC → ON |
| 状况 3 | 0 | 0 | 1 | 0 | ON → ST |
| 状况 4 | 1 | 1 | 0 | 0 | ST → ON |
| 状况 5 | 0 | 0 | 0 | 0 | ON → OFF |

（5）点火开关的状态　电源分配器（PDU）接收到芯片防盗系统 ECU 的信号后，会依照信号来分配电源的状态（表 4.9-7）。

表 4.9-7　点火开关状态

| 点火开关状态 | 电源状态（1 表示蓄电池电压；0 表示 0V） | | | |
|---|---|---|---|---|
| | ACC | IG1 | IG2 | ST |
| OFF | 0 | 0 | 0 | 0 |
| ACC | 1 | 0 | 0 | 0 |
| ON | 1 | 1 | 1 | 0 |
| ST | 0 | 1 | 0 | 1 |

（6）电源分配器（PDU）的回复信号　电源分配器（PDU）会先自诊断，再将结果通过两条信号线传送到芯片防盗系统 ECU（表 4.9-8）。

表 4.9-8　电源分配器（PDU）的回复信号

| 电源分配器（PDU）信号端子 | 信号状态（1 表示蓄电池电压；0 表示 0V） | | 信号的传送 |
|---|---|---|---|
| STATUS 1 | 0：异常 | 1：准备好了 | PDU →芯片防盗系统 ECU |
| STATUS 2 | 1：超过负载 | 0：正常 | PDU →芯片防盗系统 ECU |
| EN | 0 | 0 | 芯片防盗系统 ECU → PDU |

# 4.10　保险装置

 **4.10.1　保险类型**

如果电流大于设计的承载能力，导线可能过热并燃烧，所以每条电路中包含有一个或多个保护装置用来防止导线或电子元件受到损坏。这种电路保护装置可以是保险、熔线、断路器或其组合等（图 4.10-1 和图 4-10.2）。

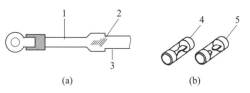

1—小截面部分；2—分接
点；3—电路导体；4—好
的保险；5—熔断的保险

图 4.10-1　常见的汽车保险（电路保护装置）

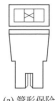   

(a) 管形保险　　(b) 大保险　　(c) 标准叶片式保险　　(d) 微型叶片式保险(小保险)

图 4.10-2　保险的类型

汽车保险的类型很多，如管形保险、大保险、叶片式保险、方形保险等。方形保险和叶片式保险在汽车上最常见，有特定的额定电流和色标(图 4.10-3 和图 4.10-4)。

图 4.10-3　方形保险

20A　　30A　　40A　　50A　　60A

图 4.10-4　叶片式保险类型

 ## 4.10.2　保险颜色识别（表 4.10-1 和表 4.10-2）

表 4.10-1　保险颜色标识

| 标识色 | 额定电流 /A | 标识色 | 额定电流 /A |
|---|---|---|---|
| 紫色 | 3 | 浅蓝色 | 15 |
| 粉红色 | 4 | 黄色 | 20 |
| 浅棕色 | 5 | 白色 | 25 |
| 棕色 | 7.5 | 浅绿色 | 30 |
| 红色 | 10 | | |

表 4.10-2　陶瓷保险颜色标识

| 导线颜色 | 额定电流 /A | 导线颜色 | 额定电流 /A |
|---|---|---|---|
| 黄色 | 5 | 红色 | 16 |
| 白色 | 8 | 蓝色 | 25 |

###  4.10.3　保险的使用

❶ 保险是插入件，两端间接有一个可以熔化的导体，设计保证当通过的电流超过规定值时保险便熔断，并能够在修复电路故障后更换。一定要按原规格更换保险。保险盒见图 4.10-5。

❷ 利用保险壳上的两个槽口，维修技师可以检查电压降、可用电压或导通性。

❸ 保险在结构上保证了当电流到达一定值时，金属会熔化断开，从而使电路断开，避免电路的导线与部件电流过大（图 4.10-6）。

保险上标有额定电压和额定电流值的永久性标记。保险按处理电流的能力分级，以 10A 保险为例，如果电路中的电流超过 10A 过多并持续一定时间，保险就会断开。

图 4.10-5　保险盒

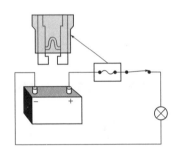

图 4.10-6　保险在电路中作为保护装置

 **4.11　继电器**

###  4.11.1　继电器的结构

继电器由控制电路、电磁铁、衔铁和一组触点组成（图 4.11-1 和图 4.11-2）。给控制电路通一个小电流接通电磁铁即可吸动衔铁。衔铁动作后，或断开或接通装在衔铁上的触点。

### 4.11.2　继电器的用途

继电器可用小电流来通（ON）/ 断（OFF）承载大电流的电路。当使用继电器后，承载大电流的电路可被简化。继电器在汽车中的应用很广，燃料泵、喇叭和启动系统等都使用了继电器。在许多电路中都集成了继电器。

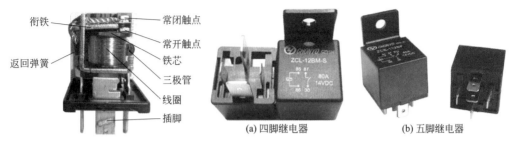

图 4.11-1　继电器内部结构　　　　　　图 4.11-2　继电器外部结构

（1）用于开关继电器　例如，多用于喇叭、前雾灯、散热器风扇和燃油泵等的开关继电器。

（2）功能继电器　例如，用于转向信号继电器，刮水和清洗间隔时间继电器。

 ### 4.11.3　继电器的控制原理

❶ 当继电器控制电路（图 4.11-3）闭合时，电磁铁将衔铁吸向铁芯，接通触点为负荷提供大电流。

❷ 当控制开关断开时，没有电流到继电器线圈。电磁铁断电，衔铁回到常态位置（即未动作时的位置）。

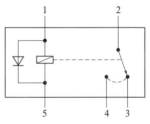

图 4.11-3　继电器控制电路

1,2—自电源；3—常闭触点；4—至负载；5—接地（控制电路）

 ### 4.11.4　继电器电路

继电器电路分为控制电路和工作电路。控制电路的电流流过线圈并产生一个磁场。借此吸引电枢，电枢则使工作电路的开关触点闭合。继电器可用很小的电流来控制很大的电流。

（1）四脚继电器

❶ 常开触点。常开触点四脚继电器见表 4.11-1。

表 4.11-1　常开触点四脚继电器

| 名称 | 新 | 旧 | 电路图 | 连接图 | 继电器形状 |
|---|---|---|---|---|---|
| 控制电路（－） | 85 | 85 | | | |
| 控制电路（＋） | 86 | 86 | | | |
| 输入总线端 | 88 | 30/51 | | | |
| 输出总线端 | 88a | 87 | | | |

❷ 常闭触点。常闭触点四脚继电器见表 4.11-2。

（2）五脚继电器　作为转换器使用的五脚继电器见表 4.11-3。

表 4.11-2　常闭触点四脚继电器

| 名称 | 新 | 旧 | 电路图 |
|---|---|---|---|
| 控制电路（－） | 85 | 85 |  |
| 控制电路（＋） | 86 | 86 | |
| 输入总线端 | 87 | 30/51 | |
| 输出总线端 | 87a | 87a | |

表 4.11-3　作为转换器使用的五脚继电器

| 名称 | 新 | 旧 | 电路图 | 连接图 | 继电器形状 |
|---|---|---|---|---|---|
| 控制电路（－） | 85 | 85 | | | |
| 控制电路（＋） | 86 | 86 | | | |
| 输入总线端 | 87 | 30/51 | | | |
| 输出总线端 | 88a | 87a | | | |

当 85 和 86 端接入 12V 电时触点 87 和 30 接通，同时触点 87a 和 30 断开，当 85 和 86 端无电压时，触点 87 和 30 断开，触点 87a 和 30 接通。

##  4.11.5　继电器检查

继电器不但是控制开关也是被控制对象，在进行电路分析时要分别分析控制回路与开关回路。

（1）检查继电器供电

❶ 关闭点火开关。

❷ 将继电器从保险盒上拔下。

❸ 检查继电器支架上的总线端 30（88）与接地之间的电压，应为蓄电池电压。

（2）继电器功能检查

❶ 断开蓄电池接线。

❷ 测量继电器总线端 30（88）与 87（88a）之间的电阻，应为∞。

❸ 将蓄电池电压接到总线端 86（＋）和 86（－）上。

测量在继电器总线端 30（88）与 87（88a）之间的电阻，应为 0。

# 4.12　接线盒

##  4.12.1　接线盒的作用

我们这里把维修中所说的接线盒、配电盒、继电器盒、保险盒均称为接线盒。

接线盒具有很多功能，例如后窗玻璃加热装置、车窗升降器、车外后视镜、总线系统的网关功能等。根据车辆配置情况，接线盒电气部分装备了不同的继电器和保险丝（图 4.12-1 和表 4.12-1）。在接线盒底部有一个开口，接线盒控制单元通过该开口与接线盒电气部件和车辆导线束连接。

接线盒与继电器和保险丝相组合，为车辆上几乎所有控制单元供电。在不同运行状态下通过总线端为控制单元供电。

图 4.12-1　接线盒上的保险盒继电器（高尔夫 7）

表 4.12-1　接线盒上的保险和继电器（对应图 4.12-1）

| 保险 | 电流 /A | 对应的元件或电气 | 保险 | 电流 /A | 对应的元件或电气 |
|---|---|---|---|---|---|
| SC5 | 5 | 数据总线诊断接口 | SC26 | 2 | 车载电网控制单元；前部座椅加热装置 |
| SC7 | 10 | 空调器控制单元；可加热式后窗玻璃继电器 | SC31 | 40 | 车载电网控制单元；左前大灯 |
| SC8 | 10 | 车灯旋转开关；电控机械式驻车制动器按钮；空气湿度、雨量光线识别传感器；诊断接口 | SC32 | 7.5 | 泊车辅助系统控制单元；驻车转向辅助系统控制单元 |
| | | | SC33 | 5 | 安全气囊控制单元 |
| SC10 | 10 | 前部信息显示和操作单元；控制单元的显示单元 | SC34 | 7.5 | 车灯旋转开关；倒车灯开关；轮胎监控显示按钮；空气质量传感器；插座继电器；电控机械式驻车制动器按钮 |
| SC15 | 10 | 电子转向柱锁止装置控制单元；移动电话双路信号放大器 | SC35 | 10 | 诊断接口；大灯照明距离调节和仪表照明调节器 |
| | | | SC39 | 30 | 车门控制单元；车窗升降器 |
| SC17 | 5 | 组合仪表 | SC40 | 20 | 点烟器 |
| SC19 | 7.5 | 进入及启动系统接口 | SC41 | 10 | 转向柱电子装置控制单元 |
| SC23 | 40 | 车载电网控制单元；右前大灯 | SC42 | 40 | 车载电网控制单元；中央门锁 |
| SC24 | 30 | 滑动天窗控制单元 | SC47 | 15 | 后窗玻璃刮水器电动机 |
| SC25 | 30 | 车门控制单元车窗升降器 | SC49 | 5 | 离合器行程传感器 |
| 继电器 | 对应的元件或电器 | | 继电器 | 对应的元件或电器 | |
| R1 | 未占用 | | R2 | 端子 15 的过载保护继电器 | |
| R3 | 未占用 | | R4 | 端子 15 的供电继电器 | |
| R5 | 可加热式后窗玻璃继电器 | | R6 | 插座继电器 J807 | |

 4.12.2　接线盒的安装位置

根据车辆的配置不同，一款车不限于一个接线盒，其位置一般在发动机舱内左（右）前方、蓄电池的旁边、车内杂物箱后面的左前下方、车内驾驶舱侧仪表台的左下方、后备厢的左（右）侧（图 4.12-2）。

图 4.12-2　接线盒安装位置（高尔夫 7）

 **4.13.1　汽车导线分类**

汽车用电器通过导线来供电，导线可以分为高压线和低压线两种。根据用途，低压导线一般分为普通用导线和启动用导线。低压导线的芯线结构一般为多股线绞合，根据工作电流大小、机械强度来选择。导线以导线束形式集中铺设。子线束连接到不同的电气和电子系统。

 **4.13.2　导线标识**

（1）导线颜色用途　汽车线束，尤其是子线束、电气和电子元件通过插接器连接在一起，导线按用途通过颜色标记出来，以便更好地加以区分。彩色标记对在车载网络中进行系统化故障诊断非常有利，因为从颜色即可知道导线的用途。每根导线都带有一种基本颜色。基本颜色就是导线的主颜色，还有两种标识色用于进一步区分基本颜色相同的导线。

（2）导线颜色标识

❶ 基本颜色。标识色可以作为纵向线条以间隔方式印在基本颜色上。例如，单黑色专用于搭铁线、单红色用于电源线等。导线颜色标识见表 4.13-1。

表 4.13-1　导线颜色标识

| 导线颜色 | 新标准规定<br>颜色缩写 | 旧标准规定<br>颜色符号 | 导线颜色 | 新标准规定<br>颜色缩写 | 旧标准规定<br>颜色符号 |
|---|---|---|---|---|---|
| 白色 | WH | ws | 紫色 | VT | bl |
| 黄色 | YE | ge | 棕色 | BR | vi |
| 灰色 | GY | gr | 蓝色 | BU | br |
| 绿色 | GN | gn | 黑色 | BK | sw |
| 红色 | RD | rt | 橙色 | OG | or |

❷ 混色导线。标识色还可以作为连续环形标志印在基本颜上，如果在电路图中列出导线颜色，则基本颜色在斜线前，标识色在斜线后。颜色标记与导线横截面有关。照明电气导向颜色标识见表 4.13-2。

表 4.13-2　照明电气导线颜色标识

| 导线 | 基本颜色 / 标识色 | 导线 | 基本颜色 / 标识色 |
| --- | --- | --- | --- |
| 接地导线 | 棕色 | 近光灯开关 - 远光灯 | 白色 |
| 总线端 15 电缆 | 黑色或黑色 / 色条 | 远光灯瞬时接触开关 - 近光灯 | 黄色 |
| 总线端 30 电缆 | 红色或红色 / 色条 | 左侧停车报警灯，尾灯 | 灰色 / 黑色 |
| 蓄电池正极 - 远光灯瞬时接通开关 | 红色 | 右侧停车报警灯，尾灯 | 灰色 / 红色 |
| 远光灯瞬时接通开关 - 近光开关 | 白色 / 黑色 |  |  |

（3）导线截面　汽车电气系统（12V）主要线路导线截面积见表 4.13-3。汽车线束内的电线常用规格有标称截面积 0.5mm²、0.75mm²、0.85mm²、1.0mm²、1.25mm²、1.5mm²、2.0mm²、2.5mm²、4.0mm²、6.0 mm² 等。

表 4.13-3　汽车电气系统（12V）主要线路导线截面积

| 名称 | 导线的使用部位 标称截面积 /mm² | 名称 | 导线的使用部位 标称截面积 /mm² |
| --- | --- | --- | --- |
| 后灯、顶灯、指示灯、仪表灯、牌照灯、燃油表、刮水器等电路 | 0.5 | 前照灯、电喇叭（≥3A）电路 | 1.5 |
|  |  | 其他 5A 以上的电路 | 1.5～4.0 |
| 转向灯、制动灯、停车灯、分电器等电路 | 0.8 | 电源电路 | 4～25 |
|  |  | 启动电路 | 16～95 |
| 前照灯、电喇叭（<3A）电路 | 1.0 | 柴油机汽车电热塞电路 | 4～6 |

 ### 4.13.3　线束

（1）线束功能类型　汽车线束（图 4.13-1）有发动机线束、车身线束，以及总线束和分支线束等。不同颜色和粗细的线束编扎在一起，连接汽车上所有闭合电路形成的各个元件、电气设备以及接点。

汽车电气线束连接如下三大中心。

❶ 中央配线盒：是所有电源的来源。

❷ 仪表接线盒。

❸ 开关：开关不但是线束的中心，而且是局部电路的控制核心，开关的功能反映了局部电路的主要功能。

（2）线束的检查　由于线束本身或者插接件处腐蚀和老化而损坏，导致导线不能导通。需用检测灯进行导通性检测或用万用表测量导线的电阻。

如果导线电阻过大时无法向用电器提供足够高的电压，同时会出现功能故障，所以导线电压降不能过大。

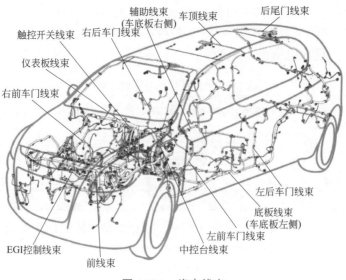

图 4.13-1　汽车线束

 **4.14.1　连接器类型**

连接器，维修中也称插接器、插接件等（图 4.14-1 ～图 4.14-12）。连接器相当于由一个插头和插座组成，一般情况下，插头连接电气设备端，插座连接线束端。根据功能和连接电气设备不同，连接器有多种类型，只分插座（母）和插头（公），没有特定的形状（也就是说，不能一看连接器就判别具体是与哪个电气设备、电气元件或控制器等连接的，只能大概看出是用于控制器还是电动机等）。

连接器的一端连接在汽车上，另一端连接在诊断设备上，需要进行故障诊断、编程等维修作业时，则连接诊断设备。所有车系的连接器在汽车上的安装位置和形状（针脚数量）都是固定的，这是国际标准规定的。

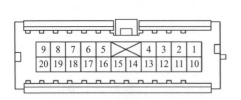

图 4.14-1　车身控制模块连接器

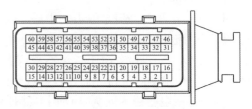

图 4.14-2　ECM 连接器

图 4.14-3 空调控制器连接器

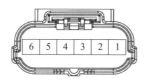

图 4.14-4 某传感器连接器

图 4.14-5 某电动机连接器

图 4.14-6 线束连接器（一）

图 4.14-7 线束连接器（二）

图 4.14-8 线束连接器（三）

图 4.14-9 线束连接器（四）

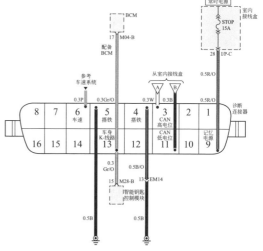

图 4.14-10 线束连接器（五）

图 4.14-11 线束连接器（六）

图 4.14-12 诊断连接器

 4.14.2 键扣式连接器的拆卸

所有的连接器在结构上都有锁闭装置，拆开时，应先按下闭锁，使锁扣脱开，才能将连接器彻底分离。若需要拆卸连接器内的针脚，应使用专用工具。常见连接器断开方法见图 4.14-13 ～图 4.14-16。

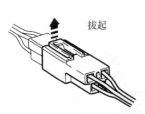
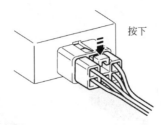
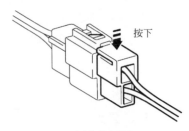

图 4.14-13　外卡连接器　　　图 4.14-14　内卡连接器　　　图 4.14-15　侧卡连接器

脱开 ECM 连接器时，如图 4.14-17 所示，按压 ECM 连接器插头 1 解锁键（箭头 A 沿箭头 B 方向扳开），脱开连接器插头。

 **注 / 意**

在分开接头时，勿拉扯线束或电线。当拆开接头时必须小心，不要损坏接头支撑架。

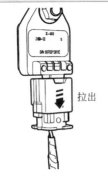
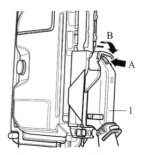

图 4.14-16　传感器连接器　　　　图 4.14-17　ECM 连接器

## 4.14.3　安全气囊连接器的拆卸（图 4.14-18）

直接连接安全气囊元件类型如下。

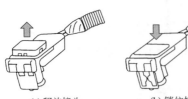

(a) 释放接头　　　(b) 锁住接头

图 4.14-18　安全气囊连接器拆卸

❶ 安全气囊直接连接式线束接头适用于特定 SRS 元件上，如气囊模块。

❷ 从安全气囊元件上拆下接头之前，务必拉起黑色锁扣以释放接头。

❸ 安装接头至安全气囊元件后，务必按下黑色锁扣以锁住接头。锁住后，黑色锁扣与接头外壳应保持水平状态。

# 4.15　汽车电路图识读技巧与原则

## 4.15.1　读电路图的关键技巧

（1）三个掌握要点

❶ 掌握各种车型的电路图中图形意义、标注规则、符号含义和使用方法等，应能看着电路图找到对应的电气元件。

❷ 掌握一定的电气系统的工作原理，尤其是电气元件的电路输出和输入。

❸ 掌握承修车辆的电气布置情况。

（2）"一种两路"的技巧

❶ 一种车型。精心分析一种车型的典型电路，掌握各个系统之间的接线特点和规则，进而了解一个车系的电路特点。

❷ 两路理顺。第一，顺向：从用电设备找到蓄电池正极和搭铁，顺着电流流向，从蓄电池正极出发到用电设备再到负极搭铁。第二，逆向：逆着电流方向，从负极搭铁到用电气再到蓄电池正极。

选择一种路径或者两种路径结合的方法去理顺，善于将一个复杂的系统回路简化，这样有利于快速理清电路结构。

## 4.15.2　看电路图关键结构布局

（1）电路图中最上部（图4.15-1）　电路图中，最上面部分为中央配电盒电路，其中标明了熔丝的位置及容量、继电器位置编号及接线端子号等。

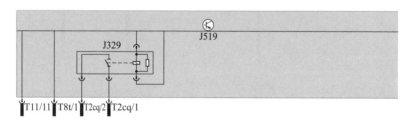

图 4.15-1　电路图中最上部

（2）电路图中部（图4.15-2）　电路图中，中间部分是车上的电气元件及连线。

（3）电路图中最下部（图4.15-3）　电路图中，最下面部分的横线是搭铁线，上面标有电路编号和搭铁点位置，最下面搭铁线的标号是为了方便标明在续页查找而编制的。

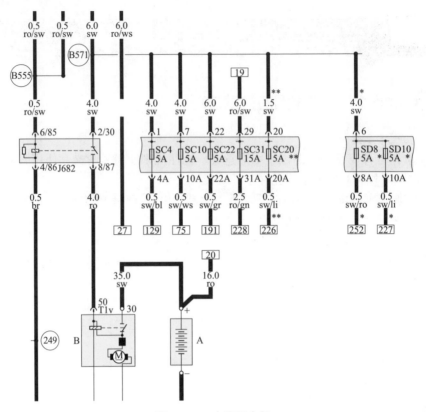

图 4.15-2　电路图中部

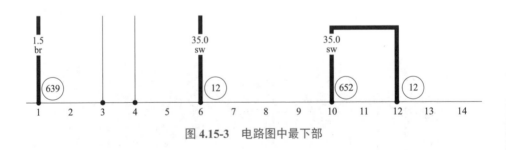

图 4.15-3　电路图中最下部

## 🔧 4.15.3　电路图的阅读原则

（1）简单的电路图——找电源　比较简单的电路图要遵守"从前到后"阅读原则，即电源→用电器→接地。

（2）复杂的电路图——找用电器　比较复杂的电路图要遵守"从中间向两边"阅读原则，即电源←用电器→接地。

## 4.15.4 理顺线路路径

（1）电路走向 电流方向基本上是从上到下，电流流向从电源正极→保护装置→开关→用电器→搭铁→电负极，形成简明的完整回路（图 4.15-4）。

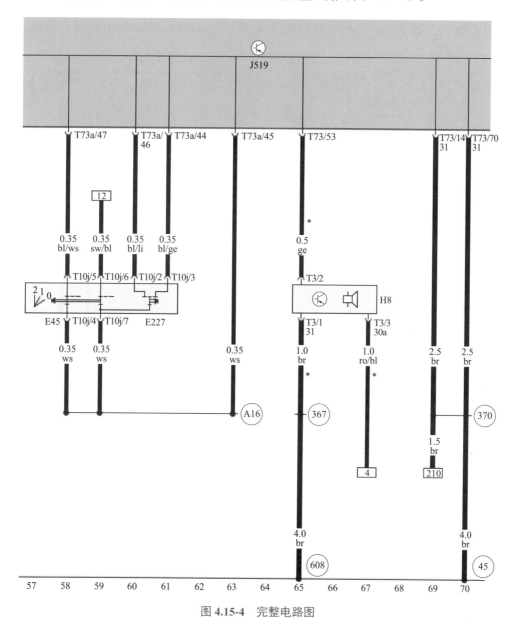

图 4.15-4 完整电路图

（2）从断路代号找位置 用小方块里的数字代号解决电路交叉问题，这是一种断代号的办法。大众车系采用断路代号法来处理线路复杂交错的问题。如图 4.15-5 所示，某一条线路的上半段在电路号码为 4 的位置上，下半段在电路号码为 67 的位置上，在上半段电路的中止处画一个标有 67 的小方格，即可说明下半段电路就在电路号码为 67 的位置上；下半段电路开始处也有一个小方格，里面标有 4，说明上半段电路就应在电路号码为 67 的位置上，通过 4 和 67，上、下半段电路就连在一起。使用这种方法以后，读再复杂的电路图，也看不到一根横线，线路清晰简洁，方便查找。

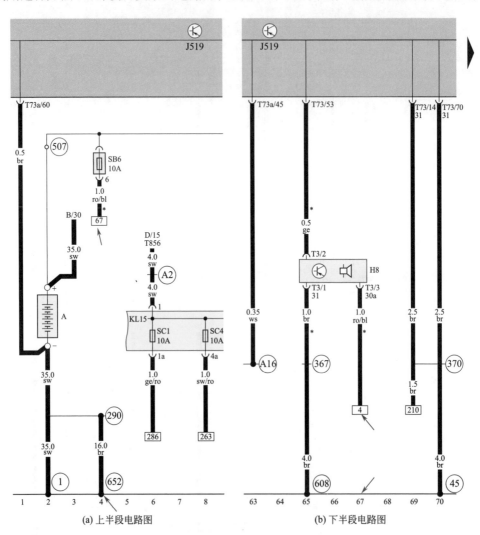

图 4.15-5　图中小方格为电路交叉

## 🔧 4.15.5　电路图识读举例

（1）电源和启动系统电路组成　启动电路包括蓄电池、点火开关、J519（车载

电网控制单元)、保险丝 SB30（图 4.15-6)、接线端 50 供电器 J682、总线端 15 供
电器 J329、起动机、发电机等。

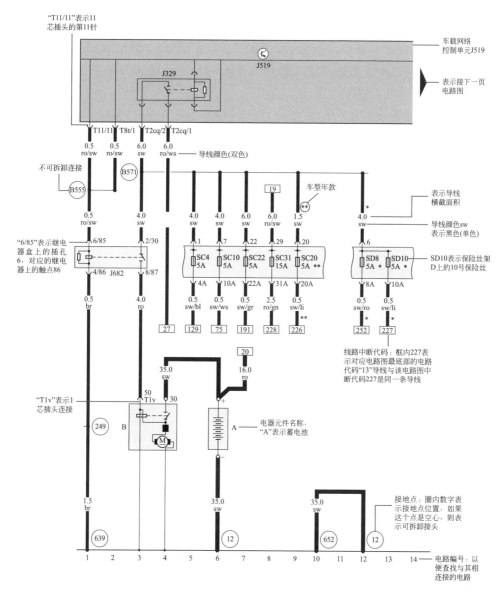

图 4.15-6　电路图（一）

（2）点火开关　将点火钥匙插入预锁位置。发动机运转，点火钥匙退回到 15
号线位置。关闭发动机，压下点火钥匙后将手放开，点火钥匙将被弹回到取出位置。

（3）起动机　起动机是用来启动发动机的，当点火开关处于启动位置时，继电
器接通起动机主电路，此时起动机工作。起动机由直流电动机、传动结构和控制部

分组成。其中控制部分也就是电磁开关上有三个端子，一个直接接蓄电池正极（端子30），一个接启动继电器的开关触点（端子50），最后一个接直流电动机电刷（端子C），起动机壳体接地。

（4）启动系统工作原理　点火钥匙插到启动位置，车载电网控制单元接收到启动信号的同时确认离合器位置或变速杆位置（自动变速器）、蓄电池电压等信号，车载电网控制单元控制接线端50供电器J682、总线端15供电器J329给起动机供电，使起动机工作，从而启动发动机。

（5）电路走向分析　蓄电池→20→7→SB30→4→27→总线端15供电继电器J329，在车载电网控制单元J519的控制下，使连接器T2cq/2和T2cq/1接通→接线端50供电器J682；在车载电网控制单元J519的控制下，使2/30和8/87接通→起动机50号线（Tlv1）→起动机吸合线圈→蓄电池的电压通过起动机30号线端子给起动机供电，起动机工作→发动机启动（图4.15-7和表4.15-1）。

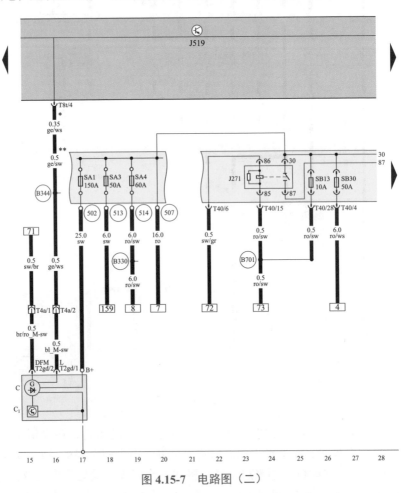

图4.15-7　电路图（二）

表 4.15-1　图 4.15-7 的符号说明

| 符号 / 位置 | 含义 / 说明 | 符号 / 位置 | 含义 / 说明 |
|---|---|---|---|
| C | 三相交流发电机 | 502/513/514 | 继电器板上的螺栓连接 1/3/4（30a），在蓄电池保险丝架上 |
| C1 | 电压调节器 | | |
| J271 | Motronic 供电继电器，在 E-Box 电控箱上 R2 号位（100 继电器） | 507 | 螺栓连接（30），在蓄电池保险丝架上 |
| | | B330 | 正极连接线 16（30a），在主线束中 |
| J519 | 车载电网控制单元 | B344 | 连接 1（61），在主线束中 |
| SA1/SA3/SA4 | 保险丝架 A 上的保险丝 1/3/4 | B701 | 正极连接（30a），在主线束中 |
| SB13/SB30 | 保险丝架 B 上的保险丝 13/30 | ws/sw | 白色 / 黑色 |
| T2gd | 2 芯黑色插头连接 | ro/rt | 红色 |
| T4a | 4 芯黑色插头连接，在左纵梁前部 | gn/bl | 绿色 / 蓝色 |
| T8t | 8 芯黑色插头连接 | gr/ge | 灰色 / 黄色 |
| T40 | 40 芯黑色插头连接，在 E-Box 电控箱上 | li/vi | 淡紫色 |
| | | or/rs | 橘黄色 / 粉红色 |

## 4.16　大众电路图识读（扫码学习）

## 4.17　奥迪电路图识读（扫码学习）

## 4.18　通用电路图识读（扫码学习）

## 4.19　福特电路图识读（扫码学习）

## 4.20　丰田电路图识读（扫码学习）

## 4.21　日产电路图识读（扫码学习）

## 4.22　现代电路图识读（扫码学习）

## 4.23　广汽传祺电路图识读（扫码学习）

## 4.24　长安电路图识读（扫码学习）

品牌汽车
电路图识读
视频精讲

# 第5章

# 发动机基础

## 5.1 发动机的分类与原理

四冲程汽油发动机从外界吸入空气。通过喷射系统将准确调节的燃油量分配给进气管。在进气管内或缸内（直接喷射）形成燃油空气混合气。为了确保燃油空气混合气正常点火和燃烧（柴油发动机为压燃，汽油发动机为点燃），需要达到特定的混合比。完全燃烧 1kg 燃油需要 14.7kg 空气。实际空气量取决于具体的冷启动、怠速运转、部分负荷、满负荷运行情况。

四冲程汽油发动机将燃油中存储的化学能转化为曲轴的机械能。燃油中的一部分化学能没有转化为有效能量，随传动装置损耗。这部分能量并没有消失，而是转化为另一种能量，例如热能，因此有效能量小于输送能量。

### 5.1.1 奥托循环发动机

（1）奥托循环　奥托循环发动机就是常规的发动机。奥托循环的一个周期由吸气行程、压缩行程、做功行程和排气行程构成。首先活塞向下运动使可燃混合气（燃料与空气的混合体）通过气门进入气缸，关闭进气门，活塞向上运动压缩混合气，然后在接近压缩冲程顶点时由火花塞点燃混合气体，所产生的推力迫使活塞向下运动，完成做功冲程，最后将燃烧过的气体通过排气门排出气缸。

**小贴士**

> 1876 年德国工程师尼古拉斯·奥托利用四冲程循环原理发明了发动机，故把这种循环命名为奥托循环。采用奥托循环的发动机即为奥拓循环发动机，它是第一个以进气、压缩、做功、排气四个行程为一个循环的发动机，也是最常见的发动机形式。

（2）**特点** 对于奥托循环，压缩比等于膨胀比（图 5.1-1），相对简单，因为不需要气门的早关，所以也不需要太复杂的配气机构。

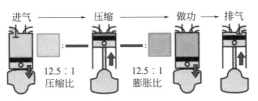

图 5.1-1 高负载区使用（压缩比 = 膨胀比）

（3）奥托循环发动机基本原理（表 5.1-1）

表 5.1-1 奥托循环发动机基本原理

| 行程 | 基本原理 | 图示 / 示意图 |
|---|---|---|
| 进气 | 新鲜空气或汽油与空气混合气被吸入燃烧室内<br>第一个冲程（进气行程）开始时，活塞位于上止点，向下止点方向移动<br>进气门打开。活塞向下移动时，燃烧室容积增大。此时产生轻微真空压力，从而使汽油与空气混合气通过打开的进气门吸入燃烧室内。活塞到达下止点时，燃烧室内充满汽油与空气的混合气。进气门关闭 |  |
| 压缩 | 吸入的新鲜空气或汽油与空气的混合气被活塞压缩<br>第二个冲程（压缩行程）开始，气门都关闭时，活塞从下止点向上止点移动<br>由于燃烧室容积减小且汽油与空气混合气无法排出，因此混合气经过高度压缩。燃烧室内的压力明显增大<br>进行快速压缩时，燃烧室内的温度也随之升高<br>活塞即将到达上止点前，混合气被火花塞的火花点燃。此时称为点火时刻。汽油与空气的混合气开始燃烧并释放出热能。温度升高时气体迅速膨胀。但燃烧室是一个封闭空间，气体无法快速膨胀，因此燃烧室内的压力急剧增大 |  |

续表

| 行程 | 基本原理 | 图示/示意图 |
|------|---------|------------|
| 做功 | 汽油与空气的混合气开始燃烧，产生的压力促使活塞向下移动<br>第三个冲程（做功行程）开始，燃烧室内的高压向其边界面（燃烧室壁、燃烧室顶和活塞）施加作用力。活塞在作用力下向下止点方向移动。此时容积增大，气体能够膨胀，燃烧室内的压力减小。因此，进行做功。汽油内存储的化学能转化为机械功<br>气体膨胀还导致燃烧室内的温度下降<br>活塞到达下止点时排气门打开，压力值降至环境压力 | |
| 排气 | 排出燃烧室内的废气<br>第四个冲程（排气行程）开始，活塞从下止点向上止点移动<br>燃烧室容积减小。通过打开的排气门排出燃烧气体。燃烧室内的压力短时稍稍增大，最后重新降至环境压力<br>第四冲程结束且活塞到达上止点时，排气门关闭<br>排气行程结束，进气行程开始。四冲程过程重新开始循环作业 | |

##  5.1.2　米勒循环发动机

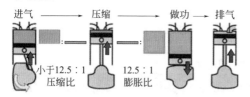

图 5.1-2　中低负载区使用（压缩比＜膨胀比）

（1）**特点**　米勒循环发动机在压缩行程期间进气门保持打开状态，因此发动机将压缩机械增压器的压力，而不会压缩气缸壁的压力，由此来提高效率。米勒循环发动机，压缩比小于膨胀比（图 5.1-2）。

（2）**米勒循环原理**　米勒循环发动机可延迟进气门关闭正时（也可以说控制进气侧的 VVT），这样的情况下，发动机在压缩行程时，一部分可燃混合气会被压回进气歧管，导致可燃混合气的膨胀比大于压缩比，在不增加有效压缩比的情况下可获得高膨胀比，使得可燃混合气的压缩效果提升，提高可燃混合气的燃烧效果，提高热机效率（图 5.1-3）。

❶进气被导入气缸。

❷进气行程完成后进气门保持开启，使气缸内的空气流回进气管。

❸压缩行程从进气门关闭位置（小压缩）开始。

❹空燃混合气燃烧，活塞被向下推向下止点（大膨胀）。

（3）**典型应用**　例如，大众 EA888 GEG3B 发动机（俗称的三代半发动机），装备于 A4L、A6L 车型，这款发动机采用的就是米勒循环燃烧技术。马自达也有搭载这款发动机的车型。

##  5.1.3　阿特金森循环发动机

阿特金森循环的实质就是膨胀比大于压缩比（图 5.1-4）。

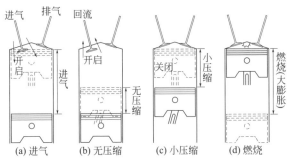

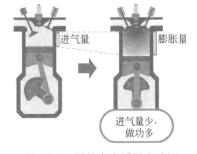

图 5.1-3 米勒循环发动机原理

图 5.1-4 阿特金森循环发动机

阿特金森循环其实与米勒循环差不多，都是膨胀比大于压缩比，只不过实现的方法不一样。米勒循环通过气门早关实现，在进气行程结束前，提前关闭气门。相比于阿特金森循环，这样的方法在低负荷情况下能更省油，但在高负荷时会导致发动机功率不足，大众低功率版发动机功率小，就是因为其用了米勒循环。

其实，无论哪种循环，都是为了让燃油更好地燃烧。一般日系车使用阿特金森循环发动机居多，而德系车使用米勒循环发动机居多。混动车型也多采用阿特金森循环发动机或米勒循环发动机。

## 5.2 发动机的两大机构和六大系统

发动机视图见 5.2-1。

 ### 5.2.1 两大机构

（1）曲柄连杆机构　曲柄连杆机构由机体组、活塞连杆组、曲轴飞轮组三部分组成。其作用是将燃料燃烧产生的热能转变为活塞往复运动的机械能，再通过连杆（曲轴传动机构见图 5.2-2）将活塞的往复运动转变为曲轴的旋转运动而对外输出动力。

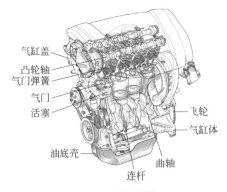

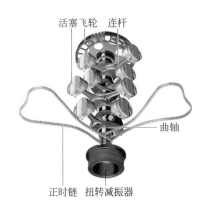

图 5.2-1 发动机视图

图 5.2-2 曲轴传动机构

（2）配气机构　配气机构（图5.2-3）由气门组及气门传动组组成，其作用是使可燃混合气及时充入气缸并及时将废气从气缸中排出。

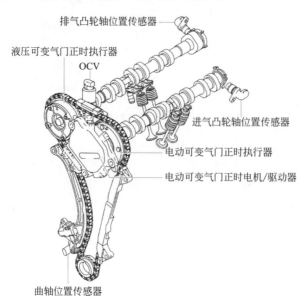

排气凸轮轴位置传感器

液压可变气门正时执行器
OCV

进气凸轮轴位置传感器

电动可变气门正时执行器

电动可变气门正时电机/驱动器

曲轴位置传感器

图5.2-3　配气机构

 5.2.2　六大系统

（1）电控燃油喷射系统

❶ 系统组成。汽油机电控燃油喷射系统由空气供给系统、燃油供给系统和电控系统三部分构成。a.空气供给系统包括：空气滤清器、空气流量传感器、进气软管、进气歧管、节气门位置传感器、进气温度传感器。b.燃油供给系统包括：燃油箱、电动燃油泵、输油管、回油管、燃油滤清器、油压调节器、燃油分配管（器）、喷油器。c.电控系统包括：传感器、电子控制单元（ECU）和执行器。

❷ 原理。利用系统中的各传感器将监测到的发动机运行状态参数转换成电信号，输入发动机电子控制单元（ECU）中，ECU根据这些信号，计算出喷油器的通电时间，并接通喷油器电路，使喷油器喷油，从而对喷油器的喷油时刻、喷油量进行精确控制，形成最佳的可燃混合气被送入气缸以供燃烧，并将燃烧生成的废气排出。

（2）冷却系统　冷却系统有水冷却系统和风冷却系统两种，现代汽车一般都采用水冷却系统，主要由水泵、节温器、风扇和散热器等组成，其作用是将受热机件的热量散到大气中去，从而保证发动机在正常温度工作。

（3）润滑系统　润滑系统主要由油底壳、集滤器、机油泵、机油滤清器、调压阀、安全阀等组成，其作用是将润滑油送至各个摩擦表面，以减轻机件的磨损，并清洗、冷却摩擦表面，延长发动机的使用寿命。

（4）启动系统　启动系统主要由起动机、启动开关、启动继电器和蓄电池等组成，其作用是将静止的发动机启动并转入自行运转。

（5）点火系统　点火系统主要由点火开关、点火模块（点火器）、点火线圈、高压组线、火花塞等组成，其作用是按规定时刻向气缸内提供电火花以点燃气缸中的可燃混合气。

（6）电源系统　电源系统主要由蓄电池、发电机及调节器等组成，其作用是为发动机及其汽车电气设备提供稳定的电能。

# 5.3　机体组

## 5.3.1　机体组组成部件

机体组（图 5.3-1）由气缸体、气缸垫、气缸盖、曲轴箱及气缸套等组成。

## 5.3.2　气缸体

气缸体（图 5.3-2）包括气缸、冷却水套和曲轴传动机构壳体。

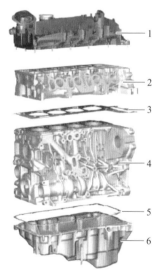

图 5.3-1　机体组

1—气缸盖罩；2—气缸盖；3—气缸盖密封垫；4—气缸体（曲轴箱）；5—油底壳密封垫；6—油底壳

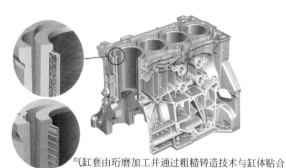

气缸套由珩磨加工并通过粗糙铸造技术与缸体贴合

图 5.3-2　气缸体

## 5.3.3　气缸盖

气缸盖（图 5.3-3 和图 5.3-4）由铸铁或铝合金铸制，是气门机构的安装基体，也是气缸的密封盖，与气缸及活塞顶部组成燃烧室。许多汽车厂家采用把凸轮轴支

撑座及挺杆导向孔座与气缸盖铸成一体的结构。

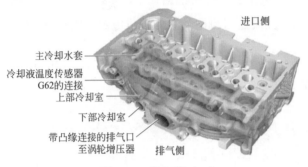

主冷却水套
冷却液温度传感器
G62的连接
上部冷却室
下部冷却室
带凸缘连接的排气口
至涡轮增压器
进口侧
排气侧

图 5.3-3　气缸盖（一）

图 5.3-4　气缸盖（二）

 ### 5.3.4　气缸垫

（1）气缸垫的结构　气缸垫（图 5.3-5 和图 5.3-6）有软材料密封垫和金属密封垫两种。金属密封垫应用于高负荷发动机，这种密封垫主要由多层钢板垫片制成，一般有 4 层金属衬垫。金属密封垫的主要特点是，密封作用基本上由弹簧钢层内的集成式凸起和填充层决定。在液体通道处通过弹性橡胶层增强密封效果。

隔板　胎圈板
垫片板　胎圈板

图 5.3-5　气缸垫（一）

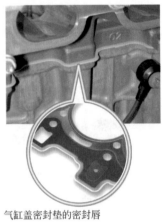

气缸盖密封垫的密封唇

图 5.3-6　气缸垫（二）

（2）气缸垫的作用　气缸垫用于防止空燃混合气、燃烧气体、机油和发动机冷却液泄漏。

 ### 5.3.5　曲轴箱

气缸体下部用来安装曲轴的部位称为曲轴箱（图 5.3-7），曲轴箱分上曲轴箱和下曲轴箱，其中曲轴箱下部件称为底板。

 ### 5.3.6　气缸套

气缸套（图 5.3-8）构成了活塞和活塞环的工作面及密封面。

气缸套的表面特性决定了气缸套与活塞及活塞环之间油膜的结构和分布情况。因此，气缸套的粗糙度在很大程度上决定着耗油量和发动机磨损度。

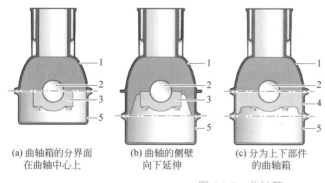

1—曲轴箱（上部件）；2—用于曲轴的开孔；3—主轴承盖板；4—曲轴箱下部件（底板）；5—油底壳

(a) 曲轴箱的分界面在曲轴中心上　　(b) 曲轴的侧壁向下延伸　　(c) 分为上下部件的曲轴箱

图 5.3-7　曲轴箱

### 5.3.7　油底壳

（1）油底壳的结构　油底壳在发动机最底部，有单体的，也可由两个部件构成，例如油底壳上部件和下部件（图 5.3-9）。

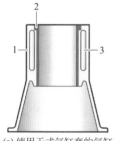　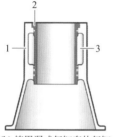　

(a) 使用干式气缸套的气缸　　(b) 使用湿式气缸套的气缸

图 5.3-8　气缸套

图 5.3-9　双层油底壳

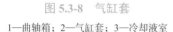

1—曲轴箱；2—气缸套；3—冷却液室　　1—油底壳上部件；2—油底壳下部件

（2）油底壳的作用　a. 存储发动机机油。b. 收集发动机内部回流的机油。c. 固定相关传感器。d. 固定机油尺导管。e. 隔声等。油底壳如图 5.3-10 所示。

### 5.3.8　气缸盖罩盖

气缸盖罩盖（图 5.3-11）通常称作气门盖或气门室罩盖，它构成了发动机机体（发

　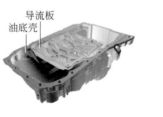　

导流板
油底壳

图 5.3-10　油底壳　　　　　　图 5.3-11　气缸盖罩盖

动机壳体）的顶部。使气缸盖顶端与外部隔离，隔声，固定曲轴箱通风系统，固定安装件。

# 5.4 活塞连杆组

## 5.4.1 活塞连杆组的作用

活塞连杆组将活塞的往复运动变为曲轴的旋转运动，同时将作用于活塞上的力转变为曲轴对外输出转矩，以驱动汽车车轮转动。

如图 5.4-1 所示，活塞在气缸内上下运动（往复运动），连杆通过小连杆头以可转动的方式连接在活塞销上，也进行往复式运动。大连杆头连接在曲柄轴颈上并随之转动，连杆轴在曲轴圆周平面内摆动，曲轴围绕自身轴线转动（旋转）。

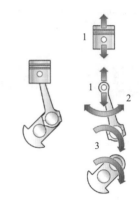

图 5.4-1 活塞连杆组和曲轴传动
1—往复式运动；2—摆动；3—旋转

## 5.4.2 活塞连杆组的结构

活塞连杆组由活塞、活塞卡环、活塞销、连杆等组成（图 5.4-2 和图 5.4-3）。

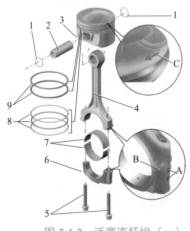

图 5.4-2 活塞连杆组（一）

1—活塞卡环；2—活塞销；3—活塞；4—连杆；5—连杆螺栓；6—连杆盖；7—连杆轴承（俗称小瓦）；8—活塞环油环；9—活塞环气环；A—气缸位标记（属于哪个气缸的）；B—朝向标记（朝正时机构方向）；C—活塞朝向标记（朝正时机构方向）

活塞顶部一般都是凹进去的，主要是为燃烧室留空间

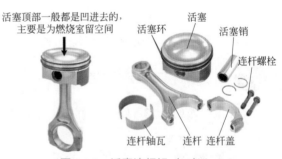

图 5.4-3 活塞连杆组（二）

## 5.4.3 活塞

（1）活塞的结构 活塞是汽车发动机气缸体中做往复运动的机件。活塞的基本

结构可分为顶部、头部和裙部。活塞顶部是组成燃烧室的主要部分,其形状与所选用的燃烧室形式有关。

活塞裙部分是现代活塞变化最明显的部分(图5.4-4)。活塞裙使活塞在气缸内直线运行。通过降低活塞裙表面积和厚度,降低滑动阻力和部件重量。

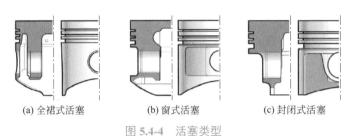

(a) 全裙式活塞   (b) 窗式活塞   (c) 封闭式活塞

图5.4-4　活塞类型

(2)**活塞的作用**　活塞上表面有凹坑,这样可避免初始燃烧火焰直接碰到活塞上表面,以降低冷却损失(图5.4-5)。

偏置活塞(图5.4-6)的活塞销中心与活塞中心偏离,由此可抑制撞击。

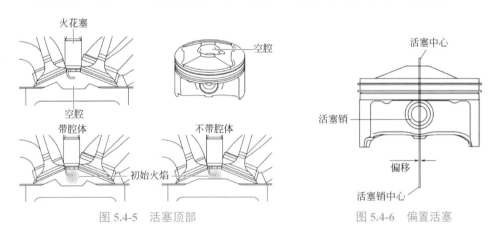

图5.4-5　活塞顶部     图5.4-6　偏置活塞

 ### 5.4.4　活塞环

(1)**活塞环的结构**　活塞环由两道压缩环(第1道环、第2道环)和油环构成(图5.4-7和图5.4-8)。活塞环是用于嵌入活塞槽沟内部的金属环。活塞环必须紧靠在气缸壁和活塞环形槽的侧沿上。活塞环的径向弹簧力使活塞环靠在气缸壁上。

(2)**活塞环的作用**

❶ 压紧环,也就是我们通常所说的气环,可防止气缸内的压力从活塞周围泄漏。

❷ 油环用来清除气缸壁上黏附的多余机油。

❸ 活塞环将活塞热量传导给气缸壁以冷却活塞。

活塞环截面如图5.4-9所示。

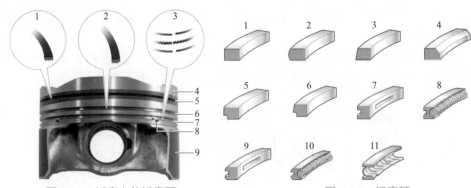

图 5.4-7　活塞上的活塞环

1,2—气环；3—油环；4—第一活塞环钢制环岸；

5—第一活塞环槽；6—第二活塞环槽；7—刮油环槽；

8—润滑油排出孔；9—石墨涂层

图 5.4-8　活塞环

1—矩形环；2—桶面环；3—锥面环；4—内倒角矩形环；

5—鼻形环；6—鼻形锥面环；7—开槽油环；8—带有管

状弹簧的开槽油环；9—双倒角环；10—带有管状弹簧的

双倒角环；11—VF 系统油环

 5.4.5　活塞销

　　活塞销（图 5.4-10）是装在活塞裙部的圆柱形销子。它的中部穿过连杆小头孔，用来连接活塞和连杆，其作用是把活塞承受的气体作用力传给连杆，或使连杆小头带动活塞一起运动。

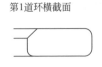
第1道环横截面

第2道环横截面

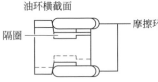
油环横截面　摩擦环　隔圈

图 5.4-9　活塞环截面

图 5.4-10　活塞销

 5.4.6　连杆

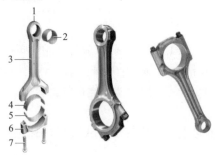

图 5.4-11　连杆

1—油孔；2—滑动轴承；3—连杆；4,5—轴瓦；

6—连杆轴承盖；7—连杆螺栓

　　（1）连杆的结构　连杆（图 5.4-11）安装在活塞销和曲柄销之间。现在一般都采用裂开的方式使连杆与连杆盖分离，以提高精度。

　　活塞采用全浮动型连接，同时进一步加大小端的锥度，减小了包括活塞在内的往复运动的惯性。通过对连杆螺栓采用塑性变形紧固方式，提高了轴向力稳定性。在 V 型发动机中大连杆头通常采用斜切式结构。

（2）连杆和连杆轴承的作用

❶ 连杆。连杆连接活塞和曲轴，并将活塞所受作用力传给曲轴，将活塞的往复运动转变为曲轴的旋转运动。

❷ 连杆轴承。连杆轴承在曲柄销外表面形成油膜，防止因滑动而磨损。

 ## 5.5 曲轴飞轮组

 ### 5.5.1 结构原理

（1）工作原理　曲轴飞轮组的作用是把活塞的往复运动转变为曲轴的旋转运动，为汽车的行驶和其他需要动力的机构输出扭矩。同时还储存能量，用以克服非做功行程的阻力，使发动机运转平稳。

（2）结构组成　曲轴飞轮组如图 5.5-1 所示。

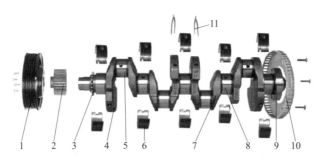

图 5.5-1　曲轴飞轮组

1—皮带轮；2—正时齿形皮带轮；3—驱动链轮；4—平衡重；5—连杆轴颈；
6—主轴瓦；7—曲柄；8—主轴颈；9—凸缘；10—转速传感器信号轮；11—止推片

### 5.5.2 曲轴

（1）曲轴的作用

曲轴（图 5.5-2）承受连杆传来的力，并将其转变为转矩，通过曲轴输出并驱动发动机上的其他附件工作。主轴承轴颈位于曲轴箱内的轴承内。连杆轴颈或曲柄轴颈与曲轴通过所谓的曲柄臂连接起来。曲柄轴颈和曲柄臂的这部分也称作曲柄。

（2）曲轴的结构

❶ 曲轴被安装在气缸体里面（曲轴箱）。曲轴装配分解图见图 5.5-3。

❷ 曲轴上有一个键槽（图 5.5-4），用来与曲轴皮带轮保持同步。

❸ 曲轴中有一个油路（图 5.5-5），用来向曲轴轴颈和曲柄销提供机油。

（3）曲轴主轴承　曲轴主轴承也称为大瓦，曲轴主轴承被安装在曲轴轴颈的外

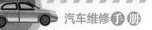

表面。曲轴主轴承上瓦带有油槽和油孔（图 5.5-6）。

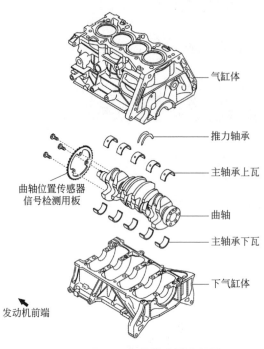

气缸体

推力轴承

主轴承上瓦

曲轴位置传感器
信号检测用板

曲轴

主轴承下瓦

下气缸体

发动机前端

图 5.5-3 曲轴装配分解图

图 5.5-2 曲轴

1—扭转减振器的固定装置；2—用于驱动机油泵
的齿轮；3—主轴承轴颈；4—连杆轴承轴颈；5—
输出端；6—平衡重块；7—油孔；8—正时链链轮

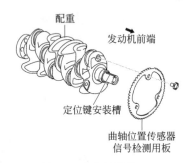

配重

发动机前端

定位键安装槽

曲轴位置传感器
信号检测用板

图 5.5-4 曲轴结构

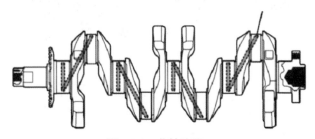

图 5.5-5 曲轴油路

（4）推力轴承（止推片）　曲轴的推力轴承也称曲轴止推片，通过 3 号轴颈两侧的推力轴承来抑制轴推力。

###  5.5.3　飞轮

（1）飞轮的结构　为了车辆的稳定和舒适性，现在普遍采用双质量飞轮（飞轮结构见图 5.5-7）。双质量飞轮将传统飞轮的质量块一分为二，一部分继续用于补偿发动机惯量；另一部分负责提高变速箱惯量，从而使共振范围明显低于正常运行转速。

（2）飞轮的作用原理　飞轮通常位于曲轴后端，即发动机与变速箱之间。它可以在做功行程期间存储能量并于稍后释放能量。借助飞轮的这种能量可以克服"空行程"和越过止点（图 5.5-8）。

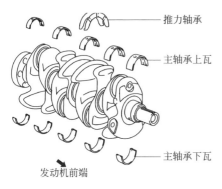

图 5.5-6　曲轴主轴承和推力轴承

（推力轴承、主轴承上瓦、主轴承下瓦、发动机前端）

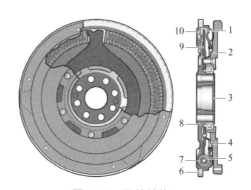

图 5.5-7　飞轮结构

1—盖罩；2—次级飞轮；3—盖板；4—密封隔膜；

5—弧形减振弹簧；6—齿圈；7—弧形减振弹簧；

8—主飞轮；9—轮毂凸缘；10—挡板

　　发动机运转时，实际传至曲轴上的能量并不均衡，一方面是因为燃烧过程具有周期性；另一方面是由于负责传输作用力的连杆与曲轴之间的夹角不断变化。

　　从图 5.5-9 中可以看出这种情况。图 5.5-9（a）中活塞离上止点（TDC）很近。因为连杆几乎垂直压到曲轴上（夹角 $\beta$ 几乎达到 180°），所以曲轴倾斜角度很大，从而只有很小的作用力从连杆传到曲轴上。相对于活塞行程来说，此时需要曲轴转角较大。图 5.5-9（b）中曲轴垂直于气缸轴线（$\alpha=90°$）。处于此位置时动力传输效果最佳。相对于活塞行程来说，此时曲轴倾斜角度较小。

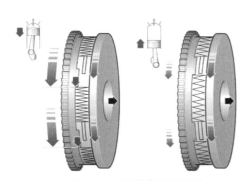

图 5.5-8　飞轮作用示意图

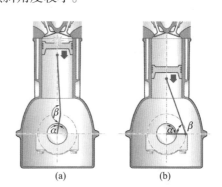

图 5.5-9　由连杆向曲轴传递作用力

　　以不均匀方式传递的作用力与燃烧产生的气体压力叠加，因此会造成运转很不平稳，这种不均匀的扭力曲线造成转速波动。通过飞轮可减小转速波动。飞轮是曲轴传动机构内的一个附加平衡重块，可以提高传动机构的转动惯量。它起蓄能器的作用，即动力过大时储存能量，动力不足时释放能量。

### 5.5.4 扭转减振器

扭转减振器安装在曲轴前端，即动力输出端相对侧。它由一个固定盘（小质量块）和一个飞轮齿圈（大质量块）构成。这两个部件通过一个橡胶垫连接在一起，因此两者可以相对扭转几度。固定盘用螺栓连接在曲轴的前部端面上。扭转减振器结构组成剖视图见图5.5-10。

扭转减振器用于补偿曲轴的扭转振动。突然加速时飞轮齿圈的转动比曲轴慢几度，松开加速踏板时则正好相反。扭转减振器实物图见图5.5-11。

### 5.5.5 平衡轴

图 5.5-10 扭转减振器结构组成剖视图

1—皮带轮；2—硫化层；3—滑动轴承；
4—飞轮质量块；5,6—减振橡胶；
7—轮毂

平衡轴用于改善发动机的运行平稳性和噪声性能。通过装有平衡重块且朝相反方向旋转的两个轴可实现上述目的。只有四缸发动机才使用平衡轴。图5.5-12中，平衡轴箱通过螺栓与机油泵连接在一起。平衡轴或机油泵只允许作为一个单元一起更换。

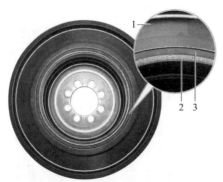

图 5.5-11 扭转减振器实物图

1—带减振质量块的次级皮带轮；2—法兰；3—硫化层

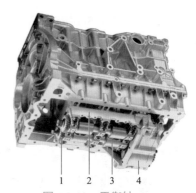

图 5.5-12 平衡轴

1—用于驱动第二个平衡轴的齿轮；2—平衡轴箱；3—平衡轴；4—机油泵壳体

## 5.6 气缸盖总成

气缸盖总成包括气门、气门导管、气门弹簧、凸轮轴、液压挺柱等零部件（图5.6-1和图5.6-2）。

图 5.6-1　气缸盖剖视图

1—进气凸轮轴；2—气门导管；3—进气门；4—排气门；

5—气门弹簧；6—液压挺柱；7—排气凸轮轴

图 5.6-2　气缸盖零部件

1—挺杆；2—进气门；3—排气门；4—气门夹锁；

5—进气凸轮轴；6—气门杆密封件（气门油封）；

7～9—气门弹簧；10—排气凸轮轴

## 5.6.1　凸轮轴

（1）凸轮轴的作用　凸轮轴（图 5.6-3）的作用是控制换气过程和燃烧过程，其主要任务是开启和关闭进气门及排气门。凸轮轴轴身上带有凸轮，工作作用力由凸轮轴轴承承受。发动机的凸轮轴轴身直接在轴承内运行。

（2）凸轮形状　凸轮形状，即凸轮横截面（图 5.6-4）轮廓决定了气门行程曲线。凸轮随动件沿随凸轮轮廓随其一起移动，并将运动传至气门。

在基圆区域内，气门处于关闭状态。气门机构带有机械调节装置时，基圆和凸轮随动件之间存在间隙。接触到凸轮工作面时，气门开启或关闭。工作面倾斜度越大，气门开启或关闭的速度就越快。工作面也可呈曲线形状。具有直线工作面的凸轮也称作切线凸轮。尤其是与滚子式气门压杆一起使用时，凸轮工作面呈中空形式（凹形），因此，有些车使用了带有烧结凸轮的复合式凸轮轴。

只有使用无须修整的烧结凸轮，才能获得滚子式气门压杆所需的凹形工作面。

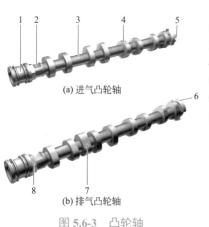

1—输入法兰；2—用于专用工具的双平面段；3—轴管；4—凸轮；5—真空泵的输出法兰；6—凸轮轴传感器的参考基准；7—高压泵传动装置的三段凸轮；8—扳手宽度面

(a) 进气凸轮轴

(b) 排气凸轮轴

图 5.6-3　凸轮轴

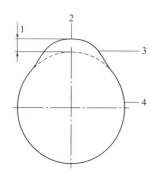

图 5.6-4　凸轮横截面

1—凸轮行程；2—凸轮顶部；

3—凸轮工作面；4—基圆

而使用平顶桶状挺杆时，凸轮工作面呈凸曲线形式。这种凸轮也称作谐运动凸轮。凸轮顶部是气门完全开启点。凸轮顶部越宽，气门开启时间就越长。但可能会产生一定弧度，凸轮随动件会因加速度而从凸轮上有弧度处抬起。从基圆至凸轮顶部的距离为凸轮行程。

凸轮运动与气门之间的传动比取决于传动部件，例如，桶状挺杆以1:1的传动比传动。使用滚子式气门压杆时，传动比取决于杆。

## 5.6.2 气门

（1）气门结构　气门与气门导管和气门弹簧共同构成一个总成，安装在缸盖上（图5.6-5）。气门分为气门头、气门座和气门杆三部分（图5.6-6）。气门又可分为单一金属气门、双金属气门和空心气门（图5.6-7）。

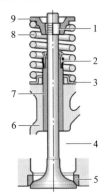

图 5.6-5　安装状态下的气门

1—气门锁夹；2—气门杆密封件；3—下部气门弹簧座；4—换气通道；5—气门座圈；6—气缸盖；7—气门导管；8—气门弹簧；9—上部气门弹簧座

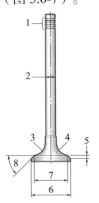

图 5.6-6　气门结构

1—凹槽；2—气门杆直径；3—内圆角；4—气门头；5—气门座高；6—气门头直径；7—气门座直径；8—气门座角度

图 5.6-7　空心气门

（2）气门座　气门座承担隔开燃烧室与气道的作用。此外，热量也通过此处从气门传至气缸盖。气门处于关闭状态时，气门座表面与气缸盖气门座圈靠在一起。

通常情况下，承受较小负荷的进气门座比承受高负荷的排气门座窄。气门座宽度为1.2～2.0mm。确保气门座位置正确非常重要。如图5.6-8所示为气门座位置。

（a）气门座过于靠外

（b）气门座过于靠内

（c）气门座位置正确

1—气门座圈；2—气门座表面

图 5.6-8　气门座位置

### 5.6.3　气门导管

气门导管是汽车发动机气门的导向装置，气门导管对气门起导向作用，确保使气门位于气门座的中心，并通过气门杆将气门头处的热量传至气缸盖。气门导管安装位置如图 5.6-9 所示。

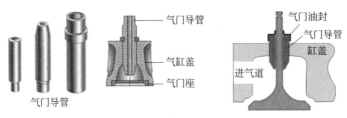

图 5.6-9　气门导管安装位置

### 5.6.4　气门锁夹

气门锁夹（图 5.6-10）负责连接气门弹簧座和气门。

### 5.6.5　气门弹簧

气门弹簧标准结构形式为对称圆柱弹簧。气门弹簧安装位置如图 5.6-11 所示，气门弹簧负责以可控方式关闭气门，就是说必须确保气门随凸轮一起运动，以使其即使在最高转速时也能及时关闭。气门弹簧类型如图 5.6-12 所示。

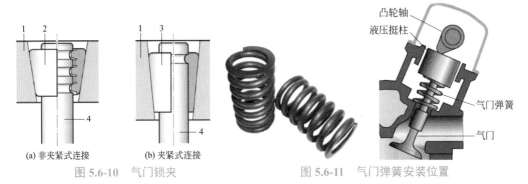

(a) 非夹紧式连接　　(b) 夹紧式连接

图 5.6-10　气门锁夹

1—气门弹簧座；2—非夹紧式气门锁夹；
3—夹紧式气门锁夹；4—气门杆

图 5.6-11　气门弹簧安装位置

### 5.6.6　气门挺杆

气门挺杆（图 5.6-13）是进气门和排气门的直接传动装置，因为它不改变凸轮的运动或传动比。这种直接传动装置始终具有很高的刚度，移动质量相对较小且所需安装空间较小。挺杆用于传递直线运动，其导向部件位于气缸盖内。

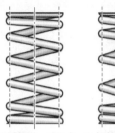   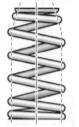

(a) 圆柱形、对称式　　(b) 圆柱形、非对称式　　(c) 锥形气门弹簧　　(d) 半锥形气门弹簧
　　气门弹簧　　　　　　气门弹簧

图 5.6-12　气门弹簧类型

图 5.6-13　气门挺杆

1—球形接触面；2—室式
挺杆；3—导向凸台

##  5.6.7　液压式气门间隙调节器

气门和传动元件之间必须保持规定的气门间隙，该间隙可以通过机械方式（摇臂）或通过一个液压式气门间隙补调节器（图 5.6-14）来调节。液压式气门间隙调节器负责在所有运行条件下确保气门间隙为零。

气门间隙影响发动机正时时间，从而影响发动机功率、行驶性能、耗油量和废气排放量：气门间隙过大会缩短正时时间，即气门延迟开启、提前关闭；气门间隙过小会延长正时时间，即气门提前开启、延迟关闭。

凸轮通过压杆开启气门时，还会通过球头对液压式气门间隙调节器内的活塞施加作用力。活塞通过压力室内的机油支撑在固定式压力缸内。

##  5.6.8　摇臂

摇臂是一个以中间轴孔为支点的双臂杠杆，短臂一侧装有气门间隙调整螺钉，长臂一端有一个圆弧工作面用来推动气门。摇臂是用来调节气门间隙的机械装置，其安装位置见图 5.6-15。

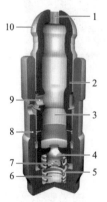

1—通风孔；2—活塞；
3—储油室；4—阀球；
5—活塞弹簧；6—压力室；7—阀球弹簧；
8—压力缸；9—供油孔；10—球头

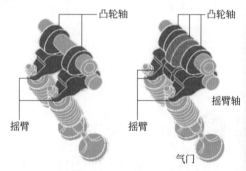

图 5.6-14　液压式气门间隙调节器

图 5.6-15　摇臂安装位置

**注 / 意**

只有在气门关闭状态下气门杆与气门操纵装置之间存在间隙时，才能确保所需的气门密封效果。由于气门间隙随发动机温度变化而变化，因此必须将该间隙调节到足够大的合适程度。

摇臂、压杆或挺杆负责将凸轮运动传给气门，因此这些部件也称作传动元件。电子气门机构见图 5.6-16。

### 5.6.9　压杆

滚子式气门压杆（图 5.6-17）采用间接传动方式的气门机构部件。

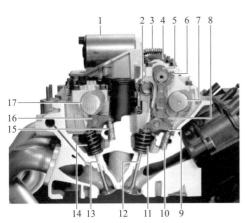

图 5.6-16　电子气门结构

1—伺服电机；2—扭转弹簧；3—蜗杆；4—蜗轮；5—偏心轴；6—气门挺杆；7—进气凸轮轴；8—斜台；9,16—滚子式气门压杆；10,15—液压式气门间隙调节器（摇臂）；11,14—气门弹簧；12—进气门；13—排气门；17—排气凸轮轴

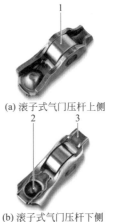

(a) 滚子式气门压杆上侧

(b) 滚子式气门压杆下侧

图 5.6-17　滚子式气门压杆
1—用于随凸轮移动的滚针轴承滚子；2—用于支撑液压补偿元件的半球；3—压在气门上的操作面

# 5.7　发动机基本术语

### 5.7.1　排量

一个气缸的排量（图 5.7-1）指的是活塞在一个行程过程中经过的空间。或者称，活塞上止点与下止点位置之间的气缸空间。在发动机的技术数据中，排量通常指的是发动机的总排量。总排量即所有气缸的单个排量之和。

## 5.7.2 压缩比

压缩比（图 5.7-2）指的是排量和压缩室容积之和与压缩室容积之比。

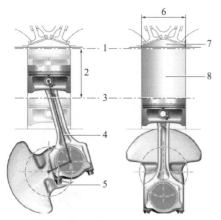

1—上止点（TDC）；2—行程；3—下止点（BDC）；4—连杆长度；5—曲轴半径；6—缸径；7—压缩室；8—排量

图 5.7-1 排量

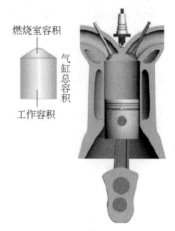

图 5.7-2 压缩比示意图

## 5.7.3 止点

止点（图 5.7-3）是指活塞移动的终点，活塞在止点处改变移动方向。止点分为上止点（TDC）和下止点（BDC）。到达上止点处时燃烧室的容积最小，到达下止点处时容积最大。

## 5.7.4 燃烧室

燃烧室的边界由气缸盖、活塞和气缸壁构成。到达上止点位置时，燃烧室即压缩室；到达下止点位置时，燃烧室由压缩室和排量构成（图 5.7-4）。

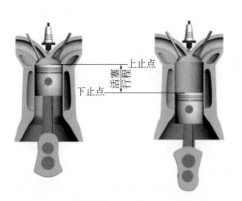

图 5.7-3 止点

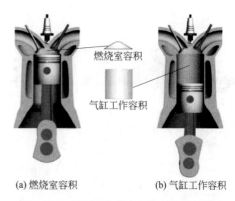

(a) 燃烧室容积          (b) 气缸工作容积

图 5.7-4 燃烧室和气缸工作容积示意图

## 5.7.5 发动机气缸顺序

为了能够准确标识各个气缸，规定了气缸编号顺序（图 5.7-5）。该顺序并不表示气缸点火顺序，只是气缸位置规定。

### 注 / 意

通常，站在离发动机风扇最近的位置，即发动机朝向的位置，距离所站位置最近的是气缸 1。随后各气缸向动力输出端依次编号。

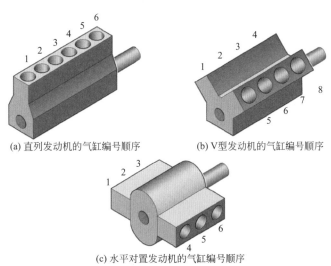

(a) 直列发动机的气缸编号顺序  (b) V 型发动机的气缸编号顺序

(c) 水平对置发动机的气缸编号顺序

图 5.7-5　气缸编号顺序

## 5.7.6 气缸缸径与活塞行程

气缸缸径是指一个气缸的直径。位于气缸内的活塞在上下止点之间移动的距离称为活塞行程。

## 5.7.7 行程 / 缸径比

行程 / 缸径比指的是行程与缸径之比（图 5.7-6）。根据发动机类型可分为长行

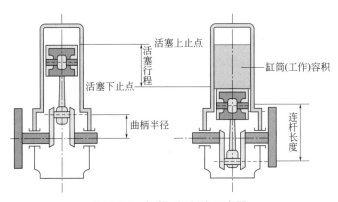

图 5.7-6　行程 / 缸径比示意图

程发动机和短行程发动机。长行程发动机的行程大于气缸内径，短行程发动机的行程小于或等于气缸内径。缸径与行程相等的发动机属于短行程发动机，这种发动机也称为等径程发动机。

## 5.7.8　连杆曲轴比（λ）

连杆曲轴比指的是连杆长度（两个连杆头中点之间的距离）与曲轴半径（主轴承轴颈轴线与曲柄轴颈轴线之间的距离）之比。

## 5.7.9　活塞速度

（1）平均活塞速度　即使发动机转速保持不变，活塞也会不断加速和减速。到达上止点和下止点时，活塞瞬时处于静止状态。处于这两个位置之间时，活塞速度增至最大值随后减至最小值。由于活塞速度不断变化，因此采用平均活塞速度进行计算。该速度是一个恒定的理论速度，即活塞的平均速度。平均活塞速度通常是指额定转速时的速度，并用作发动机负荷的衡量标准。

（2）最大活塞速度　连杆与曲轴半径形成直角时，活塞速度最大。最大活塞速度大约为平均活塞速度的 1.6 倍。

## 5.7.10　发动机转速

发动机转速是指曲轴每分钟的转动圈数。每个发动机都有多个不同的重要转速：启动转速是发动机启动时所需的最低转速；达到怠速转速时，已启动的发动机可自动继续运行；处于额定转速时，发动机达到最大功率；最高转速是避免造成发动机机械损伤的最大允许转速。

## 5.7.11　点火间隔

点火间隔是指两次连续点火之间的曲轴转角。

在一个工作循环过程中每个气缸点火一次。在四冲程发动机的工作循环（进气、压缩、做功、排气）中曲轴转动整整两圈，即曲轴转角为 720°。

相等的点火间隔可在所有转速情况下确保稳定的发动机运行特性。该点火间隔计算方式为

$$点火间隔 = \frac{720°}{气缸数}$$

气缸数越多，点火间隔越小；点火间隔越小，发动机运行越平稳。至少从理论上来讲，质量平衡因素也起到了一定作用，该因素取决于发动机结构形式和点火顺序。

# 发动机燃油喷射系统类型

## 5.8.1 D 型、L 型

汽油喷射系统按进气量方式分类为 D 型燃油喷射系统和 L 型燃喷射系统。

（1）D 型燃油喷射系统 D 型燃油喷射系统（图 5.8-1）即歧管压力控制型燃油喷射系统，通过检测进气歧管的真空度和发动机转速来确定发动机的进气量，由发动机 ECU 根据进气管确定喷油量。

（2）L 型燃喷射系统 L 型燃油喷射系统（图 5.8-2）即空气流量控制型燃油喷射系统，利用空气流量计来直接测量发动机进气量，电子控制单元是不用进行计算分配的，根据空气流量计信号计算与该空气相应的喷油量。由于是直接空气流量计测试，取消了 ECU 推算，所以 L 型燃油喷射系统混合气浓度控制相对比较精确。

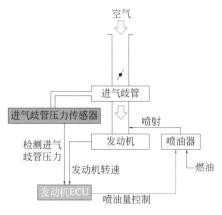

图 5.8-1 D 型燃油喷射系统

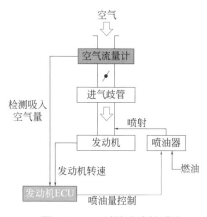

图 5.8-2 L 型燃油喷射系统

## 5.8.2 进气管喷射型

（1）多点喷射 多点喷射（MPI）即每个气缸布置一个喷油器，汽油喷入进气道（图 5.8-3），现在汽车大都采用多点喷射。

（2）单点喷射 单点喷射（SPI）又称节气门体喷射，即在多缸发动机上布置一个或两个并列的喷油器，喷出的汽油与空气混合，经进气歧管分配给各气缸（图 5.8-4）。

## 5.8.3 缸内直接喷射型

在传统汽油发动机中，汽油和空气的混合气在燃烧室外部混合随后进入燃烧室内。而在现代直喷汽油发动机中，直接在燃烧室内形成汽油空气混合气。

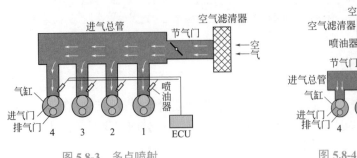

图 5.8-3　多点喷射

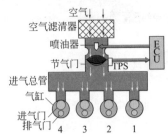

图 5.8-4　单点喷射

缸内直接喷射（图 5.8-5）是指将喷油器安装在气缸盖上，把燃油直接喷入气缸内，配合缸内的气体流动形成可燃混合气，容易实现分层燃烧和混合气燃烧，可进一步提高汽油发动机的经济和排放性能。进气管喷射如图 5.8-6 所示。

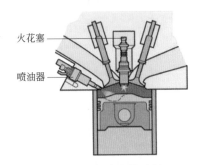

图 5.8-5　缸内直接喷射

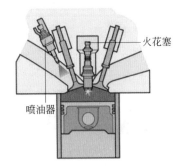

图 5.8-6　进气管喷射

（1）**均质燃烧**　均质燃烧也叫均匀燃烧，是一种燃烧技术，它在进气行程时喷入燃油，这样使燃烧发生在整个燃烧室，其在传统燃烧技术中很常见（图 5.8-7）。除发动机冷启动外的其他启动采用均质燃烧。

（2）**分层燃烧**　分层燃烧是一种燃烧技术，它通过在压缩行程的后期喷入燃油，使燃油混合气集中在火花塞周围，并在混合气周围形成无燃油空间，从而达到极其稀薄的燃烧（图 5.8-8）。发动机刚冷启动后，通过分层燃烧可加速催化剂的预热。

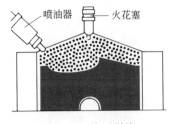

图 5.8-7　均质燃烧

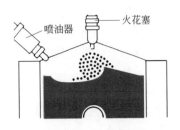

图 5.8-8　分层燃烧

汽车机修

# 第 6 章

# 检查和测量

发动机大修程
序和注意事项
视频精讲

 **6.1.1　检查和测量的要点**

（1）间隙　用百分表、塑料间隙规及厚度规检测和测量部件间的间隙。

（2）测量　用游标卡尺及测微计检测和测量部件。

（3）检测径向跳动量　用百分表检测和测量轴径向跳动量。

（4）形变检测　用直尺及厚度规检测和测量表面的变形。

（5）齿隙　为使齿轮运转平滑，所有的齿轮齿之间都有空隙，用百分表检测和测量并保持此空隙。

（6）预紧力　为防止差速器轴承互相卡撞，要施加一些预紧力。检测和调节该预紧力。

（7）检测开裂/损坏　用颜色渗透方法检查开裂和损坏。

（8）洁净/清洗　为保持精度和部件的原有性能，洁净并清洗部件。

（9）外观检查　进行外观检查以确保没有异常或损坏。

 **6.1.2　测量曲轴径向间隙方法**

❶ 拆卸主轴承盖并清洁主轴承盖和轴颈。

❷ 将塑料间隙规根据轴承的宽度放置在轴颈上和轴瓦内（塑料间隙规必须位于

轴瓦中央）。

③ 装上主轴承盖（不要混淆运转过的轴瓦），并按规定力矩拧紧，同时不要运转曲轴。

④ 重新拆卸主轴承盖。

⑤ 比较塑料间隙规的宽度与测量刻度。

## 6.1.3 测量曲轴轴向间隙方法

① 使曲轴主轴承盖固定螺栓达到标准拧紧力矩。

② 将百分表 1 安装到百分表磁性表座 2 上（图 6.1-1）。

③ 将百分表的测量杆顶住曲轴前端，并将百分表归零。

④ 轴向推动曲轴（不要转动曲轴）并从百分表上读出轴向间隙。

## 6.1.4 测量气缸体内径方法

① 使用内径精密测量仪（50 ～ 100mm）测量气缸体缸孔内径。

② 在每个气缸内 $a$、$b$、$c$ 的 3 个平面上分别沿横向 $B$ 和纵向 $A$ 方向测量气缸体缸孔内径（图 6.1-2）。例如某款车，与额定尺寸的偏差不大于 0.08mm。

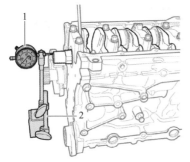

1—百分表；
2—百分表磁性表座

图 6.1-1　测量曲轴轴向间隙　　　　图 6.1-2　测量气缸体内径

## 6.1.5 测量活塞环开口间隙

使用新机油润滑活塞和活塞环，然后用活塞将活塞环插入直到气缸中段，并使用塞尺测量活塞环端间隙（图 6.1-3）。如果测量值超过限值，请更换活塞环，并再次测量。如果仍超过极限，则重新镗缸，并使用加大尺寸的活塞和活塞环。

## 6.1.6 测量活塞环槽高度间隙

① 测量前清洁活塞环槽及活塞环。

② 将活塞环与塞尺垂直嵌入活塞环槽，测量间隙（图 6.1-4）。

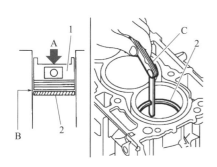

图 6.1-3　测量活塞环开口间隙

A—活塞（插入气缸中段）；B—气缸；C—塞尺；

1—活塞；2—活塞环

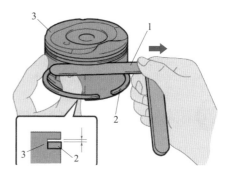

图 6.1-4　测量活塞环槽高度间隙

1—厚度规；2—活塞环；3—活塞

 ## 6.1.7　测量活塞直径

例如具有表 6.1-1 参数的活塞，测量距离活塞底 10～16mm 的活塞裙部直径（图 6.1-5）。

表 6.1-1　活塞直径测量值

| 活塞等级 | 标准值（新）/mm | 维修极限 /mm |
| --- | --- | --- |
| A 或 1 | 81.925～81.961 | 0.04 |
| B 或 2 | 81.961～81.971 | 0.04 |
| C 或 3 | 81.972～81.981 | 0.04 |

图 6.1-5　测量活塞直径

 ## 6.1.8　检查活塞销油隙

❶ 检查活塞、活塞销和连杆上的各标记。

❷ 用测径规测量活塞销孔内径（图 6.1-6）。

❸ 用测微计测量活塞销直径。如果直径不符合规定，则更换活塞销。

❹ 用测径规测量连杆小头衬套内径（图 6.1-7）。如果直径不符合规定，则更换连杆。

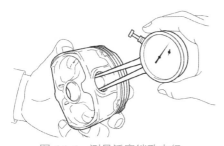

图 6.1-6　测量活塞销孔内径

图 6.1-7　测量连杆小头衬套内径

❺用活塞销孔内径测量值减去活塞销直径测量值。如果油隙大于最大值，则成套更换活塞和活塞销。

❻用连杆小头衬套内径测量值减去活塞销直径测量值。如果油隙大于最大值，则更换连杆。如有必要，则成套更换连杆和活塞销。

 6.1.9　检查连杆分总成

用连杆校直器和测隙规检查连杆定位，见图6.1-8。

（1）检查是否有弯曲　最大弯曲：每100mm弯曲0.05mm。如果弯曲大于最大值，则更换连杆。

（2）检查是否有扭曲　检查连杆扭曲见图6.1-9。最大扭曲：每100mm扭曲0.15mm。如果扭曲大于最大值，则更换连杆。

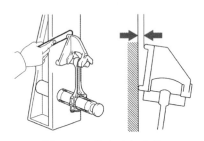 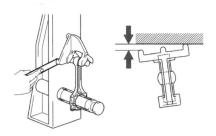

图6.1-8　检查连杆定位　　　　　　　　　图6.1-9　检查连杆扭曲

 6.1.10　测量凸轮轴

（1）测量凸轮轴轴向间隙（图6.1-10）

❶将凸轮轴轴承盖固定螺栓拧紧到规定力矩。

❷将百分表安装到百分表磁性表座上。

❸将百分表的测量杆顶住凸轮轴的前端，并将百分表设置归零。

❹轴向推动凸轮轴（不要转动凸轮轴）并从百分表上读出轴向间隙。

（2）检查凸轮轴径向跳动（图6.1-11）

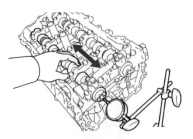 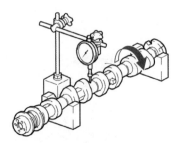

图6.1-10　测量凸轮轴轴向间隙　　　　图6.1-11　检查凸轮轴径向跳动

❶ 将凸轮轴放在 V 形块上。

❷ 用百分表测量中间轴颈处的径向跳动。例如某款车型最大径向跳动为 0.03mm。如果径向跳动大于最大值，则更换凸轮轴。

（3）检查凸轮顶部（图 6.1-12） 用测微计测量凸轮顶部高度。如果凸轮顶部高度小于最小值，则更换凸轮轴分总成。

（4）检查凸轮轴轴颈（图 6.1-13） 用测微计测量轴颈直径。如果轴颈直径不符合规定，则检查油隙。

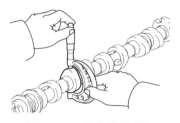
图 6.1-12 检查凸轮顶部

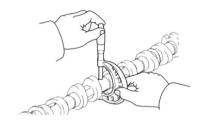
图 6.1-13 检查凸轮轴轴颈

（5）检查凸轮轴油隙 注意，不要转动凸轮轴。

❶ 清洁轴承盖、凸轮轴壳和凸轮轴轴颈。

❷ 将凸轮轴放在凸轮轴壳上。

❸ 将塑料间隙规 1 横跨放置于每个凸轮轴轴颈上（图 6.1-14）。

❹ 安装凸轮轴轴承盖。

❺ 安装凸轮轴壳分总成。

❻ 拆下凸轮轴轴承盖。

❼ 测量塑料间隙规的最大宽点（图 6.1-15）。

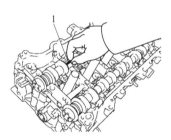
图 6.1-14 放置塑料间隙规

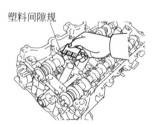

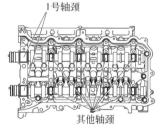
图 6.1-15 测量塑料间隙规的最大宽点

如果油隙大于最大值，则更换凸轮轴。必要时更换凸轮轴壳。

## 6.1.11 检查凸轮轴正时齿轮总成

❶ 对准并接合凸轮轴的锁销和凸轮轴正时齿轮的销孔（图 6.1-16）。

❷ 检查并确认凸轮轴正时齿轮和凸轮轴法兰之间没有间隙（图 6.1-17）。

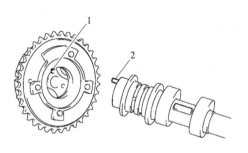

图 6.1-16　凸轮轴的锁销和正时齿轮的销孔

1—销孔；2—锁销

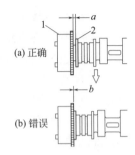

图 6.1-17　间隙示意图

1—凸轮轴正时齿轮；2—法兰；a—间隙；b—无间隙

❸ 用手将凸轮轴固定到位，然后用手安装凸轮轴正时齿轮的安装螺栓。注意：不要使用任何工具安装螺栓，否则会损坏锁销。

❹ 检查排气凸轮轴正时齿轮的锁止情况。确保凸轮轴正时齿轮锁止。

❺ 松开锁销。a. 用非残留性溶剂清洁凸轮轴轴颈。b. 如图 6.1-18 所示，用聚氯乙烯带盖住 4 个凸轮轴颈的油道。c. 在端口 A 处打开一个孔。d. 向油道施加大约 200kPa 的空气压力时，用力将凸轮轴正时齿轮总成转至提前方向（逆时针）。如图 6.1-19 所示为加压。

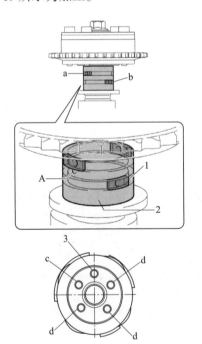

**注 / 意**

　　凸轮轴凹槽内有 4 个油道。用橡胶片塞住其中的三个油道。

图 6.1-18　油道

1—橡胶；2—聚氯乙烯带；3—锁销；a—延迟侧油道；
b—提前侧油道；c—打开；d—关闭

图 6.1-19　加压

## 注 / 意

   a. 在施加压力时，用布盖住油道，以防机油溅出。

   b. 不要使凸轮轴正时齿轮总成锁止。如果锁止，则再次松开锁销。凸轮轴正时齿轮总成可能在未施加任何力的情况下转至提前方向。如果由于孔口漏气而难以施加足够的空气压力，则锁销可能难以松开。

⑥ 检查是否旋转平稳。a. 在其可移动范围内转动凸轮轴正时齿轮 2 或 3 次，但不要将其转动到最大延迟位置。b. 确保齿轮转动平稳。

⑦ 从凸轮轴上拆下聚氯乙烯带和橡胶块。

⑧ 拆下螺栓和凸轮轴正时齿轮。

## 注 / 意

   不要使凸轮轴正时齿轮总成锁止。如果锁止，则再次松开锁销。

## 6.1.12 测量气门导管间隙（图 6.1-20 和表 6.1-2）

❶ 将百分表安装到百分表磁性表座上。

❷ 将进气门或排气门安装到需要检测的气门导管内。

❸ 将气门从气缸盖内向外拉出 10mm，轻轻摆动气门，测量气门与导管活动间隙。a. 如果超过磨损极限，则使用新的气门重新测量；如果仍然超过磨损极限，则更换气缸盖。b. 如果维修时已更换新气门，则必须用新的气门进行测量。

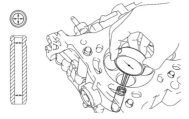

图 6.1-20 测量气门导管间隙

表 6.1-2 举例某款车型气门导管间隙测量值

| 气门杆与导管 | 正常间隙 /mm | 磨损极限 /mm |
| --- | --- | --- |
| 进气侧 | 0.032 ~ 0.065 | 0.065 |
| 排气侧 | 0.047 ~ 0.08 | 0.08 |

## 6.1.13 检查气门座（图 6.1-21）

❶ 在气门面上涂抹一薄层普鲁士蓝。

❷ 将气门面轻轻压向气门座。注意：按压气门时不要转动气门。

❸ 检查气门面和气门座。a. 检查并确认气门座和气门面的接触面为其相应面的中间区域，宽度在某一参数之间，例如 1.1 ~ 1.5mm。如果不是，则校正气门座。b. 检查并确认气门座和气门面的接触面均匀地处在整个气门座周围区域。如果不是，则校正气门座。

## 6.1.14 检查气门导管和气门杆安装高度

（1）测量气门导管安装高度　将气门导管插入气缸盖内，测量气门导管安装高度 $a$（图 6.1-22）。

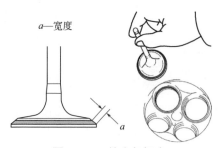

$a$—宽度

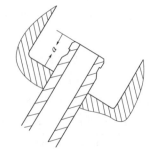

图 6.1-21　检查气门座　　　　　　　图 6.1-22　测量气门导管安装高度

（2）测量气门杆安装高度　将气门杆安装到气缸盖内，测量安装高度（图 6.1-23）。
（3）测量气门油封安装高度　用游标卡尺测量高度 $a$（图 6.1-24）。

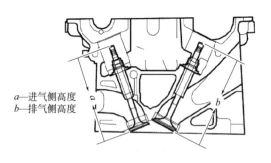

$a$—进气侧高度
$b$—排气侧高度

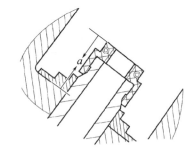

图 6.1-23　测量气门杆安装高度　　　　图 6.1-24　测量气门油封安装高度

##  6.1.15　测量液压挺柱（图 6.1-25）

❶ $a$ 为液压挺柱在最低位置时的距离。
❷ $b$ 为液压挺柱在最高位置时的距离。
❸ $c$ 为液压挺柱的标准距离。

##  6.1.16　测量气缸压力（图 6.1-26 和表 6.1-3）

（1）测量步骤
❶关闭点火开关，拔掉燃油泵及喷油器供电保险丝。
❷拆下所要检测气缸的火花塞。
❸将气缸压力检测仪连接到火花塞螺纹孔内，并预紧。

④ 将油门踏板踩到底。

⑤ 启动发动机直到检测仪不再显示压力上升为止。

⑥ 读取所检测的气缸压力值。

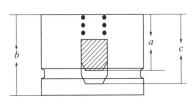

图 6.1-25 测量液压挺柱

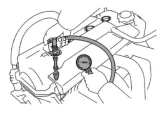

图 6.1-26 气缸压力测量

表 6.1-3 举例某车型气缸压力测量值

| 项目 | 标准压力 | 磨损极限 | 气缸间的压力差 |
|------|---------|---------|--------------|
| 气缸压力值 | （12.5±1.5）kPa | 0.7kPa | 3.0kPa |

（2）判断方法　如果一个或多个气缸中压缩压力较低，则通过火花塞孔向压缩压力低的气缸内倒入少量发动机机油，然后再次检查气缸压缩压力。如果加注机油能提高压缩压力，则表明活塞环和/或气缸孔可能磨损或损坏。如果压力仍然较低，则可能是气门卡住或固定不当，或是垫片有泄漏。

 6.1.17　检查气缸盖

如图 6.1-27 所示，沿边缘和 2 条通过中心的直线检测气缸盖与气缸体表面翘曲度。

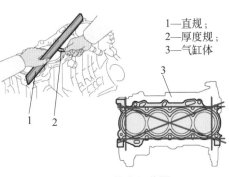

1—直规；
2—厚度规；
3—气缸体

① 使用精密直规和厚度规在每条直线上的不同位置检查气缸盖的变形情况。

② 如果气缸盖的翘曲度小于 0.2mm，则无须修磨气缸盖结合面，如果气缸盖的翘曲度大于 0.2mm，需对气；缸盖表面进行维修。

图 6.1-27　检查翘曲图

 **6.2　装配与使用事项**

 6.2.1　拆装部件检查要点

（1）螺栓　按照规定的顺序松动或紧固螺栓以防止设有多个螺栓的部件变形。

（2）螺栓黏合剂　为防螺栓变松，给一些螺栓涂加锁止黏合剂。

（3）皮带轮　拆卸和安装转动部件上的螺栓及螺母时，开始前确保其转动部件

的稳定。

（4）塑性域螺栓　有一种特殊螺栓可被紧密到规定扭矩，它被称为塑性域螺栓。

（5）密封垫和油封　为防止漏油，一些部件装有密封胶（密封填料）或密封垫。

（6）凸轮轴　拆卸和安装凸轮轴时，要保持气门弹簧的弹力均匀分布，凸轮轴保持水平。

（7）压入部件　齿轮或轮毂类部件被压入并紧密结合，用压力机和专用工具来安装和拆卸这些部件。

（8）卡环　卡环是一种圆形的部件，可安装在不同的位置上，以防止松动。

（9）软管、夹子　管道和软管由夹子固定，断开和连接软管时，应选择恰当的工具并采取正确的方法。

（10）蓄电池　断接蓄电池时，遵照规定的顺序以防短路。先断开负极。

（11）连接器　先打开锁紧部件，然后断开连接器。

 ## 6.2.2　螺栓拆装顺序

（1）松动和紧固顺序（图6.2-1和图6.2-2）

❶ 气缸盖。对于气缸盖等矩形部件，拆卸时，从外侧向内侧松动螺栓；安装时，从内侧向外侧紧固螺栓。

❷ 离合器壳。对于离合器壳等圆柱形部件，以对角线方向每次少许松动和紧固螺栓。

❸ 轴承盖。拆卸时，从外侧向内侧松动螺栓；安装时，从内侧向外侧紧固螺栓。

（2）安装螺栓的预防措施　紧固螺栓时，必须检查螺栓空孔内是否有液体，比如水或油。如果螺栓在此状况下紧固，液压会变高，则将破坏部件要用压缩空气对螺栓孔进行清理。（图6.2-3）。

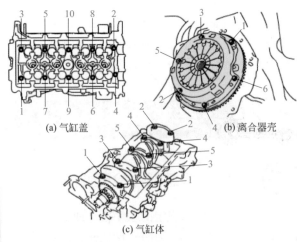

(a) 气缸盖　　(b) 离合器壳

(c) 气缸体

**注 / 意**

遵循规定的顺序，每次均匀、少许地松动和紧固螺栓以防变弯。

图 6.2-1　螺栓松动顺序

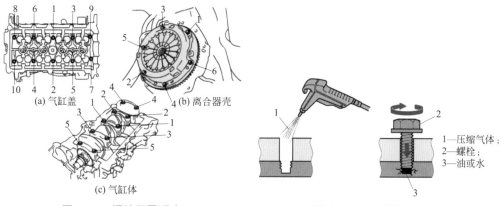

(a) 气缸盖　(b) 离合器壳

(c) 气缸体

图 6.2-2　螺栓紧固顺序

1—压缩气体；
2—螺栓；
3—油或水

图 6.2-3　安装螺栓图

（3）塑性域螺栓（图 6.2-4）　塑性域螺栓能提供加强的轴向张紧力和稳定性，在某些发动机中用作气缸盖螺栓和轴承盖螺栓。螺栓头为 12 边形（外侧和内侧）。

（4）紧固螺栓到规定的角度（图 6.2-5）

**注/意**

位置和零部件不同，规定的角度和力矩也不同。

规定角度的例如：90°+90°；90°；45°+45°。

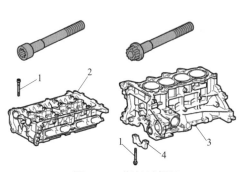

图 6.2-4　塑性域螺栓

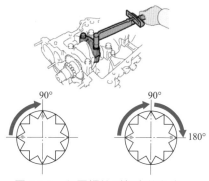

图 6.2-5　紧固螺栓到规定的角度

1—塑性域螺栓；2—气缸盖；3—气缸体；4—曲轴轴承盖

 **6.2.3　密封胶和密封垫的使用**

（1）密封垫的清洁方法　为得到更好的效果，应把黏附在该部件上的旧密封胶、密封垫清除掉。

❶ 可以用刮泥器和刷子等清除掉尘土及旧密封胶、密封垫。

❷ 用清洗油辅助密封填料的拆卸。

❸ 用清洁的汽油去除残留油。

注/意

① 不要造成涂有密封剂的表面任何的弯曲或损坏。

② 涂有密封剂的表面上如有任何油或异物,将不利于紧密粘接并导致漏油。

（2）涂抹密封胶（图 6.2-6）　在全部表面均匀地涂抹一层密封胶,不要有任何间隙。密封胶的位置和数量（厚度）有规定值。安装前检查表面有无异物,同时要注意以下几点。

❶ 一些密封填料在涂抹后会立即硬化,所以要迅速安装该部件。

❷ 安装新部件后,至少 2h 内不要加油。

❸ 如果零部件在粘上后需移动或分开,要把原有的密封填料全部清除并重新涂抹。

❹ 如果密封填料的涂抹位置错误或太少将导致漏油。

❺ 如果涂抹过多将堵塞油路和过滤器。

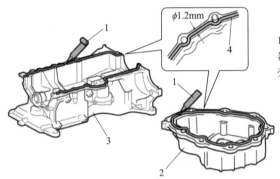

1—密封填料；2—变速器壳盖；3—1 号油底壳；4—涂抹密封填料

图 6.2-6　涂抹密封胶

##  6.2.4　阀门弹力工作的部件安装事项

 注/意

发动机型号不同,凸轮轴的位置和盖的安装螺栓的拆卸顺序也不同。

安装或拆卸依靠阀门弹力工作的部件时,比如凸轮轴,要确保弹力保持水平方向。

❶ 固定凸轮轴（图 6.2-7）的位置,以便凸轮轴能在水平方向上拆卸,并确保阀门弹力均匀地加在凸轮轴上。

❷ 每次少许均匀地松动固定轴承盖的螺栓,重复该操作,以卸掉所有的螺栓。

##  6.2.5　机件安装位置和方向

某些零件安装时有规定的位置和方向。安装时如未正确地遵守这些要求,这些零件可能受到损坏，或即使安装上，以后也会出问题。

这些零件具有特殊的标记、形状、识别号等，例如如图 6.2-8 所示的轴瓦的安装方向。在拆卸这些零件时，应认真记录它们的特征，确保照原样更换。

有关具有规定位置和方向零件的注意事项：a.做匹配标记／标签；b.进行临时安装；c.按分解的次序排列零件／做上标识号；d.检查方向。

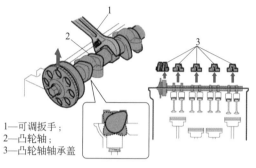

1—可调扳手；
2—凸轮轴；
3—凸轮轴轴承盖

图 6.2-7 凸轮轴

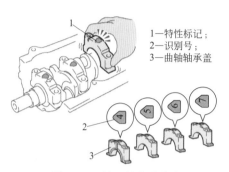

1—特性标记；
2—识别号；
3—曲轴轴承盖

图 6.2-8 轴瓦的安装方向

## 6.2.6 转动机件注意事项

（1）按分解的次序排列零件和做上标识号 在有相似零件的情况下，使用分类箱按次序安放零件，以免在重新装配时发生差错（图 6.2-9）。

❶ 在分类箱上编号并按零件拆卸次序摆放。

❷ 轴承盖等零件自身有标识号，所以应提前在分类箱上编号，将零件按拆卸次序摆放。

（2）检查方向 对于具有方向和组合的零件，应保证其安装正确（图 6.2-10）。

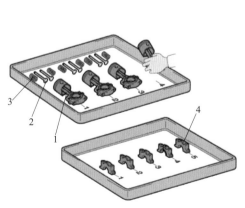

图 6.2-9 零件存放图

1—连杆；2—阀门；3—气门弹簧；4—曲轴轴承盖

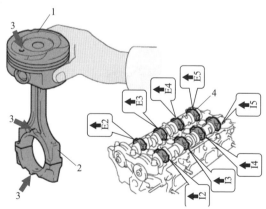

图 6.2-10 零件安装方向图

1—活塞；2—连杆；3—前部标记；4—凸轮轴轴承盖

❶ 活塞 / 连杆。将活塞上的前部标记和连杆上的标记对齐。

❷ 轴承盖。将前部标记和编号对齐。

（3）检查间隙　间隙是指部件之间适度的空间（图 6.2-11），机油在这些间隙中进行润滑。而且，保持合适的间隙能防止卡死和噪声。为保持此合适的间隙，调节间隙至规定值或更换部件。

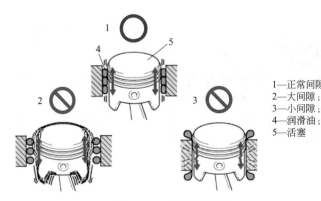

1—正常间隙；
2—大间隙；
3—小间隙；
4—润滑油；
5—活塞

图 6.2-11　部件间隙图

根据方向性有两种间隙：径向和轴向。

❶ 测量间隙的方法（图 6.2-12）：a.计算测量；b.用塑料间隙规测量；c.百分表测量；d. 用厚度规测量。

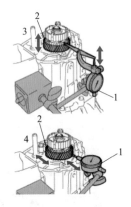
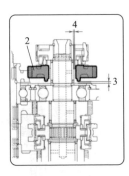

1—百分表；
2—输出轴上的5挡齿轮；
3—轴向间隙；
4—径向间隙

图 6.2-12　间隙测量法

 注 / 意

① 间隙比参考值大将导致不正常的噪声和振动。

② 间隙比参考值小将导致卡住或损坏部件。

③ 正常情况下，间隙将变大，因为使用时部件会磨损。因此，如果间隙测量值低于参考值，就要怀疑测量有错误。

❷ 计算测量。使用两个零件的测量尺寸计算间隙（图 6.2-13）。a. 测量外径和内径：间隙 = 内径 – 外径。在柱形部件中，进行其他测量：锥度；椭圆度。b. 测量零件的厚度和环槽间隙：间隙 = 环槽间隙 – 厚度。

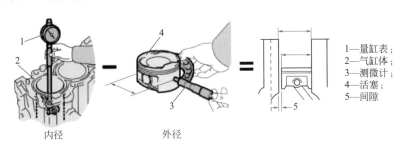

1—量缸表；
2—气缸体；
3—测微计；
4—活塞；
5—间隙

内径　　　　外径

图 6.2-13　间隙计算测量图

❸ 用厚度规测量。把厚度规插入火花塞环隙中，测量最大的插入深度。当遇到轻微的阻力而无摩擦时，读出厚度规读数。

##  6.2.7　损伤检查

通过目测或者染色渗透剂检查气缸体和气缸盖等上面是否有裂纹和损伤。染色渗透剂检查能够检测目测很难检查到的小裂纹。

（1）染色渗透剂检查　染色渗透剂检查利用液体的毛细现象来检测表面裂纹。在这种检查中，要用到三种液体：渗透剂（红色）、洗涤液（蓝色）和显影剂（白色）。

❶ 清洁需要检查的区域。

❷ 喷洒并且干燥渗透剂（红色）。

❸ 使用洗涤液清洁黏附在表面的渗透剂（蓝色）。

❹ 喷洒显影剂（白色）。

❺ 表面裂纹处呈现红色。

（2）目视检查（图 6.2-14）　　目视检查部件是否有任何异常或者损坏。如果在目视检查中发现了异常情况，必须检查相关的部件是否异常，必要时可更换部件。

（3）清洁 / 清洗　清洁部件上沉积的污物以便精确地进行检查。

（4）检查

❶ 根据污物沉积程度或位置推测有问题的区域。

❷ 检查是否有形变、裂纹或者损坏。

❸ 检查是否有显著的磨损。

❹ 检查金属区域是否有由于燃烧造成的颜色改变。

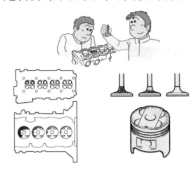

图 6.2-14　目视检查示意图

# 6.3 修理气门座

（1）注意事项

❶ 检查气门座位置的同时，修理气门座。

❷ 保持唇部没有异物。

❸ 逐渐脱离切刀以使进气气门座平滑。

（2）修理方法

❶ 用45°切刀重新研磨气门座，使气门座宽度大于规定值。修理进气门座（一）见图6.3-1。

❷ 用30°和60°切刀校正气门座（一般情况下，进排气门选择切刀角度不同），使气门接触到气门座的整周。触点应在气门座的中心，并且整周气门座的宽度都应保持在规定范围内。例如某款车的标准宽度为1.0～1.4mm。修理气门座（二）见图6.3-2。

图6.3-1 修理进气门座（一）

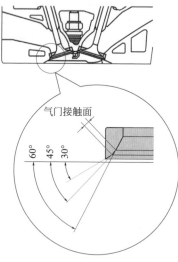

气门接触面

60° 45° 30°

图6.3-2 修理进气门座（二）

❸ 用研磨膏手工研磨气门和气门座。

❹ 检查气门座位置。

# 6.4 活塞和轴承的选用

## 6.4.1 选用规则

活塞和轴承选用规则见表6.4-1。

❶ 在新状态下每个零件印记的识别等级是测量尺寸的等级，此等级不适用于重复使用的零件。

❷ 重复使用的零件或修理后的零件，请准确测量尺寸。将测量值与每个选择表

的数值比较确定等级。

表 6.4-1　活塞和轴承选用规则

| 选择点 | 选择零件 | 选择规格 | 选择方法 |
|---|---|---|---|
| 在缸体和曲轴之间 | 主轴承 | 主轴承等级（轴承厚度） | 通过配合的缸体轴承壳体等级（壳体内径）与曲轴轴颈等级（轴颈外径）来确定 |
| 在曲轴和连杆之间 | 连杆轴承 | 连杆轴承等级（轴承厚度） | 通过组合连杆大端直径和曲轴销外径的维修等级确定连杆轴承的选择 |
| 在缸体和活塞之间 | 活塞和活塞销总成（活塞可与活塞销一起作为一个总成） | 活塞等级（活塞外径） | 活塞级别=缸径级别（径的内径） |

 6.4.2　活塞的选用

（1）当使用新缸体时

❶ 检查缸体 L 左后侧的缸径等级，并选择同等级的活塞（图 6.4-1）。

❷ 如果缸体上印记修正过，请用它作为正确的参考。

（2）当重复使用缸体时

❶ 测量缸壁内径（图 6.4-2）。

❷ 将测量值与表 6.4-2 中缸壁内径的数值比较确定缸壁等级。

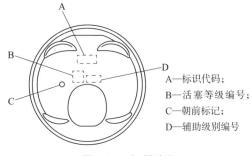

A—标识代码；
B—活塞等级编号；
C—朝前标记；
D—辅助级别编号

图 6.4-2　缸壁内径

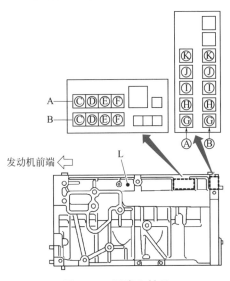

图 6.4-1　活塞和轴承

A—修正印记；B—标准印记；C—1 号缸径等级；
D—2 号缸径等级；E—3 号缸径等级；F—4 号缸径等级；G—1 号主轴承壳体等级；
H—2 号主轴承壳体等级；I—3 号主轴承壳体等级；
J—4 号主轴承壳体等级；K—5 号主轴承壳体等级

发动机前端 ⇦

表 6.4-2　活塞选择表（举例某款发动机活塞数据）

| 等级编号（标记） | 缸壁内径 /mm | 活塞裙部直径 /mm |
|---|---|---|
| 1 | 84.000～84.010 | 84.010～84.020 |
| 2 或无标记（仅活塞） | 83.970～83.980 | 83.980～83.990 |

❸ 选择相同级别的活塞。

 注 / 意

活塞与活塞销作为总成一同提供。

## 6.4.3 连杆轴承的选用

**（1）使用新的连杆和曲轴时**

❶ 将压印在连杆侧面的连杆大端直径与"连杆轴承选用表"中的横列对照（图6.4-3）。

❷ 将压印在曲轴前侧的曲轴销颈直径等级与"连杆轴承选用表"中的纵列对照（图6.4-4）。

❸ 查阅在"连杆轴承选用表"中所选列和行的交叉点上的符号。

❹ 用"连杆轴承级别表"中所取得的符号来选择连杆轴承。

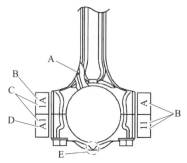

图 6.4-3 连杆截面图

A—油孔；B—管理代码；C—气缸编号；D—大端
直径等级；E—朝前标记

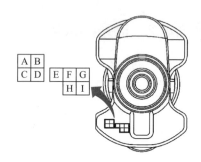

图 6.4-4 曲轴截面图

A—1 号销轴颈直径等级；B—2 号销轴颈直径等级；
C—3 号销轴颈直径等级；D—4 号销轴颈直径等级；
E—1 号主轴颈直径等级；F—2 号主轴颈直径等级；G—3 号主
轴颈直径等级；H—4 号主轴颈直径等级；I—5 号主轴颈直径等级

**（2）重新使用连杆和曲轴时**

❶ 分别测量连杆大端直径和曲轴销轴颈直径的尺寸。

❷ 依据测得的尺寸在"连杆轴承选用表"中进行选择。

❸ 阅读在"连杆轴承选用表"中所选列和行的交叉点上的符号。

❹ 用"连杆轴承级别表"中所取得的符号来选择连杆轴承。

**（3）较小尺寸轴承使用**

❶ 用标准尺寸的连杆轴承无法取得规定的连杆轴承油层间隙时，请使用较小尺寸的轴承（US）。

❷ 当使用较小尺寸的轴承（US）时，请在轴承安装后测量连杆轴承内径，并研磨曲轴销，使连杆轴承油层间隙符合标准。

 **注 / 意**

在研磨曲轴销以使用较小尺寸的轴承时，请保留倒角半径 R（1.5～1.7mm）（图6.4-5中A）。

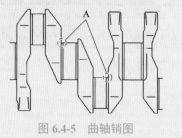

图 6.4-5 曲轴销图

##  6.4.4　主轴承的选用

（1）当使用新缸体和曲轴时

❶ "主轴承选用表"的横行对应缸体左后侧的主轴承壳体等级。如果缸体上印记修正过，用来作为正确的参考。

❷ 将压印在曲轴前侧的主轴颈直径等级与"主轴承选用表"中的纵列对照。

❸ 查阅"主轴承选用表"中所选择的行和列交叉点的符号。

 **注 / 意**

> 有两个主轴承选择表：一个用于 1 号和 4 号轴颈；另一个用于 2 号、3 号和 5 号轴颈。务必使用正确的表格，这是由于指定间隙之间有差异。

❹ 以"主轴承级别表"中所取得的符号来选择主轴承。

（2）当缸体和曲轴重新使用时

❶ 分别测量缸体主轴承壳体内径和曲轴主轴颈直径的尺寸。

❷ 依据测得的尺寸在"主轴承选用表"中进行选择。

❸ 查阅"主轴承选用表"中所选择的行和列交叉点的符号。

❹ 以"主轴承级别表"中所取得的符号来选择主轴承。

 ## 6.5　拆卸、分解与安装

##  6.5.1　拆下发动机总成

确保举升机有足够的负重能力。保证举升机在提举和支撑工作时处于水平位置，使用手制动和楔子来固定车轮。不要在只靠一个千斤顶支撑的车顶或底部工作，必须把车支撑在举升机上。

从车上拆下发动机是比较复杂的作业工程，涉及很多附属零部件被拆卸。首先要拆卸相关油液管路、电气连接件、机械连接件等，然后移出发动机。操作要点如下。

❶ 断开蓄电池的接地端。

❷ 排空冷却系统。

 **注 / 意**

> 为了避免给电子元件带来损害，运行电子系统时要先断开蓄电池连接。首先断开且最后接上接地电线。要确保蓄电池导线连接正确，不能存在潜在隐患。

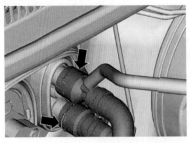

图 6.5-1　断开连接管路

③ 给燃油系统泄压。

④ 将冷却液软管从加热装置热交换器上拆下（图 6.5-1）。

⑤ 松开夹子并从散热器上断开顶部软管的连接。从散热器的保持支架上松开软管。

⑥ 拿开把顶部软管保持支架固定到散热器上的螺栓并拿开支架。

⑦ 拧下螺母并从起动机电动机上断开蓄电池导线的连接。从起动机上断开接头。拿开固定发动机接地导线的起动机电动机螺栓并把导线移到旁边。如果保险丝盒在发动机罩下，则拿开螺栓并从发动机罩下面的保险丝盒上断开蓄电池导线的连接，从发动机罩下保险丝盒上断开连接器的连接。

⑧ 从主线束连接器上断开变速器线束的连接。

⑨ 放松夹子并从燃油导轨上断开软管的连接。

⑩ 放松夹子并从冷却液导轨上断开软管的连接。

⑪ 放松夹子并从膨胀箱软管上断开加热器软管。

⑫ 拆卸起动机。

⑬ 拆卸影响发动机整体卸出的周围附件，如有的车辆的发电机或者皮带等会影响拆卸作业。

⑭ 拆卸把发动机下后系杆固定到油底壳和副车架上的螺栓，拿开下后系杆。

⑮ 拆卸把换挡杆固定到变速器上换挡轴的螺母并从换挡轴上松开变速杆。

⑯ 将转向拉杆从球头侧拆下。

⑰ 如图 6.5-2 所示，使用专用工具从变速器上松开左内驱动轴接头。往外拉前毂并从变速器上拿开驱动轴和中间轴，把轴放平直，以防止对变速器内的油封造成损害。

⑱ 如图 6.5-3 所示，使用举升机并把可调举升支架连到发动机上。注意，此时举升机提起的是发动机的重量，而不是把负荷转移到安装点上。

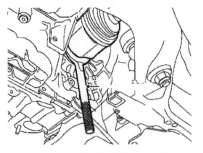

图 6.5-2　拆卸驱动轴（半轴）

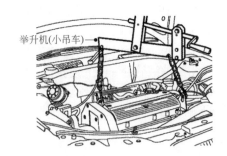

举升机(小吊车)

图 6.5-3　吊住发动机

⑲ 拆下发动机支架螺栓（图 6.5-4）。拆下固定发动机托架的螺母或螺栓并拿开支座（图 6.5-5）。拆卸变速器上的固定支座螺栓。再次检查附件都已断开连接，从

车上移出发动机总成。

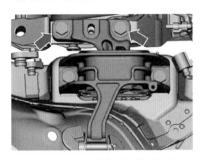

图 6.5-4　拆卸发动机支座

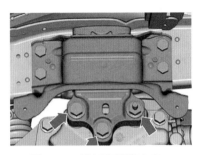

图 6.5-5　拆卸变速器支座

 ## 6.5.2　就车拆下气缸盖

（1）拆卸电气连接件

❶ 拆卸燃油泵保险丝。启动发动机。在发动机熄火后，转动曲轴 10s，以释放燃油系统中的燃油压力。

❷ 断开蓄电池负极电缆，拆下点火线圈（图 6.5-6）。

拆卸附件及电气连接件（图 6.5-7）。拆卸出水法兰或水管。

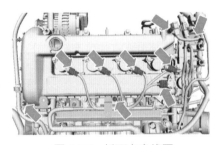

图 6.5-6　拆下点火线圈

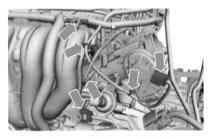

图 6.5-7　拆下连接件及插头

（2）拆卸进气歧管

❶ 从进气歧管上断开蒸发排放炭罐清污电磁阀并松开托架螺栓。

❷ 断开进气歧管空气温度传感器连接器。

❸ 从节气门体上断开进气管。

❹ 断开怠速空气控制阀连接器。

❺ 断开节气门位置传感器连接器。

❻ 断开歧管绝对压力传感器连接器。

❼ 从节气门体上断开冷却液软管。

❽ 断开所有必要的真空软管，包括燃油压力调节器上的真空软管和进气歧管上的制动助力器真空软管。

❾ 从节气门体和进气歧管上断开节气门拉线（拉线式操作此步骤）。

❿ 从进气歧管上拆卸节气门拉线托架螺栓（拉线式操作此步骤）。

⑪ 拆卸发电机至进气歧管管箍带托架螺栓和箍带。

⑫ 拆卸动力转向机软管卡箍螺栓并将软管从修理部位移开。

⑬ 从发动机机体和进气歧管上拆卸进气歧管支架螺栓。

⑭ 拆卸进气歧管支架。按顺序拆卸进气歧管固定螺栓（图 6.5-8）。

⑮ 拆卸进气歧管。拆卸进气歧管衬垫。

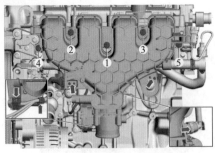

图 6.5-8　拆下进气歧管螺栓

（3）拆卸排气歧管

❶ 从发动机机体和排气歧管上拆卸排气歧管支架螺栓（图 6.5-9）。若有隔热板，一并拆下隔热板。

❷ 拆卸排气歧管支架。按顺序拆卸排气歧管固定螺栓。

❸ 拆卸排气歧管，拆卸进气歧管衬垫。

（4）拆卸气门室罩盖

❶ 将气缸盖罩螺栓按对角顺序拧下。

❷ 取下气缸盖罩。将气缸盖罩放置在一个干净的软垫层上。取下气门室罩盖垫，注意气门室罩盖垫的完好。

（5）拆卸凸轮轴正时机构　由于就车作业时仅拆卸了气缸盖，因此拆卸正时传动机构时也只需拆卸凸轮轴正时链（或齿形带）在缸盖部分，使缸盖与缸体分离即可。拆装正时链之前要校对正时标记（图 6.5-10）。

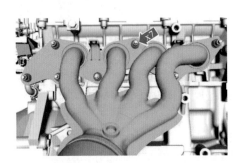

图 6.5-9　拆下排气歧管螺栓

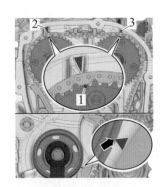

图 6.5-10　正时标记（大众 CHHB、CUGA 发动机）

（6）拆下气缸盖

❶ 用力矩扳手将气缸盖螺栓按对角 1～10 顺序拧松（图 6.5-11），然后旋出。

❷ 取下气缸盖，将气缸盖放置在一个软垫层上，注意气缸垫的完好。

### 6.5.3 拆解气缸盖

（1）**拆卸火花塞** 如果火花塞还能继续使用，那么要放置好火花塞，以免损伤电极。

（2）**拆卸凸轮轴**

❶ 位于每个气缸侧面的双凸轮轴由凸轮轴架支撑，并与缸盖直线排列，一般凸轮轴由一个安装法兰定位，该安装法兰同时还控制凸轮轴的浮动端。拆卸法兰的4个螺栓，取下法兰（图 6.5-12）。

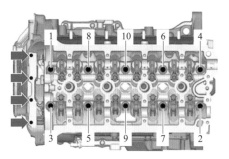

图 6.5-11 拆下气缸盖螺栓

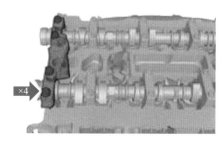

图 6.5-12 拆卸法兰

❷ 按图 6.5-13 所示的顺序，依次松开把凸轮轴支架固定到缸盖上的螺栓，直到气门弹簧压力不再作用到凸轮轴上，同时拿开螺栓。

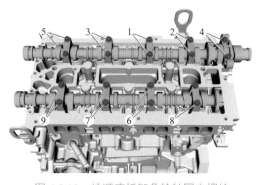

图 6.5-13 按顺序拆卸凸轮轴固定螺栓

**注 / 意**

按安装顺序把液压挺柱倒置放好，处理液压挺柱的时候要保持绝对清洁，如果不能注意这些要点将会导致发动机故障。

❸ 取下凸轮轴，并废弃凸轮轴油封。油封不能再次使用，一旦拆卸，安装时要更换新油封。

（3）**取出液压挺柱** 自我调节型轻量的液压挺柱（图 6.5-14）安装在每个气门的顶部并直接与凸轮轴接触。液压挺柱是安装在每个气门顶部的，由凸轮轴直接驱动。气门挺柱油封是铸在金属上的，它同时也作为气缸盖上的气门弹簧座。

最好是用磁力棒，从缸盖上吸着拿出液压挺柱。

（4）**拆卸气门弹簧** 如图 6.5-15 所示为气门弹簧在气门组的位置。有些车辆配

置两个气门弹簧，内、外簧各一，有些车辆只有一个气门弹簧。

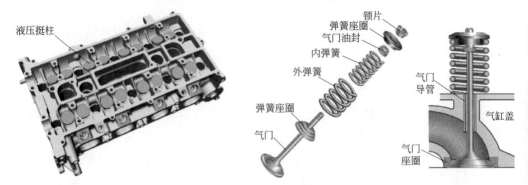

图 6.5-14　液压挺柱　　　　图 6.5-15　气门弹簧在气门组的位置

❶ 如图 6.5-16 和图 6.5-17 所示，使用专用压簧工具压下气门弹簧。

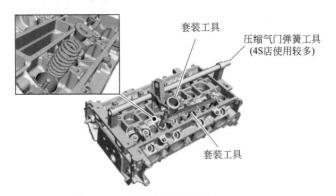

图 6.5-16　拆卸气门弹簧工具（一）

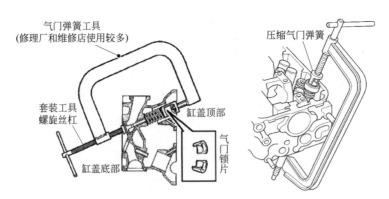

图 6.5-17　拆卸气门弹簧工具（二）

❷ 拿开气门弹簧锁夹，松起压簧工具，松开气门弹簧。

❸ 取下气门弹簧。

❹ 取下气门弹簧垫片。

（5）取下气门 每个气门座有 3 个机加工面，可提高气门与座之间的密封性能。

❶ 在气门底部做好标记，记录气门所属哪个气缸。

❷ 取下气门并顺序放置。

（6）拆下气门油封 气门油封在气门组的位置见图 6.5-15。气门油封一旦拆卸必须废弃，不能再次使用。如图 6.5-18 所示，用气门油封专用工具，夹出气门油封。

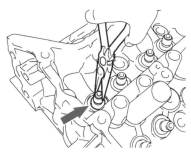

图 6.5-18 取下气门油封

（7）检查气缸盖

❶ 用刮刀刮去气缸盖上的积炭，注意刮刀不能太锋利，以免划伤气缸盖表面。

❷ 用煤油或汽油清洗气缸盖。

❸ 检查气缸盖是否有腐蚀和损伤；检查气缸盖的平整度。

## 6.5.4 拆卸飞轮

飞轮是将在做功行程中传输给曲轴的功的一部分储存起来，用以在其他行程中克服阻力，带动曲柄连杆机构越过上、下止点，保证曲轴旋转角速度和转矩尽可能均匀，并使发动机有可能克服短时间的超载荷。飞轮通过离合器将动力传递给变速器。

（1）拆卸离合器 手动变速器离合器是传统的膜片弹簧式离合器，配有由液压驱动的离合器分离机构，由预先加注油液的主缸和从动缸这两个密封系统提供助力。离合器不需因磨损而调整。飞轮上有 6 个螺纹孔用来定位及固定离合器压盘。

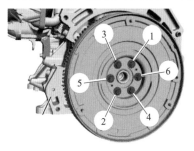

图 6.5-19 拆卸飞轮螺栓

❶ 用专用工具将飞轮固定。

❷ 将离合器压盘的固定螺栓对角拧松并旋出螺栓；取下离合器压盘及离合器从动盘（离合器摩擦片简称离合器片）。

（2）拆卸飞轮

❶ 如图 6.5-19 所示，使用力矩扳手，按顺序松开飞轮的六个螺栓。

❷ 旋出螺栓，取下飞轮。

## 6.5.5 拆下机油泵

此作业为发动机总成已经拆卸落地，对发动机总成进行拆解。

（1）拆卸油底壳、拆卸附件

❶ 拆卸发电机支架。

❷ 拆卸曲轴皮带轮。

❸ 拆卸正时下罩盖，拆下正时链轮链条或正时皮带。

④拆卸曲轴前后油封法兰。

⑤拆卸油底壳。

（2）拆卸机油泵　机油泵固定在缸体上（图6.5-20），机油泵靠曲轴通过链条驱动，机油滤清器从上面拆卸，机油冷却器用来冷却机油。

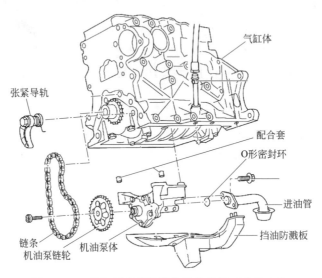

图6.5-20　机油泵安装位置及组件分解（宝来1.6）

①如图6.5-21所示，旋出螺栓4并取下防溅板。

②旋出螺栓2，从机油泵轴上取下链轮。

③旋出螺栓1和3并取下机油泵。

 **6.5.6　拆卸活塞、连杆**

①拆卸连杆瓦螺栓，取下连杆瓦，见图6.5-22。

②用木槌柄把连杆从气缸中捅出，拿出带活塞的连杆（图6.5-23）。

★ **注 / 意**

> 拆卸之前，注意每个组件的位置。在每个活塞和连杆上做对应气缸的标记。

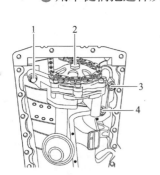

图6.5-21　拆卸机油泵

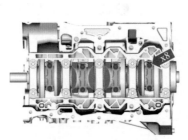

图6.5-22　拆卸连杆瓦螺栓

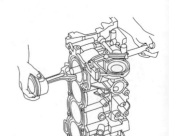

图6.5-23　取下活塞

❸ 逐个把连杆瓦按入带有活塞的连杆，按顺序放置。

## 6.5.7 拆卸曲轴

曲轴装配图如图 6.5-24 所示，拆卸曲轴方法如下。

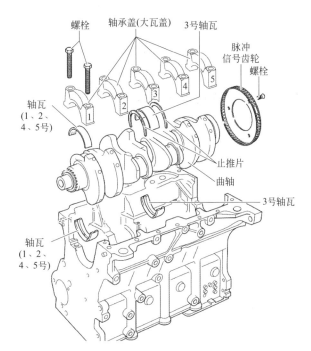

**注 / 意**

将螺栓插入其中一个轴承盖。轻轻拉起气缸体并向其前侧和后侧施力，从而拆下轴承盖。小心不要损坏盖和气缸体的接触面。

图 6.5-24 曲轴装配图

（1）按顺序松开曲轴轴承盖

❶ 拆下脉冲信号齿轮（信号盘），小心不要损坏脉冲信号齿轮。

❷ 按顺序每次旋松轴承盖螺栓，重复操作直到所有的螺栓都松动为止（图 6.5-25）。

（2）拆下曲轴轴承盖并取出曲轴

❶ 将轴瓦从轴承盖上拆下，按次序摆放好所有的轴承盖。用 2 个拆下的轴承盖定位螺栓拆下 5 个轴承盖和 5 个下轴承（图 6.5-26）。

❷ 将曲轴抬出发动机气缸体。

（3）取出轴瓦和止推垫片　取出轴瓦，且做好标记，不要混淆运转过的轴瓦。轴承盖上的轴瓦无润滑槽，气缸体上的轴瓦有润滑槽。

## 6.5.8 拆装活塞

（1）从旧连杆上拆下旧活塞　如果还继续使用旧连杆，那么需要这一程序。从旧连杆上拆下旧活塞，以备在旧连杆上安装新活塞。从连杆上拆卸活塞（图6.5-27和图6.5-28）。

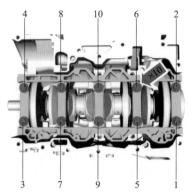

图6.5-25　拆下曲轴轴承盖（大瓦盖）

图6.5-26　拆下曲轴轴承盖

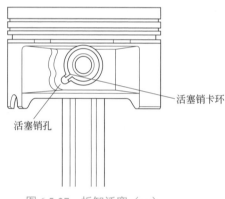

活塞销卡环

活塞销孔

图6.5-27　拆卸活塞（一）

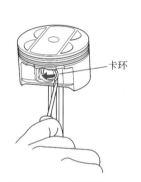

卡环

图6.5-28　拆卸活塞（二）

❶ 在活塞销卡环上涂抹新的发动机机油，并在环槽内转动它们直到端隙与活塞销孔的切口对齐。

❷ 将活塞销卡环从各活塞两侧拆下。从活塞销孔的切口处开始，小心地拆下卡环，使其不飞出或丢失。戴上眼保护装置。

（2）把新活塞安装在连杆上

❶ 先在一侧安装活塞销卡环（图6.5-29）。

❷ 安装活塞和连杆，使压印标记在同一侧。

❸ 安装活塞销。

❹ 安装另一侧活塞销卡环。

用同样的方法重新装配其他活塞（图6.5-30和图6.5-31）。

注/意

不要损坏环槽。

注/意

在活塞销上涂抹新的发动机机油。

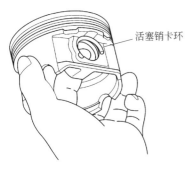
活塞销卡环

图 6.5-29　安装活塞（一）

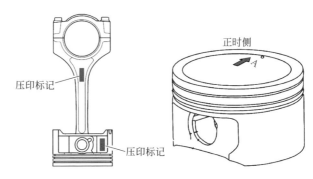
压印标记
压印标记
正时侧

图 6.5-30　安装活塞（二）

如图 6.5-30 所示，传统连杆分离面是平的，因此有安装朝向标记，安装时注意标记。

如果是分体式连杆，则分离面不是平的，因此取消连杆瓦定位凸起（如大众发动机，见图 6.5-32）。安装前需要断开连杆大头，用带铝保护垫的台钳夹紧连杆。只能略微夹紧连杆，以避免损坏连杆。

连杆在划线下方被夹紧。拧出两个螺栓 5 圈。小心地用一把塑料槌沿图 6.5-32 中箭头方向敲连杆轴承盖，直到其松动。

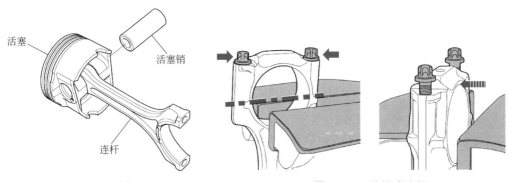
活塞
活塞销
连杆

图 6.5-31　安装活塞（三）

图 6.5-32　分体式连杆

## 6.5.9　安装活塞环

（1）清理活塞环槽　如果是旧活塞，要清理活塞环槽。用一个直角断裂的环或一个带刮片、可适应活塞环槽的环槽清理器彻底地清理所有环槽。如有必要，可锉平刮片。

注意，不要用钢丝刷清理环槽，或用清理工具深切环槽（如果是新活塞，此步程序免去）。

（2）按顺序选取和安装活塞环

❶ 按顺序安装刮油环、第二压缩环、第一压缩环（可使用专门的活塞环扩张器安装活塞环）。使"TOP"或识别标记朝活塞的上部。

❷ 在活塞环槽内旋转活塞环，确保活塞环不卡滞。

 注 / 意

如图 6.5-33 所示，第一道气环有标记，第二道气环也有标记，且制造标记必须朝上。这是非常重要的操作，安装活塞环时应特别注意。

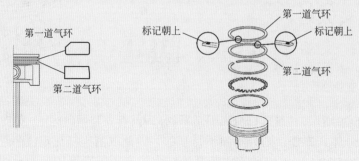

图 6.5-33 安装活塞环（一）

非常重要的操作是活塞环在活塞上安装定位位置（图 6.5-34）。

图 6.5-34 安装活塞环（二）

① 第一道环开口与活塞销轴向成约 45° 角。

② 第二道环开口与第一道环成 180° 角。

## 6.5.10 把曲轴安装到气缸体上

（1）安装要求

❶ 曲轴组装时需进行配对，需先行得知缸体尺寸级数，再选择曲轴尺寸级数，两者都确定后，则可按选定的尺寸级数进行轴瓦选配，气缸体上有标记。

❷ 在曲轴各轴上涂抹少许机油。

❸ 确认轴瓦沟槽的方向。

❹ 确认气缸体上的机油孔与对应主轴承轴瓦上的机油孔已对正。

❺ 安装曲轴时不可戴棉质手套。轴瓦上不可有异物附着。

（2）重点安装步骤

❶ 使用气枪清洁气缸体、气缸口径及下曲轴箱的发动机机油回路与发动机冷却

液回路，以除去所黏附的异物。

❷ 确认所有油道、水道、轴瓦安装面必须干净。

❸ 安装各缸机油喷油嘴。

❹ 将主轴承轴瓦装入缸体主轴承座（图 6.5-35 和图 6.5-36）。

❺ 将曲轴降到发动机气缸体内，当心不要损坏轴颈和脉冲轮。

❻ 曲轴置于气缸体上。

在带止推垫圈槽的一侧涂抹新的发动机机油。将止推垫圈安装到第四轴颈止推槽内，如图 6.5-37 所示。

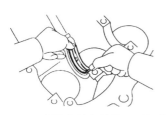

图 6.5-35　安装曲轴主轴承瓦（缸体上）

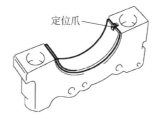

图 6.5-36　安装曲轴主轴承盖瓦

❼ 把飞轮安装在曲轴上（这步骤先不用紧固飞轮螺栓，待曲柄连杆机构和法兰油封都安装完毕，再紧固飞轮螺栓）。

❽ 安装轴瓦和轴承盖。轴承盖朝向发动机气缸体正时皮带端。

❾ 安装轴承盖螺栓。

❿ 按顺序用力矩扳手紧固曲轴瓦盖螺栓。

如图 6.5-38 所示，按顺序拧紧曲轴轴承盖的固定螺栓，紧固曲轴。所有四缸发动机均为此顺序，多缸机也按照先紧固中间位置螺栓，后紧固两边螺栓的原则，分步骤紧固。具体车型要参照维修手册选择紧固力矩和角度。

⓫ 转动飞轮，曲轴转动应自如。

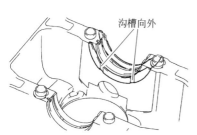

图 6.5-37　止推轴瓦（或者叫止推垫圈）安装

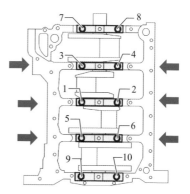

图 6.5-38　紧固曲轴

## 6.5.11 活塞连杆组件装入缸体

（1）准备工作 在各气缸壁、曲轴及瓦片上涂抹机油。气缸所在位置与所安装的连杆上的气缸号码应相同。

（2）重点安装步骤

❶ 将连杆轴瓦压入连杆大端及连杆大端盖轴承座中。安装时，将连杆轴承的凸出挡块对正连杆及连杆大端盖的凹口（图6.5-39）。

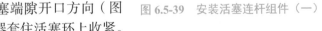

图6.5-39 安装活塞连杆组件（一）

❷ 将连杆及活塞裙部放入气缸，并要注意活塞装配标记（指向前）和活塞端隙开口方向（图6.5-40），然后将活塞环压紧器套住活塞环上收紧。

❸ 使用活塞环压缩器将活塞与连杆总成安装到曲轴上。

❹ 如图6.5-41所示，将活塞/连杆总成在气缸内定位，并用锤子的木柄将其敲入。在压环器上，保持向下的压力，以防止活塞环在进入气缸前胀开。

❺ 活塞环压缩器自由松开后，停止下压，在推活塞就位前，检查连杆与曲轴连杆轴颈是否对准。

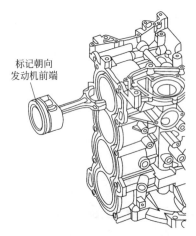

图6.5-40 安装活塞连杆组件（二）

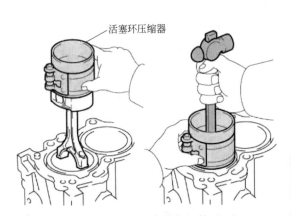

图6.5-41 安装活塞连杆组件（三）

❻ 用力矩扳手按顺序锁紧连杆螺栓，按维修手册规定力矩拧紧螺栓。

❼ 检查连杆侧间隙，确认曲轴是否可平顺旋转。

## 6.5.12 安装附件及油底壳

曲轴安装完毕以后，要安装其他零部件和油底壳。

❶ 安装法兰和曲轴后油封。

❷ 安装机油泵。

❸ 安装平衡轴（如有）。

❹ 安装曲轴前油封。

❺ 安装油底壳。

安装活塞
视频精讲

a. 在油底壳上涂抹密封胶（图 6.5-42）。

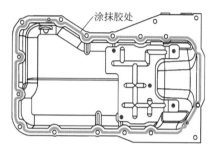

图 6.5-42　涂抹密封胶

b. 在油底壳与下曲轴箱接合处涂胶以增加密封性。

- 分解后涂抹面要完全清除干净后才能再涂胶。
- 涂胶后 5min 内，需将螺栓锁到规定力矩。
- 涂胶面不可黏附油液、水分及异物。
- 涂胶起点要超过涂胶终点。
- 在螺孔周围及螺孔内侧均要涂上胶。

c.将油底壳对正定位销贴合在下曲轴箱上，再用螺栓 A(×2 个)、螺栓 B(×2 个)、螺栓 C（×15 个），按如图 6.5-43 中 1 ～ 19 的顺序锁紧油底壳螺栓（不同发动机的各种螺栓设置有所不同）。

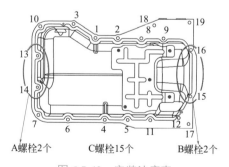

图 6.5-43　安装油底壳

❻ 安装飞轮。

❼ 安装爆震传感器。

 发动机机械故障诊断

### 6.6.1 发动机异响（图 6.6-1 和表 6.6-1）

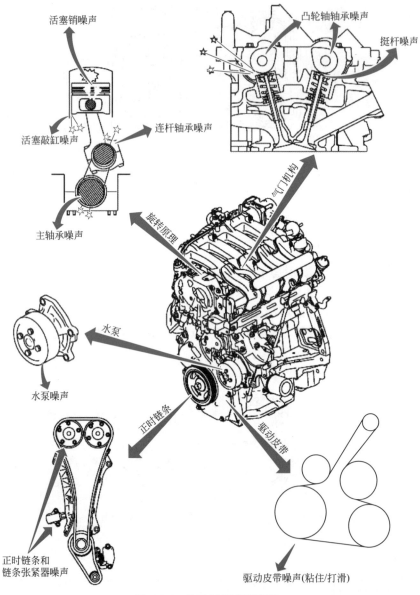

活塞销噪声

凸轮轴轴承噪声

挺杆噪声

活塞敲缸噪声

连杆轴承噪声

气门机构

主轴承噪声

旋转原理

水泵

水泵噪声

正时链条

驱动皮带

正时链条和
链条张紧器噪声

驱动皮带噪声(粘住/打滑)

图 6.6-1　发动机异响示意图

表 6.6-1　发动机异响故障诊断

| 症状 | 可能出现的区域 | 措施 |
| --- | --- | --- |
| 发动机失火并伴有异常的发动机低噪声 | 发动机飞轮安装不当或松动 | 按需要维修或更换飞轮 |
| | 活塞环磨损（机油消耗引起发动机失火） | 检查气缸压缩压力是否下降，按需要维修或更换 |
| | 曲轴止推轴承磨损 | 按需要更换曲轴和轴承 |
| 发动机失火并伴有异常的气门噪声 | 气门卡滞（气门挺杆处的积炭可能会导致气门不能适当关闭） | 按需要维修或更换 |
| | 正时链失调或过度磨损 | 按需要更换正时链和链轮 |
| | 凸轮轴凸轮磨损 | 更换凸轮轴 |
| 发动机失火且冷却水消耗量大 | ①气缸盖衬垫故障和/或破裂或其他气缸盖和发动机缸体冷却系统故障②冷却水消耗引起发动机过热 | ①检查气缸盖和发动机组是否因冷却水通道泄漏损坏，并检查气缸盖衬垫是否损坏②按需要维修或更换 |
| 发动机失火且机油消耗量大 | 气门、气门导管与气门杆的油封损坏 | 按需要维修或更换 |
| | 活塞环磨损（机油消耗是引起发动机不能点火的可能原因） | 检查气缸压缩压力是否下降按需要维修或更换 |
| 启动时发动机有噪声，但只持续几秒钟 | 机油黏度不正确 | 排放机油，添加正确黏度的机油 |
| | 曲轴止推轴承磨损 | 检查止推轴承和曲轴，按需要维修或更换 |
| 不管发动机转速如何，发动机噪声都过高 | 油压低 | 按需要维修或更换 |
| | 气门弹簧破裂 | 更换气门弹簧 |
| | 气门挺杆磨损或弄脏 | 更换气门挺杆 |
| | 正时链破裂或变长，链轮轮齿损坏 | 更换正时链和链轮 |
| | 正时链条张紧器磨损 | 按需要更换正时链条张紧器 |
| | 凸轮轴凸轮磨损 | 检查凸轮轴凸轮，按需要更换凸轮轴和气门挺杆 |
| | 气门导管与气门杆磨损 | 检查气门和气门导管，按需要维修 |
| | 气门卡滞（气门杆或气门座上的积炭可能引起气门持续开启） | 检查气门和气门导管，按需要维修 |
| 气缸盖罩附近清晰均匀有节奏的"嗒嗒"声，怠速明显，转速升高，声音减弱 | 机油压力低 | 检查机油压力 |
| | 液压挺柱失效 | 检查液压挺柱，按需要更换 |
| 降低发动机噪声，不管发动机转速如何 | 油压低 | 按需要维修或更换损坏部件 |
| | 飞轮松动或损坏 | 维修或更换飞轮 |
| | 油底壳损坏，接触到机油泵滤网 | 检查油底壳和机油泵滤网，按需要维修或更换 |
| | 机油泵集滤器松动、损坏或受限 | 检查机油泵滤网，按需要维修或更换 |
| | 活塞与气缸内径间隙过大 | 检查活塞和气缸内径，按需要维修 |
| | 活塞销与活塞孔的间隙过大 | 检查活塞、活塞销和连杆，按需要维修或更换 |
| | 连杆轴承间隙过大 | 检查下列部件并按需要维修：①连杆轴承；②连杆；③曲轴；④曲轴轴颈 |

续表

| 症状 | 可能出现的区域 | 措施 |
|---|---|---|
| 降低发动机噪声，不管发动机转速如何 | 曲轴轴承间隙过大 | 检查下列部件并按需要维修：①曲轴轴承；②曲轴轴颈 |
| | 活塞、活塞销和连杆安装不正确 | 确认活塞销和连杆正确安装，按需要维修 |
| 低负荷状态下发动机噪声 | 油压低 | 按需要维修或更换 |
| | 连杆轴承间隙过大 | 检查下列部件并按需要维修：①连杆轴承；②连杆；③曲轴 |
| | 曲轴轴承间隙过大 | 检查下列部件并按需要维修：①曲轴轴承；②曲轴轴颈；③气缸体曲轴轴承孔 |
| 发出声响频率较高、尖锐而持续不断地"吱、吱"声音 | 多楔带异响①多楔带张紧度不足 | 检查附件张紧轮，测量附件皮带的张紧力 |
| | ②多楔皮带经长时间使用被拉长 | 更换多楔带 |

 ## 6.6.2　发动机不能转动（表6.6.-2）

表 6.6-2　发动机不能转动故障诊断

| 症状 | 可能出现的区域 | 措施 |
|---|---|---|
| 发动机不能转动（曲轴不旋转） | 液体堵住气缸①气缸内有冷却水/防冻剂②气缸内有机油③气缸内有燃油 | 拆卸火花塞，检查有无液体检查气缸盖衬垫的破裂情况检查发动机缸体或气缸盖的破裂情况检查燃油喷油嘴是否卡滞和/或燃油调节器是否泄漏 |
| | 正时链与正时链齿轮损坏 | 检查正时链条和齿轮，按需要维修 |
| | 气缸内有混杂物①气门破裂②活塞材料③杂质 | 检查气缸部件是否损坏及是否有异物，按需要维修或更换 |
| | 曲轴或连杆轴承卡住 | 检查曲轴和连杆轴承，按需要维修或更换 |
| | 连杆弯曲或破裂 | 检查连杆，按需要维修或更换 |
| | 曲轴损坏 | 检查曲轴，按需要维修或更换 |

 ## 6.6.3　发动机失火且油液消耗大（表6.6.-3）

表 6.6-3　发动机失火且油液消耗大故障诊断

| 症状 | 可能出现的区域 | 措施 |
|---|---|---|
| 发动机失火且冷却水消耗量大 | ①气缸盖衬垫故障和/或破裂或其他气缸盖和发动机缸体冷却系统故障②冷却水消耗引起发动机过热 | ①检查气缸盖和发动机组是否因冷却水通道泄漏而损坏，并检查气缸盖衬垫是否损坏②按需要维修或更换 |
| 发动机失火且机油消耗量大 | 气门、气门导管与气门杆的油封损坏 | 按需要维修或更换 |
| | 活塞环磨损（机油消耗是引起发动机不能点火的可能原因） | 检查气缸压缩压力是否下降，按需要维修或更换 |

6.6.4　气缸压力过低（表 6.6-4）

表 6.6-4　气缸压力过低故障诊断

| | 检查步骤 | 检查结果 | |
|---|---|---|---|
| 0 | 检查空气滤清器滤芯是否堵塞 | 空气滤清器滤芯堵塞 | 更换空气滤清器滤芯、清洗进气管道及节气门 |
| 1 | 检查配气正时皮带是否跳齿，正时皮带是否损坏 | 正时皮带跳齿、正时皮带损坏 | 更换正时皮带及正时张紧器 |
| 2 | 向压力过低的气缸内注入 20～30mL 机油(拆下火花塞，在火花塞孔内注入)。重测气缸压力，如果数值比第一次高，接近于标准气缸压力 | 气缸、活塞、活塞环损过大或活塞环对口、卡死、断裂及气缸壁拉伤等造成气缸密封不良 | 对故障部位进行检修 |
| 3 | 如果重测气缸压力数值与第一次相近 | 进、排气门不密封 | 更换气门、气门导管 |
| | | 气缸垫不密封 | 更换气缸垫并检查气缸盖的翘曲度 |
| 4 | 如果某相邻两缸两次检测的气缸压力相当 | 气缸衬垫损坏 | 更换气缸衬垫 |
| | | 气缸盖螺栓没有达到标准拧紧力矩 | 更换气缸衬垫及气缸盖螺栓 |
| 5 | 在发动机运转时打开加机油口盖，观察是否冒烟及观察排气管是否冒蓝烟 | 气缸、活塞、活塞环磨损过大 | 对发动机进行维修 |
| 6 | 正确检修操作后，检查故障是否出现 | 故障未消失 | 从其他症状查找故障原因 |

 6.6.5　气缸压力过高（表 6.6-5）

表 6.6-5　气缸压力过高故障诊断

| | 检查步骤 | 检查结果 | |
|---|---|---|---|
| 0 | 检查燃烧室内积炭是否过多，导致燃烧室容积减少 | 燃油质量差 | 清除燃烧室内积炭 |
| | | 添加过多燃油添加剂 | |
| | | 发动机烧机油 | |
| 1 | 检查气缸盖垫片型号 | 气缸盖垫片型号不对；气缸衬垫过薄 | 更换原厂气缸盖垫片 |
| 2 | 检查气缸盖整体高度 | 气缸盖因加工过度、厚度变薄，导致燃烧室容积太小 | 更换气缸盖 |
| 3 | 正确检修操作后，检查故障是否出现 | 故障未消失 | 从其他症状查找故障原因 |

检查气缸压力
视频精讲

节气门拆装与清洗
视频精讲

# 冷却系统

 **7.1** 冷却系统组成与原理

 **7.1.1 冷却系统组成**

    冷却循环由冷却系统管路、散热器（水箱）、膨胀罐、水泵、节温器、风扇等构成。冷却系统有大循环和小循环两个路径。冷却系统结构原理图如图 7.1-1 所示。冷却系统框图如图 7.1-2 所示。

 **7.1.2 冷却系统循环原理**

    冷却液从散热器出口流出，流入水泵进口。一些冷却液从水泵流到加热器芯，然后流回水泵。随着冷却液预热，向乘客舱提供加热和除霜能力。冷却液也从水泵出口流出，并流入发动机气缸体。在发动机气缸体中，冷却液通过气缸周围的水套循环吸收热量。然后，冷却液流过气缸盖垫上的水道开口，进入气缸盖。在气缸盖中，冷却液流过燃烧室和气门座周围的水套，吸收附加的热量。冷却液还被引入节气门体。冷却液通过铸件中的水道循环。在初始启动阶段，冷却液帮助加热节气门体。

    冷却液从气缸盖流向节温器。在发动机达到正常工作温度时，冷却液的流动将在节温器处停止（小循环，图 7.1-3），或冷却液流过节温器并进入散热器（大循环，图 7.1-4），冷却液在此处得到冷却。此时，冷却液流动循环结束。

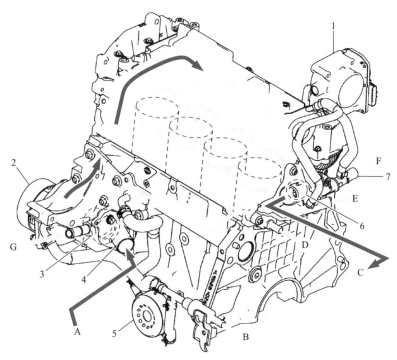

图 7.1-1　冷却系统结构原理图

1—电子节气门控制执行器；2—水泵；3—节温器；4—进水口；5—机油冷却器；6—水控制阀；7—出水口；
A—从散热器；B—至 CVT 油加热器；C—至散热器；D—从无级变速箱油加热器；
E—从加热器；F—至加热器；G—从储液罐

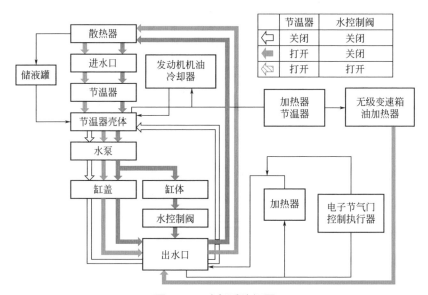

图 7.1-2　冷却系统框图

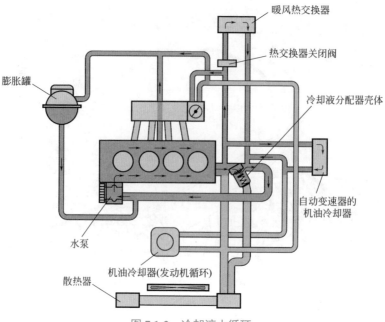

图 7.1-3　冷却液小循环

图中标注：
暖风热交换器
热交换器关闭阀
膨胀罐
冷却液分配器壳体
自动变速器的机油冷却器
水泵
机油冷却器(发动机循环)
散热器

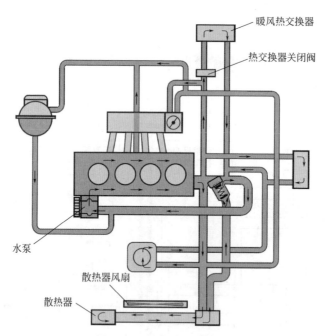

图 7.1-4　冷却液大循环图

图中标注：
暖风热交换器
热交换器关闭阀
水泵
散热器风扇
散热器

 **注 / 意**

暖风热交换器和机油冷却器是连接在小循管路上的。

## 7.2 水泵

### 7.2.1 机械水泵

❶ 发动机通过皮带轮带动水泵轴承及叶轮转动，水泵（图 7.2-1）中的冷却液被叶轮带动一起旋转，在离心力的作用下被甩向水泵壳体的边缘，同时产生一定的压力，然后从出水道或水管流出。

❷ 叶轮的中心处由于冷却液被甩出而压力降低，散热器中的冷却液在水泵进口与叶轮中心的压差作用下经水管被吸入叶轮中，实现冷却液的往复循环。

### 7.2.2 电动水泵

冷却循环回路的有效部件（例如泵、节温器和风扇）可通过电动方式进行调节。电动水泵可确保热量管理系统要求的冷却液流量不受当前发动机转速的影响（图 7.2-2 和图 7.2-3）。

法兰

叶轮

图 7.2-1 水泵（大众 EA111 发动机）

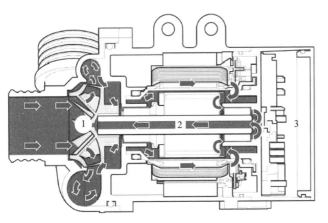

图 7.2-2 电动水泵结构图

1—液压系统；2—管道密封式电机；3—电子装置

图 7.2-3 电动水泵实物图

### 7.2.3 电动冷却液循环泵

（1）增压空气冷却系统（图 7.2-4） 大众 1.4T EA211 发动机除了发动机主循环系统外，还有一套增压空气冷却系统，是一套独立循环的系统，冷却液经循环泵

流过位于进气歧管内的冷却器，这个冷却器的作用是为增压后的空气进行散热。

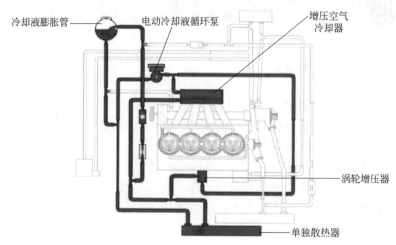

图 7.2-4　增压空气冷却系统

（2）电动冷却液循环泵（图 7.2-5）　　电动冷却液循环泵会在不同发动机工况下，由发动机控制单元控制工作，它在下述情况下会被开启。

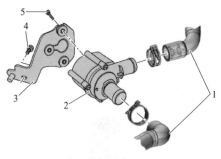

图 7.2-5　电动冷却液循环泵

1—冷却液循环给泵；2—冷却液软管；

3—支架；4，5—螺栓

❶ 每次发动机启动后的短时间内。

❷ 输出扭矩持续在 100N·m 以上时。

❸ 进气歧管内增压空气温度持续超过 50℃。

❹ 两个增压空气温度传感器（分别位于进气歧管的冷却器前后）之间的温差小于 8℃。

❺ 发动机每工作 120s，其工作 10s，避免涡轮增压器产生热量积聚。

❻ 关闭发动机后，根据发动机控制单元决定从 0～480s 之间的工作时间，避免涡轮增压器过热而产生故障。控制单元根据发动机的进气温度、压力和其他工况来确定循环泵工作延时。

##  7.2.4　水泵和节温器总成单元

（1）装配结构　例如，大众 CUFA（迈腾 B8，1.6T）、CUGA、CHHB（高尔夫 A7、迈腾 B8，2.0T）发动机冷却系统的水泵是由单独的齿形皮带传动的，由平衡轴驱动。水泵和节温器总成单元见图 7.2-6（冷却液泵／冷却液调节装置）。

（2）拆卸和安装

❶ 注意事项。a. 如图 7.2-7 所示，按照 1～5 的顺序以合适的力矩拧紧螺栓（例如，图中 5 个螺栓的力矩为 9N·m）。b. 如图 7.2-8 所示，按照 1～4 的顺序以合

适的力矩拧紧冷却液泵螺栓（例如，图中 5 个螺栓的力矩为 9N·m）。

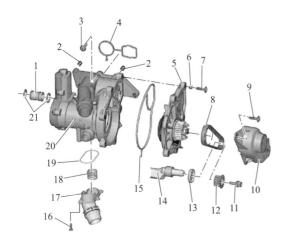

1—连接套管；2—定位销；3,7,9,11,16—螺栓；4—密封垫（更换）；5—冷却液泵（如果是新的冷却液泵，则拆下护罩）；6—螺栓衬套（用于冷却液泵）；8—齿形皮带（用于冷却液泵）；10—冷却液齿形皮带盖罩（用于齿形皮带和冷却液泵）；12—齿形皮带的驱动轮（注意安装位置）；13—进气侧平衡轴密封圈（更换）；14—进气平衡轴；15,19—密封垫（更换）；17—管接头；18—弹簧；20—发动机温度调节伺服元件；21—O 形圈（更换，用冷却液润滑）

图 7.2-6　水泵和节温器总成单元（冷却液泵 / 冷却液调节装置）

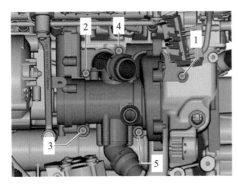 

图 7.2-7　水泵和节温器总成原件拧紧顺序　　图 7.2-8　冷却液泵拧紧顺序

❷ 拆卸冷却液泵的齿形皮带。a. 排出冷却液。b. 拆卸空气滤清器壳体。c. 拧出左右螺栓。d. 松开并取下空气导管的下部件。e. 松开软管卡箍并向下将增压空气软管拆下。f. 脱开空气导管上的电线束固定卡。g. 松开螺旋卡箍。h. 拧出螺栓。i. 取下增压空气导管。j. 如图 7.2-9 所示，拔出固定夹 1，拔出上部冷却液接头并推到一侧。k. 断开关联电气连接插头。l. 拧出螺栓，取下齿形皮带护罩。m. 用固定支架反向把持住减振器 / 曲轴皮带轮。n. 如图 7.2-10 所示，用扭矩扳手和套筒扳手接头松开冷却液泵驱动轮上的螺栓 1 并旋出。o. 取下齿形皮带。

❸ 拆卸冷却液泵。拆卸冷却液泵的齿形皮带后，进行水泵拆卸。a. 断开相关连接。b. 如图 7.2-11 所示，拧下螺栓 1～4 并将冷却液泵从总成元件上取下。

❹ 安装冷却液泵。安装以倒序进行，同时要注意以下几点。a. 安装冷却液泵 2 并装上齿形皮带 1（图 7.2-12）。b. 注意中心定位（图 7.2-12 中箭头位置）以及密封件 3 的正确位置。c. 在挂上齿形皮带后拧紧螺栓。

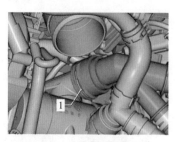

图 7.2-9　拆卸冷却液接头

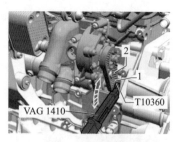

图 7.2-10　拆卸齿形皮带

图 7.2-11　拆卸冷却液泵

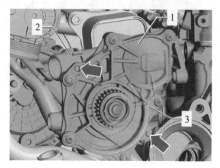

图 7.2-12　安装冷却液泵及齿形皮带

⑤ 安装冷却液泵的齿形皮带。安装以倒序进行，同时必须注意下列事项。a. 更换传动轮螺栓。b. 驱动轮的安装位置：驱动轮上带环面的一侧指向变速箱。c. 装上齿形皮带，拧紧紧固螺栓。

## 7.3　节温器

### 7.3.1　传统节温器

（1）节温器关闭状态（图 7.3-1）　节温器关闭时的小循环，发动机在冷机启动后尚未达到其运行温度或在运行中冷却。这时节温器关闭且由水泵驱动的冷却液仅在小循环中循环。这种运行状态用于快速加热发动机（更低磨损、更低噪声、更少废气等）和用于在冬季快速达到希望的车内温度。

（2）节温器开启状态（图 7.3-2）　节温器开启时的大循环，发动机已达到其运行温度或运行温度过高。自一个规定的冷却液温度起，节温器中的石蜡变为液态并且节温器开始打开。自这个时刻开始，冷却液还通过水箱循环，因此可实现冷却液温度的降低。一旦冷却液温度重新接近参考点，节温器就重新开始关闭。这个调节过程在运行中不断重复。

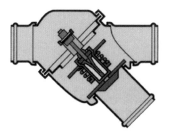

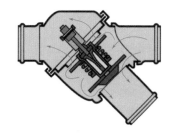

图 7.3-1 节温器已关闭           图 7.3-2 节温器已打开

 ### 7.3.2 电子节温器

（1）电子节温器工作特性 如图 7.3-3 所示，电子节温器充蜡元件内嵌入一个加热电阻。如果这个加热电阻被通上电，它就会对充蜡元件加热，于是行程（也就是调整情况）就不只是取决于冷却液温度了，而是按照发动机控制单元内存储的特性曲线来进行。

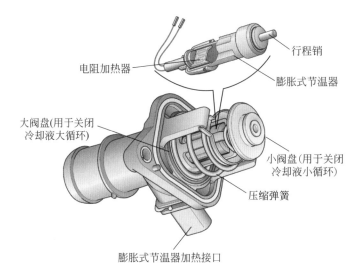

图 7.3-3 电子节温器

（2）电子节温器优势 通过"智能型"控制方式可在发动机部分负荷范围内设置为较高的冷却液温度。部分范围内的运行温度较高时，可达到更好的燃烧效果（配置了相应的发动机管理系统），从而降低耗油量和尾气排放量。发动机满负荷运行时，较高的运行温度会带来不利影响（例如因爆震趋势造成点火延迟）。因此，满负荷运行时将通过电子节温器有效降低冷却液温度。

（3）电子节温器关闭状态 电子节温器的关闭和开启与传统的节温器基本相同，同样是小循环和大循环工作状态（图 7.3-4）。发动机启动并运行，水泵使冷却

液开始循环。节温器的位置只允许直接通往水泵的路径是开通的。

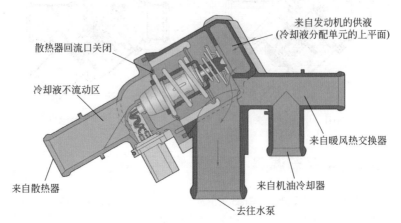

散热器回流口关闭

冷却液不流动区

来自散热器

来自发动机的供液
（冷却液分配单元的上平面）

来自暖风热交换器

来自机油冷却器

去往水泵

图 7.3-4　电子节温器关闭位置图

小循环是快热用的，所以冷却液很快会变热。如果暖风调节钮处于"关闭"位置，热交换器关闭阀就会切断通向热交换器的供液，于是就不会对车内进行加热。

（4）电子节温器开启状态　发动机在全负荷工作时需要很大的冷却能力，于是冷却液分配器壳体内的节温器就通上电，散热器的回流管就被打开（图 7.3-5）。同时，通向水泵的小循环管路就被小阀盖关闭。

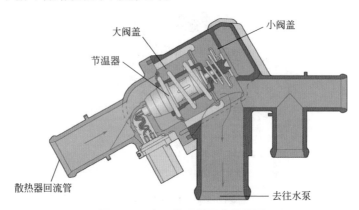

大阀盖

小阀盖

节温器

散热器回流管

去往水泵

图 7.3-5　电子节温器开启位置图

 ## 7.3.3　节温器故障判断

发动机温度达到节温器开启温度时，但节温器无法打开，温度持续升高，则表明节温器损坏，应更换节温器。

发动机温度达到节温器开启温度时，关闭发动机，用手摸冷却液散热器中的上下水管，温度一致，应该都很烫手。如果上下水管温差较大，上水管烫手，下水管温度极低，则可以判断是节温器故障。

 **7.3.4 拆卸和安装节温器**

（1）拆卸节温器

❶ 关闭点火开关及所有用电器，拔出点火钥匙。

❷ 将收集冷却液的容器放置在车辆底部。

❸ 排放冷却液。

❹ 松开散热器总成进水软管卡箍，拔出进水软管连接（图 7.3-6）。

❺ 旋出固定螺栓。

❻ 取下节温器 1（图 7.3-7）。

（2）安装节温器（图 7.3-8） 安装基本以倒序进行，同时注意下列事项。

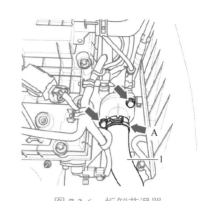

图 7.3-6 拆卸节温器

1—进水软管连接；A—散热器总成进水软管卡箍

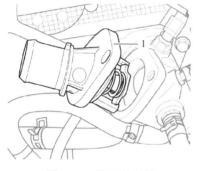

图 7.3-7 取下节温器

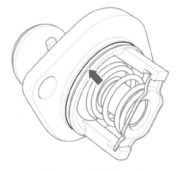

图 7.3-8 安装调温器

❶ 每次拆装都须更换节温器 O 形圈。

❷ 用冷却液浸润新 O 形圈。

 **7.4 散热器**

 **7.4.1 散热器结构**

散热器是一个热交换器，由 1 个散热器芯和 2 个水箱组成。铝质散热器芯采用管片式横流设计，从进水室延伸到出水室。散热片围绕管子外侧放置，以改善热量至大气的传导。进水室和出水室用耐高温、尼龙增强塑料材料模制而成。水室的法兰边缘至铝质散热器芯用耐高温的橡胶衬垫密封。水室用锁耳夹紧在散热器芯上。

锁耳与散热器芯两端的铝制顶盖为一体。散热器还有一个放水阀，位于左侧水室的底部。放水阀单元由放水阀和放水阀密封圈组成。当冷却液流经散热器时，来自冷却液的热量被除去。散热器芯上的散热片，散发流经管子的冷却液的热量。空气在散热片之间流动，吸收热量并使冷却液冷却。

 ## 7.4.2　散热器拆装

（1）拆卸操作

❶排空冷却液。

❷拆下风扇护罩。

❸拆下前保险杠盖板。

❹拆下螺栓（图7.4-1中1和3）。

❺脱开固定卡，然后拆下空气管盖（图7.4-1中2）。

❻从固定卡上脱开冷却液软管。

❼脱开固定卡，然后拆下上部进气管道。

❽拆下两侧的螺栓。

❾松开下部进气管道，然后将其拆下。

❿拔出固定夹，然后将冷却液软管（左上）从散热器拔出（图7.4-2）。

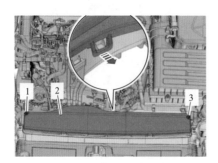

图7.4-1　拆卸空气管盖

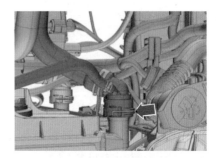

图7.4-2　拆卸冷却液软管

⓫如图7.4-3所示，用斜口钳夹住散热器支座左右侧的卡扣（箭头）。从上部将散热器略微推向发动机侧。注意：重新安装散热器时将再次使用散热器支座，此时将用螺钉把其固定到锁支架上。

⓬同时按下散热器左右侧的锁止卡，然后将散热器从增压空气冷却器上拆下（图7.4-4）。

⓭固定增压空气冷却器。

（2）安装操作（图7.4-5）　安装基本以倒序进行，同时注意下列事项。

❶若叶片中有轻微凹痕，则更换O形圈。

❷以一定角度将散热器插入下部增压空气冷却器支座，然后将散热器卡止在增压空气冷却器上，通过拉动确保正确卡止。

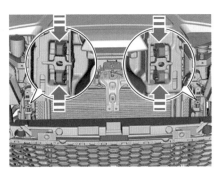

图 7.4-3　散热器左右侧的锁止卡

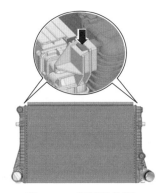

图 7.4-4　拆卸散热器

❸ 将增压空气冷却器连同散热器一起摆动到锁架中，确保散热器支座正确座合进锁架中。

❹ 用螺栓将散热器支座（其卡扣已卡止）固定到锁架上。

❺ 安装前保险杠盖板。

❻ 安装风扇护罩。

❼ 用插入式接头将冷却液软管连接到散热器上。

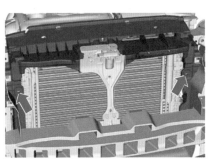

图 7.4-5　安装散热器

 冷却风扇

 7.5.1　冷却风扇的驱动方式

因为车辆即使在低速行驶时也必须提供高的冷却功率，所以要对水箱进行辅助通风。水箱和发动机之间的一个冷却风扇用于此目的。该风扇的驱动以电动方式实现，或者由发动机通过三角皮带传动装置以机械方式实现。根据冷却液流速控制该风扇。有时还根据行驶速度通过发动机电子伺控系统附加控制。使用电动驱动装置时，电动温度开关或发动机电子伺控系统接通风扇，使用机械驱动装置时一个黏液离合器负责接通。

 7.5.2　单风扇系统

发动机冷却风扇系统包括 1 个冷却风扇、5 个继电器、发动机控制模块（ECM）以及相关导线。冷却风扇总成包括 2 个电阻器。此部件组合使得 ECM 能够使用 2 个风扇控制电路并以 3 种速度控制冷却风扇。冷却风扇电路见图 7.5-1。

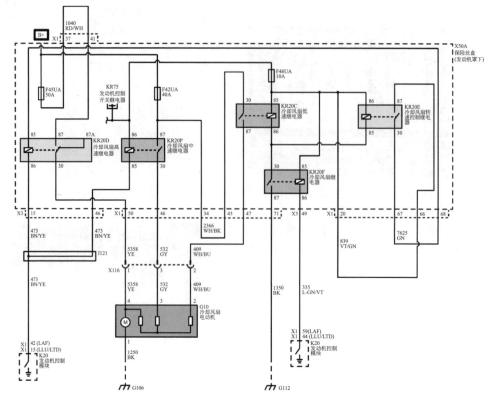

图 7.5-1　冷却风扇电路

（1）低速运转　发动机控制模块将冷却风扇继电器线圈侧的风扇 1 控制电路搭铁。通电的冷却风扇继电器通过继电器的开关侧，完成冷却风扇低速继电器和冷却风扇转速控制继电器的线圈搭铁。转速控制继电器启用并向冷却风扇高速继电器的线圈侧提供"B+"。高速继电器仍未启用，因为 ECM 没有向风扇 2 控制电路发出"ON"（打开）指令。通电的低速继电器开关关闭，以通过发动机冷却风扇电动机的内部低速电阻提供"B+"。结果是冷却风扇以低速运转。

（2）中速运转　发动机控制模块将冷却风扇高速和中速继电器线圈侧的风扇 2 控制电路搭铁。高速继电器仍未启用，因为 ECM 没有向风扇 1 控制电路发出"ON"（打开）指令。通电的中速继电器开关关闭，以通过发动机冷却风扇电动机内部中速电阻提供"B+"。结果是冷却风扇以中速运转。

（3）高速运转　发动机控制模块将冷却风扇继电器线圈侧的风扇 1 控制电路搭铁。通电的冷却风扇继电器通过继电器的开关侧，完成冷却风扇转速控制继电器的线圈搭铁。通电的转速控制继电器开关关闭，以向冷却风扇高速继电器的线圈侧提供"B+"。同时，发动机控制模块将冷却风扇高速继电器线圈侧的风扇 2 控制电路搭铁。通电的高速继电器开关关闭，以绕过风扇内部电阻直接向发动机冷却风扇电机提供"B+"。结果是冷却风扇以高速运转。

## 7.5.3　双风扇系统

发动机冷却风扇系统包括 2 个风扇、7 个继电器、发动机控制模块（ECM）以及相关导线。每个风扇总成包括 1 个电阻器，它能使发动机控制模块使用 2 个控制电路并以 3 种速度操作发动机冷却风扇。发动机控制模块通过用一个被称为驱动器的固态装置使控制电路搭铁，以使相应的继电器通电。每个驱动器中配备连接到电压的 1 个反馈电路。发动机控制模块监测反馈电压，以确定控制电路是否开路、对搭铁短路或对电压短路。冷却风扇和风扇继电器从发动机舱盖下的保险丝盒获取蓄电池电压，提供 2 条专用搭铁路径来完成冷却风扇的运行。双冷却风扇电路见图 7.5-2 和图 7.5-3。

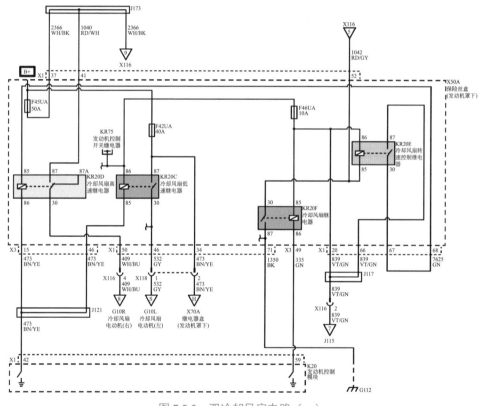

图 7.5-2　双冷却风扇电路（一）

（1）低速运转　发动机控制模块通过控制电路向 KR20C 和 KR20D 继电器线圈侧提供搭铁。KR20C 冷却风扇低速继电器接通并通过继电器的开关侧直接向左侧冷却风扇端子 1 提供电压。左侧冷却风扇通过未接通的 KR20L 冷却风扇速度控制 2 继电器串联连接至右侧冷却风扇端子 2。通过发动机右侧冷却风扇内部电阻的串联电路使两个风扇低速运转。KR20D 继电器保持不接通，因为至 KR20D 继电器线圈的点火电压由 KR20E 继电器提供，并由 KR20F 继电器控制。

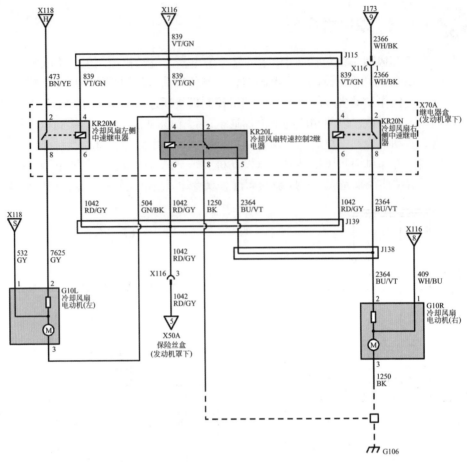

图 7.5-3　双冷却风扇电路（二）

（2）中速运转　发动机控制模块给 KR20F 冷却风扇继电器的线圈侧提供搭铁。通电的 KR20F 继电器通过继电器的开关侧，完成 KR20E、KR20M、KR20L 和 KR20N 继电器线圈的搭铁。KR20E 冷却风扇转速控制继电器接通，并向 KR20D 冷却风扇高速继电器的线圈侧提供点火电压。KR20D 继电器保持不接通，因为发动机控制模块没有向 KR20D 继电器控制电路发出"ON"（打开）指令。KR20M 左侧冷却风扇中速继电器接通，并通过冷却风扇端子 2 和内部电阻器向左侧冷却风扇提供"B+"。KR20N 右侧冷却风扇中速继电器接通，并通过冷却风扇端子 2 和内部电阻器向右侧冷却风扇提供"B+"。KR20L 冷却风扇速度控制 2 继电器也启动，并向左侧冷却风扇提供专用搭铁。这使得两个冷却风扇通过它们各自的电阻器和搭铁电路减速运转。

（3）高速运转　发动机控制模块给两个冷却风扇继电器控制电路提供搭铁。KR20C 冷却风扇低速继电器接通并通过冷却风扇端子 1 直接向左冷却风扇提供"B+"。KR20D 冷却风扇高速继电器接通并通过冷却风扇端子 1 直接向右侧冷却风扇提供"B+"。KR20L 冷却风扇速度控制 2 继电器也接通并向左侧冷却风扇直接提供搭铁。

这使得两个冷却风扇以全速运转。

 ### 7.5.4　冷却风扇电路检测

（1）检查电路　每个冷却风扇继电器电路均要进行以下测试。

❶ 关闭点火开关，按照冷却风扇继电器、冷却风扇低速继电器、冷却风扇中速继电器、冷却风扇高速继电器的顺序逐个断开，再将点火开打开。注意，要确认每个继电器拆下时冷却风扇未启用。

❷ 如果所有列出的继电器拆下后冷却风扇运转：a.将点火开关关闭，断开冷却风扇电动机处的线束连接器，再将点火开关打开；b.测试搭铁和冷却风扇低速继电器端子 87、冷却风扇高速继电器端子 30、冷却风扇中速继电器端子 87，控制输出电路端子之间的电压正常应该为 1V。

如果高于 1V，则需要检修相应电路上的对电压短路故障。如果列出的一个继电器拆下后冷却风扇未运行，应更换相应的冷却风扇继电器。

（2）检查元器件

❶ 将点火开关关闭。

❷ 断开一个冷却风扇继电器。

❸ 测试端子 85/2 和 86/1 之间的电阻（正常应为 70 ～ 110Ω）以及冷却风扇继电器的电阻（正常应为 95 ～ 135Ω）。

如果小于或大于规定范围，则更换冷却风扇继电器。如果在规定范围内，则测试继电器 30/3 和 86/1、30/3 和 87/5、30/3 和 85/2、85/2 和 87/5 端子之间的电阻是否为 ∞；如果电阻小于 ∞，则更换冷却风扇继电器；如果电阻为 ∞，则在继电器端子 85/2 和 12V 电压之间安装一根带 20A 保险丝的跨接线。

❹ 将一根跨接线安装在继电器端子 86/1 和搭铁之间。

❺ 测试端子 30/3 和 87/5 之间的电阻是否小于 2Ω。如果大于 2Ω，则更换冷却风扇继电器。如果小于 2Ω，则全部正常。

 ### 7.5.5　双冷却风扇的拆卸

（1）风扇护罩和冷却风扇装配图（图 7.5-4）

（2）拆卸风扇

❶ 拧下螺钉。

❷ 松开卡扣，拆下空气导管盖。

❸ 脱开冷却液软管。

❹ 松开卡扣，拆下上部进气管。

❺ 拧出左右螺栓。

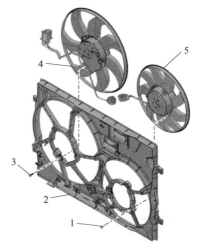

图 7.5-4　风扇护罩和散热器
风扇装配图

1—螺栓（5N·m）；2—风扇护罩；3—螺栓；
4—冷却风扇 1；5—冷却风扇 2

⑥ 松开并取下空气导管的下部件。

⑦ 拆卸隔声垫。

⑧ 松开软管卡箍并拆下左侧增压空气软管。

⑨ 操作前，先脱开电气连接插头。

⑩ 推开锁止件并按压解锁装置，如图 7.5-5 所示，沿图中箭头 A 方向拔下冷却风扇连接插头 1。

⑪ 沿图中箭头 B 方向按压风扇左右两侧的锁止凸耳，并向上从散热器上拉出风扇。

⑫ 从下方取出风扇。

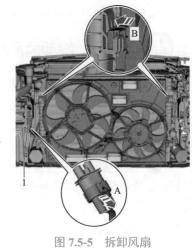

图 7.5-5　拆卸风扇

## 7.5.6　单冷却风扇的拆卸

（1）风扇护罩和冷却风扇装配图　见图 7.5-6。

（2）拆卸风扇　与上述双冷却风扇拆卸基本一致。

① 如图 7.5-7 所示，沿箭头 A 方向推开锁止件并按压解锁装置，拔下冷却风扇连接插头 1。

② 沿箭头 B 方向按压风扇左右两侧的锁止凸耳，并向上从散热器上拉出风扇。

③ 从下方取出风扇。

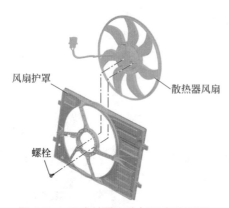

图 7.5-6　风扇护罩和冷却风扇装配图

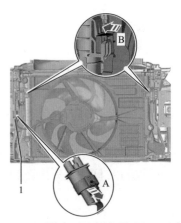

图 7.5-7　拆卸风扇

# 7.6　冷却系统检测

## 7.6.1　冷却液

冷却液是由防冻添加剂及防止金属产生锈蚀的添加剂和水组成的液体。它需要具有防冻性、防蚀性、热传导性和不变质的性能。现在经常使用乙二醇为主要成分、加有防腐蚀添加及水的防冻液。在水中加入防冻剂同时提高了冷却液的沸点，可起到防止冷却液过早沸腾的附加作用。另外，冷却液中还含有泡沫抑制剂，可以抑制空气在水泵叶轮搅动下产生泡沫，影响散热。

　　例如大众原厂冷却液 G13 能够更好地保护整个冷却系统，降低沉积和锈蚀的风险。冷却液 G13（淡紫色）可将沸点提高到 135℃，冰点降低到 –35℃以下，并具有较好的散热性。发动机加注 G13 时，不能与不同颜色的冷却液混用，否则 G13 无法发挥优势。

 ## 7.6.2　系统压力检测

（1）液位检查

❶ 发动机冷却后，检查冷却液热膨胀罐中发动机冷却液液位是否在"MIN"至"MAX"范围内。如有不足，需要添加冷却液至合适液位。

❷ 检查储液罐盖是否拧紧。

（2）密封性检测

❶ 专用工具和设备。冷却系统检测仪及冷却系统检测仪转接头。

❷ 工测试步骤。条件：发动机已达到工作温度。a. 打开冷却液膨胀罐的加注密封盖。b. 消除过压：将冷却液膨胀罐（图 7.6-1）的密封盖用抹布盖住并小心地打开。c. 将冷却系统检测仪和转接头安装到冷却液膨胀罐上（图 7.6-2）。d. 用冷却系统检测仪的手动泵产生约 1.5bar（1bar=$10^5$Pa，下同）的过压。压力至少保持 2min，不允许压力下降大于 0.2bar。e. 如果压力下降大于 0.2bar，则说明有泄漏部位。

图 7.6-1　冷却液膨胀罐盖

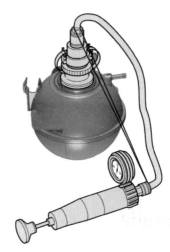

图 7.6-2　冷却系统检测仪安装图

在发动机处于暖机状态时，冷却系统中存在过压。有被高温蒸汽和高温冷却液烫伤的危险，最好戴上防护手套和防护眼镜。压力在 10min 内下降 0.2bar 是由于受冷却液降温的影响。发动机越冷，压降幅度越小。如有必要，在发动机冷态下重复检查。

### 7.6.3　冷却液热膨胀罐盖检测

（1）冷却液热膨胀罐　冷却液热膨胀罐也是冷却液补液罐，或储液罐。冷却系统中温度差和压力差会导致冷却液的膨胀及收缩。热膨胀罐用于平衡冷却液液位在运行中的波动，这是可靠运行所不可缺少的。

（2）冷却液热膨胀罐盖　冷却液热膨胀罐盖用于确保产生压力并使冷却循环回路内的压力不受环境压力影响，这样可以避免空气压力较低时冷却液沸点较低。

如图 7.6-3 所示，在端盖顶部和底部都注有相应开启压力。例如图中表示开启压力为 1.4bar（表压）。

（3）检测冷却液热膨胀罐盖的安全阀（图 7.6-4）　冷却液热膨胀罐盖上带有安全阀。

❶将冷却系统检测仪用转接头安装到封盖上。

❷用冷却系统检测仪的手动泵产生超压。当超压达到 1.6 ～ 1.8bar 时，安全阀必须打开。如果安全阀没有打开，则更换密封盖。

图 7.6-3　冷却液热膨胀罐盖（补液罐盖）

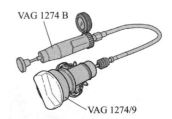

图 7.6-4　检测冷却液热膨胀罐盖的安全阀

## 7.7　冷却液温度传感器

（1）冷却液温度传感器的特性　冷却液温度传感器可测量冷却液的温度值。冷却液温度传感器利用内部的负温度特性（NTC）热敏电阻将冷却液的温度转变为电阻值，ECM 可通过电阻值的变化获得目前冷却液的温度值。在冷却液温度较高时电阻值较低，冷却液温度较低时电阻值较高。

（2）冷却液温度传感器的作用　发动机冷却液温度传感器向发动机控制模块（ECU）输入发动机冷却液的温度数据，也就是发动机的温度。ECU 利用接收的信息改变点火提前角，并根据发动机的温度改变燃油喷射量。

（3）冷却液温度传感器的装配　见图 7.7-1。

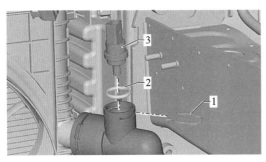
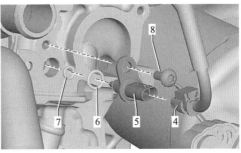

图 7.7-1　冷却液温度传感器的装配

1—固定夹；2,6,7—O 形圈；3—散热器出口处的冷却液温度传感器；4—电气连接插头；
5—冷却液温度传感器（在气缸盖的变速箱侧）；8—螺栓

 **7.8　冷却系统故障诊断**

冷却系统常见故障如表 7.8-1 所示。

表 7.8-1　冷却系统常见故障

| 现象 | | 诊断 | | 措施 |
|---|---|---|---|---|
| 冷却液泄漏 | 从节温器密封垫处泄漏 | 检查固定螺栓 | 检查固定螺栓的扭矩 | 重新拧紧螺栓并再次检查泄漏 |
| | | 检查衬垫是否损坏 | 检查衬垫或密封件是否损坏 | 更换衬垫并重新使用节温器 |
| 冷却过度 | 降低加热器性能 | 拆卸散热器盖后进行视觉检查 | 冷却液不足或泄漏 | 重新注入冷却液后，重新检查 |
| | | 故障信息诊断；电气检查，启动发动机 | ①检查故障码信息②检查风扇离合器或风扇电动机的连接注意，如果风扇离合器一直连接，会在急速时有噪声 | ①检查发动机冷却水传感器、线束和连接器②更换部件 |
| | | 拆卸节温器并检查 | ①检查节温器阀是否存在灰尘或碎渣②检查节温器的卡滞情况 | ①清洁节温器并重新使用节温器②如果节温器工作不良，则将其更换 |
| 加热过度 | 发动机过热 | 拆卸散热器盖后进行视觉检查 | ①冷却液不足或泄漏②检查冷却系统是否存在空气 | ①重新注入冷却液后，重新检查②检查气缸盖衬垫是否损坏及固定螺栓的规定拧紧力矩 |

| 现象 | | 诊断 | 措施 |
|---|---|---|---|
| 加热过度 | 发动机过热 | 故障信息诊断；电气检查，启动发动机 | ①检查故障码信息<br>②检查温度变化时的风扇电动机性能<br>③检查风扇离合器是否滑动<br>④检查水泵的连接情况或泵轮是否损坏 | ①检查发动机冷却水传感器、线束和连接器<br>②检查风扇电动机、继电器和连接器<br>③如果风扇离合器工作不良，则将其更换<br>④如果水泵工作不良则将其更换 |
| | | 检查节温器，将节温器浸入热水中检查 | 拆卸节温器后，检查工作是否正常<br>注意：检查并确定节温器阀打开时的温度 | 如果节温器工作不良，将其更换 |

 ## 7.8.1 冷却液泄漏

冷却液泄漏主要是部件损坏、部件密封垫损坏造成的直接泄漏，还有就是冷却液温度高造成的冷却液强制溢出。

如果在冷却系统中出现节温器损坏、电子扇损坏、水箱亏水等，就会使水箱内的冷却水无法降温，导致水温升高，当达到水的沸点时就会产生大量气泡，一部分面积被气泡所占据，就会使气缸壁周围严重亏水，虽然在水箱内还有冷却液，但是在气缸壁周围却没有足够的冷却液来散热，大大降低了热交换效率，也就无法将气缸中的热量带到水箱散热。

 ## 7.8.2 冷却系统温度过高

（1）温度高对发动机的影响　气缸内的温度会迅速上升，如果不及时将这些过多热量散发掉而仍然持续高负荷驾驶，就会使活塞、活塞环、连杆等部件的强度降低，甚至变形，承受不了正常的负荷，同时也会破坏各零件间的正常间隙，使零件间不能保持正常的油膜，轻则会使发动机拉缸、烧瓦，严重时会损坏发动机。

造成水箱"开锅"的原因很多也很复杂，当发现水温过高时应立即停车，并采用正确方法应急，否则过高的水温会加速发动机内部零件之间的磨损，对发动机造成极大的损伤。

（2）冷却系统温度过高故障诊断　见表7.8-2。

表7.8-2　冷却系统温度过高故障诊断

| 故障 | 症状 | 检查项目 |
|---|---|---|
| 冷却系统的零件故障 | 热传递不良 | 水泵故障 | 驱动皮带磨损或过松 | — |
| | | 节温器和水控制阀关闭位置卡住 | — | |

续表

| 故障 | 症状 | | | 检查项目 |
|---|---|---|---|---|
| 冷却系统的零件故障 | 热传递不良 | 散热片损坏 | 灰尘污染或纸屑堵塞 | — |
| | | | 物理损坏 | |
| | | 散热器冷却管堵塞 | 异物过多（锈蚀、污物、沙土等） | |
| | 气流量减少 | 冷却风扇不工作 | 风扇总成 | — |
| | | 风扇转动阻力过大 | | |
| | | 风扇叶片损坏 | | |
| | 散热器罩损坏 | — | — | — |
| | 发动机冷却液混合比不正确 | — | — | — |
| | 发动机冷却液质量差 | — | 发动机冷却液黏度 | — |
| | 发动机冷却液不足 | 发动机冷却液泄漏 | 冷却软管 | 卡箍松动 |
| | | | | 软管破裂 |
| | | | 水泵 | 密封不良 |
| | | | 储液罐盖 | 松动 |
| | | | | 密封不良 |
| | | | 散热器 | O形圈是否损坏、劣化或安装不正确 |
| | | | | 散热器水箱破裂 |
| | | | | 散热器芯破裂 |
| | | | 储液罐 | 储液罐破裂 |
| | | 储液罐溢流 | 排气泄漏进入冷却系统 | 缸盖劣化 |
| | | | | 缸盖垫片劣化 |
| 除冷却系统零件故障外 | — | 野蛮驾驶 | | 空载条件下发动机转速过高 |
| | | | | 长时间低挡行驶 |
| | | | | 超高速行驶 |
| | | 发动机过载 | 动力传动系统故障 | — |
| | | | 安装尺寸不正确的车轮和轮胎 | |
| | | | 制动阻滞 | |
| | | | 点火正时不正确 | |
| | 空气流通受阻或受限 | 保险杠堵塞 | — | — |
| | | 散热器格栅堵塞 | 安装车罩 | |
| | | | 泥浆污染或纸屑堵塞 | |
| | | 散热器堵塞 | — | |
| | | 冷凝器堵塞 | 空气流通受阻 | |

 **7.8.3　水泵故障（表7.8-3）**

表7.8-3　水泵故障诊断

| 现象 | | 可能原因 | | 措施 |
|---|---|---|---|---|
| 冷却液泄漏 | 从水泵的排出孔 | 目测及检查 | 检查是否泄漏 | 如果冷却液仍然泄漏，则更换水泵 |
| | | | | 如果停止泄漏，继续使用水泵（不更换新水泵） |
| | 从衬垫或螺栓 | | 检查水泵固定螺栓是否拧紧 | 重新拧紧固定螺栓 |
| | | | 检查衬垫是否损坏或是否进入灰尘 | 更换衬垫并清除灰尘 |
| | 从水泵的外表面 | | 检查材料或水泵是否裂纹 | 材料不良。如果发现裂纹，则更换水泵 |
| 噪声 | ①从轴承 ②从机械密封件 ③泵轮干涉 | 用发动机听诊器检查 | 启动发动机后，用发动机听诊器检查噪声 | 如果没有噪声，则继续使用水泵（不更换） |
| | | | | 如果从水泵发出噪声，则拆卸传动皮带并重新检查 |
| | | 拆卸传动皮带后检查 | 拆卸水泵和传动皮带后，再次检查噪声 | 如果有噪声，则重新使用水泵，检查其他传动部件 |
| | | | | 如果没有噪声，用新品更换水泵 |
| | | 拆卸水泵后检查 | 拆卸水泵和传动皮带后，再次检查噪声 | 如果它们之间有任何干涉，则用新品更换水泵 |
| 过热 | ①泵轮损坏 ②泵轮松动 | 泵轮松动 | 泵轮叶片腐蚀 | ①检查发动机冷却液 ②冷却液质量差/保养检查 |
| | | | 泵轮与轴分离 | 更换水泵 |

冷却液液位检查
视频精讲

更换冷却液
视频精讲

水泵的拆卸与安装
视频精讲

冷却系统渗漏的原因
视频精讲

# 润滑系统

## 8.1 润滑系统组成和路径

###  8.1.1 发动机润滑系统组成

发动机润滑系统主要由机油泵、机油滤清器、油路和油道、油底壳及压力传感器、油位传感器等部件组成。润滑系统组成见图 8.1-1。

###  8.1.2 自然吸气发动机润滑系统路径

自然吸气发动机润滑系统路径见图 8.1-2。自然吸气发动机润滑系统路径框图如图 8.1-3 所示。

###  8.1.3 涡轮增压发动机润滑系统路径

汽车发动机润滑系统是一个压力循环润滑系统，在机油泵的作用下通过抽吸管从油底壳内的储油罐抽出机油并输送至机油回路内。机油首先通过机油滤清器，随后经发动机缸体内的机油通道输送至润滑部位（图 8.1-4 和图 8.1-5）。

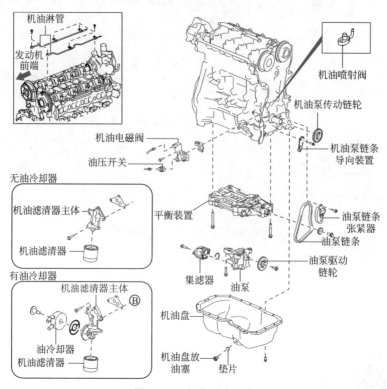

图 8.1-1　润滑系统组成

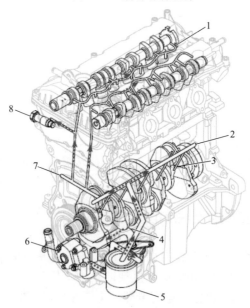

图 8.1-2　自然吸气发动机润滑系统路径

1—气缸盖机油道；2—气缸体主油道；3—曲轴交叉油道；4—机油进油管；
5—机油滤清器；6—机油泵；7—主油道；8—正时链张紧器

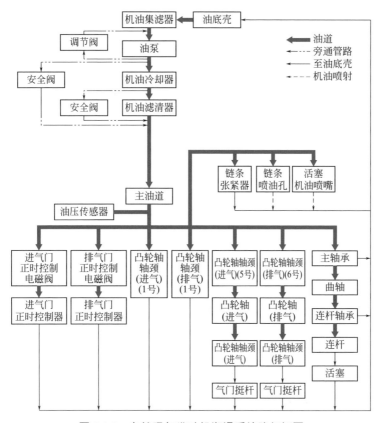

图 8.1-3　自然吸气发动机润滑系统路径框图

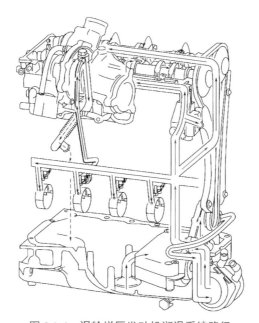

图 8.1-4　涡轮增压发动机润滑系统路径

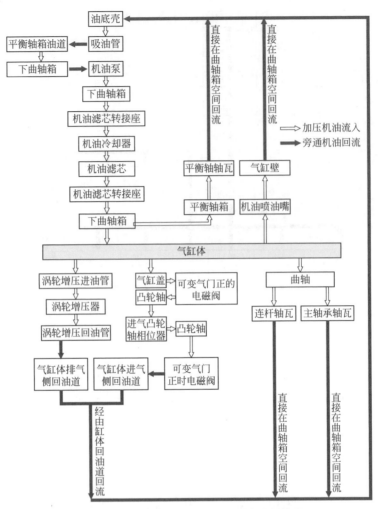

图 8.1-5　涡轮增压发动机润滑系统路径框图

 **8.2** 润滑方式与机油

## 8.2.1　润滑方式

（1）压力润滑　发动机都是采用压力和飞溅两种润滑相结合的润滑方式，如曲轴轴承、连杆轴承、凸轮轴轴颈等这些高速、大负荷的摩擦表面均采用压力润滑。

（2）飞溅润滑　对于如活塞、活塞环、活塞销、气缸壁、凸轮轴等这些负荷相对小、速度相对低的部件和位置采用飞溅润滑。

**8.2.2　机油的作用**

（1）润滑　简单来说，润滑就是使相互摩擦的表面分离。通过机油泵向润滑部位输送机油。机油的任务是降低相对移动表面之间的摩擦并减少或完全避免产生磨损和能量损耗。

（2）冷却部件　摩擦产生的热量由机油吸收并通过油底壳扩散到外界空气中。燃烧产生的部分热量也以同样方式通过机油排出。发动机还通过一个机油冷却器来防止机油过热。

（3）严密密封　机油在活塞环与气缸壁之间形成一层油膜，因此在燃烧室与曲轴箱之间起到严密密封的作用。

（4）清洁　冷态发动机启动时会产生一定磨损，因为轴承、活塞、活塞环、气缸以及挺杆和摇臂的相对移动面尚未通过机油完全分离。此时首先产生的不是液体摩擦，而是混合摩擦。所产生的磨损颗粒必须立即通过机油从润滑间隙处冲刷出去，以免这些微小的金属颗粒产生磨蚀作用。

这些金属颗粒不得与燃烧产生的炭烟颗粒一起沉积在机油回路内，因此机油必须能够使这些金属颗粒保持悬浮状态并将其输送至机油滤清器内。

（5）防腐　空气湿度和温度不断变化会造成腐蚀（通过氧气和湿气产生腐蚀），例如黑色金属锈蚀。此外，燃烧过程中还会产生具有腐蚀作用的物质，例如亚硫酸。机油通过形成一层覆盖层来防止这些物质的破坏作用。机油的中和能力可进一步提高这种防腐作用，机油可中和掉酸性成分。

（6）传递作用力　机油还具有传递作用力的功能。例如液压气门间隙补偿器（HVA）内充有机油。通过机油将作用力从凸轮轴传递到气门处。

（7）减振　吸附在金属表面上的润滑剂由于本身应力小，在摩擦副受到冲击时能够吸收冲击振动的机械能，起到减振、缓冲作用。

（8）绝缘　矿物油等润滑剂有很高的电阻，因此可作为电绝缘油、变压器油。

 **8.2.3　机油的指标和识别**

（1）机油的指标　机油有很多指标，通常识别和选用机油最重要的标准是黏度指数。黏度划分是美国汽车工程师协会（SAE）的标准。

❶ 黏度指数。这是非常重要的一项指标，它是衡量机油黏度受温度变化影响的重要参数。黏度指数越高，表示流体黏度受温度的影响越小，黏度对温度越不敏感。

❷ 运动黏度。运动黏度表示机油在常温环境、低剪切速率下的润滑性能。

❸ 高温高剪切黏度。机油在曲轴颈、凸轮轴等润滑关键部位暖机状态的润滑性能。

❹ 闪点。通俗的理解是机油的沸点。

❺ 倾点。用来表达低温冷车启动时，机油润滑性能的主要指标，可以理解为水的冰点。当达到这个极限温度时，机油就会凝结，发动汽车时，机油就没法到达润

滑部位。同样情况下，倾点越低，说明机油在极限低温方面略占优势。

上述指标，合成机油更占优势，其性能随发动机温度变化而产生效用下降更缓慢。

（2）机油的识别　SAE 和 API（美国石油协会）机油的划分标准是最常用的。通过这些标准的划分对机油进行选用识别。

❶ SAE 标准。SAE 机油黏度分类分别为：0W、5W、10W、15W、20W 等，W 前的数字越小，其低温黏度越低，低温流动性越好，适用的最低气温越低。

例如，10W-40 就是它的 SAE 标准黏度值，这个黏度值首先表示这种机油是多级机油，W 前面的数字代表低温时的流动性能，数字越小说明机油低温时的启动性能越好。W 后面的数字代表机油在高温时的稳定性能，即变稀的可能性，数字越大说明机油高时温的稳定性能越好。

❷ API 标准。即 API 对机油品质等级做出的评定标准。机油等级划分 SA～SN，用于表示机油品质，S 后面的字母的排位越靠后，说明机油的品质越高，目前为止，SN 级别是最高的。S 表示汽油发动机专用机油。S 后面的字母表示级别。

如果是"C"开头系列，就代表柴油发动机专用机油，规格有：CA、CB、CC、CD、CE、CF、CF-2、CF-4、CG-4 等。字母越往后，油品档次越高。"S"和"C"两个字母同时存在，则表示此机油为汽油和柴油发动机通用型。API 的级别都是向下兼容，例如 SL 质量级别的机油可以用于要求 SH 机油的发动机。

❸ ACEA 标准。ACEA 是欧盟标准等级的划分。ACEA A/B 为汽油机油与轻负荷柴油机系列。A1/B1 为稳定且黏度保持性好的机油，特别适用于能使用低摩擦低黏度机油的汽油发动机和轻负荷柴油卡车上。A3/B3 为稳定且黏度保持性好的机油，用于高性能汽油发动机和轻型柴油发动机。A3/B4 为稳定且黏度保持性好的机油，用于高性能汽油发动机和直喷柴油发动机，但同时满足 A3/B3 的性能要求。机油桶上的机油标准信息见图 8.2-1。

图 8.2-1　机油桶上的机油标准信息

# 8.3 机油滤清器

（1）机油滤清器的作用　使机油通过机油滤清器滤芯，从而进行过滤。机油滤清器从发动机机油中清除污染物，例如金属颗粒等，并保持发动机机油洁净。

（2）机油滤清器的安装位置　机油滤清器安装在气缸体上如图 8.3-1 所示。

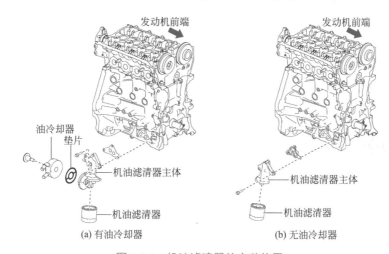

(a) 有油冷却器　　　　　　(b) 无油冷却器

图 8.3-1　机油滤清器的安装位置

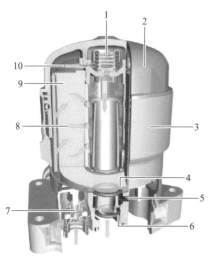

图 8.3-2　机油滤清器的结构

1—滤清器旁通阀；2—机油滤清器端盖；3—机油滤清器壳体；4,6—O 形环；5—用于更换机油滤清器的放油口；7—回流关断阀；8—机油流；9—机油滤清器主体；10—通过机油滤清器旁通阀的机油流

（3）机油滤清器的结构　一般采用的旋装式（全流量式）机油滤清器有一个单向阀，当发动机停机时使机油保持在滤清器中。这样发动机启动时机油滤清器内就总有机油。还有一个旁通阀作为环路，以防止机油滤清器滤芯发生堵塞（图 8.3-2）。

（4）机油滤清器的工作机理　机油滤清器用于清洁机油，防止污物颗粒进入机油回路并因此进入轴承部分。这样可以避免机油因固体杂质（例如金属磨损颗粒、炭烟或灰尘颗粒）的影响而提前变质，但是机油滤清器无法去除液态或溶解在机油内的污物。

目前车辆发动机使用的是主流量机油滤清器。这种机油滤清器位于机油泵与发动机润滑部位之间的主机油流内。也就是说，机油泵输送的全部机油在到达润滑部位前都要通过该滤清器，因此润滑部位只获得经过清洁的机油。

所以使用中要保证机油滤清器的质量，不能使用劣质机油滤清器。如图 8.3-3 所示。

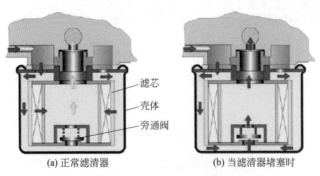

（a）正常滤清器　　　　　　　（b）当滤清器堵塞时

图 8.3-3　机油滤清器机理

 机油冷却器

（1）机油冷却器的作用　机油冷却器将机油和发动机冷却液导向机器内部，并利用发动机冷却液散发机油热量。结果，机油温度被保持在适当水平以减少机油劣化。

（2）机油冷却器的结构　机油冷却器（图 8.4-1）安装在机油滤清器上。

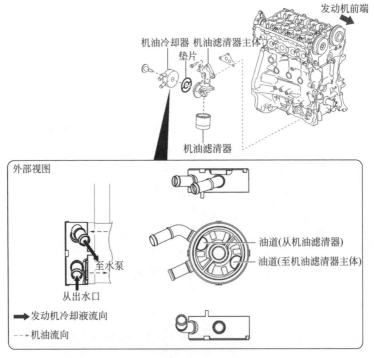

图 8.4-1　机油冷却器

# 机油泵

（1）机油泵的作用　机油泵通过集滤器吸收油盘中的机油，并将机油输送到发动机中。机油泵有一个油压反馈控制的机构，该机构可将油压上升抑制在设定压力之上，同时可减小机油泵驱动阻力。另外，通过操作机油电磁阀可改变设定压力，即使在低负荷 / 中低负荷下也可减小机油泵驱动阻力。

（2）安装位置　机油泵安装在气缸体下部。通过采用链条驱动，可减小转子的直径及机油泵驱动阻力。不同发动机的机油泵形态见图 8.5-1 和图 8.5-2。

（3）工作机理　当启动极冷的发动机时，如果油压异常升高，系统会推动并打开减压阀和旁通阀（图 8.5-3 和图 8.5-4），使机油流出，抑制油压的异常升高。在机油电磁阀的作用下，通过切换油道，机油泵可通过低油压设定和高油压设定调节油压。

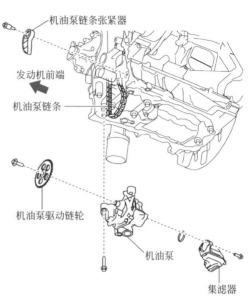

图 8.5-1　机油泵（一）

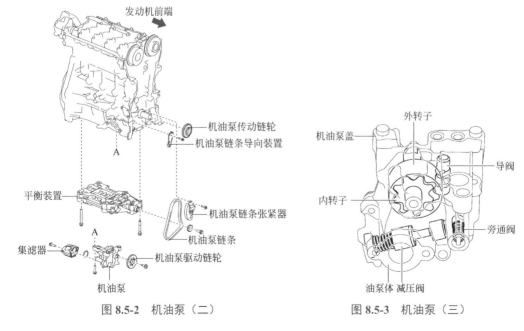

图 8.5-2　机油泵（二）

图 8.5-3　机油泵（三）

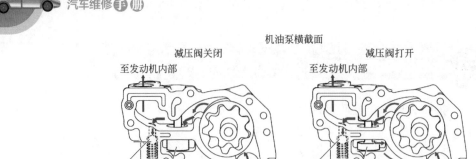

机油泵横截面

减压阀关闭        减压阀打开

图 8.5-4    减压阀

❶ 设定低油压时的机油流量（机油电磁阀打开）（图 8.5-5）。a. 当机油电磁阀打开时，油压也作用在导阀的上部。因为作用在导阀上部和下部的油压几乎相等，所以导阀被弹簧力压下。b. 油压作用在减压阀的上部。c. 当油压超过减压阀的开启压力时，减压阀被压下，机油流出（油压下降）。d. 当油压低于减压阀开启压力时，减压阀关闭。结果，机油停止流出（油压上升）。

通过重复步骤 c 和 d 调节油压。

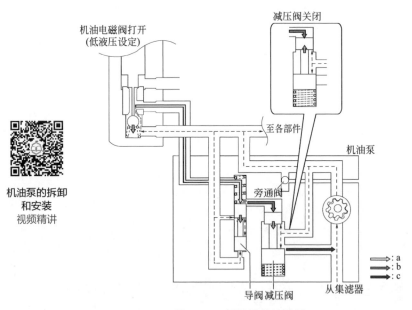

机油泵的拆卸和安装
视频精讲

图 8.5-5    低油压机油流量

❷ 设定高油压时的机油流量（机油电磁阀关闭）（图 8.5-6）。a. 当油压超过导阀开启压力时，导阀被顶起，于是油压被施加在减压阀上部。b. 由于施加在减压阀上部的油压超过减压阀开启压力，减压阀被压下，机油流出（油压下降）。c. 当油

压低于导阀开启压力时，导阀关闭。结果，减压阀关闭，机油停止流出（油压上升）。

通过重复步骤 b 和 c 调节油压。

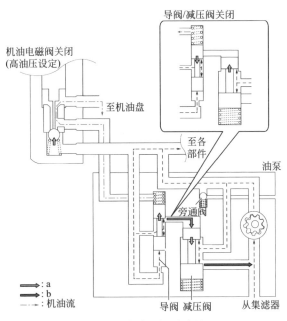

图 8.5-6 高油压机油流量

# 8.6 机油喷射阀

（1）机油喷射阀的作用 机油喷射阀（喷油嘴）将机油喷射在活塞背面，主要是用来冷却活塞。

（2）安装位置 机油喷射阀（图 8.6-1）安装在气缸体中。

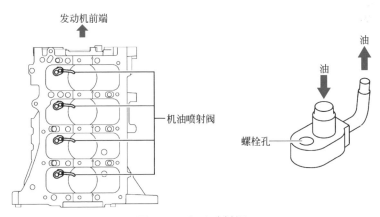

图 8.6-1 机油喷射阀

（3）机油喷射阀的结构　机油喷射阀内置于止回阀球和弹簧中。如图 8.6-2 所示为机油喷射阀的结构。

（4）工作机理

❶ 当作用在止回阀球的油压超过弹簧力时，止回阀球和弹簧被压下。

❷ 通向喷嘴的油道被打开，于是机油被喷射到活塞背面（图 8.6-3）。

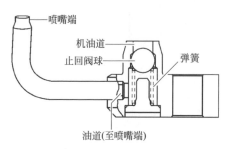

图 8.6-2　机油喷射阀的结构

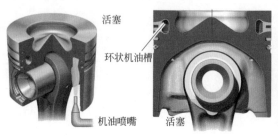

图 8.6-3　机油喷嘴喷射机油进入活塞环状机油槽

❸ 当作用在止回阀球上的油压低于弹簧力时，弹簧会将止回阀球压回（图 8.6-4）。

❹ 通向喷嘴的油道关闭，停止喷射机油（图 8.6-5）。

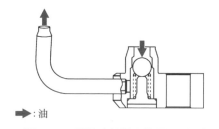

图 8.6-4　机油喷射阀工作原理（一）

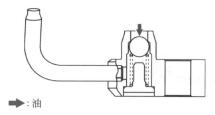

图 8.6-5　机油喷射阀工作原理（二）

## 8.7 机油电磁阀

（1）机油电磁阀的作用　机油电磁阀根据驱动条件切换液压传输通道，并通过分两步控制机油泵泄压来减小机油泵驱动阻力。

（2）结构和安装位置　机油电磁阀的结构如图 8.7-1 所示，其安装在气缸体右侧（图 8.7-2）。

（3）工作机理（图 8.7-3）　根据来自控制单元的控制信号（负荷信号）切换电磁阀中的油道。

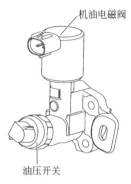

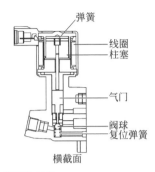

图 8.7-1　机油电磁阀的结构

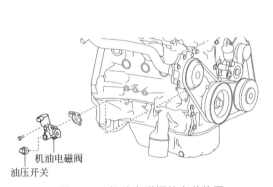

图 8.7-2　机油电磁阀的安装位置

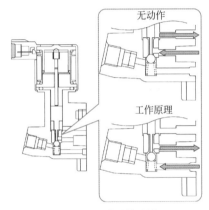

图 8.7-3　机油电磁阀的机理

# 8.8　机油淋管

（1）机油淋管的作用　通过结构改变降低机械阻力损耗，从而实现最佳燃烧经济性。采用机油淋管就是这种结构改变的一部分。

机油淋管喷射机油，润滑凸轮和摇杆的接触点，结果是减小了滑动部件的磨损和阻力。

（2）安装位置　机油淋管安装在凸轮轴盖中（图 8.8-1）。

（3）工作机理　机油淋管利用液压从位于凸轮轴顶部的机油喷孔喷油（图 8.8-2 和图 8.8-3）。

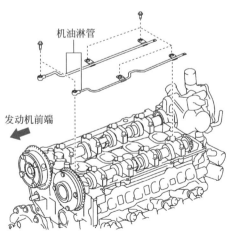

图 8.8-1　机油淋管的安装位置

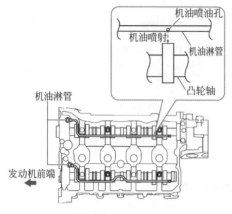

图 8.8-2 机油喷孔

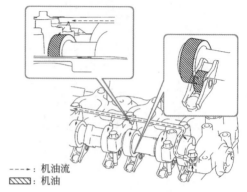

---- : 机油流
▨ : 机油

图 8.8-3 机油淋管的工作机理

 **8.9** 润滑系统压力检测

 **8.9.1 机油的检查**

（1）检查部件

❶润滑系故障一般直观的是机油渗漏，目测零部件即可判断泄漏或者渗漏位置，如油底壳垫渗漏、气门室盖垫渗漏、机油堵塞渗漏等。

❷检查涡轮增压器渗漏机油情况。由于涡轮增压器是靠机油来冷却的，因此应该检查机油管和接头有没有渗漏。

（2）检查油位

❶机油油位检查条件。启动发动机前，将汽车水平停稳，检查发动机机油液位。如果发动机已启动，则关闭发动机，等待数分钟再检查。

❷检查方法

a.拔出机油尺并擦拭干净。

b.插入机油尺，确认发动机机油液位在如图 8.9-1 所示的范围内。

c.如果超出范围，请调整。如果机油液位不足，要查找原因，是泄漏、正常消耗还是烧机油，视情况判断。

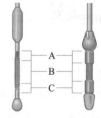

图 8.9-1 机油油位
A—不得添加机油；B—可添加机油；
C—必须添加机油

**8.9.2 机油压力开关**

（1）机油压力开关作用机理 机油压力开关用于监控润滑系统。发动机处于静止状态且点火开关打开时，机油压力指示灯通过机油压力开关接地，指示灯亮起。

启动发动机后，机油压力使接地触点克服弹簧力打开，指示灯熄灭。机油压力降至某一限值以下时，弹簧力就会关闭触点且机油压力指示灯再次亮起。

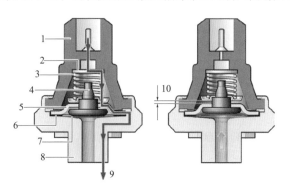

1—由塑料制成的壳体上部件；
2—触点顶端；3—弹簧；4—压板；
5—隔板；6—密封环；7—隔膜；
8—由金属制成的壳体； 9—触点闭合时的电流；10—触点打开时的间隙

图 8.9-2　机油压力开关

（2）机油压力开关检测

❶ 断开机油压力开关连接器。

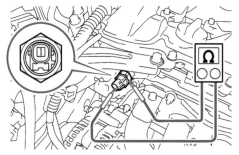

图 8.9-3　检查端子与壳体间是否导通

❷ 启动发动机。

❸ 使用万用表检查端子和壳体间是否导通（图 8.9-3）。根据表 8.9-1 中的值测量电阻，如果结果不符合规定，则更换机油压力开关。

表 8.9-1　机油压力开关测试

| 检测仪连接 | 条件 | 规定状态 |
| --- | --- | --- |
| 车身接地 | 发动机停机 | 小于 1Ω |
| | 发动机怠速 | 10 kΩ 或更大 |

 8.9.3　机油压力检测

（1）检测条件

❶ 将发动机处于工作温度的车辆停驻在水平地面上，以便准确检查油位。

❷ 发动机暖机并停止发动机，然后等待数分钟，让发动机机油流回油底壳。

（2）检测操作　发动机机油压力可以用专用的机油压力表来测量，也可以用普通的油压表配上相应的高压软管和接头来测量。测量机油压力的方法如下。

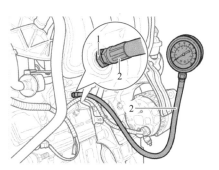

图 8.9-4　测试机油压力

1—机油压力测试接头；2—机油压力表

❶ 拔下机油压力传感器的线束插头，拆下机油压力传感器。将机油压力表的软管接头拧入机油压力传感器的螺孔内，并拧紧接头（图 8.9-4）。

②将机油压力表放置在不会接触到发动机旋转部件及高温部件的地方。

③启动发动机，检查机油压力表接头处有无漏油，如有漏油，应熄火后重新拧紧接头。

④运转发动机使之达到正常的工作温度，分别在怠速和2000r/min时检查机油压力表的读数，并与标准压力值进行比较。

⑤在测量完机油压力后，应拆下机油压力表，装上机油压力传感器并按规定扭矩拧紧，接上线束插头。启动发动机，确认机油压力传感器没有漏油。

## 8.10 重要部件检修和故障排除

### 8.10.1 机油泵分解检修

**（1）拆解**

❶拆卸机油泵滤网（图8.10-1）。拆下2个螺母、机油泵滤网和垫片。

❷拆卸机油泵减压阀（图8.10-2）。a.使用套筒扳手，拆下机油泵减压阀塞。b.拆下机油泵减压阀弹簧和机油泵减压阀。

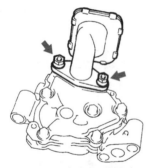

图8.10-1　拆卸机油泵滤网

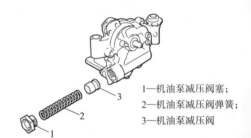

1—机油泵减压阀塞；
2—机油泵减压阀弹簧；
3—机油泵减压阀

图8.10-2　拆卸机油泵减压阀

❸拆卸机油泵罩（图8.10-3）。a.拆下5个螺栓和机油泵罩。b.从机油泵体上拆下驱动转子和从动转子。

**（2）检查机油喷嘴**　检查机油喷嘴（图8.10-4）是否损坏或阻塞，必要时修理气缸体。

**（3）检查机油泵减压阀**　在机油泵减压阀（图8.10-5）上涂一层发动机机油，然后检查并确认该阀能依靠自身重量顺畅地滑入阀孔中。如果不能，则更换减压阀。必要时更换油泵总成。

**（4）检查机油泵转子**

❶检查侧隙（图8.10-6）：用测隙规和精度尺测量内转子与外转子之间的间隙（各

种车有所不同,按原厂参数标准)。标准间隙: 0.030 ～ 0.085mm。最大间隙: 0.160mm。如果侧隙大于最大值,则更换机油泵总成。

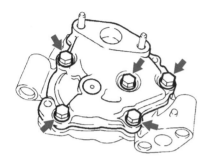

图 8.10-3 拆卸机油泵罩

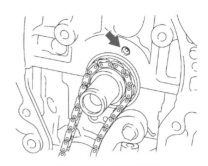

图 8.10-4 机油喷嘴

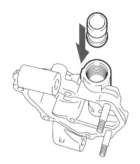

图 8.10-5 机油泵减压阀

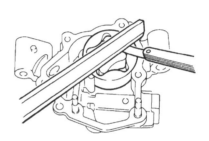

图 8.10-6 检查侧隙

❷ 检查齿顶间隙（图 8.10-7）:用测隙规测量驱动转子与从动转子顶端之间的间隙（各种车有所不同,按原厂参数标准）。标准间隙: 0.080 ～ 0.160mm。最大间隙: 0.35mm。如果齿顶间隙大于最大值,则更换机油泵总成。

❸ 检查泵体间隙（图 8.10-8）:用测隙规测量从动转子与泵体之间的间隙（各种车有所不同,按原厂参数标准）。标准间隙: 0.100 ～ 0.170mm。最大间隙: 0.325mm。如果泵体间隙大于最大值,则更换油泵总成。

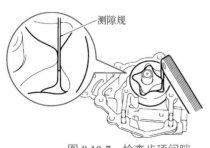

图 8.10-7 检查齿顶间隙

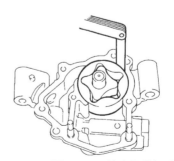

图 8.10-8 检查泵体间隙

（5）重新装配 重新装配基本按照与拆卸分解的相反顺序操作,但需要注意一些问题。

① 安装机油泵罩（图 8.10-9）。a. 在驱动转子和从动转子上涂一层发动机机油。b. 标记朝向泵罩侧，将驱动转子和从动转子置入机油泵体内。c. 用 5 个螺栓安装机油泵罩。

② 安装机油泵减压阀。a. 在机油泵减压阀上涂抹一层发动机机油。b. 将机油泵减压阀和机油泵减压阀弹簧插入油泵体孔内。c. 使用套筒扳手，安装机油泵减压阀塞。

③ 安装机油泵滤网。注意：要安装新垫片。

④ 安装机油泵总成。

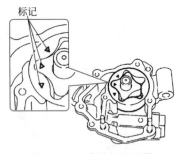

标记

图 8.10-9　安装机油泵罩

## 8.10.2　发动机烧机油检修

发动机烧机油是较严重的故障现象，应早发现、早维修。

（1）判断方法　发动机各部件间隙过大、装配调整不当或长时间磨损等原因，都会使机油经不同渠道进入燃烧室而被烧掉。发动机烧机油现象的轻重，可通过观察排气管尾气的颜色加以判别和检视。当发动机怠速运转时，在尾气中有深蓝色的烟排出，如果让发动机做短暂的加速运转，排气管中将会因深蓝色烟的过量排出，而出现较为明显的烟雾；有时，通过观察加机油口也可观察到大量的烟或有脉动的冒烟现象，这样便可判定发动机烧机油。

（2）原因和措施

① 发动机有关部件磨损过度，会导致配合间隙过大，从而使过量的机油溅到气缸壁上，远远超过了油环的刮油能力。曲柄轴瓦间隙过大，机油便会从一个或多个压力润滑轴瓦处泄漏。主要部件：活塞环、活塞、曲轴主轴颈瓦、连杆瓦、曲轴止推片。最佳处理方式：更换这些主要部件。

② 发动机有关部件装配不当或失效而引起的烧机油。主要部件：气门油封脱落或者老化。最佳处理方式：更换气门油封。

③ 汽车发动机修理质量低劣、配件选择不当，也是造成烧机油的一个原因。例如活塞环，活塞环间隙大、张力不够，不能刮干净气缸壁上的机油，这些机油会进入气缸内燃烧掉，导致机油消耗。劣质部件也极有可能导致发动机损坏。例如，连杆轴承瓦烧蚀导致发动机曲轴损坏，使发动机严重磨损。

## 8.10.3　机油压力过低故障检修

发动机机油压力过低，一般会伴随有机油压力报警灯点亮。其故障检修见表 8.10-1。

表 8.10-1　机油压力过低故障检修

| 序号 | 检查步骤 | 检查结果 | |
|---|---|---|---|
| 0 | 检查机油油位并核查该车型机油型号 | 发动机机油油位过低 | 添加机油到规定油位 |
| 1 | 检查平衡轴油封、凸轮轴油封、油底壳螺栓、机油滤清器是否漏油 | 油封漏油 | 更换漏油油封 |
| 2 | 检查曲轴前后油封漏油（提示：如果更换前后油封后，在短时间内仍然漏油，则表明曲轴止推片间隙过大） | 油封漏油 | 更换曲轴前后油封 |
| 3 | 检查机油，观看机油黏度是否过低 | 机油黏度过低 | 更换机油 |
| 4 | 检查机油滤清器型号 | 机油滤清器型号不正确 | 更换机油滤清器 |
| 5 | 检查机油压力报警灯电路状态 | 机油压力报警灯故障或电路故障 | 更换报警灯，检修电路 |
| 6 | 检查冷却液中是否有机油花 | 气缸垫或缸盖内油道泄漏 | 更换气缸衬垫 |
| 7 | 拆下油底壳检查机油吸油滤网是否堵塞 | 机油吸油滤网堵塞 | 清洗机油吸油滤网 |
| 8 | 检查机油泵主动齿轮、从动齿轮的间隙 | 机油泵齿轮间隙过大 | 更换机油泵总成 |
| 9 | 检查曲轴、连杆轴承间隙是否正常 | 曲轴、连杆轴承间隙过大 | 维修曲轴，更换曲轴连杆轴承瓦 |
| 10 | 正确操作后，检查故障是否出现 | 故障未消失 | 从其他症状查找故障原因 |

第**9**章

# 燃油系统

 **9.1.1 回流型燃油系统**

（1）特征

❶ 燃油系统中有从燃油箱（燃油泵）到燃油轨的回油管。

❷ 燃油压力调节器在燃油轨上安装。

❸ 燃油滤清器串联安装在油管上。

（2）工作原理　回流型燃油系统也可叫回路燃油系统，在燃油轨上装有压力调节器，并通过真空管与进气道相通（图9.1-1），使喷油器与进气道保持恒定的压力差，这样喷油器的喷油量与喷油时间成正比，ECU只要根据车辆状况计算出理论喷油量，再转换成喷油时间信号，就可以精确控制喷油量。压力调节器有一根回油管，将多余的燃油送回油箱。回流型燃油系统见图9.1-2。

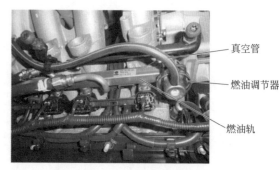

真空管

燃油调节器

燃油轨

图 9.1-1　油轨上的燃油压力调节器

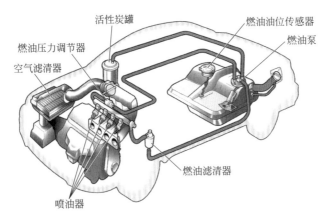

图 9.1-2　回流型燃油系统

 ## 9.1.2　无回流型燃油系统

（1）特征　没有回油管；燃油压力调节器安装在燃油箱内的燃油泵上；燃油滤清器内置在燃油泵上。

（2）工作原理　无回流燃油系统中，燃油通过油箱底部的燃油滤网后，被输送到燃油泵。燃油泵向发动机提供所需的燃油压力和燃油量，多余没有使用的燃油通过燃油压力调节器又被送回到油箱里。与在传统压力调节器上不同，无回流燃油系统的压力调节器与发动机之间没有真空连接，因此，无论发动机运行状况如何变化，这个压力调节器都将保持稳定的系统压力。无回路电子燃油系统是一个微处理器控制燃油输送系统，将燃油从油箱运送到燃油导轨（图 9.1-3）。

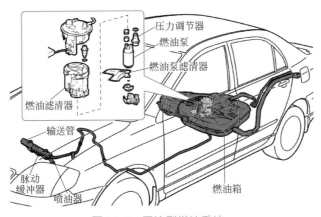

图 9.1-3　回流型燃油系统

## 9.1.3　按需供给燃油系统

（1）特征

❶ 按需分配燃油。

❷装有高压油泵，分高、低压油路。

（2）工作原理　按需供给的燃油供给系统中，燃油箱里的电动燃油泵和高压燃油泵在任何时候仅按发动机实际需求供给燃油。因此，燃油泵的电驱动功率和机械驱动功率会保持在最低水平，从而节省了燃油（图9.1-4）。

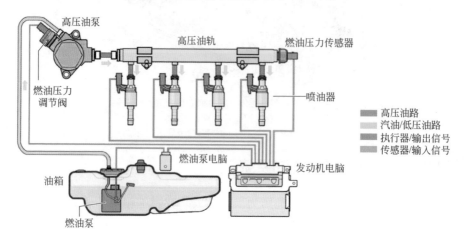

图9.1-4　按需供给的燃油供给系统

## 9.2　燃油泵总成模块

### 9.2.1　回流型燃油系统油泵总成模块

回流型燃油系统中，燃油泵（图9.2-1）总成模块包括油位传感器、燃油泵和储液罐总成。

### 9.2.2　无回流型燃油系统油泵总成模块

无回流型燃油系统中，燃油泵总成（图9.2-2）模块包括油位传感器、燃油泵和储液罐总成、燃油滤清器、压力调节器或限压调节阀。

### 9.2.3　燃油泵

燃油泵的作用是把燃油从燃油箱中吸出、加压后输送到供油管中，和燃油压力调节器配合建立一定的燃油压力。

单独的电动燃油泵（泵一般以涡轮式居多）连接于燃油箱内的燃油箱燃油泵总成模块，通过燃油供油管向高压燃油泵供应燃油。燃油箱燃油泵总成模块包括一个逆流单向阀，逆流单向阀保持燃油供油管中的燃油压力，以防止启动时间过长。

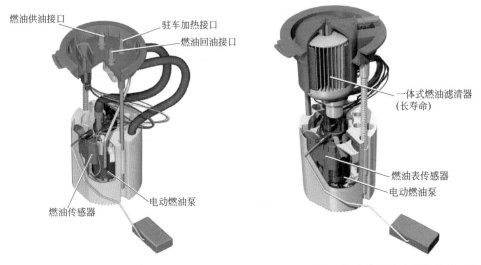

图 9.2-1　燃油泵　　　　图 9.2-2　带一体式燃油滤清器的燃油泵总成

　　燃油泵安装在燃油箱燃油泵模块储液罐内。该燃油泵是一个电动型涡轮泵（图 9.2-3），它根据燃油压力传感器反馈信息将燃油以一定的压力泵送至高压燃油泵。即使在燃油油位过低和车辆操作过猛的情况下，燃油泵仍向发动机提供恒定流量的燃油。燃油泵挠性管用于减少燃油泵发出的燃油脉冲和噪声。

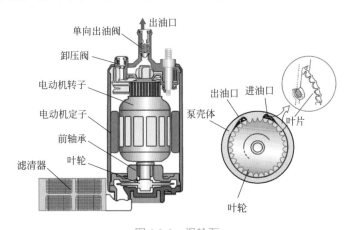

图 9.2-3　涡轮泵

 ## 9.2.4　限压调节阀

　　有些燃油泵用限压调节阀取代了机械无回路燃油系统上使用的典型燃油压力调节器（图 9.2-4）。在车辆正常运行时限压调节阀关闭。限压调节阀在高温时用于卸压，一旦燃油泵电源控制模块默认为 100% 的燃油泵脉宽调制（PWM）时，它也起到燃

油压力调节器的作用。由于燃油系统压力的偏差，限压调节阀的开启压力设置高于机械无回路燃油系统压力调节器的压力。

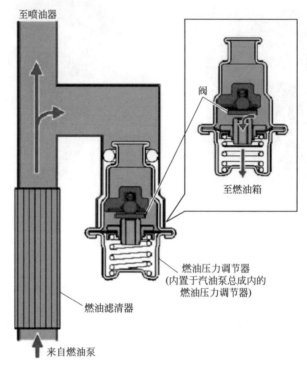

图 9.2-4 燃油压力调节器（内置于燃油泵总成内）

 **9.2.5 油位传感器**

油位传感器包含浮子、导线浮子臂和陶瓷电阻器卡。导线浮子臂的位置指示燃油油位。油位传感器包括一个可变电阻器，该电阻器可以根据导线浮子臂的位置改变电阻。

 **9.2.6 燃油滤清器**

燃油滤清器位于燃油箱燃油泵模块和燃油喷射系统之间的供油管上。电动燃油泵通过燃油串接式燃油滤清器向燃油喷射系统提供燃油。纸质滤芯捕获燃油中可能损坏燃油喷射系统的颗粒。滤清器壳体制作坚固，能够承受非常大的燃油系统压力，并能耐受燃油添加剂和温度变化。集成式燃油滤清器见图 9.2-5。燃油滤清器（外置）见图 9.2-6。

 **9.2.7 燃油泵总成模块拆装操作**

（1）燃油泵总成装配图（图 9.2-7）

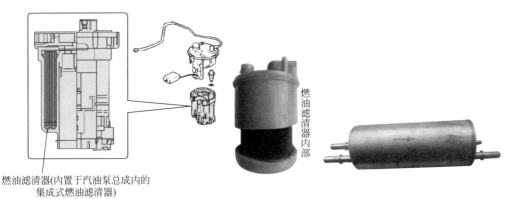

燃油滤清器内部

燃油滤清器(内置于汽油泵总成内的集成式燃油滤清器)

图 9.2-5　集成式燃油滤清器（内置于燃油泵总成内）　　　图 9.2-6　燃油滤清器（外置）

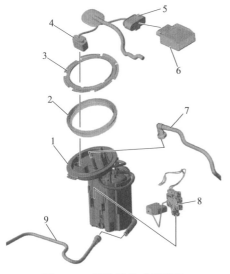

图 9.2-7　燃油泵总成装配图

1—燃油供给单元；2,3—密封环；4,5—电气插头连接；6—燃油泵控制单元（J538）；7—燃油管路；8—燃油存量显示传感器（G）；9—燃油管路

（2）拆卸燃油泵总成　燃油箱最多允许加注 3/4 燃油，这可以确保液位低于燃油输送单元的法兰下方。

❶ 排空燃油箱。

❷ 拆下装配口盖板。

❸ 如图 9.2-8 所示，松开并拔出连接法兰上的电气插头连接 1。

❹ 将燃油管 3 从密封法兰上脱开，分离插入式接头 2。

　注 / 意

释放降低压力：用干净的抹布围住连接处并小心地松开连接处。

❺ 用专用工具打开密封环（图 9.2-9）。

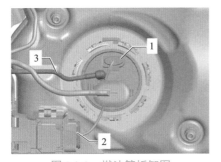

图 9.2-8　燃油箱拆卸图

1—电气插头；2—接头；3—燃油管

T10202

图 9.2-9　打开密封环

⑥ 小心地抬起燃油供给单元的法兰。

⑦ 如图 9.2-10 所示，将密封法兰 2 从油箱开口中拔出一段。

⑧ 取下油箱开口上的密封环 1。

⑨ 将带有燃油管路的密封法兰 2 小心地从油箱的开口中拔出（尽可能远）。

⑩ 如图 9.2-11 所示，尽可能地将燃油供给单元 2 从燃油箱中拉出。

⑪ 通过开口进入燃油箱。

⑫ 松开燃油箱的燃油管路 1 并从管路 3 中拔出，分离插入式接头。

⑬ 将燃油输送单元和燃油存量传感器小心地从燃油箱的开口中拉出。

⑭ 为此适当地翻转。

⑮ 在取出燃油供给单元时注意，不得弯折燃油存量传感器的浮子杆。

⑯ 因为尚未加注燃油供给单元，所以要垫一个用于收集燃油的抹布。

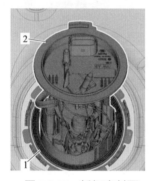 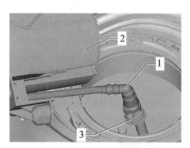

图 9.2-10　拆卸密封环　　　　图 9.2-11　拆卸燃油供给单元

（3）安装燃油泵总成

① 安装以倒序进行，同时注意下列事项。a. 如图 9.2-12 所示，燃油供给单元的密封环 1 应在干燥时装入燃油箱的开口中。b. 在安装燃油供给单元时注意，不要弯折燃油存量显示传感器。c. 用燃油浸润密封环 1 内侧。d. 克服弹簧力，向下压密封法兰 2。e. 密封法兰 2 上的圆点标记与燃油箱上的固定环凹槽重叠。

② 燃油供给单元的安装位置。a. 如图 9.2-13 所示，燃油箱上的箭头 3 必须指向密封法兰 1 上的标记 2。b. 箭头方向为行驶方向。c. 如图 9.2-14 所示，密封环 1 的

 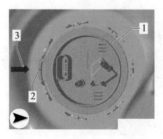 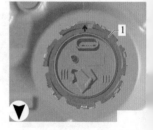

图 9.2-12　安装燃油供给单元　图 9.2-13　燃油箱上的箭头　图 9.2-14　燃油箱上的箭头表示行驶方向

箭头指向车辆后方。d. 箭头方向为行驶方向。

## 9.3 燃油箱

（1）安装位置　燃油箱可储存燃油。燃油箱一般位于车辆的后侧。燃油箱由 2 根固定在车底上的金属箍带保持固定在适当位置。燃油箱采用高密度聚乙烯材料模铸而成。

（2）结构原理　燃油产生的蒸气通过两个阀被引入活性炭滤清器内。有一个迷宫式结构用于阻止液态燃油进入活性炭滤清器。这个膨胀腔内的燃油被真空抽入燃油箱内，而真空是由燃油冷却而产生的。

翻车防漏阀具有浮球式压力保持功能，该阀可在翻车时封住燃油箱，防止燃油漏出。两个阀向油箱上部的膨胀腔内排气。如图 9.3-1 所示的燃油箱用于无回流型燃油系统。如图 9.3-2 所示的燃油箱用于回流型燃油系统。

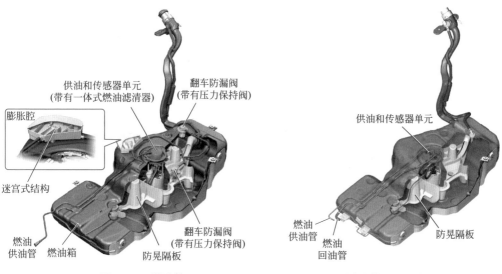

图 9.3-1　燃油箱　　　　　　　　　　图 9.3-2　燃油箱（无翻车防漏阀）

## 9.4 直喷系统高压端

### 9.4.1　高压燃油泵

直喷系统所需的高燃油压力由高压燃油泵提供（图 9.4-1）。燃油泵安装在发动机后部，由凸轮轴上的一个三凸角凸轮驱动。该泵还将执行器用作内部电磁阀来

调节燃油压力。为保持发动机在任何工作条件下都可以高效运行，发动机控制模块（ECM）根据发动机转速和负载的不同，请求 2 ～ 15MPa 的压力。发动机控制模块的输出驱动器为泵控制模块提供一个 12V 脉宽调制（PWM）信号，该信号通过在泵行程期间的特定时段关闭和打开控制阀来调节燃油压力。这可有效调节泵的每一次行程中传送到燃油导轨的部分。当控制电磁阀未通电时，泵将以最大流量工作。如果泵控制出现故障，泵内的泄压阀能够保护高压系统。

## 9.4.2 燃油喷射器

（1）**结构** 燃油喷射器总成是一个内开电磁喷射器。喷射器钻有精密的孔，形成一个锥体形状的椭圆锥形。燃油喷射器（图 9.4-2）有一个长细端头以便让气缸盖中有足够的冷却套管。

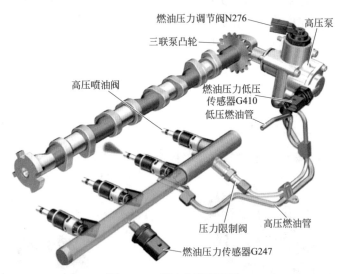

图 9.4-1 燃油供给高压端

（2）**工作机理** 燃油喷射系统采用高压、直接喷油、无回路请求式设计。喷射器安装在气缸盖的吸气和进气口，且直接把燃油喷射进燃烧室。由于燃油喷射器位于燃烧室中，直接喷油需要高的燃油压力。燃油压力必须高于压缩压力，因此需要一个高压燃油泵。由于高的燃油压力，燃油喷射器还需要更多电源。发动机控制模块向每一个燃油喷射器提供高电压电源电路和高电压控制电路。喷射器高压电源电路和高压控制电路都由发动机控制模块控制。发动机控制模块通过搭铁控制电路为各燃油喷射器通电。

发动机控制模块使用 65V 电压控制各燃油喷射器。发动机控制模块中的升压电容控制此操作。在 65V 升压电容下，电容器通过喷射器放电，使喷射器初步打开。之后喷射器在 12V 下保持开启。

（3）工作原理　根据来自 PCM 的信号喷射燃油，燃油喷射时间由线圈通电时间决定（图 9.4-3）。

图 9.4-2　燃油喷射器

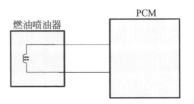

图 9.4-3　燃油喷油器电气原理

###  9.4.3　油压传感器（燃油导轨上）

油压传感器可检测燃油导轨中的燃油压力。发动机控制模块（ECM）向 5V 参考电压电路提供 5V 参考电压，并向参考搭铁电路提供搭铁。发动机控制模块接收信号电路上变化的信号电压。发动机控制模块检测到燃油导轨压力传感器电路上的电压。当燃油压力变高时信号电压变高；当燃油压力变低时，信号电压变低。

###  9.4.4　限压阀

限压阀与油量控制阀都集成在高压燃油泵上，限压阀能限制系统压力过高。

## 9.5　燃油系统其他部件

###  9.5.1　燃油泵控制模块

（1）控制原理　燃油泵控制模块从发动机控制模块（ECM）接收期望的燃油压力信息，同时控制位于油箱内的燃油泵，以达到期望的燃油压力。燃油泵控制模块向燃油泵输送脉宽调制信号，同时泵速根据该信号变化的占空比而改变。燃油泵最大供应电流为 15A。燃油压力传感器位于燃油供油管上，为发动机控制模块提供燃油压力反馈。

（2）电气原理（图 9.5-1）　根据来自发动机控制单元的控制信号控制施加在燃油泵上的电压。如果燃油泵控制模块出现故障，将向发动机控制单元发送诊断信号。根据所接收到的诊断信号，发动机控制单元将根据需要保存故障码。

###  9.5.2　燃油压力传感器

燃油压力传感器位于燃油箱前的燃油供给管上，并且通过车辆线束从发动机控

制模块接收能量和搭铁。燃油压力传感器向发动机控制模块提供一个燃油压力信号，用于提供"闭环"燃油压力控制。

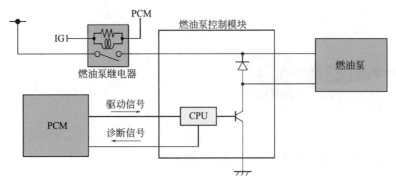

图 9.5-1　燃油泵控制模块电气原理

 ### 9.5.3　燃油调节器

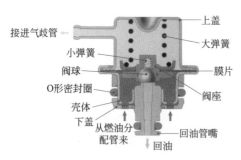

图 9.5-2　燃油压力调节器结构

（1）结构　燃油压力调节器内部有一个膜片，起到控制压力阀打开和关闭的作用。油压低于一定值时，压力阀关闭，由油泵加压使油路内压力增加；当增加到超过规定压力后，膜片打开，过压的燃油通过回油管路流回油箱，起到减压的作用。

（2）工作机理　在有回流型燃油系统中，燃油压力调节器是指根据进气歧管真空度的变化来调节进入喷油器的燃油压力，使燃油压力与进气歧管压力之差保持不变，让喷油压力在不同的节气门开度下保持定值的装置（图9.5-2）。

 ### 9.5.4　连接接头

连接接头（表9.5-1）简化了燃油系统部件的安装和连接。这些接头包括一个独特的插座连接器和一个兼容的外螺纹管接头。位于插座连接器内的O形密封圈可密封燃油。位于插座连接器内的整体式锁紧凸舌将接头固定在一起。

表 9.5-1　连接接头

| 分离接头步骤 | 操作说明 | 图示 |
| --- | --- | --- |
| 1 | 在两侧有分离按钮的插入式接头 | |

续表

| 分离接头步骤 | 操作说明 | 图示 |
|---|---|---|
| 1 | 先沿箭头 A 方向按压插入式接头 1<br>按下并保持分离按钮<br>再沿箭头 B 方向将插入式接头 1 从燃油管 2 上拉出<br>燃油管的插入式接头在连接时必须听到啮合的"声音"<br>安装好以后拉动一下以保证接头紧固 | 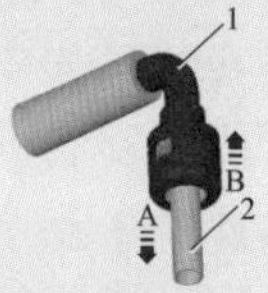 |
| 2 | 带有拉动分离机构的插入式接头 |  |
| | 先沿箭头 A 方向按压插入式接头 1<br>沿箭头 B 方向拉动分离机构 2<br>再沿箭头 B 方向将插入式接头 1 从燃油管 3 上拉出<br>燃油管的插入式接头在连接时必须听到啮合的声音<br>安装好以后拉动一下以保证接头紧固 | 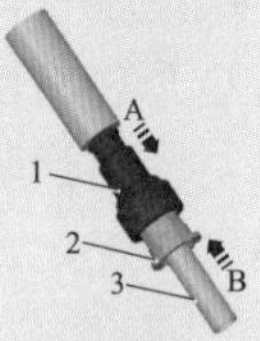 |
| 3 | 带有前部按钮（箭头）的插入式接头 | |
| | 按压分离按钮（箭头）并拉出插入式接头<br>燃油管的插入式接头在连接时必须听到啮合的声音<br>安装好以后拉动一下以保证接头紧固 | |
| 4 | 在两侧有分离按钮（箭头）的插入式接头 | |
| | 先沿箭头 A 方向按压入插入式接头<br>再按压分离按钮（箭头）并沿与箭头 A 相反的方向拉出插入式接头<br>燃油管的插入式接头在连接时必须听到啮合的声音<br>安装好以后拉动一下以保证接头紧固 | |
| 5 | 在两侧有分离按钮（箭头）的插入式接头 | |
| | 按压分离按钮（箭头）并拉出插入式接头<br>燃油管的插入式接头在连接时必须听到啮合的声音<br>安装好以后拉动一下以保证接头紧固 | |
| 6 | 在两侧有分离按钮的插入式接头 | |
| | 先沿箭头 A 方向按压插入式接头 1<br>再按压分离按钮（箭头 B），并沿与箭头 A 相反的方向拉出插入式接头<br>燃油管的插入式接头在连接时必须听到啮合的声音<br>安装好以后拉动一下以保证接头紧固 | |
| 7 | 在两侧有分离按钮 2 的插入式接头 1 | |
| | 先沿箭头 A 方向按压插入式接头 1<br>再沿箭头 B 方向按压插入式接头 1 的分离按钮 2，并沿与箭头 A 相反方向拉出插入式接头 1<br>燃油管的插入式接头在连接时必须听到啮合的声音<br>安装好以后拉动一下以保证接头紧固 | |

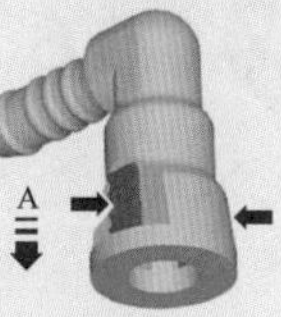

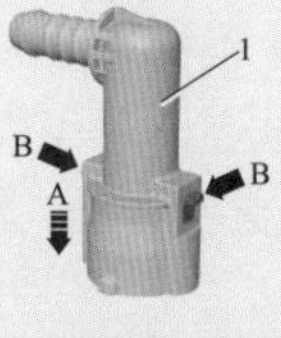

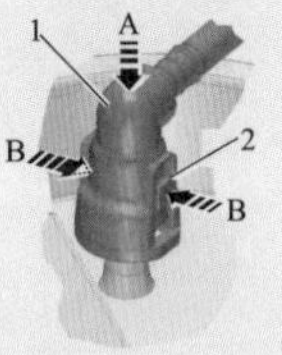

 ### 9.5.5 尼龙燃油管

在安装过程中应更换所有开裂、划伤或损坏的尼龙燃油管,不得试图修理尼龙燃油管段。安装新尼龙燃油管时,不得用锤子直接敲击尼龙燃油管束卡夹,否则尼龙燃油管损坏会导致燃油泄漏。

在尼龙燃油管附近使用加热枪时,务必用湿毛巾盖住尼龙燃油管。同时,切勿将车辆暴露于温度高于115℃的环境下超过1h或长期暴露于温度高于90℃的环境下。

在连接尼龙燃油管接头前,务必在外螺纹管接头上滴数滴清洁的发动机机油,这样可保证重新连接正确并防止可能出现的燃油泄漏(在正常运行中,位于插座连接器的O形密封圈会出现膨胀,如果不进行润滑,就无法重新正确连接)。

尼龙燃油管坚固,能够承受非常大的燃油系统压力,并耐受燃油添加剂的作用以及温度的变化。耐热橡胶软管或波形塑料套管用于保护管承受磨损、高温或振动的部分。

尼龙燃油管具有一定挠性,可平滑弯曲地排布在车辆底部。但是,如果尼龙燃油管受力突然弯曲,则燃油管可能扭结并限制燃油流动。此外,如果接触燃油,尼龙燃油管会变硬,如果弯曲过大则更可能扭结。在带尼龙燃油管的车辆上操作时要特别小心。

 ### 9.5.6 燃油加注口盖

燃油加注管有一个带系链的燃油加注口盖。一个限制扭矩的设备可阻止此盖被过度固定。为安装此盖,应顺时针转动此盖,直到听到"咔嗒"声为止,这表明盖子正确扭转并且完全密封。

### 9.5.7 燃油泵继电器

(1)作用

❶根据来自发动机控制单元(动力控制模块PCM)的控制信号控制燃油泵开/关。

❷燃油泵仅在发动机启动或为了提高安全性而使发动机运转时工作。

(2)结构 燃油泵继电器安装在继电器和保险丝盒上。

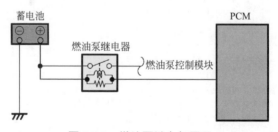

图9.5-3 燃油泵继电气原理

(3)电气原理(图9.5-3) 根据来自发动机控制单元的信号将蓄电池电压施

加在线圈上时触点接通，之后蓄电池电压被施加在燃油泵控制模块上。

 **燃油系统检测**

 **9.6.1 检测燃油系统压力**

（1）检测前提条件

❶ 蓄电池电压至少为 12V。

❷ 燃油滤清器在一个保养周期后必须更换。

❸ 燃油箱至少应充满 25%。

（2）检测燃油压力操作

❶ 按压快装接头锁销，脱开燃油供油软管连接。

燃油压力
视频精讲

❷ 将燃油压力测试工具安装到燃油管路上。

❸ 多次接通和关闭点火开关直到燃油压力指针不再上升。

❹ 读取燃油压力值，各种车辆燃油压力有所不同，按照厂家提供参数执行。例如迈腾 2.0L 标准值为 4.0 ~ 7.0bar。保持压力最小应该在 4.0bar，并关闭点火开关。注意压力表上的压力降，压力在 10min 后不得低于 3.0bar。

 **9.6.2 检测喷油器**

❶ 关闭点火开关，并关闭所有车辆系统，断开发动机控制模块的线束连接器 X3。如图 9.6-1 所示为喷油器电路。等待 2min 后所有车辆系统断电。

❷ 测试相应的燃油喷射器控制（+）电路和搭铁之间的电阻是否为 ∞。如果电阻小于 ∞：断开相应的燃油喷射器处的线束连接器；测试燃油喷射器控制（+）电路和搭铁之间的电阻是否为 ∞。如果电阻为 ∞：测试燃油喷射器控制（−）电路和搭铁之间的电阻是否为 ∞。如果电阻不为 ∞，则检修电路上的对搭铁短路故障；如果电阻为 ∞，则更换喷油器。

❸ 打开点火开关。

❹ 测试燃油喷射器控制（+）电路和搭铁之间的电压是否低于 1V。如果等于或高于 1V：断开燃油喷射器处的线束连接器，再将点火开关打开；测试燃油喷射器控制（+）电路和搭铁之间的电压是否低于 1V。如果是 1V 或更高，则修理电路上的对电压短路故障；如果低于 1V，则检修控制（−）电路上的对电压短路故障。

❺ 关闭点火开关。

❻ 测试燃油喷射器控制（+）电路和控制（−）电路之间的电阻是否小于 3Ω。如果等于或高于 3Ω：断开相应的燃油喷射器处的线束连接器；测试控制（+）电路端到端的电阻是否小于 2Ω。如果为 2Ω 或更大，则修理电路中的开路 / 电阻过大。

如果小于 2Ω，测试控制（－）电路端到端的电阻是否小于 2Ω。如果为 2Ω 或更大，则检修电路中的开路／电阻过大；如果小于 2Ω，则更换燃油喷射器。

❼更换发动机控制模块。

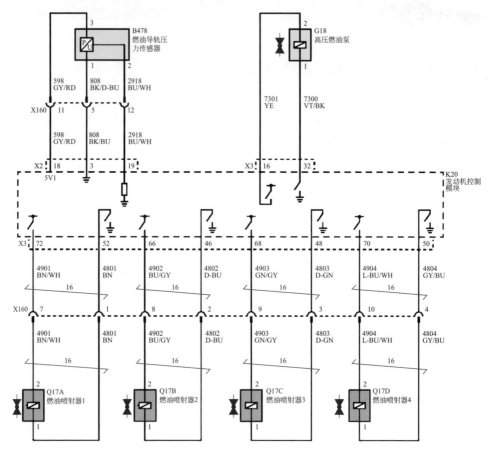

图 9.6-1　喷油器电路

 9.6.3　检测燃油泵

检测条件如下。

❶蓄电池电压必须至少达到 11.5V。

❷燃油泵控制单元保险丝正常。

❸燃油泵控制单元正常。

检测与排除方法和步骤如下。

（1）如果燃油泵不运转

❶拆下装配口盖板。

❷拆卸燃油泵控制单元和已连接的电气导线束。

燃油泵检查测试
视频精讲

③ 将燃油泵控制单元从油箱和底板之间向内取出。

④ 将燃油泵控制单元和电气导线束一同置于一侧。

⑤ 在不按压锁止件的情况下，通过拉拔燃油泵控制单元上的插头来检查插头是否牢固。如果插头没有正确插入，则重新进行燃油泵的功能测试。

⑥ 脱开并拔下燃油泵控制单元插头。

⑦ 检查插头和燃油泵控制单元上的触点是否损坏。

⑧ 如图 9.6-2 所示，用万用表在燃油泵控制单元插头 1 的触点 3 和 2 之间检查电源。图 9.6-3 为燃油泵单元电路图。

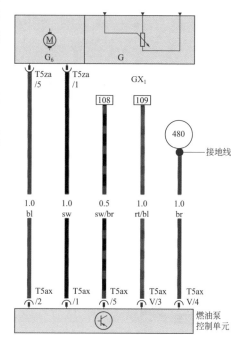

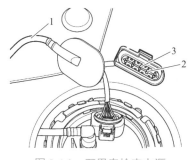

图 9.6-2 万用表检查电源

图 9.6-3 燃油泵单元电路图

⑨ 打开点火开关。

电压应约为蓄电池电压。

（2）如果未达到额定值 根据电路图 9.6-3，分析断路处并排除故障。

（3）如果达到额定值

① 如图 9.2-3 所示。在不按压锁止件的情况下，通过拉拔插头来检查插头 1 是否牢固。如果插头没有正确插入，则重新进行燃油泵的功能测试。

② 松开并拔出插头 1。

③ 检测插头和燃油供给单元的触点是否损坏。

④ 检查燃油泵控制单元和燃油输送单元之间的电子线束。

（4）如果找不到故障

① 拆卸燃油输送单元。

② 用万用表检测法兰和燃油泵之间电导线（图 9.6-4）。

③ 检查触点是否损坏。

（5）如果确定没有断路 则为燃油泵故障，应更换燃油供给单元。

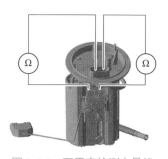

图 9.6-4 万用表检测电导线

# 第10章

# 启动与充电系统

---

## 10.1 蓄电池分类与特点

### 10.1.1 普通铅酸蓄电池

蓄电池存储电力供需要时使用。蓄电池是由两种具有导电差异的物质和电解质组成的装置。通过一系电化学反应，蓄电池可以存储和释放电能。典型的铅酸蓄电池中，每个单元格大约有 2V 的电压，总共有 6 个单元格也即 12V 电压。当打开点火开关时，蓄电池正负端柱之间会立刻形成电路，从而产生电流。铅酸蓄电池独特的充放电过程，电能能够被反复地存储和释放，这也即是众所周知的电池循环能力。蓄电池内部结构如图 10.1-1 所示。

### 10.1.2 带启停系统的汽车用蓄电池

（1）AGM 蓄电池

❶ 结构功能特点。AGM（免维护贫液式）蓄电池（图 10.1-2）是一种采用玻璃纤维隔板的阀控式密封蓄电池。AGM 蓄电池配备高压纤维分离器，永久吸附电解质，对活性物质永久且均匀施加高压。强大的充放电循环能力，可长时间在怠速工况的情况下提供电能。

❷ 作用特点。由于启停系统频繁重启发动机，蓄电池支持频繁的大电流放电，

蓄电池要具备很强的充电接受性能，可以满足启停功能需求。有些车不带启停系统，但车上配置用电器较多，比如车载冰箱、咖啡机、后排影视等需要供电，应使用 AGM 蓄电池，用普通电池不行。

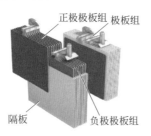

图 10.1-1　蓄电池内部结构

图 10.1-2　AGM 蓄电池

❸ AGM 识别。蓄电池上标有 AGM 或者 VRLA（阀控式密封铅酸电池）字样即为带启停系统汽车用蓄电池。由于原车配套厂家不同和蓄电池生产商对 AGM 蓄电池的标注有所不同，有的原车蓄电池上标注 AGM 字样，有的标注 VRLA 字样。AGM 蓄电池不能和普通的铅酸蓄电池混用。

（2）EFB 蓄电池

❶ 结构功能特点。EFB（增强型注水式蓄电池）也是汽车启停系统用蓄电池，适用于部分荷电状态下运行的应用，且这些应用不要求像 AGM 电池一样强大的深循环特性。其特殊的聚酯纤维隔板，能在极板上吸附更多的活性物质，在活性物质上产生均匀的低压，减少其流失，增加使用寿命。

❷ 作用特点。织物隔板是电池板与分离器之间的另一种聚合物成分。织物隔板将活性材料在电池板内部固定就位，并且避免了物质的腐蚀。增强了深度循环耐受性，提高了充电接收能力。

❸ 安装布局。EFB 为富液蓄电池，耐高温性较好，可以安装在发动机舱内。而 AGM 为贫液电瓶，使用时应避免高温，所以一般安装在后备厢中。

## 10.2　蓄电池表述

（1）吸附式玻璃纤维隔板　AGM 蓄电池是一种采用吸附式玻璃纤维隔板技术的铅蓄电池，代表着当今和未来铅蓄电池的发展潮流。

（2）酸分层　当对铅酸蓄电池充电时，电池板中会产生高密度酸。在重力作用下，高密度酸沉在蓄电池的底部，而密度较低的酸则浮到蓄电池顶部，这个酸分层可能会导致蓄电池电量损失和 / 或蓄电池故障。

（3）活性物质　正极板中的活性材料为二氧化铅，而负极板中的活性材料为海绵铅。在充电和放电时，这些材料会与硫酸发生反应。

（4）电池盒　装有电池板块、连接器和电解液。

（5）**电量**　充满电的蓄电池在指定的期间内（h）以给定的电流（A）产生规定数量的电能（A·h）的能力。

（6）**充电接受能力**　蓄电池在规定的温度、电压、荷电状态下，在一定的时间内能够接受的充电电流值（用"A·h"表示）。

（7）**冷启动额定值**　在 –17.8℃ 的条件下，铅酸蓄电池能够续航 30s，并且每节电池的电压至少保持 1.2V。对于雪上摩托车电池的运行非常重要。

（8）**循环**　在电池中，一次放电加上一次重新充电等于一次循环。

（9）**深度放电**　蓄电池在电流较低时充分放电，以便电压下降至最终放电电压以下的状态。

（10）**放电**　当蓄电池产生电流时，说明电池正在放电。

（11）**最终充电电流**　最终充电电流是指 IU 充电操作（气泡流）结束时的电流。

（12）**最终放电电压**　最终放电电压是指电池或蓄电池能够放电的允许电压水平。如果存在多种电池（如铅酸、Ni/Cd、NiMH 电池等），放电至该截止电压以下（深度放电）可能会影响或（通过极性逆转）损坏电化学电池。

（13）**Grid 隔板**　正、负极板之间的隔离物，允许离子通过。

（14）**高电流充电**　电流强度高于 1C 的充电。

（15）**高电流放电**　电流强度高于 5C 的放电。

（16）**初始充电**　初始充电是指将电解液灌入预充电干电池中后的首次充电过程，目的在于使得电池或蓄电池达到初始满电量。

（17）**初始温度**　当开始放电或充电时，蓄电池中的电解液温度。

（18）**初始电压**　蓄电池的初始电压是指开始放电时的工作电压。通常在电流流动时间足够久之后尽快进行测量，以便保持电压稳定，例如在之前满充电的电池使用 10% 后。

（19）**内部电阻**　蓄电池的欧姆电阻。

（20）**有效内部电阻**　电池中可计量的电流流动电阻，表示为与放电电流成比例的电池压降。该值取决于电池的构造方式、充电状态、温度和寿命。

（21）**绝缘电阻**　绝缘电阻是指电池或蓄电池与物质/地面（机动车车身、车架）之间的电阻。

（22）**低电流充电**　电流强度仅略高于自放电损失补偿所需的电流强度的充电。

（23）**低电流放电**　电流在 0.1C 以下的放电。

（24）**负极板**　包含海绵铅活性材料的铸造金属框。备用电量额定值是指新的满充电电池在 80℃ 的温度下产生 25A 的电流，并且保持每个电池单元等于或高于 1.75V 电压的时间（min）。该额定值表示在车辆的交流发电机或发电机出现故障的情况下，电池继续实现主要附件运行的时间。

（25）**正极板**　包含二氧化铅活性材料的铸造金属框。

（26）**额定电量**　规定放电条件（电流、温度）下的电量，单位为"A·h"（按照制造商的规定）。

（27）可逆反应　可以在任何一个方向（氧化或还原）发生的化学反应。由于蓄电池使用时处于不断的放电和充电状态，因此，反应必须是可逆的。

（28）再充电　通过任何充电状态创建一种满充电的状态（如由自放电引起等）。

（29）剩余电量　在放电后剩余的电量。

（30）剩余电荷　不明确的充电状态下的满电荷。

（31）自放电　自放电是指在不连接耗电设备的情况下，电池或蓄电池的电极的永久性化学反应过程，取决于温度。

（32）隔板带　元件的正极板与负极板之间的一个分配器，电流可以流经该隔板带。

（33）标准充电　无须专用电池单元或可切换的电池充电器便可无限期保持的充电电流。在正常情况下，电池充电 12 ～ 14h。

（34）电荷状态（SOC）/健康状态（SOH）　给定时间下储存在电池中的电能数量，表示为满充电时能量的比例（%）。

（35）额定电压　低电流强度下放电期间的电池平均电压。制造商在蓄电池上规定了数值（如 Ni/Cd = 每节电池 1.2V）。

（36）工作电压　当耗电设备连接至电池或蓄电池后，电气连接处电池或蓄电池尽快开始工作的电压；工作电压比额定电压要低。

## 10.3　蓄电池选用与蓄电池电流传感器

（1）外形　选择大小适合于安装在托盘上的物理尺寸的蓄电池。

（2）冷启动电流（CCA）　CCA 是良好启动性能的关键。它是指蓄电池在 –17.8℃的条件下，于 30s 内蓄电池电压下降到不可用的水平时所能产生的电流。

（3）20 小时率额定容量（C20）　C20 是指蓄电池在 27℃ 环境温度下，以蓄电池 20 小时率额定容量 1/20 的电流放电至终止电压为 10.5V 所产生的电量，它标定了在降至终止电压前，蓄电池以足够的动力供汽车运行，所需要的电量（A·h）。

20 小时率额定容量和冷启动电流是两个重要指标，一般情况下，CCA 和 C20 的数值越高表示蓄电池的性能越好。

蓄电池电流传感器是霍尔效应式电流传感器。蓄电池电流传感器监测蓄电池电流，它直接输入车身控制模块中，产生一个 5V 脉冲信号。

## 10.4　蓄电池充电、对火与维护

（1）蓄电池充电

长时间存放的车辆，如果蓄电池亏电，一般先要进行充电。

❶必须在通风良好的地方进行蓄电池充电。

❷保持蓄电池水平。

❸将引线连接至蓄电池前,将充电机和定时器旋至"OFF",避免产生危险的火花。注意,请勿给明显损坏或冻结的蓄电池充电。

❹将充电器连接至蓄电池:红色正极(+)连接至正极一端(+),黑色负极(-)连接至负极一端(-)。

❺如果蓄电池仍安装在汽车中,请将负极连接至发动机缸体作为接地线。

❻确保关闭点火和所有用电器。

❼设定计时器,打开充电器,并慢慢提高充电速率直至达到所需的电流。

❽如果蓄电池发热,或产生强烈的气体,或喷出电解质,则要降低充电速率或暂时关闭充电器。

**更换蓄电池**
视频精讲

**注/意**

移除引线之前请务必保证将充电器旋至"OFF",以防止产生危险的火花。

（2）蓄电池对火

❶条件。a.使用跨接线给车辆对火充电,两个蓄电池的电压应相同。b.在连接蓄电池充电线前,两个蓄电池的外形应完好。c.确保车辆间的距离,且两个点火开关都旋至"OFF"位置。d.关闭所有电气设备(雨刷、灯光、音响等)。

❷跨接启动操作步骤。a.将跨接电缆正极(+)的一端连接至亏电蓄电池的正极(+)。b.将跨接电缆正极(+)的另一端连接至辅助蓄电池的正极(+)。c.将跨接电缆负极(-)的一端连接至辅助蓄电池的负极(-)。d.最后将跨接电缆负极(-)的另一端连接至熄火车辆的发动机缸体(搭铁)。e.确保跨接电缆连接牢固结实、不缠绕。f.启动辅助车辆发动机并提高转速,再启动熄火车辆。当熄火车辆发动机正常工作后,再按连接时相反顺序拆除跨接线。

（3）蓄电池维护

❶正确使用蓄电池。a.汽车每次正常启动一般不超过3～5s,如果5s还没有启动,应立即停止启动,等待10s再次启动。b.发动机没有运转时,尽量不要使用车上的电器(音响、照明等)。c.离开车前,先关闭车上电器,最后关闭发动机。

❷判断蓄电池故障。a.车辆启动较困难,需要不止一次打火,感觉启动电量不足。b.发动机没有运转时,可以按几次喇叭,如果声音明显无力,说明蓄电池已经亏电;发动机没有运转时,开启大灯5min,如果大灯明显由亮转暗,说明已经亏电。

一般情况下,蓄电池的使用寿命为2～3年的情况居多,这可以作为一个蓄电池更换的参考周期。

❸蓄电池环境温度。蓄电池存储时年均温度应为15℃左右;短期存储时,温度应在25℃内,否则将影响蓄电池寿命。

# 10.5 起动机的类型与接线端

 **10.5.1 起动机类型**

起动机类型见表 10.5-1。

起动机端子
视频精讲

表 10.5-1 起动机类型

| 类型 | 图示 | 起动机结构差异 | | | |
|---|---|---|---|---|---|
| | | 特点 | 啮合或脱开小齿轮 | 减速机构 | 制动机构 |
| 减速型 | 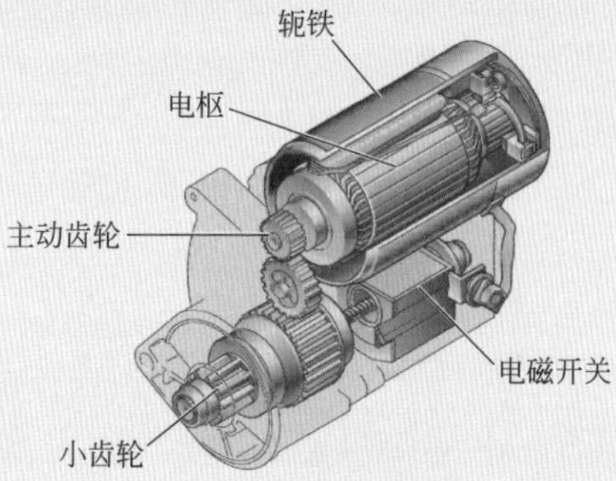 轭铁 电枢 主动齿轮 电磁开关 小齿轮 | 减速型起动机使用一台紧凑的高速电动机。起动机通过减速齿轮降低电枢的转速来增加转动力矩。电磁开关的动铁芯直接推动与它在同一轴上的小齿轮，并使它与齿圈啮合 | 电磁开关 | 有 | 无 |
| 传统型 | 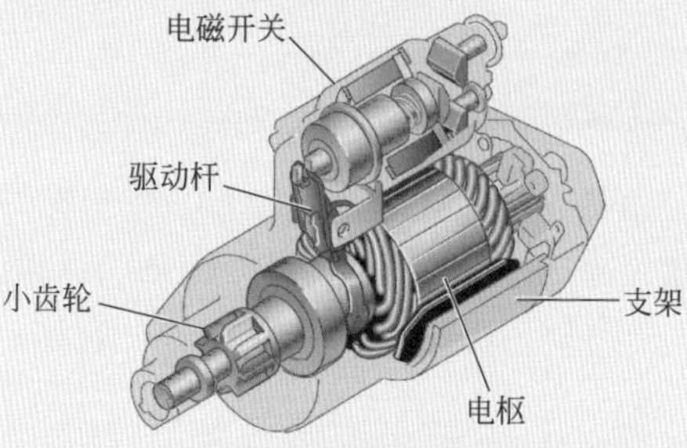 电磁开关 驱动杆 小齿轮 支架 电枢 | 起动机小齿轮与电枢在同一轴上且以相同转速旋转。连接到磁性开关插入件上的驱动杆推动小齿轮并使它与齿圈啮合 | 电磁开关和驱动杆 | 无 | 有、无 |
| 行星型 | 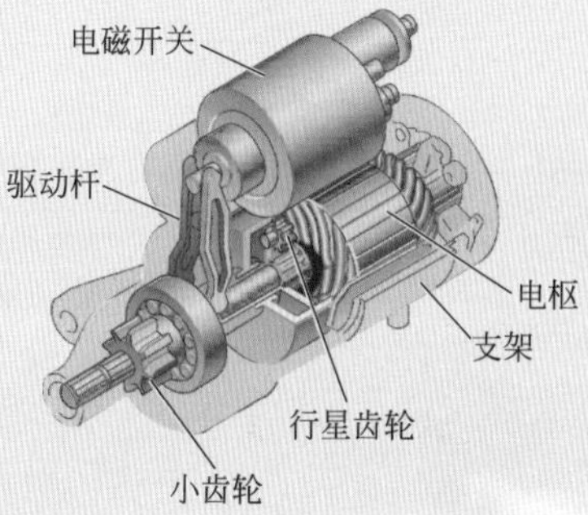 电磁开关 驱动杆 电枢 支架 行星齿轮 小齿轮 | 行星型起动机有一个行星齿轮，用来降低电枢的转速。小齿轮通过传动杆与齿圈相啮合，与传统型一样 | | 有 | 无 |

## 10.5.2　起动机上接线端

（1）有3个接线柱（接线端）　电磁
开关绝缘盖上有3个接线柱，分别是：B
（或30）接线柱、M（或C）接线柱和S（或
50）启动接线柱。如图10.5-1所示为起动
机接线端。

（2）有4个接线柱（接线端）　有的
电磁开关绝缘盖上有4个接线柱，分别是：
B接线柱、M接线柱、S启动接线柱和R
点火接线柱。B接线柱和M接线柱通常是8mm或10mm粗的铜质螺栓，有接线片
的为M接线柱，是串励电动机励磁绕组供电端接线柱；剩下的一根是B接线柱，为
蓄电池的火线接线柱。S启动接线柱和R点火接线柱通常是4mm或5mm粗的铁质
螺栓，有接线片的是S启动接线柱，上面的电线通往启动继电器；剩下的一个接线
柱是R点火接线柱，上面接的电线通往点火线圈的附加电阻。电磁开关的外壳也是
一个无形的31接线柱，即搭铁。

S接线柱(50端子)
B接线柱(30端子)
M接线柱(或C)

图10.5-1　起动机接线端

## 10.6　启动机理与电气原理

### 10.6.1　启动机理

当点火开关置于"START"位置时，电流流动，激活起动机电磁线圈。此时，
电磁线圈产生磁场，吸拉铁芯及拨叉并推动驱动齿轮，使它与飞轮啮合，起动机驱
动飞轮，曲轴旋转，发动机经过一系列电子控制和机械运动过程，点火启动。

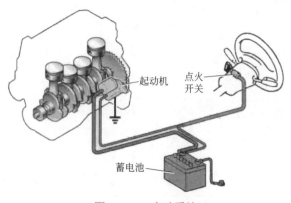

起动机　点火开关　蓄电池

图10.6-1　启动系统

## 10.6.2 起动机启动电气原理

启动系统包括蓄电池、起动机、挡位开关（自动变速器车辆）、点火开关、导线等（图 10.6-1）。起动机电气原理如图 10.6-2 所示。

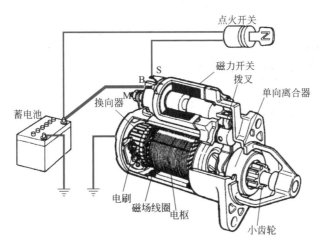

起动机工作电路
视频精讲

图 10.6-2　起动机电气原理

从蓄电池正极接线柱出发的一根导线经过点火开关，接在磁力开关的 S 端，这根导线是用来操纵磁力开关的。点火开关接通和切断电路，并控制磁力开关的动作。

另一根导线直接连接在磁力开关的 B 端，还有一根导线连接在电动机磁力开关的 M 端，电动机内部换向器的触点接通 B 端和 M 端以后，电流就从蓄电池流向电动机，电动机开始转动。

（1）点火开关直接控制的启动电路　一般应用于小功率起动机电路，如轿车和微型车起动机电路。点火开关直接控制的启动电路：点火开关控制电磁开关，电磁开关控制起动机电动机的两级控制模式，即

点火开关 ➡ 电磁开关 ➡ 起动机电动机

当点火开关未扭转至启动挡时，电动机电磁开关未接通，启动齿轮与飞轮处于分离状态。当打开点火开关，并扭转至启动挡时，电磁开关的线圈电路和电动机电路接通。

（2）启动继电器控制的启动电路（图 10.6-3）　一般应用于大功率起动机电路，如大中型商用车起动机电路。

点火开关控制启动继电器，启动继电器控制电磁开关，电磁开关控制起动机电动机的三级控制模式，即

点火开关 ➡ 启动断电器 ➡ 电磁开关 ➡ 起动机电动机

实现流过点火开关启动挡的小电流控制流过继电器触点的大电流，对点火开关具有保护作用，防止点火开关烧蚀损坏。

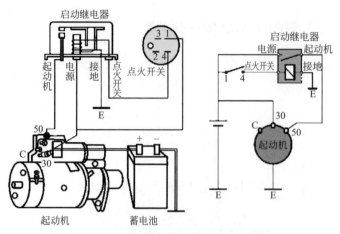

图 10.6-3　启动继电器控制的启动电路

（3）**安全开关的启动电路**　自动变速器车辆，在选挡杆置于 P 挡位置，起动机才能接通点火开关，正常启动发动机。利用自动变速器多功能开关可对起动机进行控制。

 **10.6.3　防盗功能的启动电路**

　　汽车启动系统建立在防盗基础上，也就是说，防盗不解锁，车辆无法启动。迈腾第四代防盗系统通过一些控制单元将防盗锁止和部件功能连成一体。启动时，发动机控制单元在满足启动条件且自身工作正常的情况下控制启动继电器，启动发动机。

　　启动系统主要由点火开关、转向柱控制单元、车载电网控制单元、启动继电器、起动机、变速杆位置传感器、网关（含 CAN 总线）、自动变速器控制单元等组成。

　　插入钥匙后，防盗系统会对其进行验证，通过验证后，转向柱控制单元解开转向锁止，并将信息传递给车载电网控制单元。同时，变速杆位置传感器通过 CAN 驱动系统总线将挡位信息传输给自动变速器控制单元，只有在变速杆处于 P 位时，P 位挡位信号才会由自动变速器控制单元处理后传递给车载电网控制单元。在接通点火开关后，只有车载电网控制单元接收到转向柱控制单元和自动变速器控制单元的相关息，才会给启动继电器供电，从而控制起动机工作。

 **10.6.4　带启停功能的启动系统**

（1）**起动机切断控制**

❶ 控制内容。a.PCM 根据防盗报警系统请求控制起动机继电器的通电，提高了安全性。b. 当不在 P 或 N 挡时，禁止用点火钥匙给起动机继电器通电。c. 未踩下离合器踏板时，禁止用启动按钮给起动机继电器通电。

　　起动机切断控制结构图见图 10.6-4。

❷ 工作原理（图 10.6-5）。a. 当接收到发动机停止请求信号时。PCM 未与起动

机电路建立接地线，因此，即使当点火开关开启（START）时，由于起动机继电器未通电，起动机电动机也不会转动，发动机无法启动。b. 当未接收到发动机停止请求信号时：ⓐ PCM 与起动机电路建立接地线，因此，当点火开关开启（START）时，起动机继电器通电，同时起动机电动机开始转动，发动机将正常启动；ⓑ在发动机转速达到或超过设定值（随发动机冷却液温度变化）时，PCM 关闭起动机继电器。

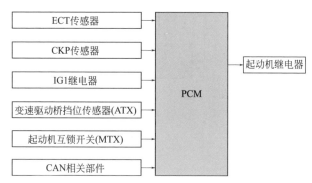

图 10.6-4　起动机切断控制结构图

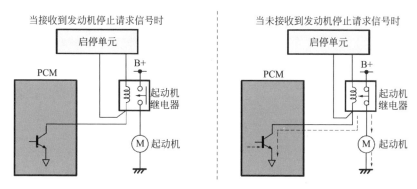

图 10.6-5　起动机切断控制工作原理

故障保护：闪烁起黄色 i-stop 报警灯，并通过操作 i-stop 功能来禁用发动机停机。

（2）起动机继电器　起动机继电器根据启停单元和 PCM 控制的信号工作，并将蓄电池电源供至起动机。起动机继电器安装在继电器和保险丝盒上。起动机继电器的工作原理（图 10.6-6）是将启停单元的信号发送至起动机继电器，当通过 PCM 控制在 PCM 电路中建立接地时，电流流向线圈，产生的电磁力吸引触点，使其随之开启。当触点开启时，向起动机供应蓄电池电源。

（3）起动机互锁开关　起动机互锁开关机构可防止车辆在发动机启动时的速度急剧波动现象，提高了安全性。只有在踩下离合器踏板的情况下发动机才能启动。在启停单元和 PCM 之间的电路中提供了一个起动机互锁开关（图 10.6-7）。工作原理：踩下离合器踏板即压下了启动互锁开关杆，此时，启动互锁开关开启，起动机的电源电路闭合（图 10.6-8）。因此，只有在踩下离合器踏板时，才能操作起动机并启

动发动机。

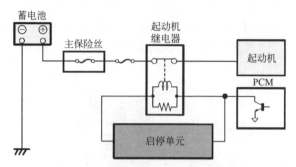

图 10.6-6　起动机继电器的工作原理

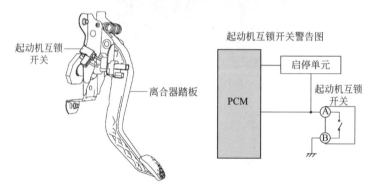

图 10.6-7　起动机互锁开关安装位置

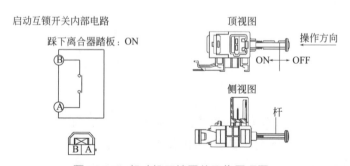

图 10.6-8　起动机互锁开关工作原理图

## 10.7　起动机性能检测与维修

 **10.7.1　起动机性能检测**

❶ 拆下起动机。

❷ 从端子 M 上断开电动机线束。

❸ 将起动机牢固地夹在台钳上。

❹ 在检测中，尽可能使用和车上一样粗的（仪表）导线进行连接。

❺ 如图 10.7-1 所示连接蓄电池。确保起动机电动机线束从端子 M 上断开。如果起动机小齿轮移出，则能正常工作。

❻ 如图 10.7-2 所示，将蓄电池从端子 M 上断开。如果小齿轮不缩回，则表明电磁阀的保持线圈工作正常。

**注 / 意**

为避免损坏起动机，切勿使蓄电池连接超过 5s。

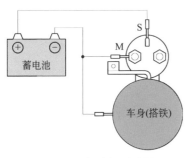

图 10.7-1　起动机测试图

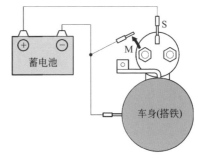

图 10.7-2　蓄电池从端子 M 上断开测试图

❼ 如图 10.7-3 所示，将蓄电池从起动机上断开。如果小齿轮立即缩回，则工作正常。

❽ 将电动机线束重新连接到端子 M 上。

❾ 如图 10.7-4 所示，将起动机连接到蓄电池上，并确认电动机运转。

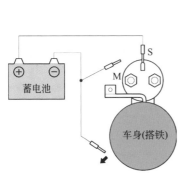

图 10.7-3　蓄电池从起动机上断开测试图

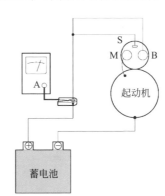

图 10.7-4　起动机连接到蓄电池测试图

❿ 蓄电池电压为 11.5V 时，如果电流与规格相符，则表明起动机工作正常。电流应该为 90A 或更小。

## 10.7.2 起动机分解可维修部件

（1）**起动机分解** 起动机可以更换的零部件有电磁开关、单向离合器、电刷等。如图 10.7-5 所示，标注的单个零部件在实际维修中视配件供应和损坏程度更换。

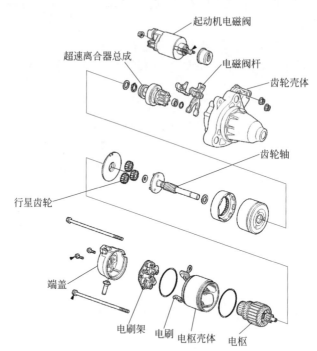

**更换起动机**
视频精讲

图 10.7-5 起动机分解装配图

（2）**起动机常见故障**（表 10.7-1）

表 10.7-1 起动机常见故障

| 故障表现 | 可能的故障原因 | 排除和措施 |
| --- | --- | --- |
| 发动机不转 | 蓄电池充电不足 | 充电或更换蓄电池 |
| | 蓄电池导线松动、腐蚀或磨损 | 维修或更换导线 |
| | 挡位开关故障（自动变速器车辆） | 相关电气故障 |
| | 保险丝断路 | 更换保险丝 |
| | 起动机故障 | 更换 |
| | 点火开关故障 | 更换 |
| 发动机转动无力 | 蓄电池充电不足 | 充电或更换蓄电池 |
| | 蓄电池导线松动、腐蚀或磨损 | 维修或更换导线 |
| | 起动机故障 | 更换 |
| 起动机一直转 | 起动机电动机故障 | 更换 |
| | 点火开关 | 更换 |

续表

| 故障表现 | 可能的故障原因 | 排除和措施 |
|---|---|---|
| 起动机转动，但发动机不转 | 导线短路 | 维修导线 |
| | 小齿轮齿断裂或起动机故障 | 更换 |
| | 齿圈齿断裂 | 更换飞轮或变矩器 |

 **10.8　起动机故障诊断**

检测起动机电枢
视频精讲

 **10.8.1　检测和判断电磁开关故障**

（1）电磁开关检测　实际维修中，常见的是蓄电池本身故障和起动机故障。普通车辆可以用导线短接起动机电磁开关上的两个接线柱，启动发动机，如果起动机运转，表明启动继电器或者保险丝故障；如果不转，则可以判断是起动机故障，最常见的故障重点在电磁开关。

❶ 如图 10.8-1 所示，用万用表检查电磁开关上的接线端 S 与 M 之间的导通性，正常应该导通，如果不导通，则更换电磁开关。

❷ 如图 10.8-2 所示，用万用表检查接线端 S 与壳体（蓄电池负极）之间的导通性，正常应该导通，如果不导通，则更换电磁开关。

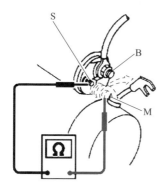

图 10.8-1　接线端 S 与 M 之间检测

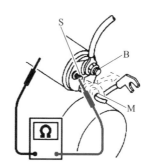

图 10.8-2　接线端 S 与负极之间检测

（2）电磁开关保持线圈故障

❶ 故障表现。当起动机的保持线圈出现断路、短路或搭铁不良的情况时，会出现起动机的驱动齿轮周期性地敲击飞轮的"哒哒"声。

❷ 故障原因。出现这种现象的原因是在启动时，活动铁芯被吸引线圈吸过来，使主接触盘与两主接线柱接触。但在接触瞬间，由于吸引线圈断电，活动铁芯仅在保持线圈的作用下保持不动，但由于保持线圈故障，活动铁芯在复位弹簧的作用下退回，使主接触盘与两主接线柱分开，直流电动机断电。同时，吸引线圈又通电，

将活动铁芯又吸引到使主接触盘与两主接线柱接触的位置，接触瞬间，吸引线圈又会断电，使主接触盘分离，如此反复，便会出现"哒哒"声。

（3）判断电磁开关吸引线圈故障　若吸引线圈出现故障，在启动时，只在保持线圈的作用下是不能将活动铁芯吸过来的。在启动时，如果带有启动继电器的启动电路，则只听到启动继电器触点的吸合声，而起动机没有动作。当然这种故障是以排除蓄电池故障为前提的。

### 10.8.2　检测和判断起动机电枢故障

（1）检查电枢是否磨损或损坏　如果有磨损或损坏，则更换电枢。

（2）检查换向器表面　如果表面脏污或烧蚀，可以用砂布轻轻打磨。检查换向器直径，如果测得直径在使用极限以下，则更换电枢。

电枢的检查：检查换向器表面。如果粗糙，可用 500 ～ 600 号砂纸轻轻打磨；检查换向器直径，如果小于规定值则需要更换。

（3）测量换向器的跳动量　如果换向器跳动量不在使用极限内，则更换电枢。

（4）检查云母深度　如果云母过高，则用钢锯条将云母凹槽切至适当的深度。

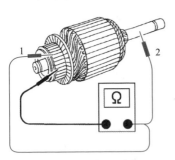

切除换向器整流片之间的所有云母。凹槽不能太浅、太窄或呈 V 形。

（5）使用万用表检查换向器整流片之间是否导通　如果任何整流片之间断路，则更换电枢。检查换向器与电枢线圈芯之间以及换向器与电枢轴之间是否导通。如果导通，则更换电枢。电枢测试如图 10.8-3 所示。

❶ 使用万用表欧姆挡测试相邻整流片之间的导通性，如果不导通则更换电枢。

❷ 使用万用表欧姆挡测试每个换向器铜条与轴之间的导通性，如果导通则更换电枢。

图 10.8-3　电枢测试

1—导通测试；2—绝缘性测试

### 10.8.3　检测和判断起动机电刷故障

检查电刷的高度，一般不应低于标准的 2/3，电刷的接触面积不应少于 75%。电刷在电刷架内无卡滞现象，否则需进行修磨或更换。

❶ 在电刷架（正极侧）与其基座（负极侧）之间进行绝缘性测试（图 10.8-4）。

电刷测试：用万用表检查各个绝缘电刷和绝缘垫板的导通性，如果出现导通，则更换电刷架总成。

❷ 检查电刷是否平滑移动。如果电刷架弯曲，则需要更换；如果滑动表面脏，则进行清理。

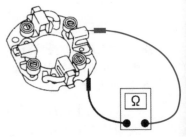

图 10.8-4　电刷测试

## 10.8.4　检修起动机控制故障

❶ 用万用表测量蓄电池的电压，在启动前应为 12V；在拧至启动位置时应大于 10V。

❷ 检查发动机与蓄电池负极之间的连接线，必须连接可靠。

❸ 用电压表测量 ST 端引出的线头，在启动位置时应对地有蓄电池电压。如果没有电压，对于手动变速器的车辆，证明启动控制线路有开路故障或点火开关不能输出启动控制信号，检查点火开关以及启动控制线路。对于自动变速器车辆，检查变速器的挡位开关、启动继电器、点火开关以及相关的线路。

❹ 检查点火开关的插接器。测量点火开关相关端子的引线，在启动位置应有 12V 的输出电压。如果没有输出电压，则可以判断点火开关故障，应更换点火开关。如果有输出 12V 启动信号，而起动机仍旧不工作，可以判断启动信号的线路有开路故障。对于手动变速器的车辆，应沿着启动信号线的走向检查线路，检修和排除开路故障。对于自动变速器的车辆，应检查启动继电器、变速器的挡位开关以及相关的线路。

## 10.9　充电系统作用、机理和组成

（1）作用　充电系统产生电量并向各个电气组件供应所需的电量，在车辆发动机运转时向蓄电池充电。

（2）机理　由发动机传动皮带驱动发电机工作。当发动机启动后，传动皮带将带着交流发电机的带轮转动，它产生的交流电通过二极管整流转变为直流电输送到充电系统。电压调节器自动调节发电机的磁场电流来控制电压输出，使其保持在合适的充电范围内。

（3）组成　充电系统（图 10.9-1）主要包括蓄电池、发电机、仪表和相关线路等。发电机主要由电压调节器、整流器、定子、转子组成，均安装在发电机内部。起动机和发电机连接情况如图 10.9-2 所示。

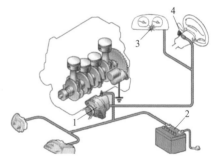

图 10.9-1　充电系统

1—发电机；2—蓄电池；3—充电警告灯（蓄电池灯）；4—点火开关

图 10.9-2　起动机和发电机连接情况

# 10.10 发电机的三大作用及其接线端

## 10.10.1 发电机的三大作用（表 10.10-1）

表 10.10-1　发电机的三大作用

| 作用 | 说明 | 图示 |
|---|---|---|
| 发电 | 发动机传动皮带驱动发电机。当转子旋转时，它将使定子线圈产生交流电（AC） | |
| 整流 | 整流器将定子线圈产生的交流电流改变为直流电流<br><br>交流电压通过一系列二极管整流。整流电压转换成供车辆电气系统使用的直流电（DC），以维持电气负载和蓄电池充电 | |
| 电压调节 | 尽管交流发电机转速有变化，但仍用 IC 调节器将电流调节至恒定电压<br><br>现在电压调节器通常与发电机控制装置集成一体，控制着发电机的输出。电压调节器控制供给转子的电流量。如果发电机磁场控制电路出现故障，发电机默认输出电压为 13.8V | |

##  10.10.2 发电机接线端

通常，发电机均有电枢、磁场、搭铁、中性点等接线端（柱）（图 10.10-1）。但对于高度集成化整体式交流发电机来讲，外部的接线柱没有表 10.10-2 所列这么多。

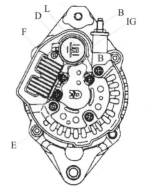

图 10.10-1　发电机上的接线端

表 10.10-2　发电机接线端（柱）

| 符号 | 接线端 | 内部连接 | 外部连接 | 图示 |
|---|---|---|---|---|
| B+ | 正极输出端 | 与电枢连接 | 蓄电池正极和起动机连接 | 正极(+)端 B+ 负极(-)端 架座板(散热片) 整流器 二极管 |
| E 或 ⊥ | 搭铁接地端 | 与发电机的外壳相连接 | 向外与电压调节器接线柱相连接（使交流发电机与电压调节器之间形成良好的搭铁回路，保障充电系统正常工作） | |
| IG | 点火接线柱 | 一般通过此线来控制交流发电机的工作 | 通过点火开关与蓄电池正极相连 | 散热片 混合IC(内侧) 调节器 IG L S 蓄电池感应型 IG L 发电机感应型 |
| F+(DF+) | 磁场接线柱 | 与励磁绕组的一端相连接；对于整体式交流发电机，励磁绕组与集成电路调节器相连 | 调节器 F 接线端 | 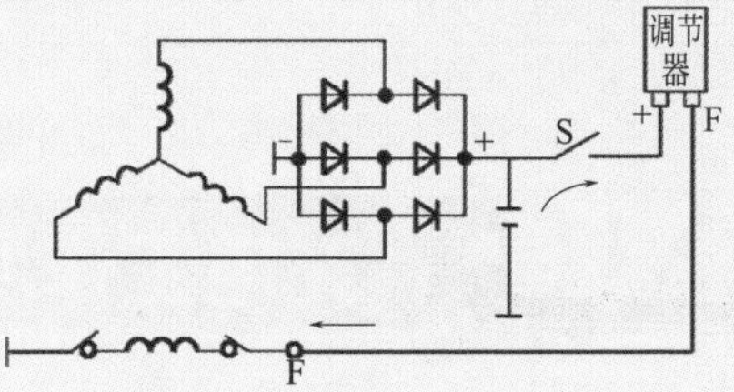 调节器 F S + F |
| N 或 P | 中性点接线柱 | 与星形连接的中性点相连接 | 一般用来控制继电器（如充电指示灯继电器等）；对于整体式交流发电机，中性点（或三相绕组中的一相点）一般和集成电路调节器相连接 | 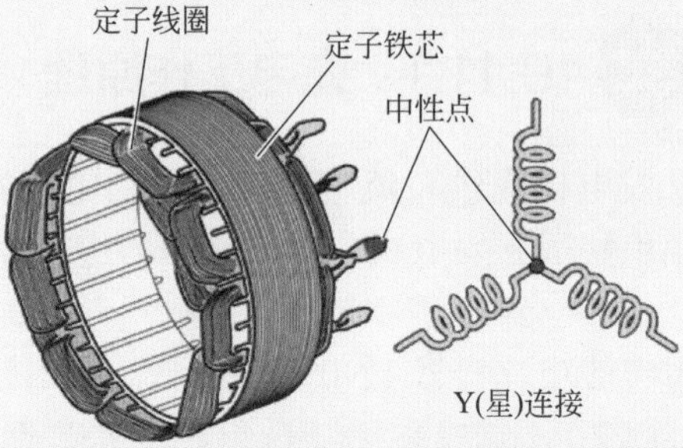 定子线圈 定子铁芯 中性点 Y(星)连接 |
| D+ | 充电指示灯接线柱 | D+ 接线柱一般为采用 3 个专用磁场二极管的 9 管或 11 管的交流发电机（充电指示灯通过 3 个专用的磁场二极管进行控制） | 一般通过点火开关和充电指示灯相接 | 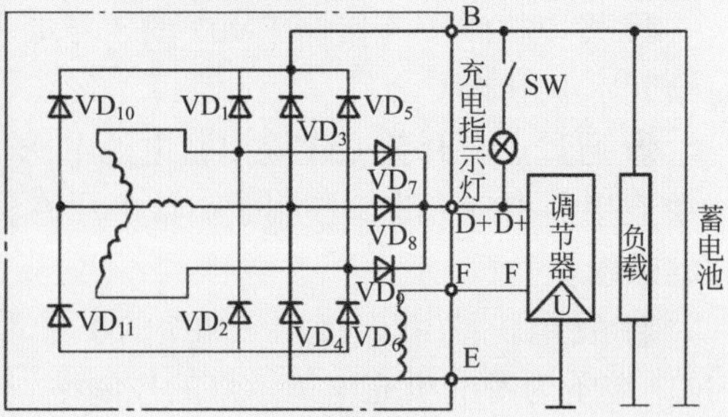 B VD_{10} VD_1 VD_5 VD_3 充电指示灯 SW VD_7 VD_8 D+D+ 调节器 负载 蓄电池 VD_{11} VD_2 VD_4 VD_6 VD_9 F E 八管发电机 |

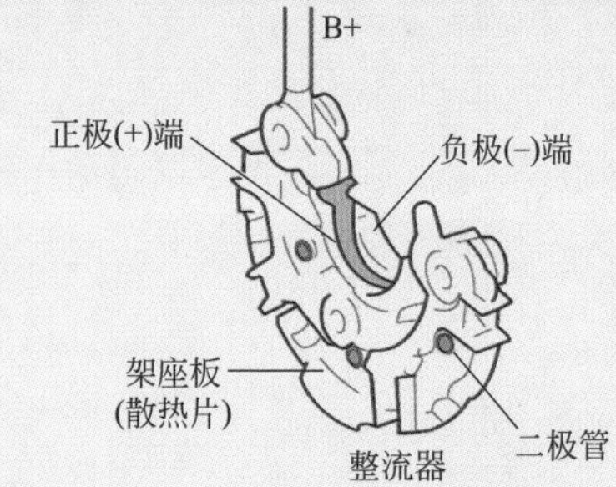

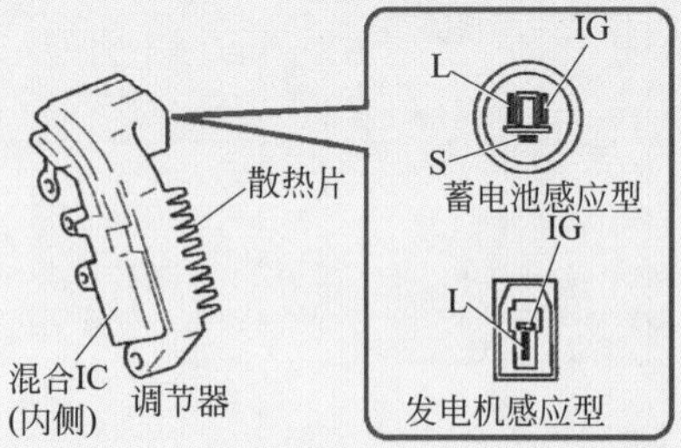

续表

| 符号 | 接线端 | 内部连接 | 外部连接 | 图示 |
|---|---|---|---|---|
| L | 充电指示灯接线柱 | 与集成电路式电压调节器相连接（通过电压调节器来控制充电指示灯的工作） | 一般通过点火开关和充电指示灯相接 | 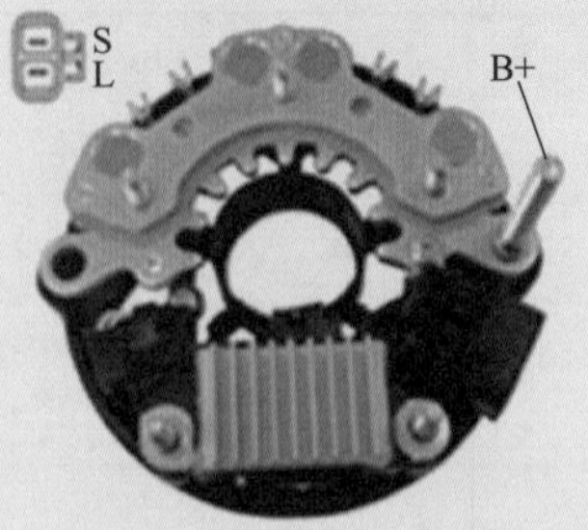 |
| S | 蓄电池电压传感器端 | 与集成电路式电压调节器相接 | 与电池的正极直接相连（用来检测交流发电机的电压高低，作用是控制电压调节器工作的基准信号） | |
| W | 相输出端 | 输出电压为B+ 的一半 | 可接转速表、交流继电器或直流继电器 | 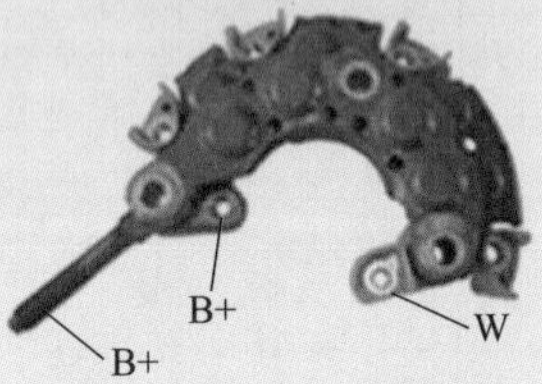 |

 **10.11.1 充电工作原理**

发电机提供直流电压使车辆的电气系统工作并保持蓄电池的充电状态。电压的输出由集成于发电机内部的调节器进行控制。充电系统电路原理见图 10.11-1。

（1）当点火开关处于"OFF"位置时　蓄电池电压通过保险丝盒 EF15 保险丝给发电机线束连接器 EN07 的 3 号端子，该电压为调节器的工作电源。

（2）当点火开关处于"ON"位置而发动机不转动时

❶ 发电机线束连接器 EN07 的 3 号端子继续有电压，点火开关处于"ON"位置时给 IG1 继电器吸合。

❷ 通过点火开关 IG1 输出蓄电池电压，经过保险丝盒 IF25 保险丝后，给发电机线束连接器 EN07 的 2 号端子。该电压在使激磁线圈通电后在线圈周围产生一个很好的磁场。

❸ 发电机线束连接器 EN07 的 1 号端子与仪表 IP26 的 24 号端子相通，所以 EN07 端子为发电机充电指示灯的控制端，在发动机未运转时，该端子提供一个很好的搭铁，所以充电指示灯点亮。

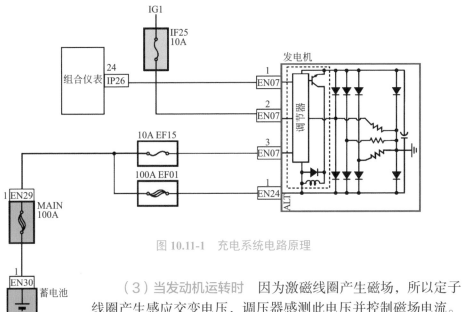

图 10.11-1　充电系统电路原理

（3）当发动机运转时　因为激磁线圈产生磁场，所以定子线圈产生感应交变电压，调压器感测此电压并控制磁场电流。交流电压由 3 个定子线圈产生，该交流电压经过内置于发电机内部的整流器转换为直流电压。经过调压器调节后的发电机输出电压被施加在车辆蓄电池和发电机蓄电池端子的供电电路上。由于发电机工作，发电机线束连接器 EN07 的 1 号端子电压与仪表充电指示灯两侧的电压相同，因此使充电指示灯失去接地连接而熄灭。

（4）电压调节　因为发电机线束连接器 EN07 的 3 号端子与蓄电池相连，当蓄电池充满电时，调压器将减小磁场励磁电流，从而减小发电机的输出电压，防止过充。当蓄电池放电或负载较大时，调压器增加磁场励磁电流以提高发电机的输出电压。

 10.11.2　DC/DC 转换器

（1）作用　通过防止自动启停控制发动机再启动时的蓄电池电压下降所导致的电源电压下降，可稳定车内的电源供电。

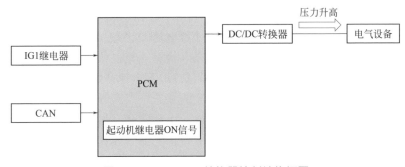

图 10.11-2　DC/DC 转换器控制结构框图

（2）工作原理　当发动机重新启动时，PCM 将向 DC/DC 转换器发出蓄电池电压（DC/DC 转换器下游电压）增强请求。DC/DC 转换器将提高供给电子设备的电压，这样就可将 DC/DC 转换器下游电压维持在 11.5～12.5V。DC/DC 转换器控制结构框图见图 10.11-2，DC/DC 转换器控制原理见图 10.11-3。

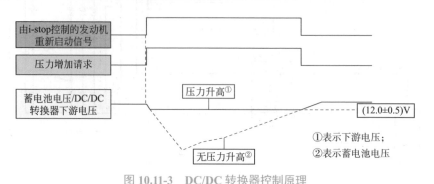

图 10.11-3　DC/DC 转换器控制原理

## 10.12　电源管理系统

### 10.12.1　电源管理系统的作用

电源管理系统的作用是改善燃油经济性，控制充电电压设定点，在不同的操作条件下处理交流发电机负荷，保持蓄电池充电，保护蓄电池过度充电。ECM 根据蓄电池状态和车辆操作条件，通过占空比周期（充电控制、放电控制、正常控制）控制产生电压。加速车辆时，系统执行放电控制。车辆减少交流发电机负荷，消耗蓄电池电力。车辆减速时，系统执行充电控制。车辆增加交流发电机负荷并给蓄电池充电。

电源管理系统用于监测和控制充电系统，并发出诊断信息，提醒驾驶员注意蓄电池和发电机可能存在故障。电源管理系统主要利用已有的车载电脑功能，使发电机效率最大化，管理负载，改善蓄电池充电状态和寿命，使系统对燃油经济性的影响降到最低程度。电源管理系统执行 3 个功能：a. 监测蓄电池电压并估计蓄电池的状态；b. 通过提高怠速转速和调节电压进行校正；c. 进行自诊断并提醒驾驶员。

在点火开关置于打开和关闭位置时估计蓄电池的状态。当点火开关置于关闭位置时，通过测量开路电压来判断蓄电池的充电状态。充电状态是蓄电池的酸浓度和内阻的函数。蓄电池停止工作数小时后，通过读取蓄电池开路电压估计充电状态。

充电状态可作为诊断工具，得知蓄电池的状态。点火开关置于打开位置时，根据调整的净"A·h"数、蓄电池容量、初始充电状态和温度，利用算法持续估算充电状态。在运行时，蓄电池放电程度主要由与蓄电池一体化的蓄电池电流传感器提供的净"A·h"数来确定。此外，电源管理功能用于执行调节电压控制，以改善蓄电池充电状态、蓄电池寿命和燃油经济性。这是通过对蓄电池充电状态和温度的了解，将充电电压设置为不损害蓄电池寿命的最佳充电电压来完成的。

## 10.12.2　电源管理系统的控制模式

发动机控制模块（ECM）通过发电机接通信号电路控制发电机。发动机控制模块通过发电机磁场占空比信号电路监测发电机性能。

（1）**充电模式**　满足以下任一条件，车身控制模块将进入"充电模式"。

❶ 雨刮器接通并持续超过 3s。

❷ 高速冷却风扇、后除雾器和 HVAC 高速鼓风机运行会使车身控制模块至进入充电模式。

❸ 估计的蓄电池温度低于 0℃。

❹ 蓄电池充电状态低于 80%。

❺ 车速高于某一速度。

❻ 电流传感器出现故障。

❼ 确定系统电压低于 12.5V。

符合上述任一条件后，系统将发电机目标输出电压进行设置调整（高于 13.5V），视蓄电池充电状态和估计的蓄电池温度而定。

（2）**燃油经济模式**　当估计的蓄电池温度高于 0℃但低于或等于 80℃，计算的蓄电池电流小于 15A 并大于 8A 且蓄电池充电状态大于或等于 80% 时，车身控制模块将进入燃油经济性模式。发电机的目标输出电压是蓄电池开路电压并可在 12.5 ~ 13.1V 之间。当出现上述任一条件时，车身控制模块将退出此模式并进入"充电模式"。

（3）**大灯模式**　当大灯（远光或近光）打开时，车身控制模块将进入"大灯模式"。电压在 13.9 ~ 14.5V 之间调节。

（4）**启动模式**　当发动机启动时，车身控制模块设置发电机的目标输出电压为 14.5V 并持续 30s。

（5）**电压下降模式**　当计算的环境温度高于 0℃时，车身控制模块将进入"电压下降模式"。计算的蓄电池电流小于 1A 和大于 7A，且发电机磁场占空比小于 99%。它的发电机目标输出电压是 12.9V。一旦满足"充电模式"标准，车身控制模块将退出该模式。

## 10.13　就车检查充电系统

## 10.13.1　检测发电机输出线束的电压降

主要是通过电压降的方法检测发电机输出端"B"端子和蓄电池"+"极之间的

线束连接是否良好。

❶ 点火开关置于"OFF"位置。

❷ 如图 10.13-1 所示，从交流发电机"B"端子上分离输出端线束。万用表电流挡的正电笔接交流发电机的"B"端子，负电笔接输出端线束。电压表的正电笔接"B"端子，负电笔接蓄电池"+"极。

❸ 启动发动机。

❹ 打开大灯、鼓风机电动机，调整发动机转速，直至电流表指示 20A。然后记录此状态下电压表的指示。电压表指示应为标准值：最大值 0.2V。如果电压表测量值大于标准值（最大 0.2V 以上）时，表明线束可能有故障。这时应检测交流发电机"B"端子到蓄电池"+"极之间的导线，并检查是否有松动的连接、由线束过热引起的颜色变化等。

 ## 10.13.2　输出电流测试

此测试判断发电机输出的电流是否正常。

（1）条件

❶ 测试前，检查如下项目并按要求维修。检查安装在车内的蓄电池，确定状态良好。用于检测输出电流的蓄电池应使用已少量放电的蓄电池。完全充电的蓄电池因负荷不足，测试的正确率低。检查交流发电机驱动皮带张力。

❷ 点火开关置于"OFF"位置。

❸ 分离蓄电池搭铁线束。

❹ 从交流发电机"B"端子处分离交流发电机输出线束。

❺ 如图 10.13-2 所示，在"B"端子与被拆下的输出线束之间连接 DC（0～150A）万用表电流挡。确定万用表的负电笔接被拆下的输出线束。

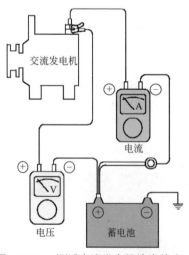

图 10.13-1　测试交流发电机输出线束
　　　　　　的电压降图

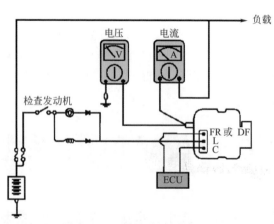

图 10.13-2　输出电流测试图

❻ 在交流发电机"B"端子和搭铁之间连接（0～20V）万用表电压挡。万用表正极接"B"端子，负极接搭铁。

❼ 连接发动机转速表和蓄电池搭铁线束。

（2）检测

❶ 万用表电压指示应与蓄电池电压一致。如果电压表指示为 0V，可能原因是交流发电机"B"端子和蓄电池负极之间的线束断路或搭铁不良。

❷ 启动发动机并打开大灯开关。

❸ 大灯置于远光，鼓风机置于高速"HIGH"。发动机急加速至 2500r/min 时，读取表指示的最大输出电流。

（3）结果

❶ 读取的最大电流值应大于极限值。在交流发电机输出线束良好的情况下，如果读取的最大电流值小于极限值时，应从车上拆下交流发电机并进行检测。极限值：60% 电压比。

 **注 / 意**

> 输出电流值随着电气负荷和交流发电机自身温度的变化而变化。由于温度原因，不能获得最大输出电流。如果发生这种情况，保持大灯"ON"并提高电气负荷。如果交流发电机自身或其周围的温度过高，也不能测得额定输出电流。因此，再次测试之前应降低温度。

❷ 输出电流测试工作完成后，先把发动机转速降到怠速，然后把点火开关置于"OFF"位置。

❸ 分离蓄电池搭铁线束。

❹ 拆下万用表。

❺ 连接交流发电机"B"端子和交流发电机输出线束。

❻ 连接蓄电池搭铁线束。

 ## 10.13.3 电压调节测试

此项测试的目的是为了检查电压调节器是否正确地控制电压。

（1）条件

❶ 测试前，检查蓄电池是否完全充电；检查交流发电机驱动皮带的张力。

❷ 点火开关置于"OFF"位置。

❸ 分离蓄电池搭铁线束。

❹ 如图 10.13-3 所示，在交流发电机"B"端子与搭铁之间连接数字式万用表电压挡。万用表正电笔连接"B"端子，负电笔连接搭铁或蓄电池负极。

❺ 从交流发电机"B"端子处分离交流发电机输出线束。

⑥ 如图 10.13-4 所示，在"B"端子和被拆下输出线束之间连接 DC（0 ～ 150A）万用表电流挡。万用表负电笔连接被拆下的输出线束。

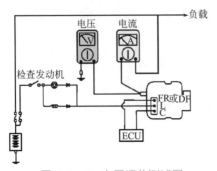
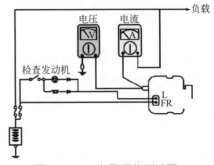

图 10.13-3　电压调节测试图　　　　　图 10.13-4　电压调节测试图

（带电源管理系统）　　　　　　　　　（不带电源管理系统）

⑦ 连接发动机转速表和蓄电池搭铁线束。

（2）测试

❶ 点火开关置于"ON"位置，检测万用表电压挡是否指示"电压＝蓄电池电压"。如果读数为 0V，说明交流发电机"B"端子与蓄电池负极端子之间电路断路。

❷ 启动发动机，把所有灯和用电设备开关置于"OFF"位置。

❸ 运转发动机至 2500r/min 的转速，在交流发电机输出电流下降到 10A 以下时读取电压表读数。

（3）结果

❶ 如果万用表电压挡读数与标准值不相符，表明电压调节器或交流发电机故障。

❷ 测试结束后，先把发动机转速降到怠速，再将点火开关置于"OFF"位置。

❸ 分离蓄电池搭铁线束。

❹ 拆下万用表。

❺ 连接交流发电机"B"端子和交流发电机输出线束。

❻ 连接蓄电池搭铁线束。

## 10.14  分解检测发电机

发电机分解装配图见图 10.14-1。

### 🔧⚙ 10.14.1　转子的检测

❶ 使用万用表测量集流环之间的电阻（图 10.14-2）。如果不在规定范围内，应更换转子。发电机转子电阻（在滑环之间）为 2Ω 左右。

1—螺母；
2—皮带轮；
3—垫圈；
4—前端盖总成；
5—前轴承；
6—轴承盖；
7—轴承盖螺栓；
8—转子；
9—后轴承；
10—轴承盖；
11—后盖；
12—螺栓；
13—密封件；
14—整流器总成；
15—双头螺栓；
16—电刷架总成；
17—电刷架螺栓；
18—滑环导轨；
19—盖

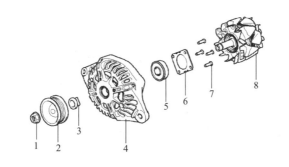
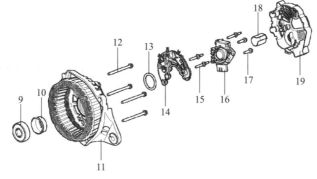

更换发电机
视频精讲

图 10.14-1　发电机分解装配图

❷ 用万用表确认集流环之间没有导通性（图 10.14-3）。如果导通，应更换转子或发电机总成。

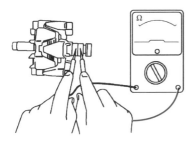
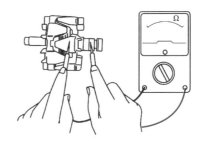

图 10.14-2　测量集流环之间的电阻　　　图 10.14-3　确认集流环之间没有导通性

❸ 检查集流环表面的情况。如果集流环表面粗糙，应使用精细砂纸磨平。

## 10.14.2　定子线圈的检测

❶ 导通性和导通性值如图 10.14-4 及图 10.14-5 所示。如果出现故障，则更换定子或发电机总成。

❷ 用万用表确认定子线圈的引线和线芯之间没有导通性（图 10.14-6）。如果导通，则更换定子线圈。

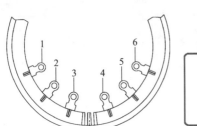

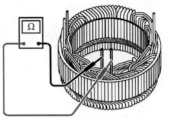

○——○：导通性

| 接线端 | | | | | |
|---|---|---|---|---|---|
| 1 | 2 | 3 | 4 | 5 | 6 |
| ○—|—○ | | | | |
| ○—|—|—○ | | | |
| | ○—|—○ | | | |
| | | | ○—|—○ |
| | | | ○—|—○ | |
| | | | | ○—○ |

图 10.14-4 导通性　　　　　　　　　　　图 10.14-5 导通性值

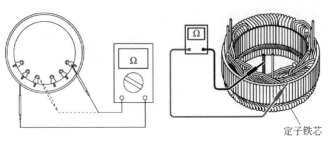

定子铁芯

图 10.14-6 定子绕组的接地检测

### 10.14.3 电刷的检测

❶ 电刷拆解要点。应迅速熔化焊料，否则二极管（整流器）和电刷架会因过热而损坏。熔化焊料后从电刷架上拆下电刷（图10.14-7）。

❷ 检查电刷是否磨损。如果任何一个电刷的磨损程度几乎达到或超过限制，则应更换所有电刷。如图 10.14-8 所示。发电机电刷A 的长度最小极限为 5.0mm。

❸ 电刷组装要点。如图 10.14-9 中箭头所示，将电刷压入电刷架中。将电刷焊接到电刷架上。

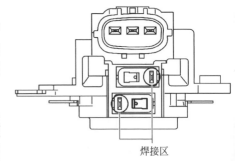

焊接区

图 10.14-7 拆下电刷

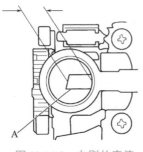

A

图 10.14-8 电刷长度值

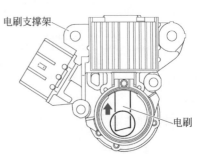

电刷支撑架

电刷

图 10.14-9 焊接电刷

### 10.14.4　整流器的检测

用万用表检查二极管的导通性。如果与规定不符,则更换整流器或发电机总成(图 10.14-10 和表 10.14-1 )。

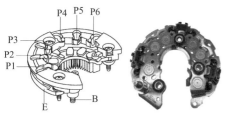

图 10.14-10　整流器

表 10.14-1　整流器检测

| 负 | 正 | 导通性 |
| --- | --- | --- |
| E | P1, P2, P3, P4, P5, P6 | 是 |
| B | | 否 |
| P1, P2, P3, P4, P5, P6 | E | 否 |
| | B | 是 |

# 10.15　充电系统故障排除

充电系统故障排除见表 10.15-1。

检查与更换
传动皮带
视频精讲

表 10.15-1　充电系统故障排除

| 症状 | 可能的原因 | 措施 |
| --- | --- | --- |
| 点火开关"ON"和发动机"OFF"时,充电警告灯不亮 | 保险丝断路 | 检查保险丝 |
| | 灯丝断路 | 更换灯泡 |
| | 导线连接松动 | 拧紧松动的连接处 |
| | 电压调节器故障 | 更换电压调节器 |
| 没有充电电压 | 发电机不能给蓄电池提供充电的电流 | 检查皮带,以及交流发电机和蓄电池之间的连接情况,按要求更换皮带、交流发电机或导线 |
| 发动机启动后,充电警告灯不熄灭(蓄电池应在充电状态) | 驱动皮带松动或磨损 | 调节皮带张力或更换皮带 |
| | 蓄电池导线松动、腐蚀或磨损 | 检查导线连接状态,维修或更换导线 |
| | 保险丝断路 | 检查保险丝 |
| | 电压调节器或交流发电机故障 | 更换电压调节器或交流发电机 |
| | 导线 | 维修或更换导线 |
| 充电过高 | 电压调节器故障 | 更换电压调节器 |
| | 电压感测导线故障 | 维修或更换导线 |
| 充电不足 | 驱动皮带松动或磨损 | 调节皮带张力或更换皮带 |
| | 导线连接松动或电路短路 | 检查导线连接状态,维修或更换导线 |
| | 保险丝断路 | 检查保险丝 |
| | 电压调节器或交流发电机故障 | 更换电压调节器或交流发电机 |
| | 搭铁不良 | 检查搭铁或维修 |
| | 蓄电池损坏 | 更换蓄电池 |

# 第11章

# 点火系统

可燃混合气在汽油发动机气缸燃烧室能不能点燃，火花塞起主要作用。火花塞能不能发生火花需靠整个点火系统来保障，除了机械机构的正常工作外，还需要曲轴位置传感器、凸轮轴位置传感器等相关传感器支撑，最后发动机控制单元发布点火号令。

点火系统（图11.1-1）根据发动机的工作状态，按照发动机的工作顺序，在合适的时刻供给火花塞以足够能量的高压电，使火花塞电极间产生火花，确保能点燃混合气，使发动机做功，发动机正常运行。

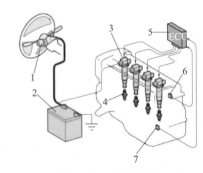

图 11.1-1 点火系统

1—点火开关；2—蓄电池；3—点火线圈；
4—火花塞；5—发动机控制单元；6—凸轮轴
位置传感器；7—曲轴位置传感器

### 11.2.1 旧的点火系统

点火系统经历了断电器触点式、晶体管式、带电子控制点火提前（ESA）的晶

体管式和现在的直接点火系统（无分电器点火系统）发展阶段，前三种（表 11.2-1）现已经淘汰退出市场，不做过多讲解。

表 11.2-1　旧的点火系统

| 类型 | 说明 | 图示 |
|---|---|---|
| 断电器触点式 | 这种类型的点火系统具有最基本的构造<br>在该系统中，是通过机械控制来控制初级电流和点火正时的<br>点火线圈的初级电流受断电器触点的周期性控制，离心式点火提前装置和真空式点火提前装置控制点火正时<br>分电器把次级线圈产生的高压分配到火花塞 | |
| 晶体管式 | 在这种点火系统中，晶体管根据信号发生器产生的电信号周期性地控制初级电流<br>点火正时控制装置与断电器触点式相同 | |
| 带电子控制点火提前（ESA）的晶体管式 | 在这种点火系统中，离心式点火提前装置和真空式点火提前装置已不再使用<br>采用了发动机电控单元（ECU）中的电控点火提前（ESA）功能控制着点火正时 | |

 ## 11.2.2　直接点火系统

　　直接点火系统（DIS）取消了分电器，使用多个点火线圈直接向火花塞提供高压电。分为分组同时点火控制和独立点火控制。按点火线圈应用数量来讲，比如四缸发动机，四缸共用一个点火线圈；分组控制是两个缸共用一个点火线圈；点火线圈直接安装在火花塞上，即一个气缸有一个的独立线圈。

小贴士

> DLI 表示无分电器系统，DIS 表示直接点火系统，表达的都是一个意思，我们一直习惯用后者。

（1）分组同时点火控制（图 11.2-1） 双缸同时点火，1、4 缸及 2、3 缸分别共用一个点火线圈。系统部件主要由 ECM、点火线圈、高压线、火花塞、曲轴位置传感器、凸轮轴位置传感器、爆震传感器等组成。

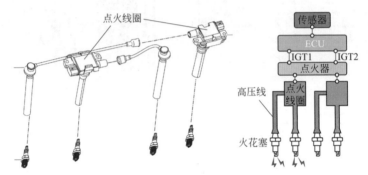

图 11.2-1 分组同时点火控制

当 ECM 控制点火线圈开始点火时，两个气缸同时点火，此时两个气缸一个处于压缩行程，一个处于排气行程。处于排气行程的气缸由于气缸压力低、温度高，只需要极少能量就可以击穿火花塞间隙。处于压缩行程的气缸由于气缸压力高，可燃混合气密度大，温度较低，需要较大的能量才能击穿火花塞间隙。两缸同时点火，绝大多数点火能量消耗在处于压缩行程的气缸。

（2）独立点火控制（图 11.2-2） 直接点火式线圈压入对应的火花塞上，并且通过螺栓或密封紧固到气门盖上。该控制方式是直接通过发动机控制单元（ECU/ECM）（或动力控制模块 PCM）启动直接点火系统的每个点火线圈。

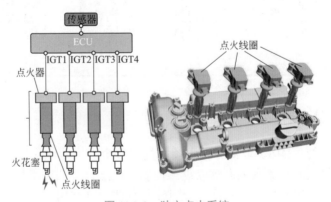

图 11.2-2 独立点火系统

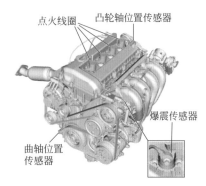

点火线圈　凸轮轴位置传感器

爆震传感器

曲轴位置
传感器

图 11.2-3　点火线圈和传感器安装位置

系统部件主要由 ECM、点火线圈、火花塞、曲轴位置传感器、凸轮轴位置传感器、爆震传感器组成。点火线圈和传感器安装位置如图 11.2-3 所示。

## 11.3　点火线圈与高压电的产生

### 11.3.1　闭磁路点火线圈

闭磁路点火线圈是相对开磁路点火线圈而言的，开磁路点火线圈在目前无分电器的点火系统中已经淘汰。由于闭磁路点火线圈磁阻小，可有效降低线圈的磁动势，将点火线圈小型化，即点火器和点火线圈集成为一体，经火花塞点燃气缸内的可燃混合气。传统的点火线圈采用开磁路，其铁芯用 0.3mm 左右的硅钢片叠成，铁芯上绕有次级与初级线圈。闭磁路则采用类似于"口"或者"日"字形的铁芯绕初级线圈，外面再绕次级线圈，磁力线由铁芯构成闭合磁路。闭磁路点火线圈的优点是漏磁少、能量损失小、体积小等，因此电子点火系统普遍采用闭磁路点火线圈。

### 11.3.2　高压电的产生

由于自感和互感，初级线圈产生几百伏的电压，次级线圈产生几万伏的电压，足以产生在火花塞电极间引燃火花的高电压。点火线圈结构见图 11.3-1。高电压的产生见表 11.3-1。

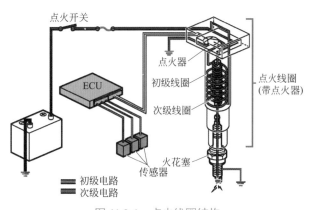

点火开关
点火器
初级线圈
次级线圈
点火线圈（带点火器）
火花塞
传感器
初级电路
次级电路

图 11.3-1　点火线圈结构

表 11.3-1　高压电的产生

| 工作过程 | 说明 | 图示 |
|---|---|---|
| 线圈连接 | 初级和次级线圈都环绕在铁芯上。次级线圈的匝数大约是初级线圈的 100 倍。初级线圈的一端连接在点火器上,次级线圈的一端连接在火花塞上。两个线圈各自的另一端则连接在蓄电池上 | 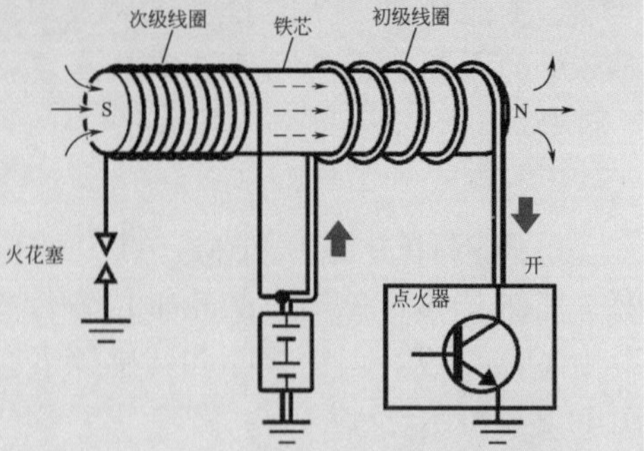 |
| 流往初级线圈的电流 | 当发动机运转时,根据发动机 ECU 输出的点火正时信号(IGT),蓄电池的电流通过点火器流到初级线圈。结果,在线圈周围产生磁力线,此线圈在中心包含一个磁芯 | 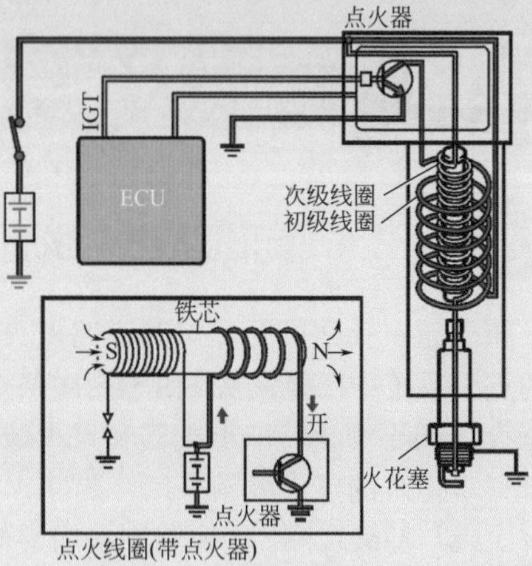 |
| 停止流往初级线圈的电流 | 当发动机继续运转时,点火器按发动机电子控制单元(ECU)输出的点火正时信号(IGT)快速地停止流往初级线圈的电流 | 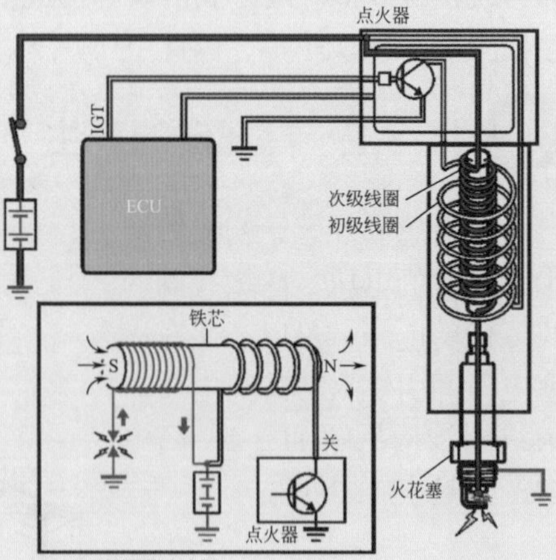 |
| 火花塞产生火花放电 | 停止流往初级线圈的电流,初级线圈的磁通量开始减少。因此,通过初级线圈的自感和次级线圈的互感,在阻止现存磁通量衰减的方向上产生的电动势(EMF)。自感效应产生约为 500V 的电动势,而与其相伴的次级线圈互感效应产生约为 30kV 高压电动势。这样火花塞就产生火花放电。初级电流切断越迅速,及初级电流值越大,则相应的次级电压也越高 | |

## 11.4　点火检查

### 11.4.1　点火检查流程（图 11.4-1）

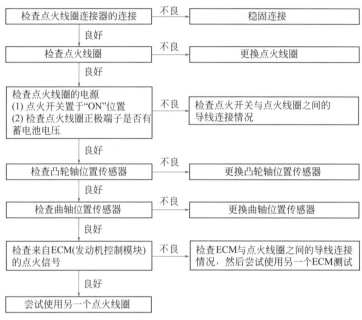

图 11.4-1　点火检查流程

### 11.4.2　检查点火线圈电源电压（表 11.4-1）

❶ 重新连接所有断开的线束接头。
❷ 断开点火线圈线束接头。
❸ 将点火开关转至"ON"位置。
❹ 检查点火线圈线束接头与接地之间的电压。

表 11.4-1　检查点火线圈电源电压

| + | | | − | 电压 |
|---|---|---|---|---|
| 点火线圈 | | | | |
| 气缸 | 接头 | 端子 | | |
| 1～4 | 1～4缸对应插头 | 同一端子号 | 接地 | 蓄电池电压 |

11.4.3  检查点火线圈接地电路（表11.4-2）

❶ 将点火开关转至"OFF"位置。

❷ 检查点火线圈线束接头与接地之间的导通性。

表11.4-2  检查点火线圈接地电路

| + | | | - | 导通性 |
|---|---|---|---|---|
| 点火线圈 | | | | |
| 气缸 | 接头 | 端子 | | |
| 1～4 | 1～4缸对应插头 | 同一端子号 | 接地 | 良好 |

11.4.4  检查点火线圈输出信号电路（表11.4-3）

❶ 断开ECM线束接头。

❷ 检查点火线圈线束接头和ECM线束接头之间的导通性。

表11.4-3  检查点火线圈输出信号电路

| + | | | - | | 导通性 |
|---|---|---|---|---|---|
| 点火线圈 | | | ECM | | |
| 气缸 | 接头 | 端子 | 接头 | 端子 | |
| 1～4 | 1～4缸对应插头 | 同一端子号 | 同一插头 | 1～4缸对应端子 | 良好 |

# 11.5  火花塞电极和热值

11.5.1  火花塞电极形状和放电性能

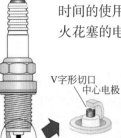

圆形电极使放电困难，方形或尖形电极使放电较容易。火花塞经过长时间的使用，电极成了圆形之后，使放电困难。因此，火花塞应定期更换。火花塞的电极越细越尖，越容易产生火花。但是，那样的火花塞耗损较快，使用寿命较短。因此，有些采用白金或铱金电极火花塞。火花塞电极如图11.5-1所示。

当火花塞耗损后，电极间隙变大，发动机可能会缺火。中心电极和接地电极间隙增大后，使得火

V字形切口
中心电极

图11.5-1  火花塞电极

花跳过电极更困难，因此需要更高的电压来产生火花，所以每隔一定的里程必须调整火花塞电极间隙或更换火花塞。

检查火花塞
视频精讲

## 11.5.2　火花塞热值

火花塞热值是指火花塞受热和散热能力的一个指标，其自身所受热量的散发量称为热值。热值包括 1～9 九个数字，其中 1～3 为低热值，4～6 为中热值，7～9 为高热值。数字越高，火花塞越偏冷，散热性也更好，更换火花塞时需要符合其热值。一般轿车常用热值在 5～7 的居多。

（1）冷型火花塞　能够大量散热的称为冷型火花塞，也就是高热值火花塞，绝缘体裙部相对较短，由于散热途径比较短，散热相对较多，所以不易造成中心电极温度的上升（图 11.5-2）。

（2）热型火花塞　热型火花塞（低热值）的绝缘体裙部较长，当气缸内温度分布均匀时，裙部越长，受热面积就越大，传导热量的距离就越长，所以散热少，中心电极温度上升较高（图 11.5-3）。

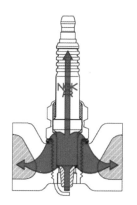

图 11.5-2　冷型火花塞

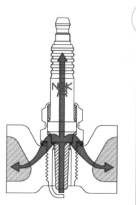

图 11.5-3　热型火花塞

> ⭐ **小贴士**
>
> 一般来说低热值火花塞更适用于低速、低压缩比的小功率发动机，而高热值火花塞则适用于高速、高压缩比的大功率发动机。这个数值越大，也就越"冷"；这个数值越小，火花塞的散热就越小，也就越"热"。热值的高低，取决于缸内混合气温度和火花塞的设计。

# 11.6　火花塞结构、电阻与电晕

## 11.6.1　火花塞结构

（1）结构　火花塞主要由接线螺母、绝缘体、接线螺杆、中心电极、侧电极以及外壳组成，侧电极焊接在外壳上。带电阻的火花塞结构如图 11.6-1 所示。

（2）单线制连接　火花塞与汽车上其他电气设备一样，采用单线制连接，即电源的一个电极用导线与各用电设备相连，而侧电极则通过发动机机体相连，接地。

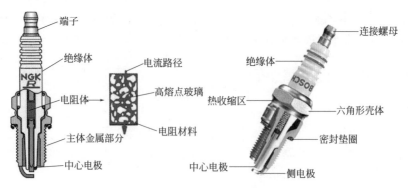

图 11.6-1　带电阻的火花塞结构

（3）白金火花塞　在白金火花塞和铱金火花塞上，白金是焊在中心电极和接地电极顶端的。所以，这样的火花塞使用寿命较常规火花塞更长。由于白金和铱金都耐磨，所以这些火花塞的中心电极可以制作得很小，仍能具有优良的引燃火花性能。

（4）单铱金火花塞　普通铱金火花塞上，铱（较铂有更高的耐磨能力）是焊在中心电极顶端的，但焊在接地电极上的仍是白金或普通镍铜材质。

（5）双铱金火花塞　双铱金火花塞是中心电极采用铱合金针状电极，侧电极也采用铱合金材料（图 11.6-2）。

（6）火花塞间隙　不同规格的火花塞间隙也不一样，0.7 ～ 0.9mm、1.1mm、1.25 ～ 1.3mm 都是比较常用的火花塞间隙。

 **11.6.2　检测火花塞电阻**

如图 11.6-3 所示，用万用表来测量火花塞的电阻。如果电阻不在规定范围内，应更换火花塞。火花塞电阻为 3.0 ～ 7.5k$\Omega$。

图 11.6-2　双铱金火花塞

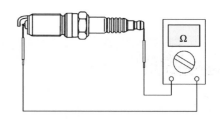

图 11.6-3　检测火花塞电阻

 **11.6.3　火花塞电晕**

（1）火花塞电晕特征　火花塞绝缘体陶瓷下部黄色、茶色的污垢叫作电晕（图 11.6-4），这是一种正常的火花塞特性现象。而多数人把这种现象误认为火花塞漏气或者漏电。

（2）火花塞电晕的产生　由于火花塞内部的中心电极导通的是高压电，高压电对漂浮在空气中的油粒子有吸附作用，吸附在白色绝缘体的表面。就像塑料袋有静电会吸在人身上、老式电视机高压部件会吸灰尘、高压电箱会吸人，一样的道理。另外，由于点火线圈（或者高压线）橡胶套的遮挡作用，电晕只有靠近金属壳体的一段才有。电晕并不影响火花塞性能，也没有可靠的维修实践证据能证明电晕和火花塞的使用寿命有直接联系。

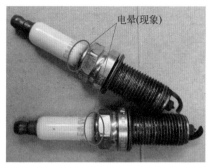

图 11.6-4　火花塞电晕

## 11.7 火花塞的故障与更换周期

### 11.7.1 从火花塞色相判断故障

（1）良好工况的火花塞　正常的火花塞中心电极呈灰色或黄色（图 11.7-1）。

（2）火花塞常见故障　见表 11.7-1。

图 11.7-1　正常的火花塞

表 11.7-1　火花塞常见故障

| 故障特征 | 图示 | 说明 / 故障原因 |
| --- | --- | --- |
| 火花塞呈白色 | | 电极熔化且绝缘体呈白色，表明燃烧室内温度过高。这可能是燃烧室内积炭过多，使气门间隙过小等引起的排气门过热或是冷却装置工作不良，也可能是火花塞未按规定力矩拧紧等导致的 |
| 电极结有烧蚀结疤 | | 电极变圆且绝缘体结有烧蚀结疤，表明发动机早燃，可能是点火时间过早或者汽油辛烷值低，火花塞热值过高等原因 |
| 黑色沉积物，熏黑污损 | | 火花塞电极和内部有黑色沉积物，表明混合气过浓，增高发动机运转速度，并持续几分钟，就可烧掉留在电极上一层黑色的"煤烟层"<br>电流通过附着在火花塞点火部位上的积炭漏出导致熄火，发动机性能变差 |

| 故障特征 | 图示 | 说明 / 故障原因 |
|---|---|---|
| 油性沉积物 |   | 火花塞上有油性沉积物，表明润滑油进入燃烧室内。如果只是个别火花塞，则可能是气门杆油封损坏。如果各缸火花塞粘有这种沉积物，表明气缸窜油，应检查空气滤清器和通风装置是否堵塞 |
| 添加剂（MMT）污染 | 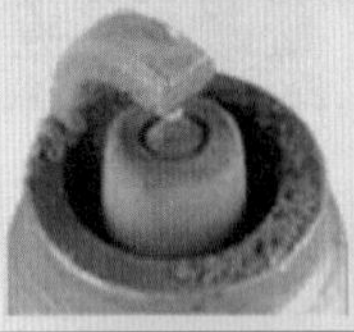 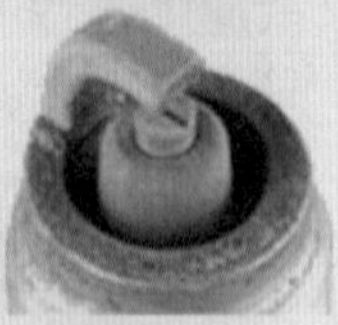 | MMT在燃烧后会对汽车零件造成污损，使火花塞点火部位呈茶褐色，火花塞被污损后火花会由绝缘体表面泄漏造成熄火 |
| 火花塞绝缘体破裂 |  | 火花塞绝缘体破裂多数为劣质火花塞所致<br>如果绝缘体顶端碎裂，爆震燃烧是绝缘体破裂的主要原因之一。而点火时间过早、汽油辛烷值低、燃烧室内温度过高，都可能导致发动机爆震燃烧 |
| 火花塞漏气<br>火花塞壳体最薄处被烤的发蓝 | 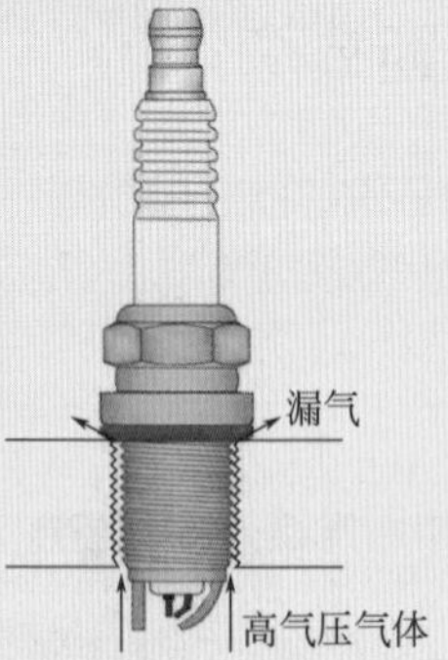 漏气<br>高气压气体 | 安装火花塞时，安装力矩不足，造成的人为漏气<br>火花塞漏气会造成发动机无力，怠速不稳，抖动变大，高速容易熄火，油耗增加，甚至发动机无法启动，严重时会导致火花塞故障、发动机损坏的后果 |

 ## 11.7.2　火花塞更换周期

火花塞更换周期见表 11.7-2。

表 11.7-2　火花塞更换周期

| 火花塞 | 使用里程（寿命）/ 万千米 | 主电极 | 侧电极 | 熔点 |
|---|---|---|---|---|
| 单铱金火花塞 | 4 | 铱金 0.6mm | 镍铜合金 | 铱金 2454℃ |
| 双铱金火花塞 | 8 | 铱金 0.6mm | 铱金 0.6mm | 铱金 2454℃ |
| 铱铂金火花塞 | 6 | 铱金 0.6mm | 铂金 | 铱金 2454℃ |
| 单铂金火花塞 | 3 | 铂金 1.0mm | 镍铜合金 | 铂金 1772℃ |
| 双铂金火花塞 | 5 | 铂金 1.0mm | 铂金 | 铂金 1772℃ |
| 镍铜普通火花塞 | 1.5 | 镍铜合金 2.5mm | 镍铜合金 | 镍铜 1445℃ |

# 第12章

# 发动机正时

宝马 S63 发动机
调整配气相位
视频精讲

　　汽车维修中，把配气相位、配气正时、点火正时、点火时间，表达一种（用曲轴转角表示的进气门和排气门开启及关闭时间）意义时，视为同一个维修"概念"。其中，配气相位是汽车专业理论中的基本概念。

 ## 配气相位

 ### 12.1.1　配气相位概念

　　配气相位是用曲轴转角来表示气门的打开和关闭持续时刻，这种逻辑关系常用曲轴转角的环形图来表示（图 12.1-1 和表 12.1-1）。

### 12.1.2　气门重叠角

　　从排气行程结束到进气行程开始，进气门和排气门有短暂的同时开启，这就是气门重叠角。就传统的自然吸气、普通的正时机构发动机而言，气门重叠角越大，高速性能越好，但怠速会不够理想。

### 12.1.3　点火提前角

　　活塞即将到达上止点的那一刻点火，而不是正好达到上止点时才点火，这个提前量叫点火提前角。

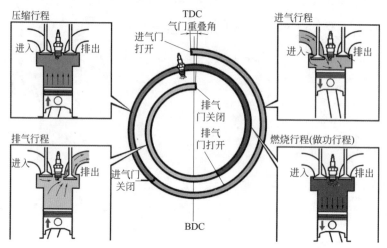

图 12.1-1　配气相位

表 12.1-1　配气相位说明

| | | | |
|---|---|---|---|
| 进气门的配气相位 | 进气提前角 | 定义 | 在排气行程接近终了，活塞到达上止点之前，进气门便开始开启。从进气门开始开启到上止点所对应的曲轴转角称为进气提前角 |
| | | 目的 | 进气门早开，使得活塞到达上止点开始向下运动时，因进气门已有一定开度，所以可较快地获得较大的进气通道截面，减少进气阻力 |
| | 进气迟后角 | 定义 | 在进气行程下止点过后，活塞重又上行一段，进气门才关闭。从下止点到进气门关闭所对应的曲轴转角称为进气迟后角 |
| | | 目的 | ①利用压力差继续进气，活塞到达下止点时，由于进气阻力的影响，气缸内的压力仍低于大气压，进气门晚关，利用压力差可继续进气<br>②利用进气惯性继续进气，活塞到达下止点时，进气气流还有相当大的惯性，进气门晚关，仍能继续进气 |
| 排气门的配气相位 | 排气提前角 | 定义 | 在做功行程的后期，活塞到达下止点前，排气门便开始开启。从排气门开始开启到下止点所对应的曲轴转角称为排气提前角 |
| | | 目的 | ①利用气缸内的废气压力提前自由排气<br>②减少排气消耗的功率<br>③高温废气的早排，还可以防止发动机过热 |
| | 排气迟后角 | 定义 | 在活塞越过上止点后，排气门才关闭。从上止点到排气门关闭所对应的曲轴转角称为排气迟后角 |
| | | 目的 | ①利用缸内外压力差继续排气<br>②利用惯性继续排气：活塞到达上止点时，废气气流有一定的惯性，利用惯性可继续排气。所以排气门适当晚关可使废气排得较干净 |

## 12.2 燃油喷油正时

　　多点喷射有同时喷射、分组喷射和顺序喷射形式三种。顺序喷射（图 12.2-1）是按点火顺序方式，也称独立喷射式，是主流的燃油喷射方式。发动机运转时，燃油系统会依每次发动机循环期间，根据点火顺序喷射燃油到每个气缸中。

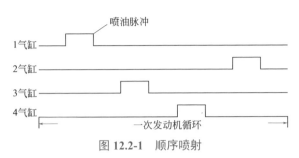

图 12.2-1　顺序喷射

## 12.3 基本正时控制

（1）信号　点火正时由 ECM 控制，数据储存在 ECM 中，使发动机在各状态下都能保持最佳的点火正时。ECM 会接收喷射脉冲宽度与凸轮轴位置等信号，这些信号经过计算后，会将点火信号传给点火线圈（图 12.3-1）。

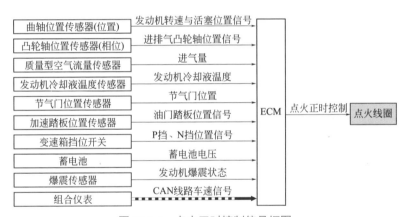

图 12.3-1　点火正时控制信号框图

在发动机启动、暖机、怠速、蓄电池电压低、加速情况下，ECM 会根据其他数据来进行修正点火正时。爆震传感器延迟系统，只会在紧急情况下启动，基本点火正时会设定在防爆震区间。在正常行驶下爆震延迟系统不会启动，检测爆震发生时，爆震传感器会将信号传回 ECM，以便修正点火正时。

（2）启动时　启动时，ECM 根据发动机转速和冷却液温度控制点火正时。

（3）怠速　发动机启动后，ECM 根据基于发动机转速和燃油喷射脉冲宽度的驾驶条件（发动机冷却液温度、加速踏板位置、节气门位置、来自自动变速器的控制请求等）修正点火正时。当发动机怠速或点火正时偏离规定值时，需进行"怠速空气量学习"。

（4）加速时　爆震传感器延迟系统只会在紧急情况下启动，基本点火正时会设定在防爆震区间，在正常行驶下爆震延迟系统不会启动，检测爆震发生时，爆震传感器会将信号传回 ECM，以便修正点火正时。

（5）蓄电池电压修正　当蓄电池电压低于规定值时，ECM 修正目标值以改善蓄电池充电。

 **可变气门正时控制**

## 12.4.1　信号

可变气门正时控制系统在固定进排气门操作角的情况下，以液压的方式连续地控制凸轮轴位置（正时），如图 12.4-1 所示。

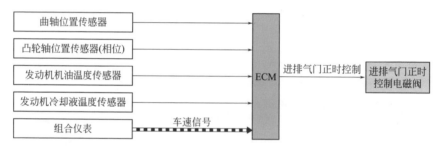

图 12.4-1　可变气门正时控制信号框图

## 12.4.2　控制机理

可变气门正时控制（VVT）安装在进 / 排气凸轮轴链轮端（图 12.4-2），其功能是为了改变进 / 排气门的开启角度，提高燃烧效率。当 ECM 接收来自曲轴位置传感器、凸轮轴位置传感器（进气 / 排气）、冷却液温度传感器及发动机转速信号时，会通过 ECM 内部处理器做计算，再以 ON/OFF 的脉冲控制方式，将信号传送至可变进气 / 排气气门正时控制电磁阀。此时，可变进气 / 排气气门正时控制电磁阀会改变内部的液压回路，使机油流入可变进气 / 排气气门正时控制机构内部，来推动可变进气 / 排气气门正时控制内的 VVT 叶片（提前或延后），以控制进 / 排气门的开启时机（图 12.4-3）。这样，不但可提升发动机低 / 中转速时的转矩表现，还可提升高转速时的功率输出。

## 12.4.3　控制过程

❶ 如图 12.4-4 所示，可变进气 / 排气气门正时控制电磁阀可调节流入进气 / 排气凸轮轴相位器的机油流量、流动方向或停止机油流动。

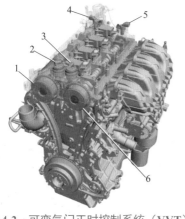

1—VVT 单元（排气凸轮轴）；2—排气凸轮轴电磁阀；3—进气凸轮轴电磁阀；4—凸轮轴位置传感器（排气）；5—凸轮轴位置传感器（进气）；6—VVT 单元（进气凸轮轴）

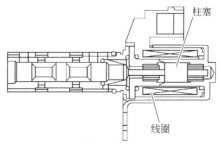

图 12.4-2　可变气门正时控制系统（VVT）　图 12.4-3　可变气门正时控制系统（电磁阀 VCT）

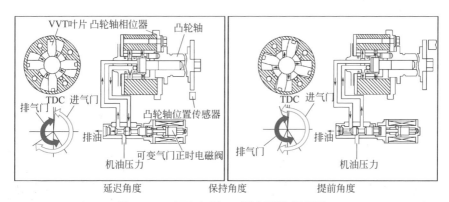

图 12.4-4　可变气门正时控制系统原理图

❷当 ECM 控制脉冲信号宽度较长时，会将进气 / 排气凸轮轴角度提前。

❸当 ECM 控制脉冲信号宽度较短时，会将进气 / 排气凸轮轴角度延后。

❹当 ECM 控制脉冲信号宽度相等时，电磁阀控制机油压力停止流动，进气 / 排气凸轮轴角度将固定在所控制的位置。怠速时→进气门晚开 / 排气门早关→气门重叠减少。高速时→进气门早开 / 排气门晚关→气门重叠增加。

# 12.5　正时机构

## 12.5.1　气门开闭系统

曲轴的旋转通过正时链条（或正时皮带）传递到凸轮轴，从而使转动凸轮轴链轮（或皮带轮）的齿数是曲轴齿轮齿数的 2 倍，故曲轴每转 2 圈，凸轮轴转 1 圈。由于凸轮轴的旋转，凸轮推动气门打开或关闭。

由于气门数量和凸轮轴的位置、数量不同，因此气门开闭系统的形式也不同。正时机构的装配校对比较简单还是比较复杂，取决于气门关闭系统结构（正时机构结构）的复杂程度（图12.5-1～图12.5-4）。曲轴上的正时皮带（链条）轮和凸轮轴上的正时皮带（链条）轮的相关标记是对应一致的，否则表明正时错乱。

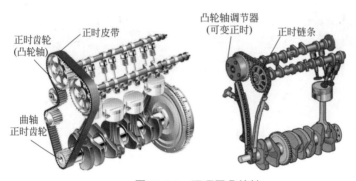

图12.5-1　双顶置凸轮轴

图12.5-2　双顶置凸轮轴
（双轴单轮紧凑型）

图12.5-3　单顶置凸轮轴　　图12.5-4　顶置式气门

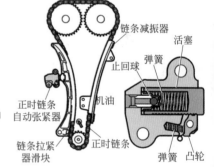

图12.5-5　正时链条张紧器

##  12.5.2　链条式正时机构

（1）正时链条　正时链条将曲轴的旋转运动传递至凸轮轴。

（2）正时链条张紧器　正时链条张紧器（图12.5-5）通过弹簧和发动机机油压力作用，始终保持正确的张力。同时还抑制了正时链的噪声。使用1个内部棘轮机构，在发动机刚启动尚无油压时，张紧器可用弹簧施加力。

##  12.5.3　皮带式正时机构

（1）正时皮带　正时皮带和齿轮相似，皮

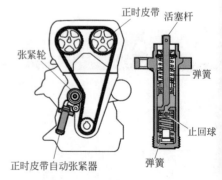

图12.5-6　正时皮带自动张紧器

带上有齿，可和正时带轮的齿相啮合。

（2）正时皮带自动张紧器　正时皮带自动张紧器（图 12.5-6）使用弹簧和密封的硅油压，始终保持正确的皮带张力。

## 12.6 正时操作

奔驰 M272
发动机检查正时
视频精讲

装配发动机正时皮带和正时链需要对准相关的正时标记，如果正时标记没有对准，则会导致发动机的点火时间错乱，导致发动机不能正常启动，严重时可能会导致气门损坏。各种发动机的正时校对操作不同，维修正时机构有必要查阅相关车型发动机的原厂维修手册。

（1）单凸轮轴正时皮带装配校对正时　转动曲轴带动凸轮轴正时齿轮转至 1 缸上止点处，凸轮轴正时齿轮的标记必须与齿形皮带后护罩的标记平齐（图 12.6-1 和图 12.6-2）。

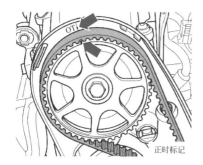

图 12.6-1　正时标记（凸轮轴皮带轮）

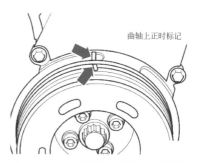

图 12.6-2　正时标记（曲轴皮带轮）

（2）双凸轮轴装配校对正时　将凸轮轴正时链放到进气凸轮轴上，排气凸轮轴放到曲轴上。将彩色链节定位到链轮的标记上。检查调整情况，彩色链节（图 12.6-3 中箭头位置）必须对准链轮的标记。

 **注 / 意**

> 因为传动比的原因，彩色链节在发动机转动之后不再对齐。

图 12.6-3　正时标记（迈腾 B8，
2.0T。发动机代码 CUGA）

# 进、排气系统

## 13.1　进气系统组成与循环空气装置

### 13.1.1　进气系统组成

进气系统（图 13.1-1）可以分为两部分：发动机进气歧管和空气进入系统。空气进入系统包括进气软管（波纹管）和空气滤清器，以及其他辅助系统。

图 13.1-1　进气系统

进气系统由空气滤清器、进气软管、节气门体、进气歧管、进气总管等组成。进入发动机的空气经空气滤清器滤去尘埃等杂质后，流经空气流量计，沿节气门通道进入动力腔，再经进气歧管分配到各个气缸中。

### 13.1.2　循环空气装置

两个循环空气减压阀通过一个共用导管将增压压力引至进气消声器的输出端。

循环空气减压阀通过一个电动转换阀（EUV）来控制。根据发动机运行状态，通过进气管压力或真空系统的真空控制循环空气减压阀的真空罐。发动机循环空气装置见图 13.1-2。

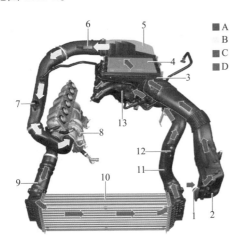

A—未过滤空气；B—洁净空气；C—加热后的增压空气；D—冷却后的增压空气；1—进气管；2—未过滤空气管路；3—进气消声器；4—滤清器元件；5—进气消声器盖；6—热膜式空气质量流量计；7—曲轴箱通风装置接口；8—废气涡轮增压器；9,11—增压空气管；10—增压空气冷却器；12—增压空气压力温度传感器；13—进气集气管

图 13.1-2　发动机循环空气装置

## 13.2　发动机真空系统

例如宝马发动机，真空系统使用真空泵，由真空泵产生用于制动助力器的真空和用于操控废气旁通阀的真空。循环空气减压阀也通过一个电动转换阀（EUV）获得真空。发动机真空系统见图 13.2-1。

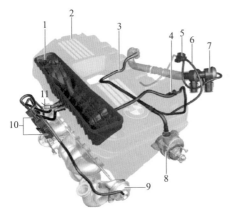

1—真空蓄能器；2—发动机盖板；3—至制动助力器的真空管路；4—真空泵至发动机盖板的真空接口；5—用于控制循环空气减压阀的电动转换阀（EUV）；6—真空泵至 EUV 的真空管路；7—循环空气减压阀真空；8—真空泵；9—废气旁通阀真空罐；10—废气旁通阀电子气动压力转换器（EPDW）；11—发动机盖板至废气旁通阀 EPDW 的真空接口

图 13.2-1　发动机真空系统

该系统通常有三个真空管路与发动机盖板相连。其中一个管路用于提供真空泵产生的真空，另外两个管路用于操控两个废气旁通阀。

## 13.3 进气歧管

 ### 13.3.1 进气歧管分类

进气歧管（图13.3-1）有金属制管和非金属制管。

❶ 进气歧管内高速流过的气流具有一定的惯性。

❷ 利用进气过程具有间歇性、周期性，导致进气管内产生一定气流压力波，在管道内反射形成的共振后的压力波提高进气量。

### 13.3.2 可变进气歧管

图13.3-1　进气歧管

（1）改变进气歧管长度　汽车用4冲程发动机的活塞上上下下往复2次循环才算完成一个工作循环，进气门只有1/4时间打开，这样在进气歧管内造成一个进气脉冲。发动机转速越快，气门开启间隔也就越短，脉冲频率也就越高，简单地说，进气歧管的振动也就越大。

为了改变进气歧管长度，改进气流的流动，进气歧管被设计成蜗牛一般的螺旋状，分布在发动机缸体中间，气流从中部进入。当发动机在低转速运转时，进气歧管流道控制关闭，气流被迫从长歧管流入气缸，此时，进气歧管的固有频率得以降低，以适应发动机的低转速。当发动机转速上升时，进气频率上升，此时控制阀开启，气流绕开下部导管直接注入气缸，降低了进气歧管的共振频率，利于高速进气。

（2）改变进气截面积　根据流体力学的原理，管道的截面积越大，流体压力越小；管道的截面积越小，流体压力越大。根据这一原理，发动机需要在高转速时使用较大的进气歧管截面积，提高进气流量；在低转速时使用较小的进气歧管截面积，提高气缸的进气负压，也能在气缸内充分形成涡流，让空气与汽油更好地混合。

（3）共振进气增压　共振进气增压，是指利用在气缸群中的压力振动来实现进气系统的调谐共振，非直列发动机常采用这种技术来改善发动机的充气效率。同一端的气缸通过独立的歧管共享一个谐振室，两个谐振室之间通过管径不同的两根歧管相互连接，其中一根歧管的通路上设有可变进气控制阀。由于V型发动机两端的气缸工作交替进行，所以进气交替地在这两个谐振室之间进行，这样在谐振室之间就形成压力波。如果压力波频率与转速相匹配，就会大大有助于空气进入气缸，从而改善充气效率。

共振进气增压系统中，压力波的频率取决于安装在两谐振室之间连接管上的可变进气控制阀，在低转速时关闭，压力波的频率减小，与相对较低的进气频率相吻合，从而可以提高中低转速的转矩输出；在高转速时阀门开启，这时压力波的频率增大，与较高的进气频率吻合，从而可以改善高转速时的充气效率。

## 13.4 进气系统检查与故障诊断

（1）空气滤清器的检查　拆下空气滤清器滤芯，检查以下项目：a. 空气滤清器滤芯是否脏污、损坏或被弯曲；b. 空气滤清器壳体及空气滤清器滤芯是否密封；c. 是否安装劣质空气滤清器。如果有任何异常，应更换空气滤清器滤芯。

（2）止回阀（单向阀）的检查

❶ 位于进气歧管与真空泵之间。拆下真空软管（位于进气歧管与真空泵之间），用嘴从真空泵侧向真空软管（位于进气歧管和真空泵之间）吹气，确认空气可流入进气歧管侧，然后从进气歧管侧吹气，确认空气不会流至真空泵侧（图 13.4-1）。如果止回阀（位于进气歧管与真空泵之间）存在任何故障，将其连同真空软管（位于进气歧管与真空泵之间）作为一个整体进行更换。

❷ 位于真空泵与动力制动装置之间。拆下真空软管（位于真空泵与动力制动装置之间），从动力制动装置侧向真空软管（位于真空泵和动力制动装置之间）吹气，确认空气可流入真空泵侧，然后从真空泵侧吹气，确认空气不会流入动力制动装置侧（图 13.4-2）。如果止回阀（在真空泵与动力制动装置之间）存在任何故障，则将其连同真空软管（在真空泵与动力制动装置之间）作为一个整体进行更换。

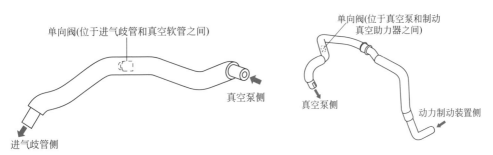

图 13.4-1　单向阀的检查　　　　图 13.4-2　真空泵与动力制动装置之间气流检查

（3）进气系统故障

❶ 可能发生的故障。发动机出现动力不足、加速不良等故障都有可能是进气系统的某个部件损坏所导致。例如，节气门故障、进气道积炭、真空管路破裂、空气流量计故障。这些情况需要及时维修或者更换相关部件，需要遵照规范的程序执行拆解，进行各种参数的检查和测量，对不能维修的，只能更换。

❷ 进气道故障。进气道积炭会导致车辆启动困难。发动机进气门锥面、进气歧管和进气道硬质积炭过多，冷车启动时压缩混合气，在进气门与气门座圈缝缝漏出，

造成气缸压力过低，引起冷机发动机不能启动。进气道堵塞，用专用清洗剂进行免拆清洗或者把进气歧管拆卸下来清洗。为了预防其堵塞，一定要定期对进气道进行清洗。如果堵塞严重，会导致车辆启动困难，尤其是在冬季。

## 13.5 排气系统结构类型与排气歧管

### 13.5.1 排气系统结构类型

（1）**单排气管系统**　发动机运转过程中产生的高温高压气体会经由每个排气口进入排气歧管，歧管分支汇集进入一个法兰中，经由三元催化净化器，进入排气系统，最终通过排气尾管排出。气体在流经排气系统消声器时，气体的流动噪声可得到极大降低，最终可满足相关噪声法规要求。单排气系统见图 13.5-1。

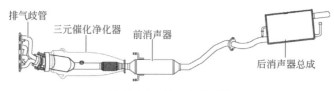

排气歧管　三元催化净化器　前消声器　后消声器总成

图 13.5-1　单排气管系统

（2）**双排气管系统**　双排气管系统由两个靠近发动机的催化净化器、两个弹性分离元件、两个反射式前消声器、一个吸收式中部消声器和两个带有可见尾管的反射式后消声器组成。催化净化器是双级的，且整体采用陶瓷制造。为了提高冷启动性能，一般采用的是薄壁式整体陶瓷结构。双排气系统见图 13.5-2。

1—排气歧管；2—废气涡轮增压器；
3—三元催化转换器；4—中间消声器；
5—右后消声器；6—左后消声器

图 13.5-2　双排气管系统

### 13.5.2 排气歧管

排气歧管（图 13.5-3）是与发动机气缸体相连的，将各缸的排气集中起来导入排气总管，带有分歧的管路。对它的要求主要是，尽量减少排气阻力，并避免各缸之间相互干扰。

图 13.5-3　排气歧管

排气歧管的每缸有一个分支，或者两缸有一个分支，并使每个分支尽量加长，以减少不同管内的气体相互影响。

## 13.6 涡轮增压器

### 13.6.1 涡轮增压器

（1）结构功能　简单地讲，涡轮增压装置其实就是一种空气压缩机，通过压缩空气来增加发动机的进气量，从而增大空气密度，氧含量增加，提高燃烧效率，增加发动机功率。涡轮增压器（图 13.6-1）主要由涡轮机和压缩机两部分组成，之间通过一根传动轴连接。涡轮的进气口与发动机排气歧管相连，排气口与排气管相连；压缩机的进气口与进气管相连，排气口则接在进气歧管上。有的大排量高端车会配有两个涡轮增压器（图 13.6-2）；有些车配有一个废气涡轮增压器和一个机械增压器。

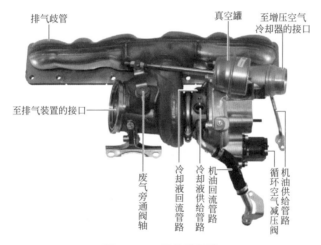

图 13.6-1　涡轮增压器

（2）涡轮增压器机理　涡轮增压器包括一个涡轮和一个压缩机，两者通过一根轴直接连接涡轮，由废气能量驱动轴的旋转形成了压缩空气，压缩机将压缩空气送入气缸（图 13.6-3）。发动机废气中含有热能和动能，利用动能可驱动涡轮增压器中的涡轮。但废气中的热能会被新鲜空气吸收，进气温度提高又使增压的空气密度减小，所以涡轮增压器与进气歧管间装有中间冷却器，吸入的空气在中间冷却器中再次被冷却，从而提高其密度。

（3）工作原理　通过废气涡轮增压器实现发动机增压有两种工作原理，即定压增压和脉冲增压。

❶ 定压增压。定压增压是指涡轮前的压力几乎恒定不变。用于驱动废气涡轮增

压器的能量通过涡轮前后的压力差获得。

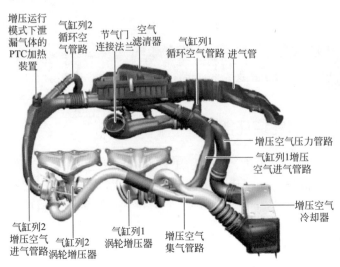

图 13.6-2　涡轮增压器（双废气涡轮增压器）

❷ 脉冲增压。采用脉冲增压方式时，涡轮前的压力变化迅速而显著，通过从燃烧室排出废气形成脉冲。压力增大时就会产生作用在涡轮上的压力波。此时利用废气动能，使压力波以脉冲方式驱动废气涡轮增压器。脉冲增压可实现涡轮增压器的快速响应特性，特别是在转速较低情况下，因为此时脉冲最强，而在定压增压模式下涡轮前后的压力差尚小。

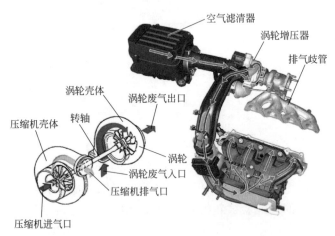

图 13.6-3　涡轮增压器结构原理（空气流动）

（4）旁通阀　旁通阀用于限制增压压力。旁通阀用于解决涡轮增压空气多余和增压滞后等问题。当发动机转速较高时，部分废气通过旁通支路而不经过增压器，从而保证不超过进气压力规定上限，进而达到所要求的发动机功率。旁通支路在发动机怠速时几乎是关闭的，旁通支路的开闭由真空膜片室控制。废气涡轮增压器的增压压力与到达废气涡轮增压器涡轮处的废气气流有直接关系。无论是废气气流的速度还是质量，都直接取决于发动机转速和发动机负荷。发动机管理系统通过废气旁通阀调节增压压力。废气旁通阀由真空执行机构操纵，这些执行机构由发动机管理系统通过电子气动压力转换器来控制。

### 13.6.2　双涡管涡轮增压器（图 13.6-4）

双涡管涡轮增压器可以分别将两个气缸的废气引导至涡轮处。将气缸 1 和 4、气缸 2 和 3 集成在一起，这样可以更高效地利用脉冲增压效果。

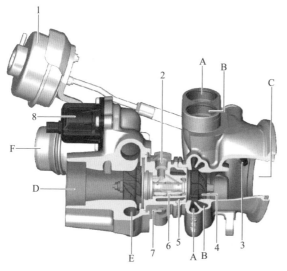

A—气缸 2 和 3 的废气通道；
B—气缸 1 和 4 的废气通道；
C—排气至催化转换器；
D—进气消声器输入端；
E—环形通道；
F—排气至增压空气冷却器；
1—废气旁通阀真空罐；
2—机油供给管路；
3—废气旁通阀；
4—涡轮；
5—冷却通道；
6—机油通道；
7—冷却液回流管路；
8—循环空气减压阀

图 13.6-4　双涡管涡轮增压器

### 13.6.3　双涡轮增压器

（1）机械涡轮增压器（图 13.6-5）　相对于涡轮增压，机械增压的原理则有所

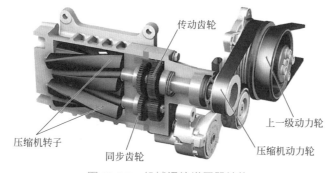

图 13.6-5　机械涡轮增压器结构

不同。机械增压主要是通过曲轴的动力带动一个机械式的空气压缩机旋转来压缩空气的。与涡轮增压不同的是，机械增压工作过程中会对发动机输出的动力造成一定程度的损耗。

（2）双涡轮增压器　由于机械涡轮增压器是直接由曲轴带动的，发动机运转时，增压器也就开始工作。所以在低转速时，作用比较明显。但是在发动机高速运转时，机械涡轮增压器对发动机动力的损耗也是很大的，动力提升不太明显。所以有些车就安装了机械涡轮增压器和废气涡轮增压器的双涡轮增压器，以此互补（图 13.6-6）。

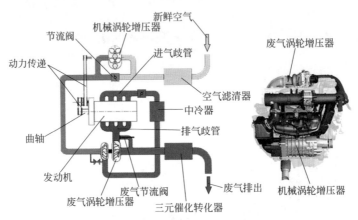

图 13.6-6　机械涡轮增压器和废气涡轮增压器的双涡轮增压系统

## 13.6.4　三元催化转化器

三元催化转化器内有一个或者两个陶瓷载体，不同车型陶瓷载体带有不同的涂层（图 13.6-7）。三元催化转化器是安装在汽车排气系统中最重要的机外净化装置，它可将汽车尾气排出的 CO、HC 和 $NO_x$ 等有害气体通过氧化和还原作用转变为无害的二氧化碳、水和氮气（图 13.6-8）。

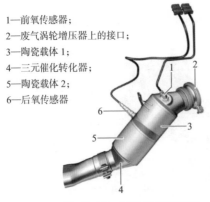

1—前氧传感器；
2—废气涡轮增压器上的接口；
3—陶瓷载体1；
4—三元催化转化器；
5—陶瓷载体2；
6—后氧传感器

图 13.6-7　三元催化转化器

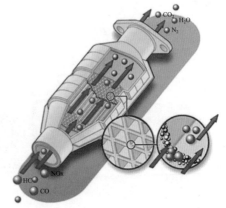

图 13.6-8　三元催化转化器功能原理示意

# 13.7　排气系统检查与故障诊断

## 13.7.1　排气系统检查

发动机出现动力不足、加速不良等故障都有可能是排气系统的某个部件损坏所导致的。例如，三元催化转化器堵塞、氧传感转化器失效、涡轮增压器失效等。这些情况需要及时维修或者更换相关部件，需要遵照规范的程序执行拆解，必要时进行各种参数的检查和测量，视实际维修情况，对不能分解维修的，只能更换总成。

## 13.7.2　三元催化转化器故障

❶ 例如，三元催化转化器温度超过 800℃时，催化活化层就会开始老化。温度超过 1000℃时，三元催化转化器就会过热损坏。这种情况可能是由于点火断火造成的，未燃烧的燃油进入三元催化转化器并在此处燃烧。

❷ 含铅汽油会使催化活化层中毒并导致三元催化转化器失效。活塞环损坏时，发动机机油的燃烧残留物也会造成三元催化转化器失效。

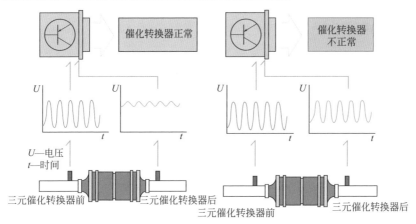

图 13.7-1　三元催化器正常与失效波形比较

❸ 当三元催化转化器损坏时，其转化能力失效，这时前后排气管的氧含量基本一致，甚至接近于没有安装三元催化转化器时，这时前氧传感器和后氧传感器的波形信号趋于相同（图 13.7-1），这样的波形表现表明三元催化转化器失效，应更换。

## 13.7.3　涡轮增压器故障

（1）涡轮增压器注意事项

❶ 发动机启动后，不可急踩加速踏板，应先怠速运转 3 ～ 5 min，这是为了使

机油温度升高，流动性能变好，且使涡轮增压器得到充分润滑，然后才能提高发动机转速，起步行驶。

❷ 在非独立冷却系统的涡轮增压系统中，高速运转的发动机不可以突然熄火，否则机油润滑会中断，涡轮增压器内部的热量也无法被机油带走，容易造成涡轮增压器转轴与轴套之间"咬死"。此外，发动机突然熄火后，通往涡轮增压器的机油停止流动，如果此时排气歧管的温度很高，其热量就会被吸收到涡轮增压器壳体上，将停留在增压器内部的机油熬成积炭。当这种积炭越积越多时就会阻塞进油口，导致轴套缺油，加速涡轮转轴与轴套之间的磨损，甚至产生"咬死"的严重后果。因此，发动机熄火前应怠速运转 3 min 左右，以使涡轮增压器转子转速下降。但涡轮增压发动机也不可长时间怠速运转，否则增压器也会因机油压力过低而导致润滑不良，一般怠速时间不应超过 10min。

❸ 涡轮增压器的转轴与轴套之间配合间隙很小，因此发动机机油和滤清器必须保持清洁，防止杂质进入，否则机油润滑能力下降，从而造成涡轮增压器的过早报废。

❹ 按时清洁空气滤清器，防止灰尘等杂质进入高速旋转的压气叶轮，造成转速不稳或轴套和密封件加剧磨损。

❺ 增压器的涡轮端装有合金密封环，如果此密封环损坏，发动机高速运转时，废气会通过密封环进入发动机润滑系统，使机油变脏，并使曲轴箱压力迅速升高，发动机低速运转时，机油会通过密封环从排气管排出或进入燃烧室燃烧，从而造成机油的过度消耗。因此，当出现上述两种异常情况时，即说明涡轮增压器有故障，必须拆下检修。

❻ 经常注意涡轮增压器有无异响或振动加剧的现象，机油管和接头均不得有渗漏现象。

（2）涡轮增压器故障判断

❶ 在维修动力不足问题的过程中，建议维修技师注意涡轮增压器的故障，更要注意发动机相关数据流。动力不足是维修日常工作中常遇到的问题，维修过程中要依据实际的故障表现进行具体分析。例如，发动机加速不良，且油耗增加；机油消耗大，但排气烟色正常，动力下降。

❷ 涡轮增压器可能出现故障的元件：废气涡轮增压器、增压压力限制阀、增压真空膜片室、增压空气再循环阀、机械式增压空气再循环阀和管路。

（3）涡轮增压器漏气导致汽车加速慢　某汽车加速时车速提升慢，发动机动力不足感觉。

❶ 检查和分析。a.排除电控系统其他导致该故障的元件问题，也检查了燃油系统压力，符合标准。b.3 挡以发动机转速 2000r/min 全负荷加速，进入 01-08-115 读取 4 区数值为 960 ~ 990mbar，压力不在参数范围内。c.检查涡轮增压器发现压气端有比较明显的裂缝。

❷ 故障排除。更换涡轮增压器，故障排除。

❸ 影响急加速时车速提升速度的部件。a.进气系统，涡轮增压器、可变进气相

位装置等。b.排气系统（三元催化转化器）。c.燃油系统，燃油泵、燃油压力调节器。d.电控系统中的空气流量计、节气门电位计、氧传感器等。该车已经直观地发现涡轮增压器漏气故障，其他问题排除在外。

## 13.7.4 废气再循环故障

（1）故障判断　废气再循环失效会导致废气不能再循环，如果机械阀处于打开位置，会使发动机怠速不稳定甚至会导致发动机熄火。

❶ 例如大众车，如果 N18 出现故障，那么废气再循环系统将停止工作。发动机控制单元将监控到相应的故障信息。

❷ 废气再循环机械阀内部容易产生积炭，使其通道受阻或泄漏，清洗后必须更换垫圈。

❸ 废气再循环电磁阀 N18 的正常电阻值为 $14 \sim 20\Omega$。

（2）EGR 阀故障导致发动机加速慢故障　某宝来 1.8T 轿车，汽车行驶过程中踩下加速踏板时加速缓慢，且发动机无力。

❶ 检查和分析。a.执行故障诊断仪检测：发动机控制单元存储 1 个故障码 17608——涡轮增压器空气再循环阀 N249 机械故障。清除故障码后试车，当发动机转速为 3000r/min 时，故障码 17608 重现，测量空气再循环阀 N249 电阻值，符合规定；再测量再循环阀的线路，也正常。b.发动机控制单元存储该故障码，应与检测到涡轮增压系统的增压压力不正常有关。检查与 N249 真空管相连接的再循环机械阀，发现汽车急加速，发动机转速超过 3000r/min 时该机械阀有明显的"嘶、嘶"漏气声音，这是漏气的再循环机械阀通入气压而发出的气流声音。拆下再循环机械阀，用嘴对准阀的进气口吹气，能比较明显感觉漏气。

❷ 排除过程。更换再循环机械阀，路试，提速正常，再次检测，发动机故障码消除，数据流正常。废气再循环机械阀为真空膜片式 EGR 阀，由进气歧管真空度控制，真空膜片 EGR 阀由膜片、弹簧、排杆、锥形阀等组成，膜片上方是密闭的膜片室，进气歧管的真空与膜片室的真空入口相连，膜片推杆下部安装有锥形阀，没有真空作用到膜片室时，膜片上方的弹簧向下压迫膜片，这时锥形阀位于阀座上，EGR 阀关闭。

当发动机启动后，进气歧管的真空作用到 EGR 阀上方的密闭膜片室，膜片推杆将克服弹簧的压力向上运动，带动锥形阀向上提起，EGR 阀关闭，这时废气就可以从排气管进入进气歧管。废气再循环控制原理图见图 13.7-2。

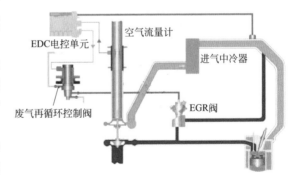

图 13.7-2　废气再循环控制原理图

# 第14章

# 发动机控制系统

  发动机计算机基本控制

## 14.1.1 发动机控制系统概述

（1）汽油发动机产生最佳动力的三要素　汽油发动机通过汽油和空气混合气体的爆燃产生动力。汽油发动机产生动力的三个基本要素：良好的空气-燃油混合气；足够高的压缩压力；正确的点火正时及强烈的火花（图14.1-1）。为了同时达到这三个要素，严格控制空气-燃油混合气的比例和点火正时是非常重要的。

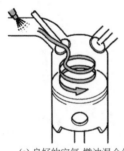  

(a) 良好的空气-燃油混合气　　(b) 足够高的压缩压力　(c) 正确的点火正时及强烈的火花

图 14.1-1　汽油发动机产生动力的三个基本要素

（2）发动机控制系统的组成　为了使电脑正常进行功能控制，它要求采用由各

种输出和输入设备组成的系统。

发动机电控系统计算机控制程序如图 14.1-2 所示。

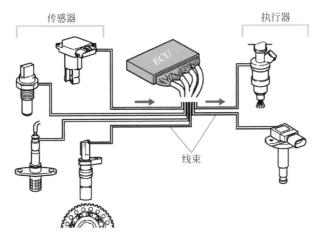

图 14.1-2　发动机电控系统计算机控制程序

在汽车上，传感器（例如水温传感器或空气流量计）要与输入元器件对应，而执行器（例如喷油器或点火器）要与输出元器件对应。控制系统的计算机即所谓的电脑（或控制模块、控制单元）。发动机控制系统三个组成部分包括：传感器、执行器、发动机控制模块。传感器、执行器和发动机控制模块（ECM 或者 ECU）通过线束线连接。只有当 ECM 处理来自传感器的输入信号并输出控制信号驱动执行器工作时，整个系统才作为计算机控制系统运作。发动机控制系统组成如图 14.1-3 所示。传感器（信号）、电源电路、接地电路、传感器端子电压是发动机控制系统维修中研究的重要基础。发动机 ECU 的作用可以分为 EFI 控制、ESA 控制、ISC 控制、诊断功能、备份功能和失效保护功能以及其他功能。发动机控制系统结构如图 14.1-4 所示。

 ## 14.1.2　电子燃油喷射系统

电子燃油喷射系统（EFI）也称连续燃油喷射系统（CIS），EFI 使用各种传感器探测发动机和车辆的运行工况。根据来自这些传感器的信号及 ECU 计算喷油量，驱动喷油器以喷射合适的油量。在正常驾驶中，为达到理论空燃比，保证适当的动力输出、燃油消耗量和废气排放水平，在其他时候，如在暖机、加速、减速或高速驾驶状况下，发动机 ECU 通过各种传感器探测到这些状况并修正喷油量以便随时匹配最佳空气 - 燃油混合气（图 14.1-5）。

 ## 14.1.3　电子控制点火提前（ESA）系统

ESA 系统根据各种传感器的信号感知发动机工况，然后选择适合当前情况的最佳点火正时来控制点火正时，如图 14.1-6 所示为各种工况下最佳点火时间控制示意。

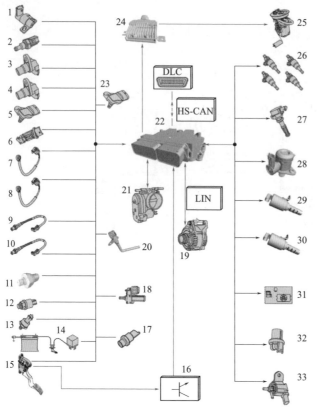

1—CKP 传感器；2—ECT 传感器；3—CMP 传感器（进气凸轮轴）；4—CMP 传感器（排气凸轮轴）；5—MAP 传感器（进气歧管）；6—MAFT 传感器；7—KS 传感器（气缸 1 和 2）；8—KS 传感器（气缸 3 和 4）；9—上游的 HO2S；10—下游的 HO2S；11—油压传感器（低压电路）；12—PSP（动力转向压力）开关；13—油压传感器（高压电路）；14—蓄电池、点火开关和电源继电器；15—APP 传感器；16—网关；17—EOP 开关；18—CPP 开关；19—交流发电机；20—发动机机油液位传感器；21—电子节气门；22—PCM；23—MAPT 传感器；24—FPDM(燃油泵驱动器模块)；25—燃油加注液位传感器；26—喷油器；27—点火线圈；28—燃油计量阀；29—电磁阀 VCT（进气可变凸轮轴正时）；30—电磁阀 VCT（排气凸轮轴）；31—冷却风扇控制和空调压缩机；32—EVAP 电磁阀；33—增压压力控制阀

图 14.1-3　发动机电控系统组成

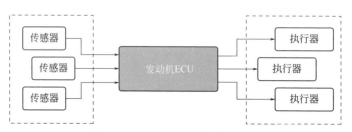

图 14.1-4　发动机控制系统结构

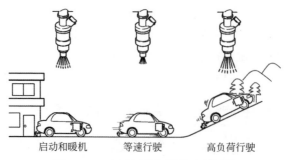

启动和暖机　　　等速行驶　　　高负荷行驶

图 14.1-5　各种工况下燃油喷射示意

根据发动机转速和发动机负荷，ESA 系统适时控制点火正时以便发动机能改进功率，净化废气，同时也是一种有效防止爆震的方式。

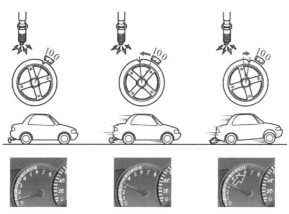

图 14.1-6　各种工况下最佳点火时间控制示意

##  14.1.4　怠速控制（ISC）系统

ISC 系统可控制怠速，使它可在各种工况下保持正常，为使燃油消耗量和噪声减至最小，尽可能使发动机保持低转速，并且是稳定的怠速区域。而且，当发动机冷机时或空调正在使用时该怠速必须增速以确保适当的暖机性和驾驶性。如图 14.1-7 所示为各种工况下怠速控制示意。

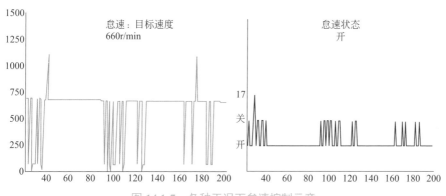

图 14.1-7　各种工况下怠速控制示意

 **发动机控制基本电路**

##  14.2.1　发动机控制单元电源电路

电源电路为发动机 ECU 提供电源，这些电路包括点火开关、EFI 主继电器等。

电源电路在汽车中主要采用以下两种方式：点火开关控制式；发动机 ECU 控制式。

（1）**点火开关控制式** 如图 14.2-1 所示，在这种方式中 EFI 主继电器直接由点火开关控制。当打开点火开关时，电流进入 EFI 主继电器线圈使触点闭合，这给发动机 ECU 的 +B 和 +B1 端子提供电压。电源与发动机 ECU 的蓄电池端子常连接，以防止当关闭点火开关时诊断代码和存储器中的其他数据消失。

（2）**发动机 ECU 控制式** 如图 14.2-2 所示的电源电路中，EFI 主继电器的工作由发动机 ECU 控制。这种电路要求在断开点火开关后电源仍可在一段时间内为发动机提供电压。因此，EFI 主继电器的打开和关闭由发动机 ECU 控制。

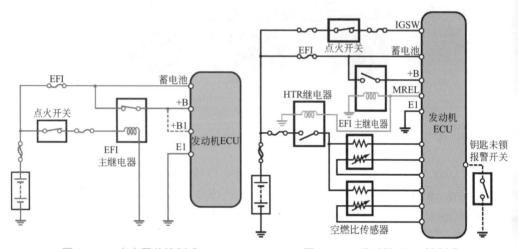

图 14.2-1　点火开关控制式　　　　图 14.2-2　发动机 ECU 控制式

当点火开关打开时，电源电压提供给发动机 ECU 的 IGSW 端子，发动机 ECU 的 EFI 主继电器控制电路发送信号给 MREL 端子，以打开 EFI 主继电器。这个信号使线圈通电并闭合 EFI 主继电器的触点来提供电压给 +B 端子。由于与点火开关控制式类似，所以电源与蓄电池端子常连接。

##  14.2.2　发动机控制单元接地电路

发动机 ECU 包含以下三种基本的接地电路（图 14.2-3）。

（1）**用于发动机 ECU 工作的接地电路** E1 端子是发动机 ECU 单元接地端子，并且通常与发动机进气室附近相连。

（2）**传感器接地电路（E2、E21）** 端子 E2 和 E21 是传感器接地端子，与在 ECU 内部电路中的 E1 端子相连。通过这些使传感器接地电位与发动机 ECU 接地电位有相同值，以防止传感器的探测电压值产生误差。

（3）**用于驱动器工作的接地电路（E01、E02）** 端子 E01 和 E02 是执行器接地端子，例如用于喷油嘴、LSC 阀和空燃比传感器加热器，并且与 E1 端子一样，它们都连接在发动机的进气室上。

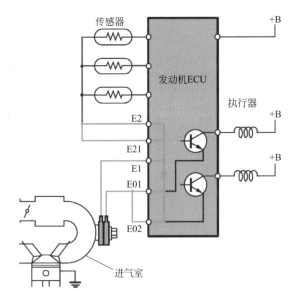

传感器

发动机ECU

执行器

+B

+B

+B

E2

E21

E1

E01

E02

进气室

图 14.2-3　发动机控制单元接地电路

**注／意**

如果恒定电压电路失灵或 VC 电路短路，那么用于微处理器的电源供应中断，将会使发动机 ECU 停止工作、发动机失速。

## 14.2.3　传感器端子电压

传感器将各种信号转换成可以被发动机 ECU 检测的电压变化信号。有许多类型的传感器信号，但是只有五种主要的方法可以把这些信号转换成电压信号。掌握了这些类型的特性就可以确定在检测过程中端子电压是否正确（图 14.2-4）。

（1）利用 VC 电压　用于运行微处理器的 5V 恒定电压（VC 电压）是由电源电压在发动机 ECU 内部产生的。这个恒定电压是专门用于传感器的电源电压，也是

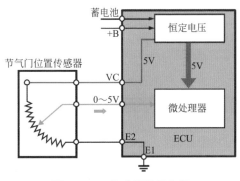

蓄电池

+B

恒定电压

5V

5V

节气门位置传感器

VC

0～5V

微处理器

E2

E1

ECU

图 14.2-4　传感器端子电压

VC 端子电压。从图 14.2-4 可以看出，在这类传感器中，ECU 的恒定电压电路也给 VC 和 E2 端子之间提供一个 5V 的恒定电压。为了输出电压信号，这个传感器用 0～5V 的电压变化来代替被检测的节气门开度或进气歧管压力。

（2）利用热敏电阻（THW、THA）　热敏电阻器的电阻值有随温度变化而变化的特性。应用这个特性，热敏电阻器可应用于诸如水温传感器和进气温度传感器等设备来检测温度的变化。如图 14.2-6 所示，发动机 ECU 的恒定电压电路通过电阻 $R$ 提供一个电压到热敏电阻传感器。发动机 ECU 通过利用热敏电阻的特性来根据图 14.2-5 中 $A$ 点电压的变化检测温度。当热敏电阻处于开路时，$A$ 点的电压是 5V；当 $A$ 点与传感器短路时，电压为 0V。因此，发动机 ECU 可通过诊断功能检

测出故障。

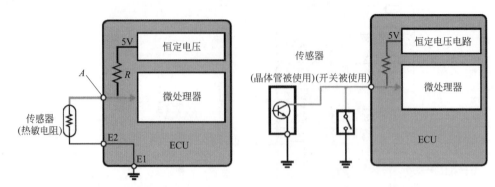

图 14.2-5　利用热敏电阻特性　　　　　图 14.2-6　利用电压开启 / 关闭

（3）利用电压开启 / 关闭（图 14.2-6）

❶ 利用普通开关的装置。当电压开启和关闭时，会使传感器检测到开关开启和关闭信号。发动机 ECU 提供一个 5V 的电压给开关。当开关关闭时，发动机 ECU 端子的电压是 5V；当开关打开时，是 0V。发动机 ECU 根据电压变化来检测传感器的工况。另外，有些装置使用的电压是 12V 的电源电压。

❷ 利用晶体管的装置。这个设备利用晶体管开关取代普通开关。开启和关闭电压用来检测传感器的工况也和利用普通开关的装置一样，由发动机 ECU 提供一个 5V 电压给传感器，当晶体管打开或关闭时会产生端子电压的变化，ECU 使用端子电压的变化来检测传感器的工况。另外，有些装置使用 12V 的电源电压。

（4）利用发动机 ECU 以外的电源（STA、STP）　当一个电气设备启动时发动机 ECU 通过检测被提供的电压值来判断它是否运行。如图 14.2-7 所示，显示了一个停车灯电路。当开关关闭时，12V 电压提供给发动机 ECU 端子；当开关断开时，电压变为 0V。

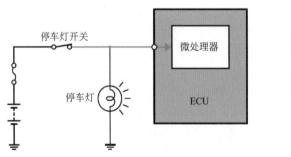
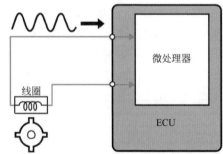

图 14.2-7　利用发动机 ECU 以外的电源　　　图 14.2-8　利用传感器自身产生的电压

（5）利用传感器自身产生的电压　由于传感器自身发电和输出功率，因此不需要外加电压，发动机 ECU 通过产生的电压和频率来确定它的工况（图 14.2-8）。

# 14.3　燃油喷射控制

## 14.3.1　基本燃油喷射控制

喷射模式：ECM 引导顺序喷射（发动机曲轴每旋转 2 次对各气缸喷射 1 次，根据各气缸的点火顺序进行适当的喷射）。

（1）启动发动机时的喷射　当启动发动机时，ECM 根据诸如发动机冷却液温度等条件决定燃油喷射量，以使启动更平顺，同时根据条件利用分层燃烧来引导启动控制。

（2）正常驾驶时的喷射　正常情况下，ECM 使喷射量达到最佳空燃混合比，以实现均匀燃烧。

（3）加速时的插入喷射　加速时，根据节气门的打开速度，ECM 引导插入喷射添加到正常喷射中，提高加速性能。

## 14.3.2　直接燃油喷射控制

直接燃油喷射（DIG）系统的采用可通过直接向气缸喷入雾化的高压燃油进行更加精确的燃油喷射量调整。喷油器喷射的燃油量由 ECM 决定。ECM 控制阀门开启时间的长短（喷射脉冲周期）。喷射的燃油量为 ECM 存储器中的程序值，这个程序值是根据发动机运转状况预先设定的。这些情况又取决于来自曲轴位置传感器、凸轮轴位置传感器、质量型空气流量传感器和燃油轨压力传感器的输入信号（发动机转速、进气量和燃油轨压力）。直接燃油喷射控制系统图解如图 14.3-1 所示。

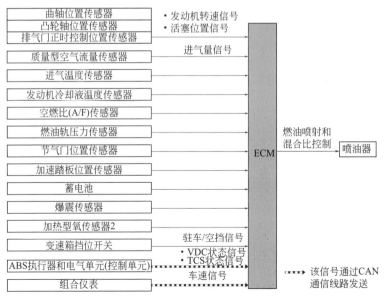

图 14.3-1　直接燃油喷射控制系统图解

（1）均匀燃烧　均匀燃烧（图 14.3-2）是一种燃烧技术，它在进气行程时喷入燃油，这样使燃烧发生在整个燃烧室内，其在传统燃烧技术中很常见。除发动机冷启动外的其他启动都采用均匀燃烧。

（2）分层燃烧　分层燃烧（图 14.3-3）方法可在冷启动发动机时减少排放。分层燃烧是一种燃烧技术，它通过在压缩行程的后期喷入燃油，使易燃空气 - 燃油混合气集中在火花塞周围，并在混合气周围形成无燃油空间，从而达到极其稀薄的燃烧。发动机刚冷启动后，通过分层燃烧加速催化剂的预热。

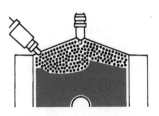 

图 14.3-2　均匀燃烧　　　　　　图 14.3-3　分层燃烧

 14.4 混合比控制

 14.4.1　混合比反馈控制

混合比反馈控制系统（闭环控制，如图 14.4-1 所示）提供满足动力性能和排放控制要求的最佳的空燃比。三元催化转化器（歧管）可以更有效地降低 CO、HC 和 NOₓ 的排放。这个系统使用排气歧管中的空燃比传感器 1 监测发动机是在混合气浓或稀的情况下操作。ECM 根据传感器电压信号调整喷射脉冲宽度，而且控制喷射脉冲宽度的修正因素显示为"空燃比修正"或"短期燃油修正"，这样可以将混合比维持在化学计量比范围内（理想空燃比），这个阶段是指闭环控制状态。

加热型氧传感器 2 位于三元催化转化器（歧管）的下游位置。即使空燃比传感器 1 的开关特性改变，空燃比仍然可以根据加热型氧传感器 2 发出的信号，控制在范围内。

图 14.4-1　闭环控制

 14.4.2　混合比自学习控制

混合比反馈控制系统监控从加热型氧传感器 1 发出的混合比信号，然后将这个

反馈信号发送至 ECM，ECM 控制基本混合比尽量靠近理论混合比。因此，基本混合比和理论混合比之间的差异由本系统进行监测，然后根据"喷射脉冲周期"进行计算，以自动补偿这两个混合比之间的差异。燃油修正指的是与基本喷射周期相比的反馈补偿值。燃油修正包括短期燃油修正和长期燃油修正。

（1）短期燃油修正　短期燃油修正是使混合比保持在其理论值所进行的短期燃油补偿。加热型氧传感器 1 的信号指示混合比与理论值相比是过浓或过稀，如果混合比过浓，则发出一个燃油量减少的信号；如果混合比过稀，则发出一个燃油量增加的信号。

（2）长期燃油修正　长期燃油修正是长期进行综合性燃油补偿，以补偿短期燃油修正与中间值的长期连续偏差。这种偏差将因发动机差别、长期磨损或使用环境的变化而出现。

## 14.5　燃油切断与燃油压力控制

### 14.5.1　燃油切断控制

❶ 减速期间，燃油切断。减速期间，至各气缸的燃油被切断，以提升燃油效率。燃油切断和进行恢复时的发动机转速根据各种因素（如怠速状态、车速、挡位、发动机冷却液温度等）进行详细编程，以优化排放和里程性能。但是，急剧减速时不会应用燃油切断功能。

❷ 发动机转速过高时，燃油切断。ECM 在发动机转速超过 6500r/min 时切断所有气缸的燃油，并在低于 6200r/min 时恢复。

❸ 空载状态下发动机转速过高时，燃油切断。ECM 在发动机转速过高时和在 N 或 P 挡位的情况下车速为 0km/h 且超过特定时间时切断所有气缸的燃油。

❹ 发动机过热时，燃油切断。当发动机冷却液温度传感器的输出电压超过过热判断电压一段时间时，ECM 判断发动机过热并进行燃油切断。同时，故障指示灯（MIL）在发动机被判断为过热时点亮。而且，一旦做出发动机过热判断，即使发动机冷却液温度降低（恢复正常），故障指示灯（MIL）也会保持点亮，然后燃油将在发动机转速为 2000r/min 时被切断。一旦点火钥匙转至"OFF"位置，燃油切断将停用，但故障指示灯（MIL）将保持点亮。可通过清除自诊断结果完成故障指示灯（MIL）的停用。

❺ 当选择 N → D 位置时，燃油切断。当发动机转速较高和选择 N → D 位置时，进行燃油切断。

❻ 当发动机熄火时，燃油切断。为保护自动变速器，当在 N 或 P 以外的挡位的情况下车速过低，但发动机转速较高达几分钟以上时，ECM 会引导燃油切断。

❼ 当故障指示灯（MIL）系统不工作时，燃油切断。当因某些与电子节气门系

统或 ECM 相关的自诊断而对点亮故障指示灯（MIL）的请求存在达 5 个行程以上时，ECM 通过引导燃油切断来警告驾驶员。ECM 约在发动机转速为 2500r/min 时切断燃油，并在约 2000r/min 时进行恢复。

⑧当节气门卡在关闭位置时，燃油切断。

⑨当电子节气门卡在其关闭位置时，ECM 引导燃油切断。但是，为了保证加热性能，ECM 允许发动机在 N 或 P 挡、限定的发动机转速下启动。

## 14.5.2 燃油压力控制

（1）低燃油压力控制

❶低压燃油泵由 ECM 和燃油泵根据驾驶条件而控制。泵出的燃油通过燃油过滤器后输送至高压燃油泵。

❷通过燃油压力调节器调节低燃油压力。

（2）高燃油压力控制

❶高压燃油泵通过凸轮轴（EXH）的凸轮激活。

❷高压燃油泵根据从 ECM 接收到的信号启动高压燃油泵电磁阀，并通过改变进气单向阀的关闭定时来调整排放量，以控制燃油轨压力。

燃油压力控制系统图解如图 14.5-1 所示。燃油压力控制如图 14.5-2 所示。

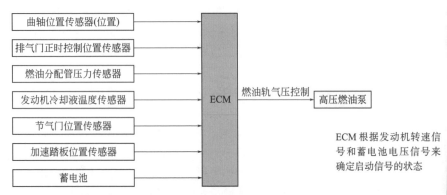

图 14.5-1 燃油压力控制系统图解

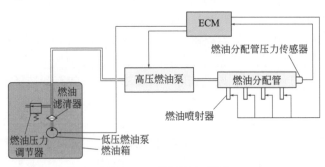

图 14.5-2 燃油压力控制

（3）高压燃油泵　高压燃油泵通过排气凸轮轴激活。ECM 控制内置于高压燃油泵的控制电磁阀，并通过改变低压燃油的吸入来定时调整排出量。

（4）高压燃油泵检测

❶ 检测高压燃油泵电源。a. 将点火开关转至"ON"位置。b. 检查 ECM 线束接头和接地之间的电压（表 14.5-1）。

表 14.5-1　ECM 线束接头和接地之间的电压值

| 检测方法 | ECM（＋） | | － | 电压 |
| --- | --- | --- | --- | --- |
| | 接头 | 端子 | | |
| | F18 | 47 | 接地 | 蓄电池电压 |
| 电路图 | 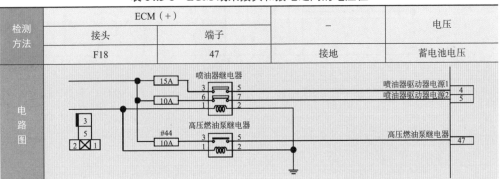 | | | |

❷ 检测高压燃油泵线束的导通性（表 14.5-2）。

❸ 检测高压燃油泵继电器电源电路（励磁线圈侧）。a. 将点火开关转至"OFF"位置。b. 断开高压燃油泵继电器线束接头。c. 断开发动机智能配电模块线束接头。d. 检测发动机智能配电模块（IPDM E/R）线束接头与高压燃油泵继电器线束接头之间的导通性（表 14.5-3）。

表 14.5-2　检测高压燃油泵线束的导通性

| 检测方法 | 检测 ECM 线束接头和高压燃油泵继电器线束接头之间的导通性 | | | | |
| --- | --- | --- | --- | --- | --- |
| | ①将点火开关转至"OFF"位置；②断开 ECM 线束接头；③断开高压燃油泵继电器线束接头；④检测 ECM 线束接头和高压燃油泵继电器线束接头之间的导通性；⑤同时应检测线束是否对电源短路 | | | | |
| | ECM（＋） | | 高压燃油泵继电器（－） | | 导通性 |
| | 接头 | 端子 | 接头 | 端子 | |
| | F18 | 47 | F59 | 5 | 存在 |
| | 检测高压燃油泵继电器电源（接触侧）：检测高压燃油泵继电器线束接头与接地之间的电压 | | | | |
| | 高压燃油泵继电器（＋） | | － | | 电压 |
| | 接头 | 端子 | | | |
| | F59 | 3 | 接地 | | 蓄电池电压 |
| | 检测高压燃油泵继电器电源（励磁线圈侧）：高压燃油泵继电器线束接头与接地之间的电压值 | | | | |
| | ①将点火开关转至"ON"位置；②检测高压燃油泵继电器线束接头与接地之间的电压 | | | | |
| | 高压燃油泵继电器（＋） | | － | | 电压 |
| | 接头 | 端子 | | | |
| | F59 | 1 | 接地 | | 蓄电池电压 |

续表

| | | |
|---|---|---|
| 电路图 | 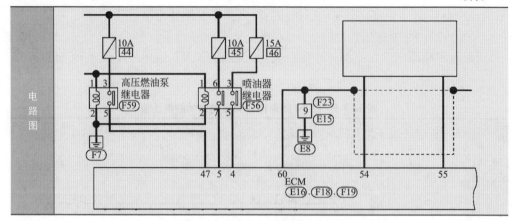 | |

**表 14.5-3　检测 IPDM E/R 线束接头与高压燃油泵继电器线束接头之间的导通性**

| 检测方法 | + | | | − | | 导通性 |
|---|---|---|---|---|---|---|
| | IPDM E/R（发动机智能配电模块） | | | 高压燃油泵继电器 | | |
| | 接头 | 端子 | | 接头 | 端子 | |
| | F55 | 96 | | F59 | 1 | 存在 |
| 电路图 | 101 100   97 96 95   109   106 105   103 102 | | | 3 5 2 ⊠ 1 | | |

❹ 检测高压燃油泵继电器接地电路。a. 将点火开关转至 "OFF" 位置。b. 断开高压燃油泵继电器线束接头。c. 检测高压燃油泵继电器线束接头与接地之间的导通性（表 14.5-4）。d. 同时检测线束是否对接地短路。

**表 14.5-4　检测高压燃油泵继电器线束接头与接地之间的导通性**

| 检测方法 | 高压燃油泵继电器（+） | | − | 导通性 |
|---|---|---|---|---|
| | 接头 | 端子 | | |
| | F59 | 2 | 接地 | 存在 |

❺ 检测高压燃油泵电路。a. 将点火开关转至 "OFF" 位置。b. 断开 ECM 线束接头和高压燃油泵继电器线束接头。c. 检测 ECM 线束接头和高压燃油泵线束接头之间的导通性（表 14.5-5）。d. 同时检测线束是否对电源短路。

**表 14.5-5　检测 ECM 线束接头和高压燃油泵线束接头之间的导通性**

| 检测方法 | ECM（+） | | 高压燃油泵（−） | | 导通性 |
|---|---|---|---|---|---|
| | 接头 | 端子 | 接头 | 端子 | |
| | F18 | 48 | F26 | 1 | 存在 |
| | | 49 | | 2 | |

续表

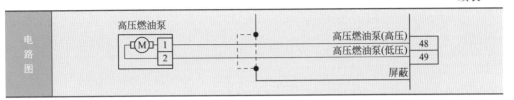

⑥ 检测高压燃油泵。a. 将点火开关转至"OFF"位置。b. 断开高压燃油泵线束接头。c. 检测高压燃油泵端子之间的电阻（表 14.5-6）。

表 14.5-6　检测高压燃油泵端子之间的电阻

| 检测方法 | 高压燃油泵 | | 状态 | | 电阻 /Ω |
|---|---|---|---|---|---|
| | + | − | | | |
| | 端子 | | | | |
| | 1 | 2 | 温度 /℃ | 20 ～ 30 | 0.46 ～ 0.51 |
| 电路图 | 高压燃油泵 | | | | |

⑦ 检测高压燃油泵继电器。a. 将点火开关转至"OFF"位置。b. 拆卸高压燃油泵继电器。c. 检测高压燃油泵继电器端子之间的导通性（表 14.5-7）。d. 如果异常，则更换高压燃油泵继电器。

表 14.5-7　检测高压燃油泵继电器端子之间的导通性

| 检测方法 | + | − | 状态 | 导通性 |
|---|---|---|---|---|
| | 高压燃油泵继电器 | | | |
| | 端子 | | | |
| | 3 | 5 | 在端子 1 和 2 之间接入 12V 直流电源 | 存在 |
| | | | 无电流供给 | 不存在 |
| 电路图 | | | | |

# 14.6　怠速与冷却风扇控制

## 14.6.1　怠速控制

根据驾驶条件（如发动机暖机条件、空调负荷、电气负荷等），ECM 利用电子节气门控制进气量，对发动机怠速进行反馈控制，控制发动机怠速至目标值。

（1）**怠速反馈** ECM 根据发动机冷却液温度、空调操作状态、挡位等决定控制目标值，然后在利用变速箱挡位开关信号"ON"做出怠速判断时或车速非常低时，进行反馈控制，以匹配目标值。

同时，发动机怠速由 ECM 的自学习（怠速空气量学习）进行调整。

（2）**蓄电池电压修正** 当蓄电池电压低于规定值时，ECM 修正目标值以改善蓄电池充电。

（3）**其他修正控制**

❶ 当某些电气负载（动力转向负荷、电气负荷等）打开时，ECM 相应地为各负载控制目标发动机转速。

❷ 当选定挡位（N→D、D→N）时，ECM 通过优化节气门开启来控制发动机转速，以最小化换挡振动。

❸ 减速（加速踏板 ON→OFF）时，ECM 通过优化节气门开启来控制发动机转速，以最小化换挡振动和废气排放。

 ## 14.6.2 冷却风扇控制

（1）**系统控制** ECM 根据车速、发动机冷却液温度、制冷剂压力和空调"ON"信号控制冷却风扇转速。然后，控制系统有三步控制［HIGH（高速）/LOW（低速）/OFF（停止）］。冷却风扇控制系统图解如图 14.6-1 所示。

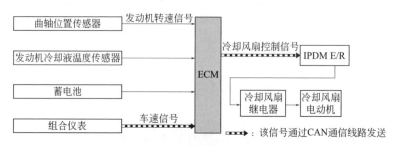

图 14.6-1　冷却风扇控制系统图解

（2）**冷却风扇操作** ECM 发送脉冲占空比（PWM）信号至 IPDM E/R。IPDM E/R 拥有脉冲占空比（PWM）信号的阈值（图 14.6-2），并利用 HI（高速）/LOW（低速）/OFF（停止）的三个阶段操作冷却风扇电动机。

（3）**冷却风扇继电器操作** ECM 通过 CAN 通信线路控制 IPDM E/R 中的冷却风扇继电器。冷却风扇转速见表 14.6-1。

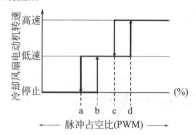

图 14.6-2　冷却风扇运转阈值

a—小于 30%（停止←低速）；b—大于 40%（停止←低速）；c—小于 50%（低速←高速）；d—大于 60%（低速←高速）

表 14.6-1 冷却风扇转速

| 冷却风扇转速 | 冷却风扇继电器 | |
| --- | --- | --- |
| | 1 | 2 |
| 停止（OFF） | OFF | OFF |
| 低速（LOW） | ON | OFF |
| 高速（HI） | OFF | ON |

# 14.7 气门正时控制

##  14.7.1 进气门正时控制

ECM 接收曲轴位置、凸轮轴位置、发动机转速和发动机冷却液温度之类的信号。然后，ECM 根据行驶状态向进气门正时（IVT）控制电磁阀发送"ON/OFF"脉冲占空比信号。这样，就有可能对进气门的开 / 关正时进行控制，以在低中速时增加发动机转矩，高速时增加发动机的功率输出。

（1）进气门正时控制电磁阀 进气门正时控制电磁阀由来自 ECM 的"ON/OFF"脉冲占空比信号触发。进气门正时控制电磁阀根据驾驶条件，通过改变占空比对进气门开启 / 关闭正时进行最佳控制（图 14.7-1 和表 14.7-1）。

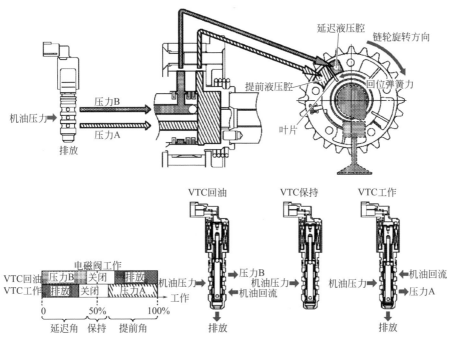

图 14.7-1 进气门正时控制电磁阀运作图

表 14.7-1　进气门正时控制电磁阀工作表

| 进气门正时控制电磁阀状态 | 进气门正时控制器启用 |
| --- | --- |
| 发动机关闭 | 当启动发动机时，通过回位弹簧的回弹力将控制器叶片和链轮固定在全延迟位置，提高发动机的启动性能 |
| 启动（提前角） | 当控制电磁阀的通电率提高时，油泵的油压转换为控制器的提前液压腔，并排放延迟液压腔油相应地，控制器叶片向右旋转且凸轮轴相位变为提前角<br>该状态产生与排气门更大的重叠，可通过内部 EGR 效应进行排气清洁以及通过减少泵送损失提高燃油消耗 |
| 中间（保持） | 当到达目标阀正时时，控制电磁阀的通电率在中间状态。电磁阀阀芯处于中间位置，且油路被中断以保持凸轮轴相位 |
| 回位（延迟角） | 当控制电磁阀的通电率降低时，油泵的油压转换为控制器的延迟液压腔，并排放提前液压腔油相应地，控制器叶片向左旋转且凸轮轴相位变为延迟角 |

（2）进气门正时控制反馈控制

❶凸轮轴位置检测。凸轮轴位置传感器安装在气缸盖后方，通过使用位于进气凸轮轴后方的板槽检测凸轮位置。

❷反馈控制。凸轮轴位置传感器向 ECM 发送实际凸轮位置信号。根据该信号，ECM 根据驾驶状态控制进气门正时控制电磁阀，以满足最佳目标阀打开 / 关闭正时。

## 14.7.2　排气门正时控制

利用可连续控制排气凸轮轴的相位至可选位置的排气门正时控制器，ECM 根据驾驶条件，通过优化排气门打开 / 关闭正时提升低 - 中速转矩和高速性能。ECM 接收到曲轴位置、凸轮轴位置、发动机转速和发动机机油温度之类的信号。然后，ECM 依据驾驶状态发送出"ON/OFF"脉冲占空比信号给排气门正时控制电磁阀。这样，就有可能对排气门的打开 / 关闭正时进行控制，以在高速时增加发动机转矩和输出。

（1）排气门正时控制电磁阀控制　排气门正时控制电磁阀由 ECM 输出信号驱动至"ON/OFF"（占空比控制），并根据驾驶条件，通过改变其占空比控制排气门开启 / 关闭正时至最优值（图 14.7-2 和表 14.7-2）。

（2）排气门正时控制反馈控制

❶凸轮轴位置检测。凸轮轴位置传感器安装在气缸盖后方，通过使用位于排气

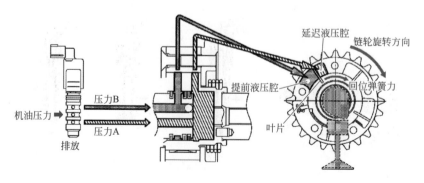

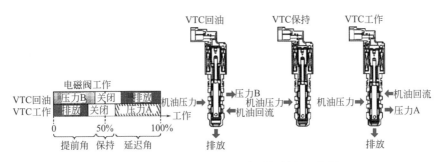

图 14.7-2　排气门正时控制电磁阀控制运作图

表 14.7-2　排气门正时控制电磁阀控制工作表

| 排气门正时控制电磁阀状态 | 排气门正时控制器操作 |
| --- | --- |
| 发动机关闭 | 当启动发动机时，通过回位弹簧的回弹力将控制器叶片和链轮固定在全提前位置，提高发动机的启动性能 |
| 启动（延迟角） | 当控制电磁阀的通电率提高时，油泵的油压转换为控制器的延迟液压腔，并排放提前液压腔油<br>相应地，控制器叶片向左旋转且凸轮相位变为延迟角<br>该状态产生与进气门更大的重叠，可通过内部 EGR 效应进行排气清洁以及通过减少泵送损失提高燃油消耗 |
| 中间（保持） | 当到达目标阀正时时，控制电磁阀的通电率在中间状态。电磁阀阀芯处于中间位置，且油路被中断以保持凸轮轴相位 |
| 返回（提前角） | 当控制电磁阀的通电率降低时，油泵的油压转换为控制器的提前液压腔，并排放延迟液压腔油<br>相应地，控制器叶片向右旋转且凸轮相位变为提前角 |

凸轮轴后方的板槽检测凸轮位置。

❷ 反馈控制。凸轮轴位置传感器向 ECM 发送实际凸轮位置信号。根据该信号，ECM 根据驾驶状态控制排气门正时控制电磁阀，以满足最佳目标阀打开/关闭正时。

# 14.8　进气歧管管路控制

安装在进气歧管上的进气歧管管路控制阀在燃烧室内产生涡流（旋流），空燃混合比因该效果而变得均匀，从而稳定燃烧。进气歧管管路控制阀由直流电动机进行驱动并由 ECM 进行控制。进气歧管管路控制系统图解如图 14.8-1 所示。

（1）怠速、低速 - 小负载范围（图 14.8-2）　在进气歧管管路控制阀关闭的情况下，通过增加汽油的流速而产生涡流（旋流）的流动场，并改善燃烧状况，使燃烧稳定。

（2）中 - 高速范围（图 14.8-3）

❶ 在进气歧管管路控制阀打开的情况下，流动场主要由雾化器产生的涡流（纵向旋流）组成，形成进口形状和较浅的活塞头。

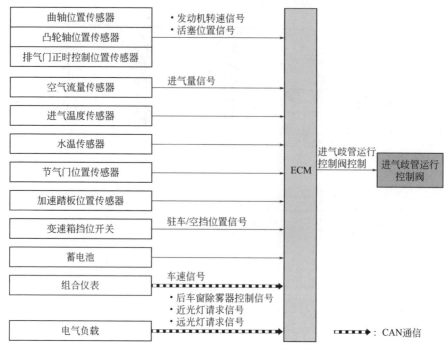

图 14.8-1　进气歧管管路控制系统图解

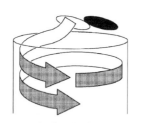

图 14.8-2　怠速、低速 - 小负载范围

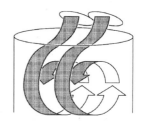

图 14.8-3　中 - 高速范围

❷ 使更多的涡流保持在压缩过程的后半段，改善燃烧并使燃烧稳定。

（3）进气歧管管路控制阀操作（表 14.8-1）　当发动机正在怠速运转或低速运转时，阀门关闭并产生涡流。通过关闭阀门增加汽油流速，并稳定燃烧状况，同时提高燃油效率。

表 14.8-1　进气歧管管路控制阀操作

| 阀门位置 | 操作条件 |
|---|---|
| 阀门关闭 | 怠速、低速 - 小负载范围 |
| 阀门打开 | 除上述以外 |

# 空调切断与定速巡航控制

##  14.9.1　空调切断控制

当开启空调系统时，ECM 会改善发动机的运转情况。下列情况，压缩机关闭，ECM 会切断空调系统。空调切断控制系统图解如图 14.9-1 所示。

❶ 完全踩下加速踏板时（选挡杆处于 R 位置）。

❷ 启动发动机时。

❸ 发动机转速较高时。

❹ 发动机冷却液温度过高时。

❺ 发动机转速低或车速较低的情况下操纵动力转向时。

❻ 发动机转速过低时。

❼ 制冷剂压力过低或过高时。

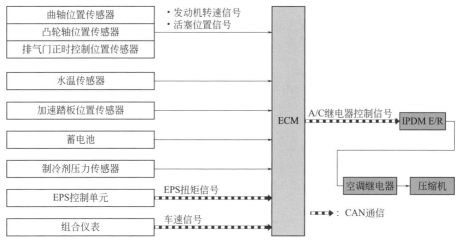

图 14.9-1　空调切断控制系统图解

## 14.9.2　定速巡航控制

（1）基本定速巡航系统（ASCD）　定速巡航控制系统图解如图 14.9-2 所示。

❶ 基本定速巡航系统（ASCD）可通过对车速进行设置，使车辆保持预先设定的恒定速度，而不用踩加速踏板。驾驶员可将车速设定为 40 ～ 144km/h。

❷ ECM 将 ASCD 操作状态信号发送至组合仪表，且 ASCD 的操作状态在组合仪表的信息显示器上显示。

❸ 如果 ASCD 系统发生故障，将自动停用控制功能。

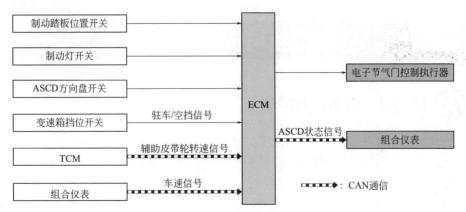

图 14.9-2　定速巡航控制系统图解

（2）按键操作　当存在下面任一条件时，定速巡航操作都会被取消。

❶ 按下 ASCD 开关（设定车速将被清除）。

❷ 按下 CANCEL 开关。

❸ 同时按下两个以上的 ASCD 方向盘开关（将清除设定车速）。

❹ 踩下制动踏板。

❺ 选挡杆处于 N 挡、P 挡或 R 挡。

❻ 车速降低到低于设定车速 13km/h。

❼ 操作 VDC 系统。

❽ 实际车速降低至约 30km/h 或以下。

开关操作表见表 14.9-1。

表 14.9-1　开关操作表

| 按键 / 开关 | 功能 |
| --- | --- |
| CANCEL 开关 | 取消定速巡航控制驾驶 |
| ACCEL/RES 开关 | ① 恢复设定车速<br>② 定速巡航控制驾驶过程中，逐渐增加车速 |
| COAST/SET 开关 | ① 设定所需定速巡航车速<br>② 定速巡航控制驾驶过程中，逐渐降低车速 |
| ASCD 开关 | 启动 ASCD 系统的主开关 |

（3）取消　当 ECM 检测到下列任一状况时，ECM 将取消定速巡航操作，并通过闪烁指示灯通知驾驶员。

❶ 发动机冷却液温度高于正常操作温度时，ASCD 指示灯可能会缓慢闪烁（当发动机冷却液温度降低到正常操作温度时，ASCD 指示灯将停止闪烁，并且还可以通过按下 COAST/SET 开关或 RESUME/ACCELERATE 开关继续保持定速巡航运行状态）。

❷ 有关 ASCD 控制的某些自诊断故障（当再次进行 ASCD 操作时，之前存储的所有 ASCD 操作动作都将取消，并且所有的车速存储信息也将被清除）。

## 14.10　发动机保护控制与 ECO 模式系统

### 14.10.1　发动机保护控制

发动机机油压力低时进行保护控制。发动机保护控制系统图解如图 14.10-1 所示。

❶ 发动机机油压力低时的发动机保护控制是指在发动机受损前，通过发动机机油压力警告灯警告驾驶员发动机机油压力降低。

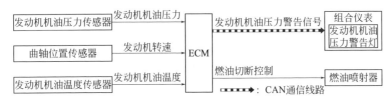

图 14.10-1　发动机保护控制系统图解

❷ 在发动机转速低于 1000r/min 的情况下检测到发动机机油压力降低时，ECM 发送发动机机油压力警告信号至组合仪表。根据这个信号，组合仪表点亮发动机机油压力警告灯。

❸ 在发动机转速大于等于 1000r/min 的情况下检测到发动机机油压力降低时，ECM 将发动机机油压力警告信号发送至组合仪表。当检测到发动机机油压力降低时，ECM 会在发动机转速超过规定值时切断燃油。

发动机机油压力运转表见表 14.10-1。

表 14.10-1　发动机机油压力运转表

| 发动机机油压力降低 | 发动机转速 /（r/min） | 组合仪表 | 燃油切断 |
| --- | --- | --- | --- |
| | | 发动机油压警告灯 | |
| 检测 | 小于 1000 | ON | 否 |
| | 1000 或以上 | ON | 是 |

### 14.10.2　ECO 模式系统

（1）系统控制　TCM 通过 CAN 通信从组合仪表接收 ECO 模式开关信号（ON/OFF）。TCM 根据信号通过 CAN 通信发送 ECO 模式信号至 ECM。ECO 模式系统图解如图 14.10-2 所示。

ECM 通过 CAN 通信从 TCM 接收 ECO 模式信号，并通过控制减少节气门移动以提高燃油经济性。节油控制如图 14.10-3 所示。

ECM 通过 CAN 通信发送 ECO 模式指示灯信号至组合仪表。组合仪表根据信号显示 ECO 模式指示灯。

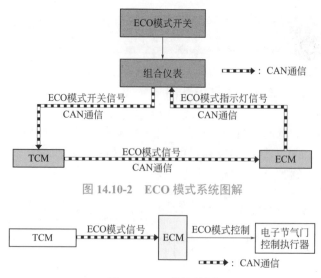

图 14.10-2　ECO 模式系统图解

图 14.10-3　节油控制

（2）ECO 模式指示灯　在 ECO 模式指示灯持续点亮的情况下，点火开关转至"OFF"位置时，在下一次点火开关转至"ON"位置时，ECO 模式指示灯自动点亮。当 ECM 接收到来自 TCM 的 ECO 模式信号时，ECM 通过 CAN 通信向组合仪表发送 ECO 模式指示灯信号，且组合仪表中的 ECO 模式指示灯点亮。踩下油门踏板时，即使 ECO 模式开关按至"OFF"，ECO 模式系统也不能关闭（ECO 模式指示灯熄灭）。松开油门踏板以关闭 ECO 模式系统。

（3）ECO 驾驶导航　ECM 通过 CAN 通信将从加速踏板位置和车速计算的 ECO 驾驶导航信号发送至组合仪表。当在 ECO 仪表显示切换功能中选择加速引导时，将显示合适的省油加速器位置。

### 14.10.3　发动机、变速器等的集成控制

发动机、变速器、ABS 各控制单元之间通过 CAN 的实时通信（信号交换），在换挡期间优化发动机转矩和锁止，并在减速期间防止发动机转速下降。

## 14.11　燃油蒸气排放控制

燃油蒸气排放系统用于减少燃油系统排放到大气中的烃类化合物。该烃类化合物的减少由 EVAP 炭罐内的活性炭来完成。

当发动机未运转或向燃油箱加注燃油时，密封燃油箱内的燃油蒸气被导入含活性炭的 EVAP 炭罐中并储存起来。当发动机运转时，EVAP 炭罐中的燃油蒸气通过净化管路被空气带入进气歧管以得到净化。EVAP 炭罐净化量控制电磁阀由 ECM 控制。

当发动机运转时，由 EVAP 炭罐净化量控制电磁阀控制的蒸气流量随着空气流量的增加而成规定比例调整。减速和怠速过程中，EVAP 炭罐净化量控制电磁阀也将关闭蒸气清洁管路（图 14.11-1 和图 14.11-2）。

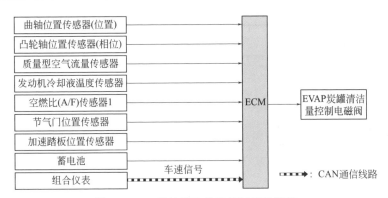

图 14.11-1　燃油蒸气排放控制系统图解

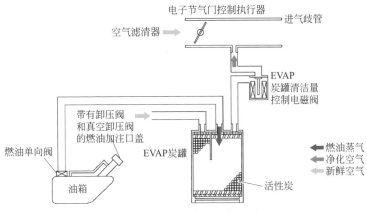

图 14.11-2　燃油蒸气排放系统

## 14.12　节气门执行器控制

发动机控制模块（ECM）是节气门执行器控制（TAC）系统的控制中心。发动机控制模块根据加速踏板位置传感器的输入确定驾驶员的意图，然后根据节气门位置传感器计算相应的节气门响应量。发动机控制模块通过向节气门执行器电动机提供脉宽调制电压，实现节气门定位。节气门在两个方向都受弹簧负载，默认位置为微开。节气门执行器控制如图 14.12-1 所示。

（1）**正常模式**　在节气门执行器控制系统工作期间，有几种模式或功能被认为是正常的。在正常操作期间可进入以下几种模式。

❶ 加速踏板最小值。用钥匙启动时，发动机控制模块更新已读入的加速踏板最小值。

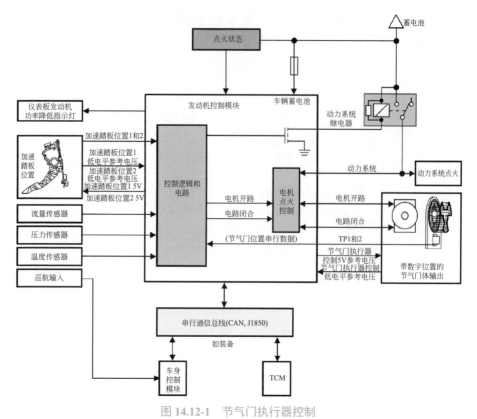

图 14.12-1　节气门执行器控制

② 节气门位置最小值。用钥匙启动时，发动机控制模块更新已读入的节气门位置最小值。为了读入节气门位置最小值，将节气门移至关闭位置。

③ "破冰"模式。如果节气门叶片不能达到预定的最小节气门位置，则进入"破冰"模式。在"破冰"模式期间，发动机控制模块指令向关闭方向的节气门执行器电机施加几次最大的脉宽。

④ 蓄电池节电模式。在发动机无转速且持续预定时间后，发动机控制模块指令蓄电池进入节电模式。在蓄电池节电模式期间，节气门执行器控制模块卸去电机控制电路上的电压，以消除用于保持急速位置的电流，并使节气门返回至默认的弹簧负载位置。

（2）降低发动机功率模式　发动机控制模块检测到节气门执行器控制系统出现故障时，便可进入降低发动机功率模式。降低发动机功率可能导致以下一种或多种情况。

❶ 限制加速。发动机控制模块将继续使用加速踏板控制节气门，但车辆加速受限制。

❷ 限制节气门模式。发动机控制模块将继续使用加速踏板控制节气门，但节气门最大开度受限制。

❸ 节气门默认模式。发动机控制模块将关闭节气门执行器电机，节气门将返回至弹簧负载的默认位置。

④ 强制怠速模式。发动机控制模块将执行以下操作：发动机转速限制在怠速位置；忽略加速踏板的输入。

⑤ 发动机关闭模式。发动机控制模块将关闭燃油并使节气门执行器断电。

 发电电压可变控制与 CAN 总线

 **14.13.1　发电电压可变控制**

ECM 和发电机通过控制模块子网络（LIN）总线连接。ECM 将通过 LIN 通信接收到的目标发电电压信号发送至发电机。发电机包含一个自诊断功能，可在检测到故障时通过 LIN 通信将诊断信号发送至 ECM。当 ECM 接收诊断信号时，ECM 检测到故障码并将充电警告灯请求信号发送至组合仪表，以点亮充电警告灯。如果发电机负荷过高，ECM 可能会提高怠速。交流发电机在发电机发动过程中会暂时止动，这样发电机的阻力会减小到最低。发动之后它会被重新激活。ECM 通过控制器区域网络（CAN）总线控制组合仪表中的充电控制灯。发电电压可变控制如图 14.13-1 所示。当电池电压过低时非重大耗电功率部件的自动止动功能，可以降低当前耗电水平。当电池电压过高时非重大耗电功率部件的自动止动功能，可以保护对电压增强敏感的零部件。通过不断地计算电池温度和监测交流发电机的输出电压来优化电池的通电电流。

每当耗电部件被打开或者关闭时，通过接收已发送的发电机负荷信号给 ECM 发

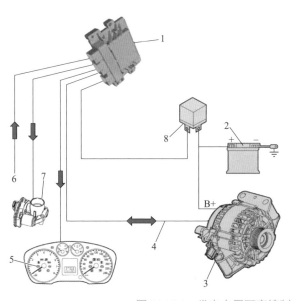

1—发电机控制单元；
2—蓄电池；
3—发电机；
4—LIN 总线；
5—仪表（充电报警灯）；
6—来自 IAT 传感器的温度信号；
7—节气门控制单元；
8—控制模块继电器

图 14.13-1　发电电压可变控制

出预先警告，这意味着 ECM 接收了交流发电机转矩即将发生改变的信息。通过评估这些信息，ECM 可以提供一个高水平的怠速稳定性。

 **14.13.2 CAN 总线**

CAN（控制器局域网）是一种用于实时通信的串行通信线路。它是一种车载多路通信线路，具备高数据通信速度和卓越的错误检测能力。车辆上装备了许多电子控制单元，在操作过程中控制单元之间相互连接、共享信息（并非独立的）。在 CAN 通信中，控制单元由两条通信线路连接（CAN-H 线路，CAN-L 线路），这样可以利用更少的线路进行高速率的信息传送。

每个控制单元都能够传递 / 接收数据，但只选择性地读取所需要的数据。

# 14.14 发动机控制系统故障

❶ 使用表 14.14-1 将有助于确定故障症状的起因。如果列出多个怀疑部位，则在表中"可能的部位 / 原因"栏中将症状的可能原因按照可能性大小顺序列出。按照所列顺序检查怀疑部位，以检查各症状，根据需要更换部件。

❷ 在检查以下怀疑部位前，请检查与此系统相关的熔丝和继电器。

表 14.14-1　发动机控制系统故障

| 症状 / 故障表现 | 可能的部位 / 原因 |
|---|---|
| 发动机不转动（不能启动） | ①蓄电池；②起动机总成；③智能进入和启动系统（启动功能）（带智能进入和启动系统）；④驻车 / 空挡位置开关总成；⑤ VC 输出电路（ECM 5V 电路）；⑥起动机信号电路 |
| 无初始燃烧（不能启动） | ①发动机停机系统（带智能进入和启动系统）；②发动机停机系统（不带智能进入和启动系统）；③ ECM 电源电路；④ VC 输出电路（ECM 5V 电路）；⑤曲轴位置传感器；⑥凸轮轴位置传感器（进气凸轮轴）；⑦气门正时；⑧点火系统；⑨燃油泵控制电路；⑩喷油器电路；⑪起动机信号电路 |
| 发动机转动正常但启动困难 | ①燃油泵控制电路；②发动机冷却液温度传感器；③点火系统；④压缩；⑤喷油器总成；⑥喷油器电路；⑦进气系统；⑧带电动机的节气门体总成；⑨ PCV 阀和软管；⑩起动机信号电路；⑪ECM 电源电路 |
| 发生不完全间歇式燃烧（不能启动） | ①燃油泵控制电路；②燃油泵；③燃油管路；④点火系统；⑤喷油器电路；⑥ ECM 电源电路；⑦起动机信号电路；⑧曲轴位置传感器；⑨凸轮轴位置传感器（进气凸轮轴）；⑩凸轮轴位置传感器（排气凸轮轴）；⑪气门正时 |
| 发动机转速高 | ①带电动机的节气门体总成；②进气系统；③空调信号电路；④ ECM 电源电路；⑤发动机冷却液温度传感器；⑥ PCV 阀和软管 |
| 发动机转速低（怠速不良） | ①带马达的节气门体总成；②空调信号电路；③燃油泵控制电路；④燃油泵；⑤进气系统；⑥ PCV 阀和软管 |
| 怠速不稳 | ①压缩；②点火系统；③火花塞；④喷油器电路；⑤ ECM 电源电路；⑥燃油泵控制电路；⑦燃油泵；⑧燃油管路；⑨带电动机的节气门体总成；⑩进气系统；⑪净化 VSV；⑫PCV 阀和软管；⑬空燃比传感器；⑭加热式氧传感器；⑮质量空气流量计分总成；⑯爆震控制传感器；⑰外部部件故障（负载增加：空调系统等） |

| 症状／故障表现 | 可能的部位／原因 |
|---|---|
| 抖动（怠速不良） | ①电子节气门控制系统；②进气系统；③ECM 电源电路 |
| 喘抖和／或加速不良（驾驶性能不佳） | ①燃油泵控制电路；②火花塞；③点火系统；④喷油器总成；⑤质量空气流量计分总成；⑥电子节气门控制系统；⑦进气系统；⑧压缩；⑨制动超控系统 |
| 喘振（驾驶性能不佳） | ①火花塞；②燃油泵控制电路；③点火系统；④喷油器总成；⑤质量空气流量计分总成；⑥可变气门正时（VVT）系统；⑦压缩 |
| 启动后不久发动机失速 | ①发动机停机系统（带智能进入和启动系统）；②发动机停机系统（不带智能进入和启动系统）；③燃油泵控制电路；④火花塞；⑤点火系统；⑥喷油器总成；⑦可变气门正时（VVT）系统；⑧电子节气门控制系统；⑨进气系统；⑩PCV 阀和软管；⑪压缩 |
| 启动时发动机失速 | 自动传动桥系统 |
| 仅在空调工作时发动机失速 | ①空调信号电路；②ECM |

以下罗列了发动机电子控制系统故障特点，但不限于此。

（1）回火　进气歧管或排气系统中的燃油点燃，产生严重的爆裂噪声。

（2）断火、缺火　发动机转速稳定脉动或不规则，通常在发动机负载增加时更加明显。在发动机转速高于 1500r/min 或行驶速度大于 48km/h 时，此故障通常不易察觉。怠速或低速时排气具有稳定的喷射声音。

（3）爆燃／点火爆震　轻微至严重的爆鸣声，在加速时通常更加严重。发动机产生尖锐的金属敲击声，声音随节气门开度变化。

（4）续燃　进气歧管或排气系统中的燃油点燃，产生严重的爆裂噪声。

（5）发动机控制模块（ECM）指令降低发动机功率　发动机控制模块点亮"降低发动机功率"灯，在可能发生发动机／车辆损伤或排气相关故障时，限制发动机功率。可能不会设置故障码。

（6）启动困难　发动机发动正常，但长时间不启动。车辆最终能够运行，或者可以启动但立即失速。

（7）加速迟缓、转速下降、转速不稳　踩下加速踏板时，没有瞬时响应。在任何车速下此故障都可能发生。停车后的第一次启动时此故障通常更明显。如果此故障严重到一定程度，则会导致发动机失速。

（8）功率不足、反应迟缓或绵软　发动机低于期望功率。部分踩下加速踏板时，提速很少或根本不加速。

（9）燃油经济性差　在实际路试时测量的燃油经济性明显低于期望值。此外，燃油经济性还明显低于该车实际路试时曾显示的值。

（10）怠速不良、不稳或不正确怠速和失速　发动机怠速不稳定。如果严重，发动机或车辆会出现颤抖。发动机怠速转速可能变化。上述两种故障均可能严重到使发动机失速。

（11）喘振、突突声　在节气门稳定时，发动机功率出现变化。感觉好似加速踏板位置不变时车速上升和下降。

# 第15章

# 汽车底盘基础

## 15.1 底盘构造

底盘是指汽车上由传动系统、行驶系统、转向系统和制动系统四部分组成的组合，支承、安装汽车发动机及其各部件、总成，形成汽车的整体造型，承受发动机动力，保证正常行驶（图 15.1-1）。

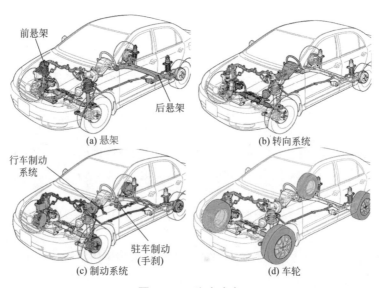

（a）悬架

（b）转向系统

（c）制动系统

（d）车轮

前悬架
后悬架
行车制动系统
驻车制动（手刹）

图 15.1-1 汽车底盘

底盘与车身外部、车身内部、发动机一起组成整车系统。底盘系统控制驾驶、转向和制动等功能。底盘系统是路面与车辆之间的传动件并决定了车辆的行驶性能。底盘系统既包括底盘部件，也包括以组成部分出现的几何参数。

## 15.2　车轮定位

### 15.2.1　车轮定位的概念

底盘特性通过车轮定位实现。车轮定位表示车轮相对车身和路面的几何位置，这个位置由各种不同的几何参数确定。部分参数可以在四轮定位过程中直接确定，其他参数通过转向移动时的运动学关系得出。车轮定位主要由以下参数决定。

（1）轴距　轴距是指车辆同一侧两个车轮支撑点之间的距离。悬架运动时该距离会发生一定变化。

（2）轮距　轮距是指一个车桥上两个车轮支撑点之间的距离。悬架运动时该距离也会发生一定变化。

（3）车轮前束　一个车桥的总前束是指一个车桥上车轮前后距离之间的长度差（图 15.2-1）。总前束（$c+d$）＝$a-b$。

（4）车轮外倾　车轮外倾是指车轮中心平面与垂直线（车轮支撑点处，相对路面垂直）之间的角度。如果车轮上部相对车轮中心平面向外倾斜，则外倾角为正（＋）；如果车轮向内倾，则外倾角为负（－）。车轮外倾以角度为单位测量。如图 15.2-2 所示为车轮外倾（角）。

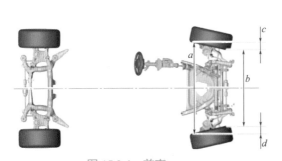

图 15.2-1　前束

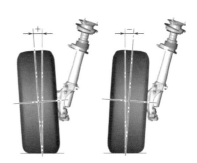

图 15.2-2　车轮外倾（角）

（5）主销内倾　主销内倾（右侧斜线）是指回转轴线相对垂直线（车轮支撑点处，相对路面垂直，向车辆转向轴方向看）处于倾斜位置。如图 15.2-3 所示，主销内倾／回转轴线向车辆中心方向倾斜。转动方向盘时主销内倾使车辆升高，这样就会产生车轮回正力。

（6）主销后倾　主销后倾是指向车辆纵轴方向回转轴线处于倾斜位置。

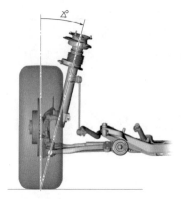

图 15.2-3　主销内倾（角）

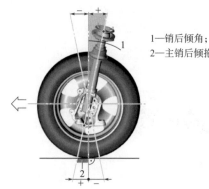

1—销后倾角；
2—主销后倾拖距

图 15.2-4　主销后倾（角）

（7）**主销偏置距**　主销偏置距相当于车轮中心平面与路面的切线，至回转轴线延长线与路面交点的距离，如图 15.2-5 所示。

（8）**轮距差角**　轮距差角是指弯道内侧车轮相对弯道外侧车轮的角度差。如图 15.2-6 所示，轮距差角 $\delta=\beta-\alpha$。

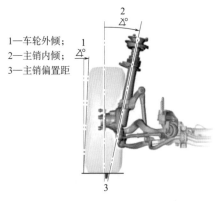

1—车轮外倾；
2—主销内倾；
3—主销偏置距

图 15.2-5　主销偏置距

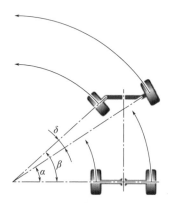

图 15.2-6　轮距差角

（9）**最大转向角**　最大转向角是指将方向盘向左和向右转至限位位置时，弯道内侧车轮和弯道外侧车轮的车轮中心平面与车辆纵轴中心平面之间形成的角度（图 15.2-7）。最大转向角影响车辆的转弯直径。

**注/意**

车辆装有循环球式转向系统时，需要检查转向杆是否处于中间位置，否则转向梯形会出现偏斜。可通过轮距差角是否相同进行判断。

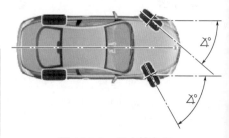

图 15.2-7　最大转向角

##  15.2.2　车轮定位作用

车轮定位在底盘系统中有着重要的作用，主要有但不限于以下几点。

❶ 确保正确的直线行驶性能。

❷ 确保转弯行驶时轮胎附着良好。

❸ 减少轮胎磨损。

##  15.3　底盘维修注意事项

##  15.3.1　日常维修事项

❶ 维修底盘部件时，不允许焊接或矫正车轮悬架及车轮导向部件，发现故障应更换部件。

❷ 每次进行维修工作时，都应更换锈蚀的螺栓 / 螺母，并更换自锁螺母。

❸ 橡胶金属支座的扭转范围有限，只有在举起转向节后（空载状态下），才可以拧紧橡胶金属支座部件的连接螺栓。

❹ 拆卸驱动轴紧固螺母时，车轮须悬空，否则会损坏车轮轴承。

❺ 每次对底盘系统进行维修后，必须以规定力矩拧紧所有螺栓 / 螺母。

❻ 拆卸和维修弹簧减振器时，必须使用专用工具。

❼ 在拆卸转向节时，注意不要损坏轮速传感器信号齿。

❽ 注意检查所有的防尘罩，如发现损坏，应立即更换。

❾ 维修作业时，将拆下的零件，尤其的电子部件，放在干净的垫板上并妥善保管，避免脏污。

❿ 动力转向器中除外横拉杆外均不可维修，如损坏必须整体更换。

⓫ 维修转向管柱时，应严格遵守拆卸安全气囊的标准步骤进行操作。

⓬ 有些配备 ESP 系统的车辆，方向盘角度传感器不可单独拆解，如损坏，必须更换转向管柱带角度传感器总成。

⓭ 维修制动防抱死系统时，若系统更换制动液，必须使用故障诊断仪协助。

##  15.3.2　事故车辆底盘

（1）检查底盘变形情况　维修事故车辆的承重部件和车轮导向部件时，底盘上可能存在隐性损坏，会在日后的行驶过程中留下隐患。因此对于事故车辆，无论是否进行车辆定位检测，所有的零部件必须按规定方式和顺序进行检查；如果车辆定位检测结果与标准值一致，则表明底盘没有变形。

（2）转向系统的目检和功能检测

❶ 目检是否存在变形和裂纹。

❷ 目检橡胶防尘套是否损坏。

❸ 检查液压管路以及软管是否有擦伤、切口和扭折。

❹ 检查液压管路、螺栓接头和转向器的密封性。

❺ 检查转向器和管路是否安装牢固。

❻ 将方向盘从一个极限位置转到另外一个极限位置，检查整个转向角范围内的转向功能是否正常，方向盘必须能以均衡的操纵力进行旋转，并且不会有卡滞现象。

❼ 方向盘到达极限位置后，停留时间不得超过10s。

（3）检查底盘功能 严格遵守以下检测步骤顺序。

❶ 检查装配表中列出的零件是否存在变形、裂纹以及其他损伤。

❷ 更换已损坏的部件。

❸ 在四轮定位仪上进行定位检测。车轮、轮胎的目检和功能检查。

❹ 检查轮胎的胎纹深度、磨损标记和表面伤痕。

❺ 检查轮胎充气压力。

（4）目检制动系统 a. 目检制动管路、管路接头密封性；b. 检查制动管路以及软管是否被擦伤。

（5）检查整车其他系统

❶ 检查制动装置以及制动防抱死系统（ABS）。

❷ 汽车电子系统的检查，如ABS/ESP、安全气囊及驾驶员辅助系统等。使用车辆诊断仪查询故障码，如果有故障，检修后再次使用故障诊断仪检查故障，确保运转正常。

## 15.4 底盘故障诊断方法

 ### 15.4.1 转向沉重故障诊断（表15.4-1）

表15.4-1 转向沉重故障诊断

| 序号 | 检查步骤 | 检查结果 | |
|---|---|---|---|
| 0 | 转向助力液压油是否不足 | 转向助力液压油缺少 | 添加转向助力液压油 |
| 1 | 启动车辆，转动方向盘，检查储液罐中是否有气泡 | 发现大量气泡，系统中有空气 | 排空系统中的空气 |
| 2 | 检查多楔带的松紧度 | 多楔带过松 | 重新调整多楔带 |
| 3 | 启动发动机，检查多楔带有无打滑现象 | 多楔带出现打滑现象 | 更换多楔带 |
| 4 | 检查系统有无泄漏，油路是否堵塞 | 管路破损，转向器泄漏 | 维修泄漏部件 |
| 5 | 检查动力转向油泵的工作状态、工作油压 | 动力转向油泵达不到工作油压 | 更换动力转向油泵 |
| 6 | 正确操作后，检查故障是否出现 | 故障未消失 | 从其他症状查找故障原因 |

**15.4.2　轮胎磨损故障诊断（表 15.4-2）**

表 15.4-2　轮胎磨损故障诊断

| 序号 | 检查步骤 | 检查结果 | |
|---|---|---|---|
| 0 | 检查四个车轮轮胎规格是否相同 | 尺寸不同 | 更换轮胎 |
| 1 | 仔细检查磨损类型 | 胎肩磨损过快 | 充气压力过低，重新校正充气压力 |
| 2 | 仔细检查磨损类型 | 胎面中部磨损过快 | 充气压力过高，重新校正充气压力 |
| 3 | 仔细检查磨损类型 | 轮胎一侧磨损过快 | 四轮定位出现异常，重新进行四轮定位 |
| 4 | 仔细检查磨损类型 | 个别区域出现磨损 | 轮胎胎面不平衡，更换轮胎 |
| 5 | 仔细检查磨损类型 | 出现波纹状磨损 | 四轮定位出现异常，重新进行四轮定位 |
| 6 | 正确操作后，检查故障是否出现 | 故障未消失 | 从其他症状查找故障原因 |

 **15.4.3　行驶时方向盘摆动故障诊断（表 15.4-3）**

表 15.4-3　行驶时方向盘摆动故障诊断

| 序号 | 检查步骤 | 检查结果 | |
|---|---|---|---|
| 0 | 检查轮胎类型、状态和气压，检查车轮是否安装正确 | 轮胎气压不正确 | 调整轮胎气压 |
| | | 轮胎不合适或磨损 | 更换轮胎 |
| | | 未正确安装车轮 | 重新安装车轮 |
| 1 | 检查轮辋是否变形 | 轮辋变形或有凹痕 | 更换轮辋 |
| 2 | 检查车轮定位是否准确 | 车轮定位出现异常 | 重新进行车轮定位 |
| 3 | 检查发动机支架和拉杆球头的状况以及是否出现扭曲变形、受力不均衡的情况 | 发动机支架故障 | 更换发动机支架 |
| | | 拉杆球头故障 | 更换拉杆球头 |
| 4 | 按以下顺序检查衬套和挠性固定件的状态：①下摆臂；②横向稳定杆连接件 | 下摆臂球头损坏 | 更换下摆臂 |
| | | 横向稳定杆连接件损坏 | 更换横向稳定杆连接件 |
| 5 | 检查：①弹簧减振器和弹簧的状况及工作效率；②弹簧/弹簧减振器总成的紧固件 | 弹簧减振器工作不正常 | 更换弹簧减振器 |
| | | 弹簧工作不正常 | 更换弹簧减振器弹簧 |
| 6 | 检查转向横拉杆和转向臂的状况 | 转向横拉杆或转向臂损坏或磨损 | 更换转向器 |
| 7 | 检查转向管柱支承轴承的状况及工作效率 | 轴承磨损或损坏 | 更换转向管柱 |
| 8 | 正确操作后，检查故障是否出现 | 故障未消失 | 从其他症状查找故障原因 |

 **15.4.4　制动时跑偏故障诊断（表 15.4-4）**

表 15.4-4　制动时跑偏故障诊断

| 序号 | 检查步骤 | 检查结果 | |
|---|---|---|---|
| 0 | 初步检查轮胎类型、状态和轮胎气压 | 轮胎气压不正确 | 重新校正轮胎气压 |
| | | 轮胎磨损严重 | 更换轮胎 |
| | | 未正确安装车轮 | 重新安装车轮 |

续表

| 序号 | 检查步骤 | 检查结果 | |
|---|---|---|---|
| 1 | 检查制动摩擦片的磨损状况 | 磨损严重 | 更换制动摩擦片 |
| 2 | 检查制动盘状态 | 制动盘磨损或损坏 | 更换制动盘 |
| 3 | 检查卡钳活塞的状况 | 卡钳活塞卡住 | 更换卡钳 |
| 4 | 检查制动管路是否有阻塞或泄漏 | 制动管路有损坏 | 更换制动管路 |
| 5 | 检查 ABS 控制单元是否出现故障 | 检测到控制单元发生故障 | 按照故障码进行维修 |
| 6 | 检查制动时，车辆是否会左右摆动，方向无法掌握 | 转向器的齿条磨损严重 | 更换转向器 |
| | | 转向横拉杆球头磨损严重 | 更换转向横拉杆球头 |
| 7 | 正确操作后，检查故障是否出现 | 故障未消失 | 从其他症状查找故障原因 |

##  15.4.5 制动失效故障诊断（表 15.4-5）

表 15.4-5 制动失故障诊断

| 序号 | 检查步骤 | 检查结果 | |
|---|---|---|---|
| 0 | 检查制动液储液罐中制动液是否缺失 | 制动液严重不足 | 添加制动液至规定位置 |
| 1 | 轻踩踏板，感觉制动踏板的阻力 | 若感受不到阻力，制动主缸连接脱落 | 进行维修 |
| 2 | 检查制动管路有无断裂或泄漏 | 管路出现断裂或泄漏 | 更换制动管路 |
| 3 | 检查制动主缸和制动轮缸的密封圈 | 密封圈损坏 | 更换损坏的制动缸 |
| 4 | 正确操作后，检查故障是否出现 | 故障未消失 | 从其他症状查找故障原因 |

##  15.4.6 驻车制动不良故障诊断（表 15.4-6）

表 15.4-6 驻车制动不良故障诊断

| 序号 | 检查步骤 | 检查结果 | |
|---|---|---|---|
| 0 | 检查驻车操纵机构拉索的自由行程是否过大 | 自由行程过大 | 重新调整驻车操纵机构拉索 |
| 1 | 检查驻车操纵机构拉索是否脱落或断裂 | 驻车操纵机构拉索脱落 | 重新安装驻车操纵机构拉索 |
| | | 驻车操纵机构拉索断裂 | 更换驻车操纵机构拉索 |
| 2 | 反复操纵驻车操纵机构，感觉阻力的大小 | 阻力过大 | 检查驻车操纵机构手柄，必要时更换 |
| 3 | 检查后制动摩擦片的磨损状况 | 后制动摩擦片磨损严重 | 更换两侧的摩擦片 |
| 4 | 检查后轮卡钳是否损坏 | 后轮卡钳损坏 | 更换后轮卡钳 |
| 5 | 正确操作后，检查故障是否出现 | 故障未消失 | 从其他症状查找故障原因 |

## 15.4.7　紧急制动时车轮抱死故障诊断（表 15.4-7）

表 15.4-7　紧急制动时车轮抱死故障诊断

| 序号 | 检查步骤 | 检查结果 | |
|---|---|---|---|
| 0 | 进行试车，确定常规制动是否正常 | 常规制动出现故障 | 排除常规制动故障 |
| 1 | ABS 故障指示灯是否点亮 | ABS 故障指示灯点亮 | 用车辆诊断仪读取故障码，维修相应的部件 |
| 2 | 打开点火开关，检查 ABS 控制单元中的电磁阀是否有"咔嗒"响声 | 无任何响声 | 参照电路图，检查 ABS 控制单元的供电线路与接地线路是否正常 |
| 3 | 在试车时，用车辆故障诊断仪读取数据 | 车轮转速出现异常 | 检查轮速传感器 |
| 4 | 检查线束是否出现短路或断路 | 线路出现短路或断路 | 维修线束，必要时更换线束 |
| 5 | 用诊断仪检查 ABS 控制单元是否损坏 | ABS 控制单元损坏 | 更换 ABS 控制单元 |
| 6 | 正确操作后，检查故障是否出现 | 故障未消失 | 从其他症状查找故障原因 |

# 第**16**章

# 手动变速器

## 手动变速器结构

### 16.1.1　换挡控制机构

换挡控制机构通过操纵杆使换挡拨销上下移动来选定拨叉轴，左右移动来选定所要挂入的挡位。通过换挡轴自锁螺栓来防止脱挡。在5挡/倒挡拨叉轴和1挡/2挡拨叉轴之间及5挡/倒挡拨叉轴和3挡/4挡拨叉轴之间装有互锁销以防止同时挂入两个挡位，从而保证变速器能正常工作。变速器和换挡控制机构如图16.1-1所示。

### 16.1.2　手动变速器内部结构

（1）前进挡齿轮　前进挡的执行是由一组换挡滑动拨叉来控制带闭锁环的同步器共同配合完成的。

（2）倒挡齿轮　倒挡齿轮不同步，采用了滑动惰轮，当挂入倒挡时，滑动惰轮与输入轴倒挡齿轮和主轴倒挡输出齿轮同时啮合，将输入扭矩传递给主轴输出，且使主轴的转向相对于挂入前进挡时的主轴转向相反，从而使车辆倒行。手动驱动桥构件如图16.1-2所示。

（3）输入和输出轴　变速器所有的齿轮都是常啮合的。输出轴齿轮是输出轴的一部分，并且与差速器侧面斜齿轮常啮合。输入和输出轴通过圆锥滚柱轴承各自安装在半桥驱动桥壳的离合器一侧和驱动桥一侧。输入和输出轴见图 16.1-3。

❶ 输入轴（图 16.1-4）。3 挡和 4 挡齿轮的同步器总成安装在输入轴上。

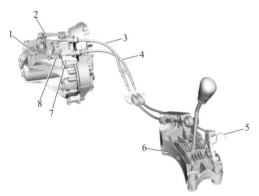

图 16.1-1　变速器和换挡控制机构

1—换挡机构；2—带有阻尼惯量的换挡臂；3—操纵杆；4—变速杆拉线；5—调整工具，换挡杆；6—变速杆；7—操纵杆拉线固定支座；8—变速杆拉线调节机械机构

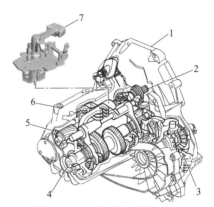

图 16.1-2　手动驱动桥构件

1—驱动桥壳 - 离合器一侧；2—输入轴；3—差速器总成；4—输出轴；5—倒挡惰轮；6—驱动桥壳 - 驱动桥一侧；7—换向机构

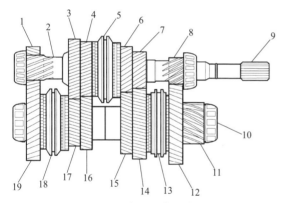

图 16.1-3　输入和输出轴

1—倒挡惰轮；2—倒挡齿轮齿数；3,17—齿轮（5 挡齿轮）；4,16—齿轮（4 挡齿轮）；5—3 挡和 4 挡齿轮的同步器总成；6,15—齿轮（3 挡齿轮）；7,14—齿轮（2 挡齿轮）；8,12—齿轮（1 挡齿轮）；9—输入轴；10—输出轴；11—齿轮（输出轴）；13—1 挡和 2 挡齿轮同步器总成；18—5 挡 / 倒挡齿轮同步器总成；19—齿轮（倒挡齿轮）

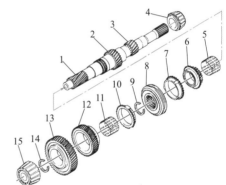

图 16.1-4　输入轴

1—输入轴；2—齿数（2 挡齿轮）；3—齿数（1 挡齿轮）；4—圆锥滚子轴承（离合器一侧）；5—滚针轴承（3 挡齿轮）；6—齿轮（3 挡齿轮）；7—同步器闭锁环（3 挡齿轮）；8—3 挡 /4 挡齿轮同步器总成；9—卡环；10—同步器闭锁环（4 挡齿轮）；11—滚针轴承（4 挡齿轮）；12—齿轮（4 挡齿轮）；13—齿轮（5 挡齿轮）；14—卡环；15—圆锥滚柱轴承（驱动桥一侧）

❷ 输出轴（图 16.1-5）。1 挡和 2 挡齿轮以及 5 挡 / 倒挡齿轮同步器总成安装在输出轴上。

（4）倒挡惰轮（图 16.1-6）　倒挡惰轮在倒挡惰轮转轴的滚针轴承上运行。倒挡惰轮通过输入轴驱动，它的作用是改变倒挡齿轮输出轴的旋转方向。

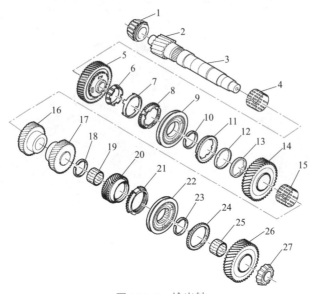

图 16.1-5　输出轴

1—圆锥滚柱轴承（离合器一侧）；2—齿轮（输出轴）；3—输出轴；4—滚针轴承（1挡齿轮）；5—齿轮（1挡齿轮）；6—内置同步器闭锁环（1挡齿轮）；7—同步器圆锥体（1挡齿轮）；8—外置同步器闭锁环（1挡齿轮）；9—1挡和2挡齿轮同步器总成；10—卡环；11—外置同步器闭锁环（2挡齿轮）；12—同步器圆锥体（2挡齿轮）；13—内置同步器闭锁环（2挡齿轮）；14—齿轮（2挡齿轮）；15—滚针轴承（2挡齿轮）；16—齿轮（3挡齿轮）；17—齿轮（4挡齿轮）；18—卡环；19—滚针轴承（5挡齿轮）；20—齿轮（5挡齿轮）；21—同步器闭锁环（5挡齿轮）；22—5挡/倒挡齿轮同步器总成；23—卡环；24—倒挡齿轮同步器闭锁环；25—倒挡齿轮滚针轴承；26—齿轮（倒挡齿轮）；27—圆锥滚柱轴承（驱动桥一侧）

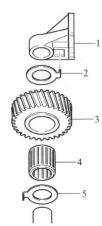

图 16.1-6　倒挡惰轮

1—轴承支架；2,5—止推垫圈；3—倒挡惰轮；4—滚针轴承

## 16.2　挡位运行原理

### 🔧🛞 16.2.1　空挡

空挡状态如图 16.2-1 所示。换挡控制机构没有拨动拨叉轴和拨叉，同步器未和挡位齿轮啮合同步，倒挡惰轮也未和输入轴倒挡齿轮及主轴输出齿轮啮合，主轴没有扭矩和转速输出。

### 🔧🛞 16.2.2　1挡运行

1挡齿轮如图 16.2-2 所示。换挡控制机构拨动 1 挡 /2 挡拨叉轴和拨叉向变速箱前端移动，使 1 挡 /2 挡同步器与 1 挡齿轮啮合，主轴通过 1 挡齿轮接收来自输入轴的扭矩，输出与输入轴反向的扭矩和转速。

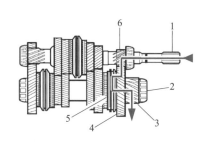

1—输入轴；
2—输出轴；
3—V 齿数（输出轴）；
4—齿轮（1 挡齿轮）；
5—1 挡 /2 挡齿轮同步器总成；
6—齿数（1 挡齿轮）

图 16.2-1　空挡状态　　　　图 16.2-2　1 挡齿轮

### 16.2.3　2 挡运行

2 挡齿轮如图 16.2-3 所示。换挡控制机构拨动 1 挡 /2 挡拨叉轴和拨叉向变速箱后端移动，使 1 挡 /2 挡同步器与 2 挡齿轮啮合，主轴通过 2 挡齿轮接收自输入轴的扭矩，输出与输入轴反向的扭矩和转速。

### 16.2.4　3 挡运行

3 挡齿轮如图 16.2-4 所示。换挡控制机构拨动 3 挡 /4 挡拨叉轴和拨叉向左（变速箱前端）移动，使 3 挡 /4 挡同步器与 3 挡齿轮啮合，主轴通过 3 挡齿轮接收来自输入轴的扭矩，输出与输入轴反向的扭矩和转速。

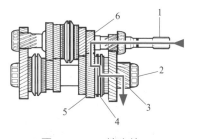

图 16.2-3　2 挡齿轮

1—输入轴；2—输出轴；3—齿数（输出轴）；4—1 挡 /2 挡齿轮同步器总成；5—齿轮（2 挡齿轮）；6—齿数（2 挡齿轮）

### 16.2.5　4 挡运行

4 挡齿轮如图 16.2-5 所示。换挡控制机构拨动 3 挡 /4 挡拨叉轴和拨叉向右（变

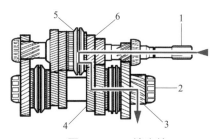

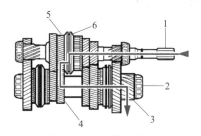

图 16.2-4　3 挡齿轮　　　　图 16.2-5　4 挡齿轮

1—输入轴；2—输出轴；3—齿数（输出轴）；　　1—输入轴；2—输出轴；3—齿数（输出轴）；
4—齿轮（3 挡齿轮）；5—3 挡 /4 挡齿轮同步器　　4—齿轮（4 挡齿轮）；5—齿轮（4 挡齿轮）；
总成；6—齿轮（3 挡齿轮）　　　　　　　　　　6—3 挡 /4 挡齿轮同步器总成

速箱后端）移动，使3挡/4挡同步器与4挡齿轮啮合，主轴通过4挡齿轮接收来自输入轴的扭矩，输出与输入轴反向的扭矩和转速。

 **16.2.6 5挡运行**

5挡齿轮如图16.2-6所示。换挡控制机构拨动5挡/倒挡拨叉轴和拨叉向左（变速箱前端）移动，使5挡/倒挡同步器与5挡齿轮啮合，主轴通过5挡齿轮接收来自输入轴的扭矩，输出与输入轴反向的扭矩和转速。

**16.2.7 倒挡运行**

倒挡齿轮如图16.2-7所示。换挡控制机构拨动5挡/倒挡拨叉轴和拨叉向变速箱后端移动，使倒挡惰轮与输入轴倒挡齿轮和主轴倒挡输出齿轮啮合，主轴输出与输入轴同向的扭矩和转速。

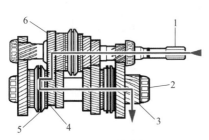

图16.2-6 5挡齿轮

1—输入轴；2—输出轴；3—齿数（输出轴）；
4—齿轮（5挡齿轮）；5—5挡/倒挡齿轮同步器总成；
6—齿轮（5挡齿轮）

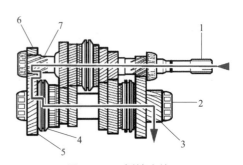

图16.2-7 倒挡齿轮

1—输入轴；2—输出轴；3—齿数（输出轴）；
4—5挡/倒挡齿轮同步器总成；5—齿轮（倒挡齿轮）；
6—倒挡惰轮；7—齿数（倒挡齿轮）

 **16.3 离合器**

 **16.3.1 离合器系统结构**

离合器总成位于发动机和变速箱之间，通过螺栓将离合器总成固定在飞轮的后平面上，离合器的花键毂和变速箱的输入轴刚性连接。在汽车行驶过程中，驾驶员可根据需要踩下或松开离合器踏板，使发动机与变速箱暂时分离和逐渐接合，以切断或传递发动机向变速器输入的动力。离合器系统部件如图16.3-1所示。

（1）**离合器压盘** 离合器压盘是主动件，用螺栓固定在飞轮上。

（2）**离合器盘（离合器片）** 离合器片是从动件，为带花键毂的离合器盘。花键毂能沿输入轴的花键自由轴向滑动,并通过这些花键驱动输入轴。主动件和从动件靠弹簧压力保持接触。该压力是由压盘总成内的膜片弹簧施加的。

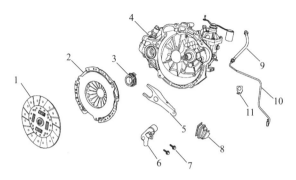

1—离合器从动盘;2—离合器压盘;3—分离轴承;4—变速箱总成;5—分离拨叉;6—离合器分泵;7—离合器分泵固定螺栓;8—分离拨叉护套;9—离合器液压软管;10—离合器分泵进油管;11—离合器液压软管的固定支架

图 16.3-1 离合器系统部件

(3)分离轴承 离合器分离系统包括离合器踏板、分离轴、拨叉和分离轴承。当踩下离合器踏板时,拨叉推动分离轴承。接着分离轴承推动压盘总成内的分离杆,从而使离合器分离。

##  16.3.2 离合器的作用和运行原理

(1)保证汽车平稳起步 起步前汽车处于静止状态,如果发动机与变速箱是刚性连接的,一旦挂上挡,汽车将由于突然接上动力突然前冲,不但会造成机件损伤,而且驱动力也不足以克服汽车前冲产生的巨大惯性力,使发动机转速急剧下降而熄火。如果在起步时利用离合器暂时将发动机和变速箱分离,然后离合器逐渐接合,由于离合器的主动部分与从动部分之间存在着滑转现象,可以使离合器传出的力矩由零逐渐增大,而汽车的驱动力也逐渐增大,从而让汽车平稳地起步。

(2)便于换挡 汽车行驶过程中,经常换用不同的变速箱挡位,以适应不断变化的行驶条件。如果没有离合器将发动机与变速箱暂时分离,那么变速箱中啮合的传力齿轮会因载荷没有卸除,其啮合齿面间的压力很大而难于分开。另外,对于待啮合齿轮会因两者圆周速度不等而难于啮合。即使强行进入啮合也会产生很大的齿端冲击,容易损坏机件。利用离合器使发动机和变速箱暂时分离后进行换挡,则原来啮合的一对齿轮因载荷卸除,啮合面间的压力大大减小,就容易分开。而待啮合的另一对齿轮,由于主动齿轮与发动机分开后转动惯量很小,采用合适的换挡动作就能使待啮合的齿轮圆周速度相等或接近相等,从而避免或减轻齿轮间的冲击。

(3)防止传动系统过载 汽车紧急制动时,车轮突然急剧降速,而与发动机相连的传动系统由于旋转的惯性,仍保持原有转速,这往往会在传动系统中产生远大于发动机转矩的惯性矩,使传动系统的零件容易损坏。由于离合器是靠摩擦力来传递转矩的,所以当传动系统内载荷超过摩擦力所能传递的转矩时,离合器的主、从动部分就会自动打滑,因而起到防止传动系统过载的作用。

# 16.4 车速传感器与倒挡开关

## 16.4.1 车速传感器

车速传感器是一个霍尔传感器，安装在车速传感器驱动齿轮轴上。当变速箱主轴运转时，带动车速传感器驱动齿轮运转，使车速传感器产生电信号并将此信号传递给仪表。

## 16.4.2 倒挡开关

倒挡开关是一个常开开关，当挂入倒挡时，变速箱倒挡拨叉上的拨销会挤压倒挡开关的触头，使得倒挡开关闭合，接通倒车灯线路让倒车灯点亮。

# 16.5 手动变速器故障诊断与排除

## 16.5.1 一般性检查

变速器常见的故障有：换挡困难、齿轮卡死、齿轮碰撞和研磨异响等，然而离合器、驱动系统出现故障也可能造成以上故障现象，所以在维修过程中要仔细分析和区分。在维修之前，要对变速器及离合器进行一般性的检查。

❶ 检查变速器、离合器管路是否有渗油。

❷ 检查变速器油位、变速器油的黏度及颜色，看是否很脏、是否有金属碎粒，从而初步判断变速器内部组件是否有过卡死烧灼或部件碎裂的情况。

❸ 检查变速箱及其周边的部件、螺栓和螺母是否有明显的松动或脱落。

❹ 进行挂挡和路试检查，确认故障出现时车辆所处的状态，以便进行进一步诊断。

## 16.5.2 变速器异响判断

在维修变速器异响之前，要将离合器、驱动轴以及发动机所产生的异响区分开，同时也要排除外部因素所产生的异响、噪声。要对异响进行条件性判断。

（1）道路行驶噪声　如轮胎、路面、车轮轴承、发动机及排气系统所产生的噪声，这些噪声因车辆的尺寸、类型和车身中隔声材料等的不同而有所差异。

（2）驱动轴系统噪声　驱动轴系统作为一种机械装置，在运作时不可能没有一点声音，正常工作时会有一些噪声。为了确认不正常的噪声，采取以下方法。

❶ 要选择良好的路面，以减少轮胎摩擦、车身震动所产生的噪声。

❷ 行驶足够长的路程，以使润滑油得到完全预热。

❸ 要对产生噪声时的车速和变速箱的挡位进行记录。

❹ 发动机停止运转时，是否有异响。

❺ 确定车辆在以下状况行驶时是否产生噪声。a. 慢加速或急加速时。b. 在水平路面上，节气门略开保持匀速行驶时。c. 变速箱挂挡且节气门关闭滑行时。d. 轴承噪声。ⓐ差速器齿轮或轴承噪声。差速器侧轴承噪声和车轮轴承噪声很容易混淆。由于差速器侧轴承带预紧力，即使车轮离开路面，只要差速器、驱动轴在运转，差速器侧轴承噪声也不会明显减轻。ⓑ车轮轴承噪声。变速箱处于空挡且车辆在滑行的过程中，车轮轴承将会持续发出轰鸣声或摩擦声。由于车轮轴承没有预紧力，当车轮离开地面时车轮轴承噪声将明显降低。ⓒ轴承内部磨损、变形，轴承座圈出现压陷，微小磨粒进入轴承及其座圈，异物进入轴承及其座圈使其抱死，轴承及其座圈因磨损变得松旷，这些都会产生噪声，从而使系统无法正常工作。

## 16.5.3　离合器打滑故障排除（表 16.5-1）

表 16.5-1　离合器打滑故障排除

| 序号 | 检查步骤 | 检查结果 | |
| --- | --- | --- | --- |
| 0 | 检查离合器踏板自由行程 | 离合器踏板自由行程过小，离合器打滑 | 调整离合器踏板自由行程 |
| 1 | 检查离合器液压系统是否堵塞或泄漏 | 离合器液压系统堵塞或泄漏，导致压力过低 | 清洁制动液储液罐，清洁油液管路，更换堵塞或泄漏零件 |
| 2 | 检查离合器从动盘总成是否摩擦过大 | 离合器从动盘总成磨损过大 | 更换离合器从动盘总成 |
| 2 | 检查离合器盖总成、飞轮、离合器从动盘总成表面是否有油污 | 离合器从动盘总成表面沾有油污 | 清洁油污，更换离合器从动盘总成 |
| 3 | 检查离合器盖总成膜片弹簧是否损坏 | 离合器盖总成膜片弹簧损坏 | 更换离合器盖总成 |
| 4 | 正确操作后，检查故障是否出现 | 故障未消失 | 从其他症状查找故障 |

## 16.5.4　离合器有噪声或异响排除（表 16.5-2）

表 16.5-2　离合器有噪声或异响故障排除

| 序号 | 检查步骤 | 检查结果 | |
| --- | --- | --- | --- |
| 0 | 在不踩下离合器踏板时，是否有噪声或异响 | ①离合踏板自由行程不够 ②摩擦片过度磨损 | ①调整离合器踏板自由行程 ②更换零件 |
| 1 | 踩下离合器踏板时有噪声或异响 | 分离轴承磨损或损坏 | 更换分离轴承 |
| 2 | 在起步时离合器半离合是否有噪声 | 分离轴承拨叉衬套损坏 | 更换分离轴承拨叉衬套 |
| 3 | 正确操作后，检查故障是否出现 | 故障未消失 | 从其他症状查找故障 |

16.5.5　换挡困难、换挡齿轮有噪声故障排除（表16.5-3）

表16.5-3　换挡困难、换挡过程中齿轮有噪声故障排除

| 序号 | 检查步骤 | 检查结果 | |
|---|---|---|---|
| 0 | 检查换挡杆拉索是否正常 | 换挡杆拉索阻力过大 | 更换换挡杆拉索 |
| 1 | 检查换挡杆机构是否磨损 | 换挡杆机构内球头间隙过大 | 更换换挡杆机构 |
| 2 | 检查离合器踏板自由行程 | 离合器踏板自由行程过大 | 调整离合器踏板自由行程 |
| 3 | 检查离合器液压系统是否漏油或产生气堵 | 离合器液压系统漏油、离合器液压系统产生气堵 | 修复或更换漏油零件、对液压系统排气 |
| 4 | 检查离合器从动盘总成是否正常 | 离合器从动盘总成花键不正常磨损、摩擦片接触面严重不平整 | 更换离合器从动盘总成，检查飞轮、离合器盖总成平面是否平整，若不平整则进行更换 |
| 5 | 检查同步器、同步环是否损坏 | 同步器、同步环损坏 | 更换同步器、同步环 |
| 6 | 检查换挡拨叉轴内互锁销平面是否损坏、有毛刺 | 换挡拨叉轴互锁销表面不平，有毛刺 | 更换互锁销 |
| 7 | 正确操作后，检查故障是否出现 | 故障未消失 | 从其他症状查找故障 |

 16.5.6　变速器内部噪声过大或异常排除（表16.5-4）

表16.5-4　变速器内部噪声过大或异常故障排除

| 序号 | 检查步骤 | 检查结果 | |
|---|---|---|---|
| 0 | 检查变速器油液位是否正常 | 变速器油液位过低，润滑不够 | 加注变速器油至规定位置 |
| 1 | 检查变速器内部是否有异物 | 变速器内部有铁屑 | 检查变速器内部壳体以及齿轮轴承是否损坏，若损坏则更换 |
| 2 | 检查输入、输出轴轴向位置和间隙是否正常 | 输入、输出轴轴向间隙过大 | 重新安装输入、输出轴上的齿轮，调整输入、输出轴上调整垫片 |
| 3 | 检查输入、输出轴前后轴承是否正常 | 输入、输出轴轴承磨损过大 | 更换输入、输出轴轴承 |
| 4 | 检查输入、输出轴齿面是否磨损过大，齿轮齿面是否有毛刺 | 输入、输出轴齿轮磨损过大 | 更换输入、输出轴齿轮 |
| 5 | 正确操作后，检查故障是否出现 | 故障未消失 | 从其他症状查找故障 |

 16.5.7　油封渗油故障排除（表16.5-5）

表16.5-5　油封渗油故障排除

| 序号 | 检查步骤 | 检查结果 | |
|---|---|---|---|
| 0 | 检查差速器油封是否过度磨损 | 差速器油封过度磨损 | 更换差速器前后油封 |
| 1 | 检查驱动轴表面是否磨损 | 驱动轴表面有毛刺、驱动轴表面损坏 | 更换带外花键的万向节壳体 |

续表

| 序号 | 检查步骤 | 检查结果 | |
|---|---|---|---|
| 2 | 检查差速器油封密封胶是否均匀 | 差速器油封密封胶涂抹不均匀 | 更换差速器油封，重新安装差速器油封 |
| 3 | 检查差速器轴承是否损坏 | 差速器轴承损坏 | 更换差速器轴承 |
| 4 | 正确操作后，检查故障是否出现 | 故障未消失 | 从其他症状查找故障 |

 **16.5.8 轴承非正常磨损故障排除（表16.5-6）**

表16.5-6 轴承非正常磨损故障排除

| 序号 | 检查步骤 | 检查结果 | |
|---|---|---|---|
| 0 | 检查润滑油是否有金属杂质 | 润滑油内有大量金属杂质 | 更换变速器润滑油 |
| 1 | 检查润滑油是否符合要求 | 润滑油黏度过稀、润滑油型号不符 | 更换变速器润滑油 |
| 2 | 检查轴承是否为原厂配件 | 轴承为非原厂配件 | 更换原厂配件 |
| 3 | 检查输入、输出轴轴承是否压装到位 | 输入、输出轴轴承未压装到位 | 更换轴承，重新压装 |
| 4 | 正确操作后，检查故障是否出现 | 故障未消失 | 从其他症状查找故障 |

 **16.5.9 行驶中脱挡故障排除（表16.5-7）**

表16.5-7 行驶中脱挡故障排除

| 序号 | 检查步骤 | 检查结果 | |
|---|---|---|---|
| 0 | 目视检查换挡杆操纵机构是否正常 | 换挡杆操纵机构球头间隙过大 | 更换换挡杆操纵机构球头 |
| 1 | 检查自锁销内钢球弹力是否正常 | 自锁销内钢球弹力过小 | 更换自锁销 |
| 2 | 检查同步器滑块内弹簧压力是否正常 | 同步器滑块内弹簧压力过小 | 更换同步器滑块 |
| 3 | 检查同步器齿套磨损是否正常 | 同步器齿套磨损过大 | 更换同步器齿套 |
| 4 | 正确操作后，检查故障是否出现 | 故障未消失 | 从其他症状查找故障 |

 **16.6 手动变速器重要维修操作**

 **16.6.1 拆卸齿轮**

（1）同步器（图16.1-1）　拆卸同步器时要注意，棘爪球是受弹簧牵制的，务必小心将选挡环从同步器齿毂中拆卸下来。

 **注/意**

拆卸之前，应该标注每个组件的位置。

（2）报废卡簧环（图16.6-2） 通常情况下，拆卸下的卡簧环（图16.6-2中箭头位置）不能再进行使用，需要更换新的卡簧环。

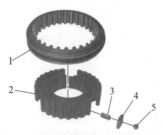

图16.6-1 同步器　　　　　　　　图16.6-2 报废卡簧环

1—选挡环；2—同步器齿毂；3—压缩弹簧；
4—锁环条；5—棘爪球

 16.6.2 拆卸轴承

（1）只拆卸轴承 将输出轴夹紧在台钳上。如果只是更换轴承，按照图16.6-3所示，用拔拉器拆卸轴承。

（2）解体拆卸 如果是解体变速器或者更换输出轴上其他部件，则按照图16.6-4，用压力器拆卸。

图16.6-3 使用拔拉器拆卸轴承

更换5挡齿轮
视频精讲

图16.6-4 使用压力器拆解轴承

更换倒挡齿轮
视频精讲

离合器的作用
视频精讲

离合器总成拆卸与安装
视频精讲

拆卸手动变速器总成
视频精讲

# 自动变速器

## 17.1 自动变速器的特点和类型

### 17.1.1 自动变速器的特点

所有自动变速器有共同的特点，即自动变速器的电控系统包括执行器、传感器和电控单元。自动变速器控制系统框图如图 17.1-1 所示。

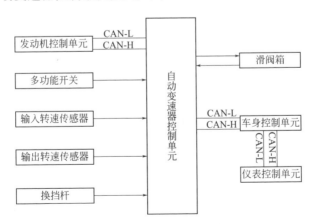

图 17.1-1 自动变速器控制系统框图

## 17.1.2　自动变速器的类型（表 17.1-1）

表 17.1-1　自动变速器的类型

| 类型 | | 说明 | 图示 |
|---|---|---|---|
| 液力自动变速器（AT） | 结构原理 | AT 可以分为液控液力自动变速器和电控液力自动变速器，目前轿车上都采用电控液力自动变速器<br>AT 由复杂的行星齿轮组和诸多的换挡执行元件组成，AT 虽然速比变化是自动实现的，但各挡速比也是固定不变的 |  |
| | 组成 | 动力传递系统；齿轮变速系统；液压控制系统；电子控制系统；冷却控制系统 | |
| 无级自动变速器（CVT） | 结构原理 | CVT 只需两组变速滑轮就能现实无数个前进挡位的速比变化，允许其在最大速比点到最小速比点之间做无级调节，它的速比变速是连续性的，不是固定不变的，只有倒挡的传动比是固定不变的 | |
| | 组成 | CVT 的主要部件是两个滑轮和一条金属带，金属带套在两个滑轮上。滑轮由两片轮盘组成，这两片轮盘中间的凹槽形成一个 V 形，其中一边的轮盘由液压控制机构控制，可以视不同的发动机转速，进行分开与拉近的动作，V 形凹槽也随之变宽或变窄，将金属带升高或降低，从而改变金属带与滑轮接触的直径，相当于齿轮变速中切换不同直径的齿轮。两个滑轮呈反向调节，即其中一个带轮凹槽逐渐变宽时，另一个带轮凹槽就会逐渐变窄，从而迅速加大传动比的变化 | |
| 双离合变速器（DCT） | 结构原理 | DCT 的离合器与普通变速器离合器工作原理和结构一样。双离合器中有两个离合器独立工作。它们将转矩传入相应的传动部分 | |
| | 组成 | DCT 可以形象地设想为将两台变速器的功能合二为一，并建立在单一的系统内，基本上就可看成是两个全同步式变速器并联在一起构成的（这里我们可以分别称为分变速器 1 和分变速器 2） | |
| 自动机械式变速器（AMT） | | AMT 是在传统的手动齿轮式变速器基础上改进而来的，它是揉合了 AT 和 MT 两者优点的机电液一体化自动变速器。它将手动变速器的离合器分离及换挡拨叉等靠人力操纵的部件实现了自动操纵，即通过电动或液压动力实现。驾驶员操纵起来和自动变速器是一样的，这样就实现了手动变速器的自动化，即汽车电控机械式自动变速器 | |

# 17.2 双离合变速器

## 17.2.1　双离合器

　　双离合器系统中的驱动桥有两个离合器。优势在于总是可以同时挂两个挡。其中一个离合器挂奇数挡，另一个离合器挂偶数挡。按照变速器控制模块要求的挡位功能启动相关离合器。比如，6 挡变速器，压力应用于 1 挡、3 挡、5 挡和倒挡的离合器 1 及 2 挡、4 挡、6 挡的离合器 2。双离合器如图 17.2-1 所示。双离合器变速器如图 17.2-2 所示。

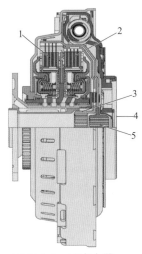

图 17.2-1　双离合器

1—1 挡、3 挡、5 挡和倒挡的离合器 1；2—2 挡、4 挡、
6 挡的离合器 2；3—输入轴（空心轴）；4—变速器内
换挡锁止机构（狗牙）；5—输入轴（中心轴）

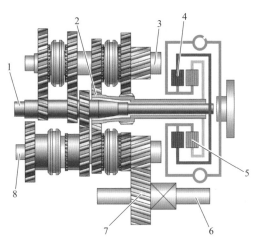

图 17.2-2　双离合器变速器

1—输入轴（中心轴）；2—输入轴（空心轴）；3—输
出轴（1～4 挡）；4—离合器 1；5—离合器 2；6—半轴；
7—差速器；8—输出轴（5 挡、6 挡和倒挡）

## 17.2.2　挡位运行

　　带双离合器的驱动器及两个挡（比率）通过使用双重多片式离合器与电动液压控制启动。其中一个多片式离合器在驾驶模式下启动，另一个在离合器开启、接近下次换挡时已经预先选择。根据加速踏板位置及驾驶员的要求开启前面启动挡的离合器，同时关闭另一个离合器以运行预先选择挡（表 17.2-1）。

表 17.2-1　挡位运行

| 挡位 | 说明 | 运行示意图 |
|---|---|---|
| 1挡 | 通过离合器爪将力矩引入双离合器。在此,动力通过离合器1传送至输入轴(中心轴)。输入轴传送力矩至输出轴1挡(1～4挡)。通过输出小齿轮将力矩传送至差速器 | |
| 2挡 | 通过离合器爪将力矩引入双离合器。在此,动力通过离合器2传送至输入轴(空心轴)。输入轴传送力矩至输出轴2挡(1～4挡)。通过输出小齿轮将力矩传送至差速器 | |
| 3挡 | 通过离合器爪将力矩引入双离合器。在此,动力通过离合器1传送至输入轴(中心轴)。输入轴传送力矩至输出轴3挡(1～4挡)。通过输出小齿轮将力矩传送至差速器。 | |
| 4挡 | 通过离合器爪将力矩引入双离合器。在此,动力通过离合器2传送至输入轴(空心轴)。输入轴传送力矩至输出轴4挡(1～4挡)。通过输出小齿轮将力矩传送至差速器 | |
| 5挡 | 通过离合器爪将力矩引入双离合器。在此,动力通过离合器1传送至输入轴(中心轴)。输入轴传送力矩至输出轴5挡(5挡、6挡及倒挡)。通过输出小齿轮将力矩传送至差速器 | |
| 6挡 | 通过离合器爪将力矩引入双离合器。在此,动力通过离合器2传送至输入轴(空心轴)。输入轴传送力矩至输出轴6挡(5挡、6挡及倒挡)。通过输出小齿轮将力矩传送至差速器 | |
| 倒挡 | 通过离合器爪将力矩引入双离合器。在此,动力通过离合器1传送至输入轴(中心轴)。输入轴传送力矩至输出轴倒挡(5挡、6挡及倒挡)。倒挡中间齿轮确保旋转方向扭转。通过输出小齿轮将力矩传送至差速器 | |

 **自动变速器维修术语**

自动变速器维修术语见表 17.3-1。

表 17.3-1　自动变速器维修术语

| 项目 | 维修术语 / 缩略语 | 解释 / 说明 |
|---|---|---|
| 节气门<br>开度 | 发动机制动 | 在节气门全关减速滑行过程中，发动机通过手动减挡降低车速的状况 |
| | 节气门全开减挡 | 将油门踏板迅速踩到底（满行程），进行强制减挡 |
| | 大节气门开度 | 约油门踏板行程的 3/4，75% 的节气门开度 |
| | 小节气门开度 | 约油门踏板行程的 1/4，25% 的节气门开度 |
| | 中等节气门开度 | 约油门踏板行程的 1/2，50% 的节气门开度 |
| | 最小节气门开度 | 加挡所需的最小节气门开度 |
| | 节气门全开 | 油门踏板的全部行程，100% 的节气门开度 |
| | 节气门全关<br>减速滑行 | 当车辆在行驶且挂在前进挡时，油门踏板完全松开 |
| 换挡<br>状况 | 振击 | 离合器或制动带突然强制接合 |
| | 颤动 | 震颤或跳动。这种状况可能在变矩器离合器接合时最为明显，感觉就像牵引挂车一样 |
| | 滞后 | 这种状况指在一段时间内应该换挡但没有换挡。对此可以这样说明：在踩下油门踏板至节气门半开或全开时，或者在手动减挡到较低挡位时，离合器或制动带接合的速度比预计的慢。该术语也被定义为"延迟"或"延长" |
| | 双重振击（两次感觉） | 离合器或制动带接连两次突然强制接合 |
| | 过早 | 车辆达到适当的速度前进行换挡的状况。这种状况容易使发动机在加挡后空耗 |
| | 末尾振击 | 换挡结束时的感觉比换挡开始时更坚实。该术语也被称为"末尾感觉"或"滑移振击" |
| | 坚实 | 在中到大节气门开度时，离合器或制动带的接合明显加快，被认为是正常现象。不应将这种接合与换挡"生硬"或"不平顺"混淆 |
| | 打滑 | 发动机转速迅速提高，并伴随扭矩瞬时消失的现象。该状况通常在换挡过程中发生 |
| | 生硬（不平顺） | 离合器或制动带的接合过于"坚实"。这种状况在任何节气门开度下都非正常现象 |
| | 游车（频繁变速） | 重复快速进行一系列的加挡或减挡操作使发动机转速发生明显变化，例如 4-3-4 挡换挡模式 |
| | 初始感觉 | 换挡开始时的感觉明显比换挡结束时的感觉更坚实 |
| | 延迟 | 在给定的节气门开度条件下，发动机转速高于正常转速时发生的换挡 |
| | 颤振 | 重复出现的振动现象，类似于"颤动"，但更为剧烈和快速。这种状况可能在特定的车速范围内更明显 |
| | 打滑 | 发动机转速明显提高，而车速却未提高。打滑通常发生在离合器或制动带初始接合期间或之后 |
| | 换挡不灵 | 离合器或制动带发生非常缓慢的、几乎觉察不到的接合，几乎没有换挡感觉 |

| 项目 | 维修术语 / 缩略语 | 解释 / 说明 |
|------|------|------|
| 换挡状况 | 喘振 | 重复出现的、与发动机相关的加速和减速状况，没有"颤动"那么强烈 |
| | 卡滞 | 两个反向离合器和 / 或制动带试图同时接合，引起发动机发生空耗，发动机转速明显损失 |
| 噪声状况 | 传动机构噪声 | "呜呜"声或"隆隆"声，随车速加快可能减弱，并且在节气门略开的轻微加速状态下最为明显。在车辆静止，处于驻车挡（P）或空挡（N）操作挡位时，这种状况也可能非常明显 |
| | 主驱动器噪声 | 与车速有关的"嗡嗡"声，在节气门略开的轻微加速状态下最为明显 |
| | 行星齿轮噪声 | 与车速有关的"呜呜"声，在 1 挡、2 挡、4 挡或倒挡时最为明显。加挡后，这种状况可能减轻或消失 |
| | 泵噪声 | 高音调的"呜呜"声，随发动机转速的提高而显著增强。在车辆静止或行驶时，这种状况在所有操作挡位下都可能很明显 |
| | 变矩器噪声 | "呜呜"声，通常在车辆停止且变速器在前进挡（D）或倒挡（R）时出现。噪声将随发动机转速的提高而增强 |
| 与自动变速器相关的，或维修自动变速器所涉及的自动变速器缩略语 | A/C | 空调 |
| | AC/DC | 交流电 / 直流电 |
| | AT | 自动变速器（电子液压式多挡位自动变速器） |
| | AMT | 自动机械式变速器 |
| | CVT | 无极自动变速器 |
| | CC | 温度控制 |
| | DCT/DSG | 双离合变速器。DTC：D 表示两个，C 表示离合器，T 表示驱动桥。大众公司称为 DSG |
| | DIC/DLC | 驾驶员信息中心 / 数据链路连接器 |
| | DMM/DSC | 数字式万用表 / 驾驶员换挡控制 |
| | DTC/ECCC | 故障诊断码 / 电子控制容量离合器 |
| | EBTCM | 电子制动 / 牵引力控制模块 |
| | ECT/EMI | 发动机冷却液温度 / 电磁干扰 |
| | IAT/IGN | 进气温度 / 点火 |
| | IMS/ISS | 内部模式开关 / 输入轴转速传感器 |
| | MAP/MIL | 进气歧管绝对压力 / 故障指示灯 |
| | NC/NO | 常闭 / 常开 |
| | OBD/OSS | 车载诊断 / 输出轴转速传感器 |
| | PC/PCM | 压力控制 / 动力总成控制模块 |
| | PCS/PS | 压力控制电磁阀 / 压力开关 |
| | PWM/SS | 脉宽调制 / 换挡电磁阀 |
| | STL/TAP | 维修变速器灯 / 变速器自适应压力 |
| | TCC/TFP | 变矩器离合器 / 变速器油压 |
| | TFT/TP | 变速器油温度 / 计算的节气门开度 |
| | VSS/WOT | 车速传感器 / 节气门全开 |

**17.4 自动变速器测试**

 **17.4.1 故障确认和测试方法**

（1）故障确认 根据车主对故障现象的描述，进行故障分析，用技术手段去重现这些症状。如果故障是传动桥不能加挡或减挡，或换挡点太高或太低，则参考自动换挡表来进行下面的道路测试，并模拟故障症状。

（2）测试条件 进行任何测试前检查是否安全。进行这些测试前，确保检查并调整发动机。进行道路测试时，发动机冷却液温度在 60～100℃，ATF 温度在 50～80℃之间为合适。进行这些测试时，空调和巡航控制关闭。

> ⚙ **注/意**
>
> 几乎对于所有的自动变速器故障，首先必须要检查的是 ATF 油量和油品，此项检查非常必要。

更换变速器油
视频精讲

（3）测试方法（表 17.4-1）

表 17.4-1 测试方法

| 测试项目 | 测试方法和步骤 |
| --- | --- |
| 变速器控制开关测试 | 车辆静止且换挡杆置于 D 位置时，将换挡杆切换到 S 位置并使其回到 D 位置。检查并确认仪表显示从 D 切换为相应的 S 位置范围，然后再次返回 |
| S 挡位置测试 | 车辆静止且换挡杆置于 S 位置时，将换挡杆切换到 "+" 和 "−"。检查并确认仪表显示在 S 范围间正确切换 |
| D 挡位置换挡测试 | 正常驾驶车辆时，检查并确认变速器通过各挡可正确加挡和减挡 |
| 锁止功能 | 换挡杆置于 D 位置且以锁止范围（70 km/h 或更高）内的恒速在水平路面上驾驶时，轻轻踩下加速踏板，检查并确认发动机转速没有突然改变 |
| P 挡位置测试 | 将车辆停在斜坡上（约 5° 或更大），然后将换挡杆切换到 P 位置并松开驻车制动器。检查并确认驻车锁定爪将车辆保持在原地 |
| 异常噪声和振动 | 检查向前和向后驾驶车辆期间及换挡操作期间是否有异常噪声和振动 |
| 油液泄漏 | 进行所有其他道路测试检查后，检查是否有油液泄漏 |

 **17.4.2 打滑测试**

（1）测试目的 打滑测试是失速测试，其主要目的是确定变速器-离合器是否能承受发动机的全部扭矩，是否不打滑。通过测量换挡杆置于 D 位置时的失速转速来检查变速器是否存在机械故障和发动机的整体性能。

（2）测试方法

❶ 失速试验的时间不应超过 10s。

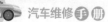

② 拉上手制动器。

③ 启动发动机。

④ 踩下制动踏板，并保持。

⑤ 切换到前进挡 D。

⑥ 完全踩下加速踏板，保持 6s。

⑦ 观察发动机转速。

⑧ 释放加速踏板。

⑨ 切换到倒车挡 R。

⑩ 100% 踩下加速踏板，保持 6s。

⑪ 观察发动机转速，如果观察到发动机转速 >3000r/min，则表示变速器有硬件故障。

> **注 / 意**
>
> 在踩油门踏板的整个过程中需要保持踩住制动踏板。

（3）测试结果（表 17.4-2）

表 17.4-2　测试结果

| 测试结果 / 故障 | 可能的故障原因 |
| --- | --- |
| 换挡杆置于 D 位置时发动机失速转速低 | （1）发动机输出功率可能不足<br>（2）定子单向离合器工作不正常<br>（3）如果比规定值低且转速大于 600r/min，则表示变矩器很可能存在故障 |
| 换挡杆置于 D 位置时发动机失速转速高 | （1）管路压力太低<br>（2）前进挡离合器打滑<br>（3）单向离合器工作不正常<br>（4）油液液位不当 |

 **自动变速器故障诊断**

 **17.5.1　自动变速器电气故障（表 17.5-1）**

表 17.5-1　自动变速器电气故障

| 故障表现 | 可能的原因 / 部件 |
| --- | --- |
| 不能加挡（1 挡→2 挡、2 挡→3 挡） | ECM |
| 不能加挡（3 挡→4 挡） | ①变速器控制开关电路；②ECM |
| 不能减挡（4 挡→3 挡、3 挡→2 挡、2 挡→1 挡） | ECM |
| 不能锁止或不能解除锁止 | ECM |
| 换挡点过高或过低 | ECM |
| 在发动机冷机时，从 3 挡加挡至 4 挡 | ①发动机冷却液温度传感器电路；②ECM |
| 换挡杆置于 S 位置时，将挡位切换到 "+" 或 "−" 时挡位不改变 | ①变速器控制开关电路；②换挡拨板装置电路；③ECM |

| 故障表现 | 可能的原因 / 部件 |
| --- | --- |
| 将拨板装置切换到 "+" 或 "–" 时挡位不改变 | ①换挡拨板装置电路；②变速器控制开关电路；③ECM |
| 接合生硬（N→D、锁止、任何行驶挡位） | ECM |
| 加速表现不佳 | ECM |
| 启动或停车时发动机失速 | ECM |
| 换挡故障 | ①驻车 / 空挡位置开关电路；②ECM |

 ## 17.5.2　自动变速器内部故障（表 17.5-2）

表 17.5-2　自动变速器内部故障

| 故障表现 | 可能的原因 / 部件 |
| --- | --- |
| 在任一前进挡和倒挡位置时车辆都不移动 | ①手动阀；②阀体总成；③前、后行星齿轮；④行星齿轮；⑤单向离合器（F2）；⑥前进挡离合器（C1）；⑦制动器（B3） |
| 在 R 位置时车辆无法移动 | ①前、后行星齿轮组；②行星齿轮组；③直接挡离合器（C2）；④制动器（C3）；⑤1 挡和倒挡制动器（B2） |
| 不能加挡（1 挡→2 挡） | ①阀体总成；②1 号单向离合器（F1）；③2 挡制动器（B1） |
| 不能加挡（2 挡→3 挡） | ①阀体总成；②直接挡离合器（C2） |
| 不能加挡（3 挡→4 挡） | ①阀体总成；②离合器（C3） |
| 不能减挡（4 挡→3 挡、3 挡→2 挡、2 挡→1 挡） | 阀体总成 |
| 不能锁止或不能解除锁止 | ①阀体总成；②变矩器总成 |
| 接合生硬（N→D） | ①阀体总成；②前进挡离合器（C1）；③单向离合器（F2）；④1 号单向离合器（F1） |
| 接合生硬（N→R） | ①阀体总成；②直接挡离合器（C2）；③1 挡和倒挡制动器（B2） |
| 接合生硬（锁止） | ①阀体总成；②变矩器总成 |
| 接合生硬（2 挡→3 挡、3 挡→4 挡、4 挡→3 挡） | 阀体总成 |
| 侧滑或打颤（前进挡位置：暖机后） | ①滤油网；②变矩器总成；③前进挡离合器（C1）；④直接挡离合器（C2）；⑤制动器（C3）；⑥1 号单向离合器（F1）；⑦单向离合器（F2） |
| 侧滑或打颤（R 位置） | ①滤油网；②直接挡离合器（C2）；③1 挡和倒挡制动器（B2） |
| 侧滑或打颤（1 挡） | 1 号单向离合器（F1） |
| 侧滑或打颤（2 挡） | ①单向离合器（F2）；②2 挡制动器（B1） |
| 侧滑或打颤（3 挡） | 直接挡离合器（C2） |
| 侧滑或打颤（4 挡） | 离合器（C3） |
| 无发动机制动（1～3 挡：D 位置） | 制动器（B3） |
| 无发动机制动（1 挡：L 位置） | 1 挡和倒挡制动器（B2） |
| 无发动机制动（2 挡：2 位置） | 2 挡制动器（B1） |
| 加速表现不佳（所有换挡杆位置） | ①变矩器总成；②行星齿轮 |
| 加速表现不佳（4 挡） | ①离合器（C3）；②行星齿轮 |
| 启动或停车时换挡冲击较大或发动机失速 | 变矩器总成 |
| 不能降挡 | 阀体总成 |

# 第18章

# 转向系统

## 18.1 转向系统类型与原理

没有助力的转向系统已经成为历史，现代汽车上配置的助力转向系统有三种：机械式液压助力转向系统、电子液压助力转向系统和电动助力转向系统（表18.1-1）。轿车通常采用小的齿轮齿条式助力转向器。商用大中型车一般采用循环球式转向器。

表 18.1-1　转向系统类型

| 类型 | | 说明 | 图示 |
|---|---|---|---|
| 机械式液压助力转向系统 | 结构原理 | 动力转向器按结构形式可分为齿轮齿条转向器、蜗杆曲柄销式转向器和循环球式转向器等。对转向器结构形式的选择，主要是根据汽车的类型、前轴负载、使用条件等确定的。齿轮齿条转向器一般用于轻型汽车，而循环球式转向器一般多用于重型车辆 | 油罐　方向盘　进油管　转向泵　低压油管　转向轴　高压油管　转向管柱　横拉杆球头　拉杆　转向器 |
| | 组成 | 液压助力转向系统主要由机械部分和液压助力装置两部分组成。<br>机械部分由动力转向器、转向柱、转向球头、转向拉杆等组成。<br>液压助力装置部分由转向助力泵（液压泵）、储油罐和管路等组成 | |

续表

| 类型 | | 说明 | 图示 |
|---|---|---|---|
| 电子液压助力转向系统 | 结构原理 | 电子液压转向助力系统的液压泵不再靠发动机皮带直接驱动，而是采用一个电动泵，它所有的工作状态都是由电子控制单元根据车辆的行驶速度、转向角度等信号计算出的最理想状态<br>扭矩传感器与转向轴连接在一起，当转向轴转动时，传感器工作，将信号传给 ECU，ECU 根据车速决定电动机的助力效果 | |
| | 组成 | 由储油罐、助力转向控制单元、电动泵、转向机、助力转向传感器等组成，其中助力转向控制单元和电动泵是一个整体结构 | |
| 电动助力转向系统 | 结构原理 | 传感器与转向轴（小齿轮轴）连接在一起，当转向轴转动时，转矩传感器开始工作，把输入轴和输出轴在扭杆作用下产生的相对转动角位移变成电信号传给电子控制单元，电子控制单元根据车速传感器和转矩传感器的信号决定电动机的旋转方向和助力电流的大小，从而完成实时控制助力转向 | |
| | 组成 | 电动助力转向系统（EPS）是一种直接依靠电动机提供辅助扭矩的动力转向系统，EPS 主要由扭矩传感器、车速传感器、电动机、减速机构和电子控制单元等组成 | |

## 18.2　与转向系统相关联的一般性检查

在维修之前，先要确认故障。检查胎压是否正常、是否有明显的机械或电气损坏的痕迹、机械转向管柱总成轴活动联结头上的加紧螺栓是否松动、机械转向管柱总成安装支架上固定螺栓是否松动等。

（1）轮胎和车轮

❶ 检查轮胎气压是否合适，磨损是否均匀。

❷ 轮胎是否失圆。

❸ 轮胎是否失去平衡。

❹ 车轮轴承是否松动或有噪声。

（2）悬架系统　前悬架、后悬架、连杆部件是否松动或损坏。

（3）转向系统

❶ 机械转向管柱总成与转向器之间的接合处是否连接松动或磨损。

万向传动装置概述
视频精讲

❷动力转向泵总成、转向器及管路是否泄漏。

❸动力转向液液面是否正确。

❹转向拉杆及球头是否松旷，护罩是否开裂。

 **与转向系统关联的故障（表18.3-1）**

表18.3-1　与转向系统关联的故障

| 故障表现 | 故障可能的部位及可能的原因 | | 故障排除/措施 |
|---|---|---|---|
| 转向困难 | 轮胎 | 充气不足或胎面损坏 | 充气或更换轮胎 |
| | 动力转向液液位 | 动力转向液液位低 | 添加动力转向液 |
| | 传动皮带 | 传动皮带松动 | 预紧或更换传动皮带 |
| | 前车轮定位 | 前车轮定位不正确 | 调整前车轮定位 |
| | 动力转向器横拉杆球头 | 动力转向器横拉杆球头磨损 | 更换横拉杆球头 |
| | 下摆臂球头 | 下摆臂球头磨损 | 更换下摆臂球头 |
| | 前减振器上支座总成 | 前减振器上支座总成磨损 | 更换前减振器上支座总成 |
| | 转向管柱内轴 | 转向管柱内轴卡滞 | 维修或更换转向管柱 |
| | 上、下中间轴总成万向节（磨损锈蚀） | 万向节磨损锈蚀 | 润滑或更换机械转向管柱总成中间轴 |
| | 动力转向泵总成（内部泄压或堵塞、泵叶片损坏） | 动力转向泵总成内部泄压或堵塞、泵叶片损坏 | 更换动力转向泵总成 |
| | 动力转向器（内部泄压、控制阀或齿条卡滞或损坏） | 动力转向器内部泄压、控制阀或齿条卡滞或损坏 | 更换动力转向器 |
| 方向盘复位不良 | 轮胎 | 充气不足 | 充气或更换轮胎 |
| | 前车轮定位 | 前车轮定位不正确 | 调整前轮定位 |
| | 下摆臂球头 | 下摆臂球头卡滞 | 修理或更换下摆臂球头 |
| | 万向节 | 万向节锈蚀或卡滞 | 润滑或更换上、下中间轴总成 |
| | 转向管柱内轴 | 转向管柱内轴卡滞 | 修理、润滑或更换转向管柱 |
| | 动力转向器 | 动力转向器控制阀黏滞或齿条轴承预紧力过高、卡滞 | 清洗转向液压系统或修理、更换动力转向器 |
| | 前减振器上支座总成 | 前减振器上支座总成磨损 | 更换前减振器上支座总成 |
| 转向系统行程过大 | 转向器横拉杆 | 转向器横拉杆松动 | 紧固或更换转向器横拉杆 |
| | 下摆臂球头 | 下摆臂球头磨损或松动 | 更换下摆臂球头 |
| | 前轮轴承 | 前轮轴承磨损或松动 | 更换前轮轴承 |
| | 动力转向器转向横拉杆总成 | 动力转向器转向横拉杆总成固定螺栓松动 | 紧固固定螺栓 |
| | 前减振器上支座总成 | 前减振器上支座总成磨损 | 更换前减振器上支座总成 |
| 噪声 | 动力转向液液位 | 动力转向液液位低 | 添加转向液 |
| | 转向管柱 | 转向管柱内轴、轴承松动 | 修理或更换转向管柱 |
| | 万向节 | 万向节松旷 | 紧固或更换上、下中间轴总成 |
| | 动力转向器转向横拉杆总成 | 动力转向器转向横拉杆总成固定螺栓松动 | 紧固固定螺母 |

续表

| 故障表现 | 故障可能的部位及可能的原因 | | 故障排除 / 措施 |
|---|---|---|---|
| 噪声 | 转向器横拉杆 | 转向器横拉杆松动 | 紧固固定螺母或更换横拉杆球头 |
| | 动力转向器 | 动力转向器齿条轴承预紧力过松 | 更换动力转向器 |
| | 动力转向泵总成 | 动力转向泵总成流量控制阀或泵叶片损坏 | 更换动力转向泵总成 |
| 方向盘反弹过大或转向器过松 | 动力转向系统 | 动力转向系统内有空气 | 对动力转向系统进行排空气 |
| | 动力转向器转向横拉杆总成的连接 | 动力转向器转向横拉杆总成的连接松旷 | 紧固连接螺母 |
| | 转向横拉杆球头 | 转向横拉杆球头松动 | 紧固或更换转向横拉杆球头 |
| | 前轮轴承 | 前轮轴承磨损 | 更换前轮轴承 |
| | 动力转向器 | 动力转向器内部松动 | 修理或更换动力转向器转向横拉杆总成 |
| 甩尾或转向不稳 | 前轮定位 | 前轮定位不正确 | 调整前轮定位 |
| | 前悬架 | 前悬架定位不准确 | 调整紧固前悬架部件 |
| | 车轮与轮胎 | 车轮与轮胎失平衡 | 轮胎动平衡或更换轮胎、轮辋 |
| | 前轮轴承 | 前轮轴承磨损松旷 | 更换前轮轴承 |
| | 减振弹簧 | 减振弹簧断裂或疲软 | 更换减振弹簧 |
| | 前减振器 | 减振器座或轴承松旷 | 紧固或更换前支柱 |
| | 制动系统 | 制动系统松动或工作不正常 | 检修制动系统 |
| | 后悬架 | 后悬架定位不准确或松动 | 调整紧固后悬架部件 |
| 制动时转向不稳定 | 前悬架 | 前悬架主销纵倾不均匀、不正确 | 检查、调整前悬架定位 |
| | 下摆臂 | 下摆臂松旷 | 紧固或更换下摆臂衬套 |
| | 制动盘 | 制动盘变形 | 更换制动盘 |
| | 减振弹簧 | 减振弹簧断裂或疲软 | 更换减振弹簧 |
| | 前或后轮轴承 | 前或后轮轴承磨损松旷 | 更换前或后轮轴承 |
| | 制动系统 | 制动系统制动力不均匀、不正确 | 检修制动系统 |
| 左或右偏移 | 不良车辆姿态（前部或后部过高或过低） | | 检查螺旋弹簧或非标准型弹簧是否存在异常载荷 |
| | 不正确的车轮定位 | | 检查车轮定位，必要时予以调整 |
| | 前副车架错误定位 | | 使用专用工具和合适的垫圈，检查前副车架定位 |
| | 前轮轴承磨损 | | 必要时检查并安装新的车轮轴承 |
| | 制动系统 | | 检查制动系统 |
| | 转向连杆 | | 进行转向连杆组件测试 |
| | 转向齿轮 | | 进行转向齿轮组件测试 |
| | 车轮与轮胎 | | 检查车轮和轮胎 |
| 方向盘偏心 | 不良车辆姿态（前部或后部过高或过低） | | 检查螺旋弹簧或非标准型弹簧是否存在异常载荷 |
| | 不正确的车轮定位 | | 检查车轮定位，必要时进行调整 |
| | 前悬架下控制臂球接头 | | 进行球接头检查组件测试 |
| | 转向连杆 | | 进行转向连杆组件测试 |
| | 转向齿轮 | | 进行转向齿轮组件测试 |

更换前轮轴承
视频精讲

续表

| 故障表现 | 故障可能的部位及可能的原因 | 故障排除 / 措施 |
|---|---|---|
| 振动 | 不正确的车轮定位 | 检查车轮定位，必要时进行调整 |
| | 车轮与轮胎 | 检查车轮与轮胎。如有必要，平衡或安装新车轮和轮胎 |
| | 前轮轴承损坏或磨损 | 必要时检查并安装新的车轮轴承 |
| | 前支柱和弹簧总成 | 如有必要，检查并安装新悬架部件 |
| | 前悬架下控制臂损坏 | 如有必要，检查并安装新悬架部件 |
| | 转向连杆 | 进行转向连杆组件测试，参见转向连杆组件测试 |
| 转向力过高 / 低 | 动力转向软管限制 | 检查动力转向软管是否损坏、扭结或受限制。如有必要，安装新部件 |
| | 动力转向液压油受到污染 | 冲洗动力转向系统 |
| | 动力转向油充气 | 为动力转向系统放气 |
| | 转向齿轮地板密封接触情况 | 检查地板密封安装是否正确 |
| | 转向管柱 | ① 检查底板护盖是否妨碍转向小齿轮 ② 检查地板密封安装是否正确 ③ 进行转向管柱万向接头组件测试 |
| | 转向连杆 | 进行转向连杆组件测试 |
| | 转向齿轮 | 进行转向齿轮组件测试 |
| | 动力转向泵磨损 | 更换动力转向泵 |
| 噪声过度 | 动力转向操作噪声 | 进行动力转向操作噪声检查 |
| | 动力转向油充气 | 为动力转向系统放气 |
| | 动力方向盘线 | ① 检查动力方向盘线夹是否固定 ② 检查动力方向盘线与车身、前轴横梁以及转向齿轮之间的间隙 ③ 检查转向齿轮传输管路与转向齿轮是否有间隙 |
| | 转向齿轮固定螺栓松动 | 必要时检查并安装新螺栓 |
| | 动力转向泵 | 安装新的动力转向泵 |
| | 拉杆 | 进行拉杆组件测试 |
| 转向不随轮速增加而变化 | 拉杆端磨损 | 如有必要，安装新部件 |
| | 前悬架轴衬磨损 | 如有必要，检查并安装新部件 |
| | 悬架球接头磨损 | 进行球接头检查组件测试 |
| | 转向齿轮绝缘衬套磨损或毁坏 | 如有必要，检查并安装新部件 |
| | 转向齿轮（管柱）固定螺栓松动 | 必要时检查并安装新的螺栓 |
| | 转向小齿轮固定螺栓与转向管柱的连接松动 | 必要时检查并安装新的螺栓 |
| | 转向齿轮背隙过大 | 进行转向连杆组件测试 |

# 18.4 转向柱和方向盘故障

　　按表 18.4-1 中数字降序排列来表示故障可能原因，按顺序检查零部件，必要时更换。

表 18.4-1　转向柱和转向盘故障

| 故障表现 | 可能的部位 | 可能的故障原因 | 故障排除 / 措施 |
|---|---|---|---|
| 方向盘松动 | ①方向盘固定螺母 | 方向盘固定螺母松动 / 损坏 | 紧固或更换螺母 |
| | ②机械转向管柱总成系统的连接螺栓 | 机械转向管柱总成系统的连接螺栓松动 / 损坏 | 紧固或更换螺栓 |
| | ③万向节 | 万向节磨损 | 更换上、下中间轴总成 |
| | ④方向盘花键套 | 方向盘花键套磨损 | 更换方向盘 |
| | ⑤转向管柱花键轴 | 转向管柱花键轴磨损 | 更换转向管柱 |
| | ⑥中间轴花键套 / 轴 | 中间轴花键套 / 轴磨损 | 更换上、下中间轴 |
| | ⑦动力转向器带横拉杆总成 | 动力转向器带横拉杆总成磨损 | 更换动力转向器带横拉杆总成 |
| 机械转向管柱总成松动 | ①机械转向管柱安装螺栓 | 机械转向管柱安装螺栓松动 / 损坏 | 紧固或更换 |
| | ②机械转向管柱总成安装支座 | 机械转向管柱总成安装支座损坏 | 更换仪表台托架 |
| | ③机械转向管柱总成 | 机械转向管柱总成损坏 | 更换机械转向管柱总成 |
| 机械转向管柱总成内有噪声 | ①机械转向管柱总成安装螺栓 | 机械转向管柱总成安装螺栓松动 / 损坏 | 紧固或更换 |
| | ②安全气囊时钟弹簧 | 安全气囊时钟弹簧松动 / 损坏 | 重新安装或更换时钟弹簧（更换滑环或方向盘） |
| | ③机械转向管柱总成系统的连接螺栓 | 机械转向管柱总成系统的连接螺栓松动 / 损坏 | 紧固或更换螺栓 |
| | ④机械转向管柱总成轴 / 轴承 | 机械转向管柱总成轴 / 轴承磨损 | 更换机械转向管柱总成 |
| | ⑤万向节 | 中间轴万向节缺少润滑 / 磨损 | 涂抹润滑脂或更换 |
| 转向管柱倾角调节功能不正常 | ①转向管柱倾斜锁止块 | 转向管柱倾斜锁止块卡住 | 清理杂质、除锈、润滑锁止块或更换转向管柱 |
| | ②转向管柱倾角调节手柄 | 转向管柱倾角调节手柄松动 / 损坏 | 紧固固定螺母或更换把手 |
| | ③转向管柱倾斜弹簧 | 转向管柱倾斜弹簧无力 / 损坏 | 重新安装或更换弹簧 |
| | ④机械转向管柱总成倾斜枢轴 | 机械转向管柱总成倾斜枢轴锈蚀 / 损坏 | 除锈、润滑或更换机械转向管柱总成 |
| 机械转向管柱总成锁止困难 / 无法锁止 | ①点火开关锁 | 点火开关锁发卡 / 损坏 | 除锈、润滑或更换点火开关 |
| | ②点火开关锁销 | 点火开关锁销断裂 / 损坏 | 更换点火开关 |
| | ③机械转向管柱总成内轴 | 机械转向管柱总成内轴损坏 | 更换机械转向管柱总成 |
| 机械转向管柱总成解锁困难 / 无法解锁 | ①点火开关锁 | 点火开关锁发卡 / 损坏 | 除锈、润滑或更换点火开关 |
| | ②点火钥匙 | 点火钥匙磨损 / 损坏 | 更换点火开关 |

# 18.5　电动助力转向系统故障

EPS 控制模块根据接收来自每个传感器和 CAN 通信（控制区或网络）的信息控

制电动机工作，转向辅助的控制比传统发动机驱动液压系统更精确、准时。

（1）故障检查注意事项　EPS 系统的扭矩传感器、失效保护继电器等，一般置于转向柱和 EPS 总成内，不能分解转向柱和 EPS 总成来检查或更换部件。电动助力转向系统故障检查注意事项见表 18.5-1。

表 18.5-1　电动助力转向系统故障检查注意事项

| 故障因素 | 检查项目 | 现象 | 说明 | 注意事项 / 措施 |
|---|---|---|---|---|
| 掉落、碰撞和超负荷 | 电动机 | （1）噪声异常 | ①出现可见或不可见损坏。使用曾掉落的部件会导致方向盘跑偏<br>②电动机的精确部件 /ECU 感测振动和碰撞 | ①不要使用碰撞过的 EPS<br>②每个部件都不要超负荷 |
|  | ECU | （2）电路损坏<br>①焊接点损坏<br>②PCB 损坏<br>③精确部件损坏 |  |  |
|  | 扭矩传感器 | 转向力不足 | 输入轴超负荷导致扭矩传感器故障 | ①不要碰撞连接器部件（插入和扭转时）<br>②使用专用工具拆卸方向盘（不要敲击）<br>③不要使用碰撞过的 EPS |
|  | 轴 | 转向力不足（左右之间不均匀） |  | 不要使用碰撞过的 EPS |
| 拔出 /凹进 | 线束 | ①电源工作故障<br>②EPS 故障 | 线束连接部分和线束之间分离 | 禁止线束超负荷 |
| 存储温度异常 | 电机 /ECU | 电机 /ECU 工作不正常，转向力异常 | ①正常情况下防水<br>②即使少量的湿气也可以导致电动机 /ECU 精确部件故障 | ①存储时，保持正常温度和适当湿气<br>②避免浸湿 |

（2）一般性检查　检查和维修 EPS 系统前后，根据表 18.5-2 中的正常情况，比较系统状态。如果检查有异常现象，根据情况维修和更换。

表 18.5-2　电动助力转向一般性检查

| 测试条件 | 正常状态：电动机不提供转向助力 | | |
|---|---|---|---|
|  | 症状 | 可能原因 | 措施 |
| 点火开关"OFF" | 电动机提供转向助力 | 点火开关电源故障 | 检查点火开关电源电路 |
| 测试条件 | 正常条件：电动机不提供转向助力，警告灯亮 | | |
|  | 症状 | 可能原因 | 措施 |
| 点火开关"ON" /发动机"OFF" | 电动机提供转向助力 | 没有接收到 EMS CAN 信号 | 检查 CAN 线路 |
|  | 警告灯不亮 | 仪表盘故障 | 检查仪表盘和仪表盘线束 |
| 测试条件 | 正常状态：电动机提供转向助力，警告灯不亮 | | |
|  | 症状 | 可能原因 | 措施 |
| 点火开关"ON" /发动机"ON" | 警告灯亮，电动机不提供转向助力 | EPS（常时电源）和点火开关电源故障 | 检查 EPS（常时电源）的连接器和线束及点火开关电源电路 |
|  |  | 检测出 DTC | 使用诊断仪完成自我检测，维修或更换 |
|  | 警告灯亮，电机提供转向助力 | EPS 和仪表盘之间 CAN 通信故障 | 检查 CAN 线路 |

第19章

# 制动系统

电子机械式
驻车制动器
视频精讲

## 19.1 制动系统类型与原理

　　制动系统通过传输作用在制动踏板上的力以及通过驾驶员作用在每个车轮上的制动力进行工作。制动力通过液压系统分散至各个车轮。该系统使用制动增压器辅助其工作。制动增压器可以减少踏板作用力、增加液压力。驻车制动在后车轮上运行，并通过手动控制器启动。

　　除了基本的液压制动系统外，汽车上还需要驻车制动，现在轿车通常配置电子驻车制动系统较多，机械驻车制动（手制动）在一些低配置的汽车上依然使用（表19.1-1）。

表 19.1-1　制动系统类型

| 类型 | | 说明 | 图示 |
|---|---|---|---|
| 液压制动（基本的制动系统） | 结构原理 | 制动系统采用对角线分开式双回路设计，具有前和后盘式制动器。液压系统为每一对对角线相对式车轮（如左前、右后和右前、左后）提供独立的电路。前制动钳为单一滑动活塞设计，以确保给每个制动衬块施加相等的作用力 | 制动总泵　制动助力器　制动软管　制动油管　液压控制单元（HCU） |
| | 组成 | 制动总泵；各车轮的盘式或鼓式制动器；制动管路；制动助力器 | |

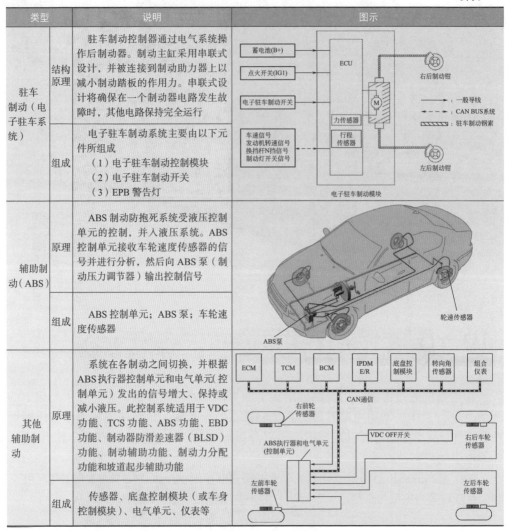

| 类型 | | 说明 | 图示 |
|---|---|---|---|
| 驻车制动（电子驻车系统） | 结构原理 | 驻车制动控制器通过电气系统操作后制动器。制动主缸采用串联式设计，并被连接到制动助力器上以减小制动踏板的作用力。串联式设计将确保在一个制动器电路发生故障时，其他电路保持完全运行 | |
| | 组成 | 电子驻车制动系统主要由以下元件所组成<br>（1）电子驻车制动控制模块<br>（2）电子驻车制动开关<br>（3）EPB 警告灯 | |
| 辅助制动（ABS） | 原理 | ABS 制动防抱死系统受液压控制单元的控制，并入液压系统。ABS 控制单元接收车轮速度传感器的信号并进行分析，然后向 ABS 泵（制动压力调节器）输出控制信号 | |
| | 组成 | ABS 控制单元；ABS 泵；车轮速度传感器 | |
| 其他辅助制动 | 原理 | 系统在各制动之间切换，并根据 ABS 执行器控制单元和电气单元（控制单元）发出的信号增大、保持或减小液压。此控制系统适用于 VDC 功能、TCS 功能、ABS 功能、EBD 功能、制动器防滑差速器（BLSD）功能、制动辅助功能、制动力分配功能和坡道起步辅助功能 | |
| | 组成 | 传感器、底盘控制模块（或车身控制模块）、电气单元、仪表等 | |

此外，随着汽车安全性、稳定性的要求越来越高，除 ABS 防抱死系统外，汽车上还配置了很多辅助制动系统，如电子制动力分配系统（EBD）、牵引力控制系统（TCS）、车身动态稳定系统（ESC）、制动增压系统（HBB）等，这些都属于制动系统范畴。

## 19.2 六大辅助制动系统

### 19.2.1 电子制动力分配系统（EBD）

在特定的制动情况下，例如紧急制动时，由于此时车辆的重心前移，因此相对于前轮来说，后轮仅需较少的制动力即可达到制动的目的。电子制动力分配系统可检测出制动时前、后轮之间的稍微打滑，并通过电子方式控制前、后轮制动液压的比例，以产生有效的制动力，避免因后轮过早抱死而造成车辆失控等情形的发生，有助于改善车辆操控稳定性。当 EBD 发生故障时，控制模块内部的故障 - 安全功能会启动，以关闭 ABS 与 EBD 的功能，并点亮 ABS 警告灯与制动系统警告灯。当 EBD 动作时，制动踏板可能会有轻微的震动，并且会听到机械噪声，此为正常情况。车辆发动后，制动踏板可能会震动，或者可能听见从发动机室发出电动机发出的噪声，此为 ABS 动作检查的正常状态。

 ## 19.2.2　牵引力控制系统（TCS）

ABS/ESC 电气单元会根据轮速传感器的输入信号来检测驱动轮的滑移率。例如当车辆加速时，驱动轮发生打滑，此时系统会对制动液油压与发动机的动力输出进行控制。通过电子节气门开启度的控制，以降低发动机扭矩并减少车轮的滑移率。根据道路的状况，车辆可能会有反应迟钝的感觉，此为正常的现象。因为当 TCS 动作时，最佳的牵引力性能是最优先的考量。车辆突然加速或突然减速换挡，以及行驶在有不同路面摩擦系数的道路上时，TCS 可能会启动。TCS 有助于改善车辆的加速性能与减少轮胎的磨耗。TCS 动作时，打滑指示灯会闪烁以告知驾驶员该系统正在起作用。

 ## 19.2.3　车身动态稳定系统（ESC）

车身动态稳定系统通过方向盘转向角传感器与制动总泵压力传感器等信号，以得知车辆行驶时，驾驶员的转向操作量与制动操作量。另外，车辆的实际行驶状况（例如转向不足或转向过度的程度）则根据偏航率/侧向加速度传感器、轮速传感器等信息来决定。通过这些信息，控制系统可以预测驾驶员预期行驶的转向路径，以及目前车辆实际行驶的路径，如果车辆无法行驶至正确路径时，系统将会介入以控制特定车轮的制动力，并经由电子节气门来控制发动机扭矩的输出，以修正车辆的动态行驶路径，使车辆接近原先预期行驶的路径，进一步提升车辆行驶时的稳定性，以及降低车辆倾覆的可能性。ESC 动作时，打滑指示灯会闪烁以告知驾驶员该系统正在起作用。在 ESC 动作时，车身和制动踏板会有轻微震动并且会听到机械噪声，此为正常情况。ABS 警告灯、TCS OFF 指示灯与打滑指示灯、ESC 警告灯在车辆承受强烈的摇晃或大幅的震动时可能会点亮，例如发动机运转时处于旋转台上、船舶上或在陡峭的斜坡上时。如发生上述情况，请在正常的路面上重新启动发动机，若 ABS 警告灯、TCS OFF 指示灯与打滑指示灯、ESC 警告灯熄灭，则代表系统正常。

 ## 19.2.4　制动增压系统（HBB）

制动增压系统通过空气压力传感器的信号，以得知目前制动助力器大气侧的真

空压力值。当系统检测到制动助力器内的真空压力值不足（如车辆在高海拔地区而使发动机负压不足）时，ABS/ESC ECU与液压控制单元（HCU）会主动建立制动油压，以提升制动性能。制动增压系统可延伸制动线性踩踏感。当系统主动建立制动油压时，制动踏板可能会有轻微的震动，并且会听到机械噪声，此为正常情况。

##  19.2.5 斜坡起步辅助系统（HSA）

HSA是针对车辆在上坡起步的情形下，由于驾驶经验不足或操作不慎等原因，极易使车辆向前或向后滑动并可能导致碰撞事故的发生。车辆在陡峭坡面上时，当驾驶员放开制动踏板，系统会主动介入制动最长达2s，使准备斜坡起步的车辆在坡上能保持静止状态而不会往前或往后滑动，给予驾驶员足够的时间踩下油门踏板，若驱动力足以使车辆行进，则系统会退出。本系统可以有效减轻驾驶员在斜坡上停车或起步的心理负担，并确保车辆起步时驾驶员能始终双手紧握方向盘，专注于油门的操作，为驾驶员提供如平地般的驾驶便捷性。

（1）HSA需符合以下所有条件才会启动

❶ 车辆停在坡度4%以上的斜坡上（可动作坡度范围为4%～40%）。

❷ 制动踏板踩下且车辆稳固地停止在斜坡上。

❸ D挡前进上坡或R挡倒车上坡（D挡前进下坡及R挡倒车下坡不会动作）。

❹ 驾驶员侧车门关闭且驻车制动未动作。

（2）HSA符合以下任一条件时系统即会退出

❶ 系统动作时间已达2s。

❷ 发动机扭矩足够使车辆起步时。

❸ 系统动作过程中，若开启驾驶员侧车门，则系统再持续0.5s后退出。

❹ 系统动作过程中，换挡杆换入N挡则马上退出。

❺ 系统动作过程中，检测到任一驱动轮的轮速过大则马上退出。

HSA动作时仅动作阀门，不会使电动机动作来建立油压，故驾驶员并不会察觉任何震动及动作声。

##  19.2.6 紧急制动辅助系统（PBA）

在一般正常情况下，大多数驾驶员在制动时会根据情况增加或调整对制动踏板的施加力，如果突然遇到紧急状况，大部分驾驶员的反应都还算快，但是在踩下制动踏板时却往往无法立即以最大的力对制动踏板施加最大的压力，又或是驾驶员反应有点慢时，在这种情况将会造成制动力不足，导致制动距离过长而发生意外或危险。

在配备PBA系统的车上如遇到上述的情况时，PBA会利用传感器检测驾驶员对制动踏板的踩踏力与速度，将信号传送到电脑，由电脑判断驾驶员制动的意图。如果判断为一般正常的制动动作，则PBA不会启动ABS动作，而如果判断为非常紧急的制动时，PBA会在几毫秒内指示制动系统产生最高的油压来加大制动力，同时

启动 ABS 发挥作用，其速度要比大多数驾驶员移动脚的速度快得多，使制动力快速产生，减少制动的距离。因此就算是中度的踩踏力，如果 PBA 判断踩踏速度异常的快，且力一直持续，PBA 依然会在几毫秒内启动全部制动力，避免或减少事故的发生。

当系统主动建立制动油压时，制动踏板可能会有轻微的震动，并且会听到机械噪声，此为正常情况。

 **制动系统基本故障**

更换制动液
视频精讲

 **19.3.1 一般性检查（表 19.3-1）**

表 19.3-1 一般性检查

| 检查部件 | 目视 / 检查方法 |
| --- | --- |
| 制动助力器 | 在试车期间，通过应用制动检查制动操作情况<br>如果制动器工作不当，则检查制动助力器<br>如果其工作不当或有泄漏迹象，则把制动助力器作为总成更换 |
| 活塞皮碗和压力皮碗的检查 | ①通过踩制动踏板检查制动系统的工作情况。检查是否有损坏或液体泄漏迹象<br>如果制动踏板不工作或有损坏或液体泄漏迹象，则更换总泵总成<br>②在快速应用和缓慢应用制动之间，检查制动踏板行程的差值<br>如果制动踏板行程之间有差值，则更换主缸 |
| 制动软管 | 检查是否有损坏或油液泄漏迹象。如果其损坏或泄漏，则用新品更换制动软管 |
| 制动钳活塞密封件和活塞防尘罩 | 踩下制动踏板，检查制动系统的工作情况。检查是否有损坏或制动油泄漏迹象<br>如果制动踏板工作不当，制动滞后或有损坏或制动油泄漏迹象，则分解并检查制动钳。无论何时分解制动钳，都用新品更换防尘罩和密封件 |

 **19.3.2 液压制动故障**

表 19.3-2 可以帮助确定可能的故障原因及故障排除措施，按表中数字降序排列来表示可能的故障原因，按顺序检查零部件，必要时更换。

表 19.3-2 制动系统故障

| 故障表现 | 可能的部位 | 可能的故障原因 | 故障排除 / 措施 |
| --- | --- | --- | --- |
| 制动踏板降低或踩下制动踏板发软（刹车软） | ①制动系统 | 制动系统进入空气 | 制动放气 |
| | ②制动系统管路接头，密封性 | 制动液泄漏 | 视情况维修或更换 |
| | ③活塞油封 | 制动泵活塞油封磨损或损坏 | 更换制动总泵或分泵 |
| | ④后制动蹄间隙 | 后制动蹄间隙超出调整值 | 更换制动片 |
| | ⑤制动总泵 | 制动总泵损坏 | 更换 |
| 制动拖滞 | ①制动踏板自由间隙 | 制动踏板自由间隙最小 | 视情况调整行程或更换制动片 |
| | ②驻车制动杆行程 | 驻车制动杆行程超出调整值 | 视情况调整行程、驻车制动，或更换制动片 |

续表

| 故障表现 | 可能的部位 | 可能的故障原因 | 故障排除/措施 |
|---|---|---|---|
| 制动拖滞 | ③驻车制动拉线 | 驻车制动拉线卡滞 | 视情况调整或更换 |
| | ④后制动蹄间隙 | 后制动蹄间隙超出调整值 | 调整或更换制动片 |
| | ⑤制动块或摩擦片 | 制动块或摩擦片裂纹或变形 | 更换 |
| | ⑥活塞 | 活塞卡住或冻结 | 更换 |
| | ⑦支承销或回位弹簧 | 支承销或回位弹簧故障 | 更换 |
| | ⑧助力器系统 | 真空助力器系统真空泄漏 | 维修或更换关联管路，更换助力泵 |
| | ⑨总泵 | 总泵故障 | 更换 |
| 制动牵引 | ①活塞 | 制动总泵或分泵活塞卡住、冻结 | 更换 |
| | ②制动块或摩擦片 | 制动块或摩擦片有油污 | 更换 |
| | ③制动盘 | 制动盘划痕 | 更换 |
| | ④制动块或摩擦片 | 制动块或摩擦片裂纹或变形 | 更换 |
| 踩踏板困难，制动无效 | ①制动系统 | 制动系统进入空气或制动油泄漏 | 系统排气，视情况维修或更换密封件 |
| | ②制动块或摩擦片 | 制动块或摩擦片磨损、裂纹或变形 | 更换 |
| | ③后制动蹄间隙 | 后制动蹄间隙超出调整值 | 调整机构或更换制动片 |
| | ④制动块或摩擦片 | 制动块或摩擦片有油污、光滑 | 更换 |
| | ⑤制动盘 | 制动盘划痕，或太薄 | 更换 |
| | ⑥助力器系统 | 助力器系统真空泄漏 | 维修或更换关联管路，更换助力泵 |
| 制动器发出噪声/异响 | ①制动块或摩擦片 | 制动块或摩擦片裂纹或变形 | 更换 |
| | ②安装螺栓 | 安装螺栓松动 | 更换并按力矩安装到位 |
| | ③制动盘 | 制动盘划痕 | 更换或维修 |
| | ④滑动销 | 滑动销磨损 | 更换 |
| | ⑤制动块或摩擦片 | 制动块或摩擦片有油污、光滑 | 更换 |
| | ⑥支承销或回位弹簧 | 支承销或回位弹簧故障 | 视情况维修或更换 |
| | ⑦制动块垫片 | 制动块垫片损坏 | 更换制动片 |
| | ⑧制动蹄限位弹簧 | 制动蹄限位弹簧损坏 | 更换 |
| 制动器振动、跳动 | ①制动助力器 | 制动助力器 | 更换 |
| | ②踏板自由间隙 | 踏板自由间隙过大 | 视情况调整行程或更换制动片 |
| | ③总泵 | 总泵损坏 | 更换 |
| | ④卡钳 | 卡钳损坏 | 更换 |
| | ⑤制动主缸盖密封 | 主缸盖密封不良 | 更换 |
| | ⑥制动管 | 制动管损坏 | 更换 |

 **制动控制系统故障**

检查制动液液位
视频精讲

 **19.4.1 故障诊断说明**

（1）ABS 电压极限值

❶ 电压过高。如果检测到电压过高（16.9V 以上），ECU 则切断阀继电器并关闭系统。电压恢复工作范围时，在初始化阶段后，系统回到正常条件。

❷ 过低电压。如果检测到电压过低（9.4V 以下），ABS 控制将受到抑制且警告灯亮。电压恢复工作范围时，警告灯熄灭且 ECU 恢复至正常工作模式。

（2）ABS 故障（表 19.4-1） 在 ABS 工作期间，存在制动踏板抖动或不能踩动的现象。这是为了防止车轮抱死，制动管路内液压间歇变化所引起的，而不属于故障。

表 19.4-1 ABS 故障

| 故障现象 | 可能的故障原因 | 故障排除/措施 |
| --- | --- | --- |
| ABS 不工作 | ①检查 DTC，以便再次确认输出的是正常代码；②电源电路；③轮速传感器电路；④检查液压油路是否泄漏 | 如果没有其他原因，仅①~④全部正常情况下，但故障仍未消除，则更换控制单元 |
| ABS 间歇不工作 | ①检查 DTC，以便再次确认输出的是正常代码；②轮速传感器电路；③制动灯开关电路；④检查液压油路是否泄漏 | 如果没有其他原因，仅①~②全部正常情况下，但故障仍未消除，更换 ABS 执行器总成 |
| 与诊断设备无通信（不能与任何系统通信） | ①电源电路；②CAN 线路 | 检查 ABS 电气系统 |
| 与诊断设备无通信（仅不能与 ABS 通信） | ①电源电路；②CAN 线路；③ABS 控制单元 | 检查 ABS 电气系统 |
| 点火开关"ON"（发动机"OFF"）时，ABS 警告灯不亮 | ①ABS 警告灯电路；②ABS 控制单元 | 检查 ABS 电气系统 |
| 即使在发动机启动后，ABS 警告灯也保持点亮 | ①ABS 警告灯电路；②ABS 控制单元 | 检查 ABS 电气系统 |

（3）ABS 故障检测电路图 如图 19.4-1 和图 19.4-2 所示电路图的控制单元针脚、插接件端子、电路图部件命名和规格，只对本检测负责，但检测方法和检查手段基本通用。下述中 ABS 控制单元和控制模块均表述的是集成一体的 ABS 液压（泵）和电子控制单元。

 **19.4.2 ABS 不工作故障检查方法**

（1）故障说明

❶ 连接故障诊断仪，将点火开关转为"ON"。

❷ 验证 DTC 输出。

检查是否有故障码，如果没有，则检查电源电路；如果有，则删除 DTC 并执行

诊断仪重新检查。

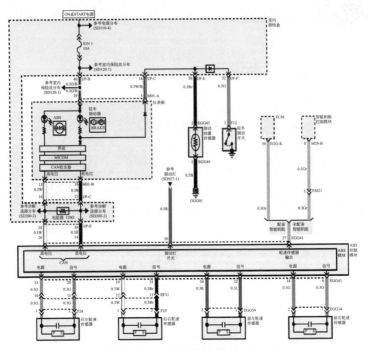

图 19.4-1　ABS 电路图（一）

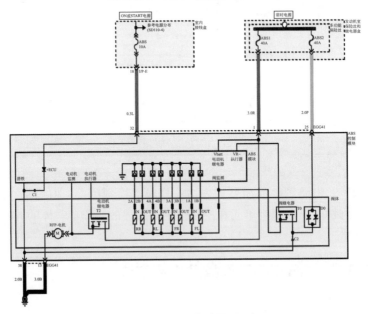

图 19.4-2　ABS 电路图（二）

（2）检查电源电路（图 19.4-3）

❶ 从 ABS 控制模块上分离连接器。

❷ 将点火开关转至"ON",测量 ABS 控制模块线束侧连接器的 32 号端子与车身搭铁之间的电压。规格：约为蓄电池电压。测得的电压是否在规定值范围内，如果在，则检查搭铁电路；如果不在，则需要检查发动机室接线盒内的保险丝和 ABS 控制模块之间的线束或连接器，必要时进行维修。

（3）检查搭铁电路（图 19.4-4）

❶ 从 ABS 控制模块上分离连接器。

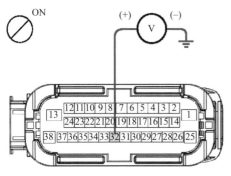
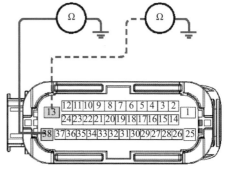

图 19.4-3 检查电源电路          图 19.4-4 检查搭铁电路

❷ 检查 ABS 控制模块线束侧连接器的 13 号、38 号端子与搭铁点之间的导通性，如果导通，则检查轮速传感器电路；如果不导通，则需要检修导线断路部分和搭铁点。

（4）检查轮速传感器电路 执行故障诊断仪初步检查轮速传感器电路。检查是否正常，如果正常，则检查液压油路是否泄漏；如果不正常，则需要检查或更换轮速传感器。

（5）检查液压管路是否泄漏 检查液压油路是否泄漏，如果正常，但故障仍然存在，则更换 ABS 控制模块；如果不正常，则需要检修泄漏的液压管路。

 ### 19.4.3 ABS 间隙性能工作检查方法

（1）DTC 说明

❶ 连接故障诊断仪，执行故障检测，将点火开关转为"ON"。

❷ 验证 DTC 输出。检查是否存在故障码，如果不存在，则检查轮速传感器电路；如果存在，则删除 DTC 并使用执行故障诊断仪重新检查。

（2）检查轮速传感器电路 参考 DTC 故障检修程序。检查是否正常，如果正常，则检查液压油路是否泄漏；如果不正常，则需要更换轮速传感器。

 ### 19.4.4 无法执行诊断通信检查方法

（1）不能与任何系统通信 若不能与任何系统通信，需要诊断线路的电源系统（包括搭铁）故障。可能的故障原因有：导线断路；搭铁不良；电源电路故障。

❶ 检查诊断电源电路（图 19.4-5）。测量诊断连接器的 16 号端子与车身搭铁之

间的电压。规格：约为蓄电池电压。检测电压是否在规定值范围内，如果在，则检查搭铁电路，以便找出故障；如果不在，则需要检修导线断路部分，检查并更换发动机室接线盒的保险丝。

❷ 检查诊断连接器的搭铁电路（图 19.4-6）。检查诊断连接器的 4 号端子与车身搭铁之间的导通性，如果不导通，则需要检修诊断连接器 4 号端子和搭铁电路之间的导线断路部分。

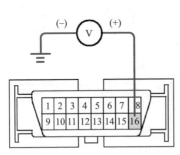 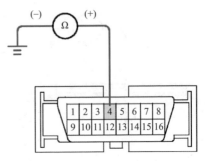

图 19.4-5　检查诊断电源电路　　　　图 19.4-6　检查诊断连接器的搭铁电路

（2）仅不能与 ABS 通信　当不能诊断通信时，原因可能是 ABS 控制单元电源电路断路或诊断输出电路断路，具体检查方法如下。

❶ 检查 CAN 线路的导通性，排除导线断路故障。a. 从 ABS 控制模块上分离连接器。b. 检查 ABS 控制模块连接器的 26 号、14 号端子与诊断连接器的 6 号、14 号端子之间的导通性，如果导通，则需要检查 ABS 控制模块的电源；如果不导通，则需要检修导线断路部分。

❷ 检查 ABS 控制模块电源（图 19.4-7），排除 ABS 控制单元故障。a. 从 ABS 控制模块上分离连接器。b. 将点火开关转至"ON"，测量 ABS 控制模块线束侧连接器的 32 号端子与车身搭铁之间的电压。规格：约为蓄电池电压。检测电压是否在参数范围内，如果在，则检查搭铁是否不良；如果不在，则需要检查发动机室接线盒内保险丝与 ABS 控制模块之间的线束或连接器，按需要维修。

❸ 检查搭铁是否不良（图 19.4-8），排除电源电路故障。检查诊断连接器的 4 号端子与搭铁点之间的导通性，如果导通，则考虑更换 ABS 控制模块并重新检查；如果不导通，则需要检修导线断路或搭铁不良部分。

 ## 19.4.5　打开钥匙 ABS 警告灯不亮检查方法

点火开关置于"ON"位置（发动机"OFF"）时，ABS 警告灯不亮。ABS 控制单元接通电源，初始诊断期间，ABS 警告灯由"ON"至"OFF"作为初始检查。因此如果灯不亮，原因可能是警告灯电源电路断路、灯泡烧坏、ABS 警告灯和 ABS 控制单元之间的电路断路故障。

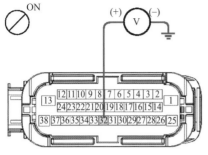

图 19.4-7　检查 ABS 控制模块电源

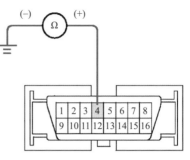

图 19.4-8　检查搭铁是否不良

（1）确认故障

❶ 从 ABS 控制模块上分离连接器并将点火开关转至"ON"。

❷ ABS 警告灯如果点亮，则更换 ABS 控制单元后再检查一次；如果不点亮，则检查 ABS 警告灯电源。

（2）检查 ABS 警告灯电源（图 19.4-9）

❶ 分离仪表盘连接器并将点火开关转至"ON"。

❷ 测量仪表盘线束侧连接器 29 号端子与车身搭铁之间的电压。规格：约为蓄电池电压。检查电压是否在参数范围内，如果在，则检查 ABS 警告灯 CAN 电路电阻；如果不在，则需要检查保险丝是否熔断。

（3）检查 ABS 警告灯 CAN 电路电阻（终端电阻）（图 19.4-10）

❶ 分离仪表盘连接器，将点火开关转至"OFF"。

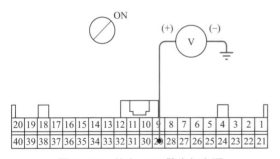

图 19.4-9　检查 ABS 警告灯电源

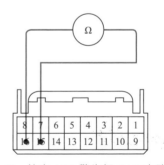

图 19.4-10　检查 ABS 警告灯 CAN 电路电阻

❷ 测量仪表盘线束侧连接器 15 号端子与 16 号端子之间的电阻。规格：60Ω（这个值是绝对的，不存在上下浮动）。检查终端电阻是否是 60Ω，如果是，则需要检修 ABS 警告灯灯泡或仪表盘总成；如果不是，则需要检查 ABS 警告灯的 CAN 电路线束。

（4）检查 ABS 警告灯 CAN 电路线束

❶ 分离仪表盘连接器和 ABSHECU 连接器，将点火开关转至"OFF"。

❷ 检查仪表盘线束侧连接器 15 号端子与 ABS 控制单元线束侧 26 号端子之间的导通性。检查仪表盘线束侧连接器 16 号端子与 ABS 控制单元线束侧 14 号端子之间

的导通性。规格：小于1Ω。检查电阻是否在参数范围内，如果在，则检修 ABS 控制单元线束连接器的 26 号、14 号端子与 ABS 警告灯模块之间的线束短路部分；如果不在，则需要检修 ABS 控制单元线束连接器的 26 号、14 号端子与 ABS 警告灯模块之间的线束断路部分。

 ### 19.4.6　ABS 警告灯常亮故障检查方法

发动机启动后，ABS 警告灯仍然亮故障。可能的原因有：导线断路；仪表盘总成故障；ABS 警告灯控制模块故障；ABS 控制单元故障。

（1）检查 DTC 输出

❶ 连接故障诊断仪。

❷ 检查 DTC 是否输出，如果输出，则执行 DTC 故障检修程序；如果不输出，则检查 ABS 警告灯 CAN 电路电阻。

（2）检查 ABS 警告灯 CAN 电路电阻（终端电阻）（与上述检查终端电阻同样方法）　检查终端电阻是否是 60Ω，如果是，则需要检修 ABS 警告灯灯泡或仪表盘总成；如果不是，则需要检查 ABS 警告灯的 CAN 电路线束。

（3）检查 ABS 警告灯 CAN 电路线束

❶ 分离仪表盘连接器和 ABS 控制单元连接器，将点火开关转至"OFF"。

❷ 检查仪表盘线束侧连接器 15 号端子与 ABS 控制单元线束侧 26 号端子之间的导通性。检查仪表盘线束侧连接器 16 号端子与 ABS 控制单元线束侧 14 号端子之间的导通性。检查是否导通（电阻约 1Ω），如果导通，则检查线束连接器的 26 号、14 号端子与 ABS 警告灯模块之间电路有无短路，如果不导通，则检查 ABS 控制单元线束连接器的 26 号、14 号端子与 ABS 警告灯模块之间电路有无断路。如果不是电路故障，则需要更换 ABS 控制单元后再次检查。

## 19.5　制动系统排气

连接故障诊断仪，根据故障诊断仪显示说明选择和操作。

❶ 储液罐内的液面必须在 MAX 油位线上。使用 DOT4（含）以上规格的制动液。

❷ 缓慢踩下制动踏板几次，然后施加压力。

❸ 拧下右后排放螺钉，排放系统中的空气，然后牢固拧紧排放螺钉。

❹ 按照图 19.5-1 所示顺序在车轮上重复这个操作，直到制动油中不再有气泡为止。

❺ 检查储液罐，添加制动液，应达到 MAX 液位线上。

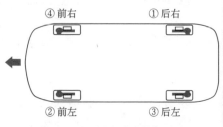

图 19.5-1　制动系统排气顺序

# 第20章

# 汽车悬架

## 20.1　悬架的组成

　　悬架系统是指由车身与轮胎间的弹簧和减振器组成的整个支持系统。其功能是传递车轮和车架之间的力矩，缓冲路面带给车架或车身的冲击力，并衰减由此引起的车身振动，改善乘坐舒适性。不同的悬架系统会带给驾驶者不同的驾驶感受，决定汽车行驶时的稳定性、舒适性和安全性。悬架一般由弹性元件、减振器、导向机构等组成。

　　（1）弹性元件　弹性元件用来承受并传递垂直载荷，缓和崎岖路面对车身的冲击，衰减振动并保持轮胎一直接触路面，维持车辆行驶的循迹性。弹性元件的种类包括钢板弹簧、螺旋弹簧、扭杆弹簧、油气弹簧、空气弹簧和橡胶弹簧等。

　　（2）减振器　减振器用来衰减弹性系统引起的振动，种类有筒式减振器、可调式减振器和充气式减振器。

　　（3）导向机构　导向机构用来传递车轮与车身间的力矩，同时保持车轮按一定运动轨迹随着车身跳动。导向机构由控制摆臂杆件组成，种类有单连杆式和多连杆式。

## 20.2　簧载重量与非簧载重量

###  20.2.1　簧载重量

　　簧载重量指的是弹簧支承的汽车重量。簧载重量应大于非簧载重量，以获得正

常的操纵性能。

（1）簧载重量举例　a. 车身和车架。b. 负载或货物。c. 燃油箱。

（2）簧载部件　a. 车架（包括副车架）。b. 车身（包括整体车身）。c. 动力系统（发动机、变速器、变速驱动桥）。d. 转向机。

 **20.2.2　非簧载重量**

非簧载重量指的是弹簧不支承的汽车重量。非簧载重量越小越好，以保证正常的操纵性和行驶平顺性。

（1）非簧载重量举例　a. 车轮和轮胎。b. 车轮轴承和轮毂。c. 车桥和转向节。d. 车轮制动器。

（2）非簧载部件　a. 车轮/轮胎、球节、轴承、控制臂、工字梁、横梁桥、整体驱动桥等。b. 稳定杆、控制杆件等。c. 芯轴、转向节、制动器等。d. 非簧载重量轻则悬架响应好。

（3）介于簧载重量和非簧载重量之间的部件　转向拉杆、传动轴、稳定杆等。

 **悬架类型与空气悬架**

（1）结构类型（表 20.3-1）

表 20.3-1　结构类型

| 类型 | | 说明 | 图示 |
|---|---|---|---|
| 螺旋弹簧式非独立悬架 | 结构 | 螺旋弹簧式非独立悬架一般只用于轿车的后悬架。两根纵向推力杆的中部与后桥焊接为一体，前端通过带橡胶的支承座与车身做铰链连接，后端与轮毂相连接<br>减振器的上端与弹簧上座一起装在车身底部的悬架支座中，下端则与纵向推力杆相连接 | 减振器<br>钢制弹簧<br>支承座<br>横向成型件<br>支承<br>车轮轴承/轮毂 |
| | 特点 | 螺旋弹簧的上端装在弹簧上座中，下端则支承在减振器外壳上的弹簧下座上，它只承受垂直力 | |
| 麦弗逊式独立悬架 | 结构 | 麦弗逊式独立悬架目前在轿车中应用很广泛。麦弗逊式独立悬架结构较简单，布置紧凑，用于前悬架时能增大两前轮内侧的空间，故多用于发动机前置前轮驱动的轿车上 | 减振支柱<br>减振支柱支座<br>旋接点<br>转向节<br>副车架<br>稳定杆<br>横摆臂<br>车轮轴承/轮毂 |
| | 特点 | 前轮采用麦弗逊式独立悬架时，前轮定位各参数的变化较小，除前束可调整外，其他参数基本不可以调整 | |

续表

| 类型 | | 说明 | 图示 |
|---|---|---|---|
| 多连杆式独立悬架 | 结构 | 从结构上看，多连杆式独立悬架仅是由一些杆、筒以及弹簧等简单构件组成。多连杆式独立悬架，就是通过各种连杆配置把车轮与车身相连的一套悬架机构，其连杆数比普通的悬架要多一些，一般把连杆数为 3 或以上的悬架称为多连杆式独立悬架 | 减振器　钢制弹簧　车轮支架　上置横摆臂悬架臂　纵摆臂　支承座　副车架　稳定杆　前束拉杆　车轮轴承/轮毂 |
| | 特点 | 前悬架一般为 3 连杆或 4 连杆式独立悬架；后悬架则一般为 4 连杆或 5 连杆式 | |
| 双横臂式独立悬架 | 结构 | 双横臂式独立悬架是一种车轮在汽车横向平面内摆动的独立悬架，是有两根横臂的悬架系统。双横臂式独立悬架按上下横臂是否等长，又分为等长双横臂式和不等长双横臂式两种 | 导向杆　支座　弹簧/减振器总成　上控制臂　转向节　稳定杆　副车架　下支承臂　车轮轴承/轮毂 |
| | 特点 | 主销偏置距变化尽可能小，以最大限度发挥轮胎抓地力，但对轮胎磨损影响相对较大 | |

（2）空气悬架

❶ 结构。空气悬架（图 20.3-1）是采用空气减振器的悬架结构。空气减振器中不像传统减振器那样充满油液，而是用一个空气泵向其充入空气，通过控制空气泵，便可以调整空气减振器中的空气量或压力。

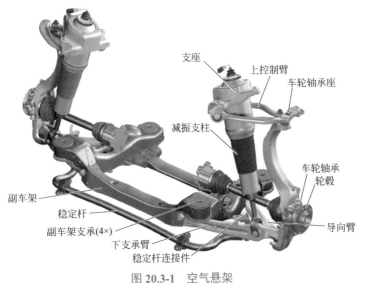

**空气悬架**
视频精讲

图 20.3-1　空气悬架

❷ 特点。弹簧的弹性系数可以根据车辆的需求进行合理的调节，车辆的底盘也会随着路况的实际情况进行相应的调节，增高或者降低，车辆舒适稳定性较好。

 **20.4 悬架系统一般性检查**

悬架系统一般性检查见表 20.4-1。

表 20.4-1　悬架系统一般性检查

| 故障原因 | 措施/排除方法 |
| --- | --- |
| 检查轮胎压力是否合适，磨损是否均匀 | 将轮胎充至合适的压力 |
| 检查转向柱与转向机之间的连接是否过松或磨损 | 紧固中间轴夹紧螺栓。必要时，更换中间轴 |
| 检查前、后悬架系统以及转向机、连杆等零件是否过松或损坏 | 紧固前、后悬架系统；紧固转向机装配架螺栓；紧固连接法兰夹紧螺栓；必要时更换前、后悬架系统，更换转向机，更换中间轴 |
| 检查轮胎是否不圆 | 执行自由跳动测试；配装轮胎 |
| 检查轮胎是否失衡，车轮是否弯曲，车轮轴承是否磨损或过松 | 平衡车轮；更换车轮；更换车轮轴承 |
| 检查动力转向泵蛇形皮带张紧度 | 张紧动力转向泵蛇形皮带 |
| 检查动力转向系统是否泄漏；检查动力转向液液面 | 修理漏油位置；执行动力转向机测试；添加动力转向液 |

**20.5 悬架系统故障诊断与排除**

悬架系统故障诊断与排除见表 20.5-1。

表 20.5-1　悬架系统故障诊断与排除

| 故障表现 | 可能的故障原因 | 措施/排除方法 |
| --- | --- | --- |
| 车辆跑偏故障 | 检查轮胎是否匹配或不均匀 | 更换轮胎 |
| | 检查弹簧是否折断或下垂 | 更换弹簧 |
| | 检查子午胎是否存在横向力 | 检查车轮定位；调换车轮；必要时更换轮胎 |
| | 检查前轮定位 | 定位前轮 |
| | 检查转向机是否偏心 | 重装小齿轮阀总成；必要时更换小齿轮阀总成 |
| | 检查前制动器是否拖滞 | 调整前制动器 |
| 轮胎异常或严重磨损故障 | 检查前轮和后轮定位 | 定位前、后轮 |
| | 检查前后轮前束是否过大 | 调整前后轮前束 |
| | 检查弹簧是否折断或下垂 | 更换弹簧 |
| | 检查轮胎是否不平衡 | 平衡轮胎 |
| | 检查支柱减振器是否磨损 | 更换支柱减振器 |
| | 检查轮胎是否不转 | 转动轮胎；必要时更换轮胎 |

续表

| 故障表现 | 可能的故障原因 | 措施/排除方法 |
| --- | --- | --- |
| 轮胎异常或严重磨损故障 | 检查汽车是否过载 | 保持合适的负载重量 |
| | 检查轮胎气压是否过低 | 将轮胎充至合适的压力 |
| 摆振、摇振或颤动故障 | 检查轮胎或车轮是否不平衡 | 平衡轮胎或车轮 |
| | 检查轮毂跳动是否过大 | 测量轮毂法兰的跳动；必要时更换轮毂 |
| | 检查制动鼓或制动盘是否严重失衡 | 调整制动器；必要时更换制动盘或制动鼓 |
| | 检查转向横拉杆端头是否磨损 | 更换外转向横拉杆 |
| | 检查车轮装饰盖是否失衡 | 平衡车轮 |
| | 检查球节是否磨损 | 更换下球节 |
| | 检查车轮跳动是否过大 | 测量车轮跳动；必要时更换车轮 |
| | 检查承载条件下轮胎和车轮总成的径向跳动是否过大 | 配装轮胎和车轮总成 |
| 转向困难故障 | 检查转向装置预紧力调整 | 执行齿条预紧力调整 |
| | 检查液压系统；用压力表测试动力转向系统压力 | 必要时更换密封件和软管 |
| | 检查转向机是否卡滞 | 润滑转向装置；必要时修理或更换转向机 |
| | 检查转向机座是否过松 | 紧固转向机装配架螺母 |
| 车辆回位性差 | 检查球节和转向横拉杆端头是否润滑不足 | 更换球节和外转向横拉杆 |
| | 检查球节是否卡滞 | 更换球节 |
| | 检查转向柱是否卡滞 | 润滑转向柱；必要时更换转向柱 |
| | 检查前轮定位 | 定位前轮 |
| | 检查转向装置预紧力调整 | 执行齿条预紧力调整 |
| | 检查阀门是否卡滞 | 润滑小齿轮阀总成；必要时更换小齿轮阀总成 |
| | 检查转向机中间轴是否卡滞 | 更换中间轴 |
| 前悬架系统有异常噪声故障 | 检查球节和转向横拉杆端头是否润滑不足 | 更换球节和外转向横拉杆 |
| | 检查悬架部件是否损坏 | 更换损坏的悬架部件 |
| | 检查控制臂衬套或转向横拉杆端头是否磨损 | 更换控制臂衬套或转向拉杆 |
| | 检查稳定轴连杆是否过松 | 紧固稳定轴连杆 |
| | 检查车轮螺栓是否过松 | 紧固车轮螺栓 |
| | 检查悬架螺栓或螺母是否过松 | 紧固悬架螺栓或螺母 |
| | 检查支柱减振器或支柱座是否磨损 | 更换支柱减振器；紧固支柱座螺栓 |
| | 检查支柱弹簧是否错位 | 将支柱弹簧调整到合适位置 |
| 前轮发出"嗡、嗡、嗡""咯嘣、咯嘣、咯嘣"声音 | 检查轮胎和前轮轴承 | 视情况调整或更换轮胎；更换前轮轴承 |
| | 前轮轴承损坏严重时，会出现"咯嘣、咯嘣、咯嘣"声音 | 更换前轮轴承 |
| 打转向时发出"咯嘣、咯嘣"声音 | 检查压力轴承 | 更换压力轴承 |

续表

| 故障表现 | 可能的故障原因 | 措施 / 排除方法 |
|---|---|---|
| "咯噔、咯噔"声音 | 行车时，尤其在非铺装道路，声音明显球头松旷所致。检查拉杆内球头、外球头；检查下臂球头 | 更换拉杆球头；更换下臂球头 |
| 摆动或方向性差 | 检查轮胎是否不匹配或不均匀 | 更换轮胎 |
| | 检查球节和转向横拉杆端头是否润滑不足 | 更换球节和外转向横拉杆 |
| | 检查支柱减振器是否磨损 | 更换支柱减振器 |
| | 检查稳定轴连杆是否过松 | 紧固稳定轴连杆 |
| | 检查弹簧是否折断或下垂 | 更换弹簧 |
| | 检查转向装置预紧力调整 | 执行齿条预紧力调整 |
| | 检查前轮和后轮定位 | 定位前、后轮 |
| 轮胎卷边故障 | 检查前轮和后轮定位 | 定位前、后轮 |
| | 检查支柱减振器是否磨损 | 更换支柱减振器 |
| | 检查车轮轴承是否磨损或过松 | 紧固驱动桥螺母；必要时更换车轮轴承 |
| | 检查轮胎或车轮跳动是否过大 | 配装轮胎；必要时更换轮胎或车轮 |
| | 检查球节是否磨损 | 更换球节 |
| | 检查转向装置预紧力调整 | 执行转向装置预紧力调整 |
| 方向盘反冲故障 | 检查动力转向系统中是否有空气 | 排出动力转向系统中的空气 |
| | 检查转向机座是否过松 | 紧固转向机装配架螺母 |
| | 检查转向柱与转向机之间的连接是否过松或磨损 | 紧固中间轴夹紧螺栓；必要时更换中间轴 |
| | 检查转向横拉杆端头是否过松 | 紧固转向横拉杆端头；必要时更换外转向横拉杆 |
| | 检查车轮轴承是否过松或磨损 | 紧固驱动桥螺母；必要时更换车轮轴承 |

**拆卸减振器**
视频精讲

**前制动器的检查和更换**
视频精讲

# 第21章

# 车轮与轮胎

## 轮胎结构

### 21.1.1　子午线轮胎

　　轮胎分为子午线轮胎和斜交轮胎，现在多使用子午线轮胎。轮胎结构如图 21.1-1 所示。

### 21.1.2　中心碳带环的作用

　　轮胎的中心碳带环的作用是排除静电。轮胎的另一项任务是排除车身上的静电电荷，这种电荷是因行驶风与车身摩擦等而产生的。中心碳带环（图 21.1-2）绕在花纹表面上，宽度为 2 ～ 4mm。

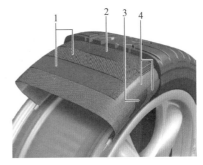

图 21.1-1　轮胎结构

1—钢带束组件（由两个约 25° 角重叠布置的钢丝带束层组成，下层比上层宽约 10mm）；2—尼龙（以缠绕方式布置在四周的尼龙覆盖层盖住整个钢带束组件，改善最高速度特性）；3—胎圈（用于优化行驶特性的胎圈加强部分）；4—织物（子午线织物胎体可以在内部压力较高时，使轮胎保持形状不变）

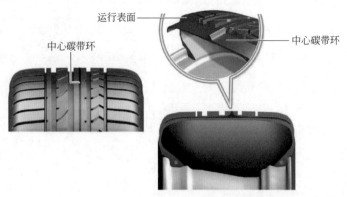

图 21.1-2　中心碳带

# 轮胎标记

轮胎标记如图 21.2-1 和表 21.2-1 所示。

图 21.2-1　轮胎（进口胎）

表 21.2-1　轮胎（进口胎）对照标记序号

| 序号 | 表示内容 | |
|---|---|---|
| 1 | 轮胎制造商 | |
| 2 | DOT 标记 | 此标记共 11 位 |
| | EJH8 和 DJH | 是制造商专用编号，这个数据代表生产厂、制造国家、轮胎规格和型号 |
| | 3903（生产日期） | 2003 年第 39 周生产 |
| 3 | 侧面名称 | 外侧（相对于车辆来说） |
| 4 | TREADWARE 140 | 预期使用寿命比例（%），耐磨损性（140%）（相对美国标准） |
| 5 | TRACTION A | 评估湿制动能力 A、B 或 C（相对美国标准） |
| 6 | TEMPERATURE A | 评估高速时的耐高温性能 A、B 或 C（相对美国标准） |
| 7 | 胎体层 / 带束层 / 带束覆盖层：数量和材料 | 例如，侧壁为 2 层人造纤维，胎面为 2 层人造纤维、2 层钢带束、1 层尼龙 |

| 序号 | 表示内容 | | |
|---|---|---|---|
| 8 | 轮胎花纹名称 | | |
| 9 | 225/45R17<br>（轮胎规格） | 225 | 轮胎（胎冠）宽度为225mm，也叫断面宽度 |
| | | 45 | 扁平率：轮胎侧壁相对轮胎宽度的比例（45%） |
| | | R | 子午线轮胎 |
| | | 17 | 轮辋（轮胎内径）直径为17in（1in=2.54cm） |
| 10 | 91 | 负荷指数 | 91 对应的是最大承重为 615 kg |
| | W | | W 对应的允许最高速度为 270 km/h |
| 11 | ECE 批准编号 | | |
| 12 | 星号标记 | 表示宝马原装轮胎 | |
| 13 | RSC | 漏气保护系统组件 | |
| 14 | 颜色标记 | 匹配点（白点） | |

# 21.3 轮胎维护

## 21.3.1 轮胎的胎压

汽车重量会导致轮胎支承面被压平。在轮胎滚动时，会导致胎面和整个带束层持续损坏。轮胎压力低时会造成更高的强制变形，甚至产生更强的温度升高和更大的滚动阻力，由此会造成更高的磨损和更高的安全危险。过高的胎压会导致中间位置磨损的升高和滚动稳定性的不利。笔者推荐始终遵照由生产厂商所给出的胎压。

## 21.3.2 轮胎更换周期

轮胎花纹深度（TWI）标记用于表示磨损限值，轮胎圆周共有六处这样的标记。轮胎花纹深度在轮胎磨损最严重位置上的主胎面沟纹中测量。如果到了极限，无论轮胎行驶里程是多少，必须更换。

TWI 标记的位置在轮胎凸缘上可见。作为"TWI"标记的替代，可以为一个"△"标记或生产厂商的"公司图标"。TWI 标记突起部分为 1.6mm 高，如图 21.3-1 所示。

轮胎的安全性，尤其是在潮湿、泥泞和冰雪路面上的安全性主要取决于轮胎花纹深度。新的夏季和四季轮胎花纹深度约为 8mm，冬季轮胎花纹深度约为 9mm。通过轮胎花纹深度标记可以判断是否达到了最小花纹深度。

## 21.3.3 轮胎安装位置标记

❶ 如图 21.3-2 所示，轮胎侧壁上有一个白色点，这个白色点也称为匹配点。匹配

点表示轮胎上径向力最低的位置（在整个轮胎圆周上测量）。径向力波动是径向摆动误差与轮胎刚性差异共同作用的结果，这种情况是由所用组件材料厚度不均匀造成的。

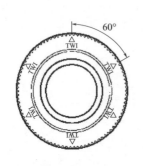

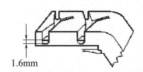

图 21.3-1　轮胎花纹深度

图 21.3-2　轮胎安装位置标记
（钢制轮毂）

❷ 径向摆动偏差无法通过车间设备在轮胎本身上检测出来，只有装配成整个车轮时，才能利用车间设备检测径向摆动偏差。

❸ 在钢制轮辋的外侧轮缘上，作为标记用冲子冲出一个最大径向摆动误差点（高点）。

❹ 钢制轮辋轮缘上的标记必须对准轮胎上的标记，这样才能确保最佳安装状态。铝合金轮辋上没有这样的标记，但轮胎上的黄色标记点要对准气门嘴。

## 21.4　轮胎换位

（1）车轮动平衡　车轮动平衡，最大允许不平衡极限值应该每侧不大于20g的配重铅块，也就是每个轮不大于40g。

（2）轮胎换位　汽车行驶10000km后，轮胎应该进行如图21.4-1所示的换位。轮胎换位后，应该调整胎压。轮胎在修补后视情况要调整轮胎位置。

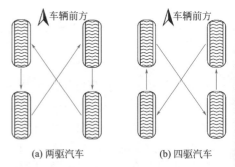

(a) 两驱汽车　　　　(b) 四驱汽车

图 21.4-1　轮胎换位示意图

## 21.5　轮胎故障诊断

参考表21.5-1所示的轮胎故障，观察轮胎磨损情况，帮助查找和判定轮胎磨损的原因。

表 21.5-1　轮胎故障

| 故障表现（位置特点） | 故障图示 | 故障主要原因 |
| --- | --- | --- |
| 胎面中央磨损 | | ①由于轮胎过度膨胀，中央轮胎磨损至露出纤维<br>②缺乏转动<br>③主动轮的轮胎缘距过大<br>④主动轮的加速度过大 |
| 两个胎肩迅速磨损 | | ①轮胎充气压力小<br>②悬架部件磨损<br>③转向速度过大<br>④缺乏转动 |
| 一个胎肩磨损 | | ①前束调整超出标准值<br>②车轮外倾超出标准值<br>③支柱损坏<br>④下臂损坏 |
| 部分磨损 | | 由制动鼓上的不规则毛边导致的磨损 |
| 车轮边缘有羽毛边 | | ①前束调整超出标准值<br>②横拉杆损坏或磨损<br>③转向节损坏 |
| 磨损花纹 | | 非主动轮的前束过大 |

## 21.6 轮胎压力监控系统

### 21.6.1　轮胎压力监控作用

轮胎压力监控系统是利用安装在每一个轮胎里的压力传感器来直接测量轮胎的气压，利用无线发射器将压力信息从轮胎内部发送到中央接收器模块上的系统，然后对各轮胎气压数据进行显示。当轮胎气压太低或漏气时，系统会自动报警。

### 21.6.2　控制原理

当打开驾驶员侧车门或 15 号接线柱接通时，系统就开始初始化，控制单元 J502

给四个轮胎压力监控发射器和天线 R96 各分配一个 LIN 地址。

初始化完成后，这几个发射器一个接一个从控制单元接收到一条信息，随后这些已经分配有地址的发射器发射出无线电信号（频率为 125kHz，只发射一次），由于这种无线电信号的作用半径很小，所以它们只会分别被相应的轮胎压力传感器所接收，传感器被所对应的无线电信号激活，然后发送出测量到的轮胎当前压力和温度值，这些测量值被天线 R96 接收后再经 LIN 总线传送到控制单元（图 21.6-1）。

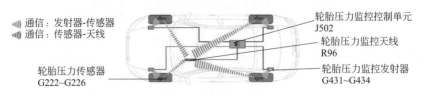

图 21.6-1　轮胎压力监控系统

**21.6.3　车轮转动识别**

轮胎压力传感器上装有离心力传感器，该传感器可以识别出车轮是否在转动。只要车处于停止状态，发送完一次信号后就不再进行任何通信。

车辆起步时，传感器约 2min 后开始与车轮位置进行匹配。当车速超过约 20km/h 时，每个传感器会自动发射当前的测量值，而不需等待来自各自发射器的信号。

**21.6.4　车轮位置识别**

发射出的无线电信号中包含有传感器的 ID，这样控制单元就可识别出是哪个传感器发出的信息及其位置。

第**22**章

# 空调系统

检查冷凝器和风扇
视频精讲

## 22.1 空调原理

 ### 22.1.1 制冷原理（图22.1-1）

（1）基本原理 一种物质在三态变化时，将伴随着吸收或释放热量。液态变为气态（蒸发）时吸收热量；气态变为液态（冷凝）时释放热量。汽车空调系统的制冷原理就是利用制冷剂由液态转变为气态或气态转变为液态的过程，吸收或释放热量。

（2）制冷工作循环 汽车空调制冷循环过程：低压，气态形式；高压，气态形式；高压，液态形式；低压，液态形式。

❶ 压缩过程。压缩机由发动机通过传动皮带驱动，从蒸发器中抽取低温低压的气态制冷剂并将其压缩，成为高温高压的制冷剂气体（温度为83～110℃，压力达到1500kPa左右）。该过程的主要作用是压缩增压。在压缩过程中，制冷剂状态不发生变化，而温度、压力不断上升，形成过热气体。

❷ 冷凝过程。制冷剂气体由压缩机排出后进入冷凝器，此时制冷剂内的热量被输送至冷凝器散热片的空气带走，制冷剂的状态发生改变，即在压力和温度不变的情况下，由气态逐渐向液态转变。冷凝后的制冷剂液体呈高温高压状态。

❸ 节流膨胀过程。高温高压的制冷剂液体，经膨胀阀节流降压后进入蒸发器。温度降至53～70℃的制冷剂在高压下被送至储液干燥器中，储液干燥器作为储存中介，过滤所有夹杂在制冷剂中的水分。干燥过的制冷剂被输送到膨胀阀入口处，膨

胀阀对进入蒸发器中的制冷剂流量进行节流减压控制，从膨胀阀出来的雾状制冷剂压力急剧下降到200kPa，温度降到0～2℃，雾状制冷剂在蒸发器中受热蒸发，由高温高压液体变成低温低压液体。

④ 蒸发过程。鼓风机把空气经过蒸发箱表面吹向各出风口，因为蒸发器内部制冷剂的蒸发吸热，把经过蒸发箱表面的空气中的热量全部吸收，所以出风口的温度远远低于环境温度。经过蒸发的低压制冷剂气流从蒸发箱流至膨胀阀，此时的制冷剂压力为200kPa，温度升高到5～8℃，最后低压制冷剂气流回流至压缩机经过再一次压缩，空调制冷剂完成一个工作循环。

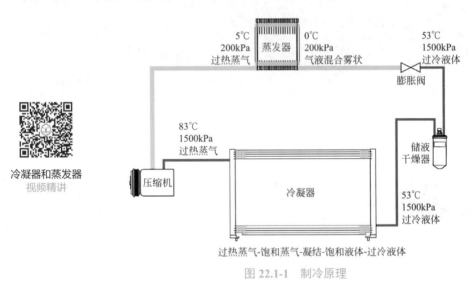

冷凝器和蒸发器
视频精讲

图 22.1-1　制冷原理

## 22.1.2　制热原理（图22.1-2）

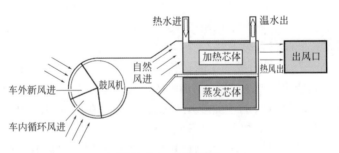

图 22.1-2　制热原理

当空调系统处于加热模式时，冷暖温度控制电动机将温度控制装置转至采暖位置，进入加热器芯的空气产生下列作用：部分或全部气流旁通至加热器芯；产生热量传递。

任何不用加热的空气，在进入乘客舱前，将与加热后的空气混合，获得相应的混合好的温度合适的空气。发动机冷却液状态是暖风系统是否正常工作的关键因素。

## 22.1.3　通风控制系统工作原理（图 22.1-3）

通风控制系统上的各种位置可使模式阀门通过风道混合或引入冷风、热风和外部空气通过空调系统，由风道系统和出风口将空气输送到乘客室。空气流向按下列模式进行改变。

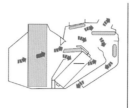

❶ 吹面：通过仪表板出风口送风。

❷ 双向：通过出风口、地板出风口送风。

❸ 吹脚：通过地板出风口送风。

❹ 混合：通过地板、前风窗出风口送风。

❺ 除霜：前风窗出风口送风。

图 22.1-3　通风控制工作原理

# 22.2　空调系统检查

## 22.2.1　空调系统电气检查（表 22.1-1）

## 22.2.2　空调制冷剂泄漏检查

❶ 使用空调电子检漏仪进行检查。

空调系统制冷循环
视频精讲

表 22.2-1　空调系统电气检查

| 检查项目 | | 检查方法/步骤 | 检查图示 |
|---|---|---|---|
| 检查空调制冷循环回路压力 | | ①将空调制冷剂加注机上红色高压管快速接头 2，连接到空调高压接口上；绿色低压管快速接头 1 连接到空调低压接口<br>②打开快速接头 1 和 2 上的连接阀门<br>③启动发动机，打开空调制冷系统，观察高、低压仪表的压力值，是否符合技术标准<br>怠速工况：低压管路压力为 0.1～0.25MPa；高压管路压力基本为 1.3～1.7MPa | |
| 检查空调压缩机线圈环部件 | 检查电磁离合器间隙 | ①拆卸空调压缩机<br>②使用塞尺测量压板与皮带轮的间隙是否标准<br>标准间隙：0.6mm<br>③若不符合标准，则更换垫片进行调整<br>垫片厚度尺寸选择：0.1mm、0.3mm、0.5mm | |

续表

| 检查项目 | | 检查方法/步骤 | 检查图示 |
|---|---|---|---|
| 检查空调压缩机线圈环部件 | 检查线圈环阻值 | ①测量线圈环接头与空调压缩机壳体之间阻值是否正常<br>线圈环部件线圈阻值：3.05～3.35Ω<br>②若不符合标准，则更换线圈环部 | 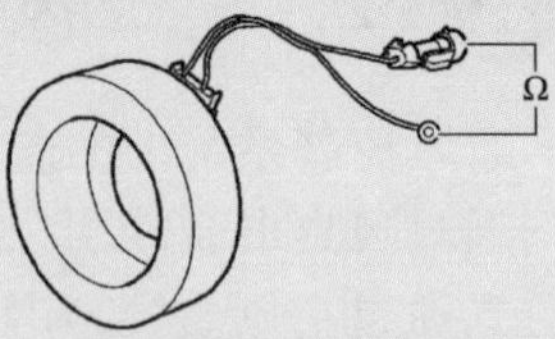 |
| 检查鼓风机电动机 | | ①断开鼓风机插头，测量两端子之间的电阻<br>标准阻值：1.5～8Ω<br>②若电阻超过8Ω，则更换鼓风机电动机 |  |
| 检查蒸发器温度传感器 | | ①拆卸蒸发器温度传感器<br>②测量蒸发器温度传感器两端子之间的电阻<br>③用电吹风向蒸发温度传感器送风（注意不要靠太近），观察蒸发器温度传感器阻值的变化，应随温度升高，电阻值逐渐下降<br>若阻值不随温度改变而变化，则表明蒸发温度传感器损坏，应更换 | 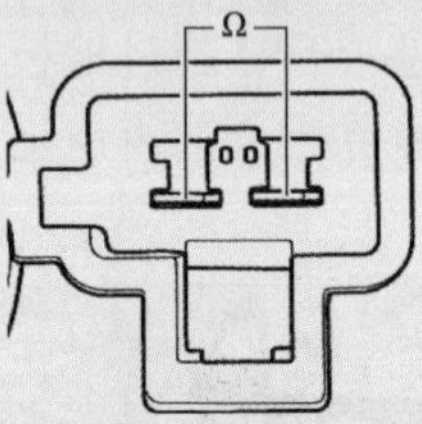 |
| 检查车外温度传感器 | | ①拆卸车外温度传感器<br>②测量车外温度传感器两个端子之间的电阻<br>常温状态下车外温度传感器电阻：1～2kΩ<br>③用电吹风向车外温度传感器送风（注意不要靠太近），观察车外温度传感器电阻的变化，应随温度升高，电阻逐渐下降<br>若阻值不随温度改变而变化，则表明车外温度传感器损坏，应更换 | 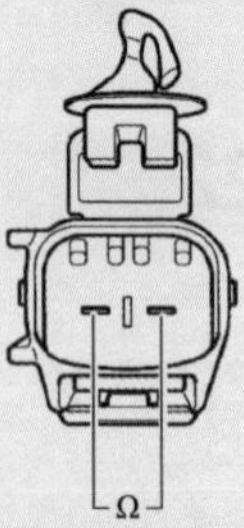 |
| 检查空调压力开关 | | ①确保空调系统压力正常，制冷剂含量在正常范围内<br>②关闭点火开关，拔出点火钥匙<br>③断开空调压力开关插头<br>④启动发动机，打开空调系统，第3针脚与第4针脚应导通<br>⑤当空调高压管路压力过高时，第1针脚与第2针脚应导通<br>⑥当空调高压管路压力超过极限值时，第3针脚与第4针脚断开 | 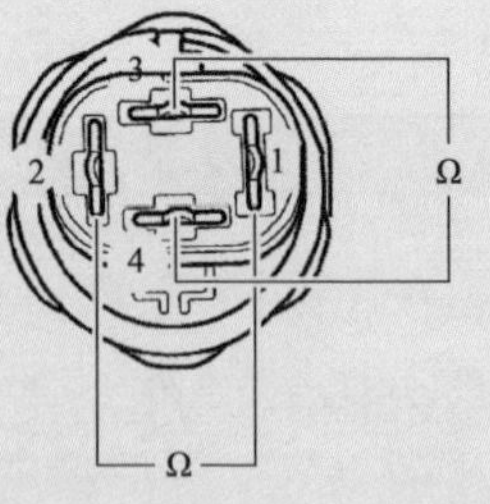 |
| 检查车内温度传感器 | | ①拆卸车内温度传感器<br>②测量车内温度传感器两个端子之间的电阻<br>常温状态下车内温度传感器电阻：1～2kΩ<br>③加热车内温度传感器，测量车内温度传感器两个端子之间的电阻，应随着温度的升高，电阻值逐渐下降<br>若传感器电阻无变化，则表明车内温度传感器故障，应更换 | 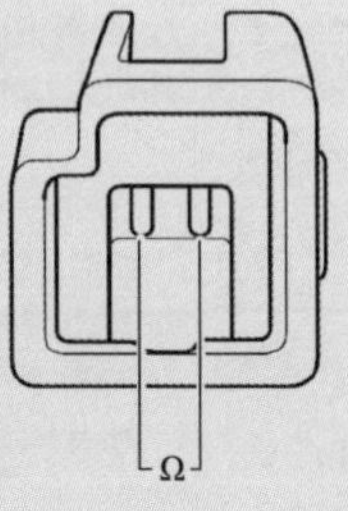 |

续表

| 检查项目 | 检查方法/步骤 | 检查图示 |
|---|---|---|
| 检查风门伺服电动机 | ①拆下风门伺服器，测量风门伺服电动机第6针脚与第7针脚是否导通，若不导通则表明电动机故障<br>②测量第1针脚与第3针脚是否导通，若不导通则表明电位计故障<br>③测量第1针脚与第5针脚的阻值，若不导通则表明电位计故障<br>若检查到其中一项发生故障，则表明伺服电动机/电位计损坏，需更换 |  |
| 检查电子风扇电动机 | ①断开电子风扇插头，测量两端子之间的电阻<br>标准电阻：0.3～0.8Ω<br>②若电阻超过0.8Ω，则更换电子风扇 |  |

② 在检查渗漏前，应确保空调制冷系统中至少有 100g 制冷剂。

③ 操作检测仪时，仪器检测探头与部件距离为 5mm。

④ 按连接管路路径进行测试，确保不会遗漏任何部件。

**22.3　空调系统故障**

用空调压力
来判断故障
视频精讲

## 22.3.1　空调系统制冷量不足故障（表 22.3-1）

表 22.3-1　空调系统制冷量不足故障

| 故障现象 | 可能的故障原因 | 维修方案/措施 |
|---|---|---|
| 发动机冷却液温度过高 | ①发动机怠速运行时间过长<br>②发动机长时间、大负荷运转<br>③冷却液不足<br>④冷却液性能不符合要求<br>⑤节温器故障<br>⑥发动机工作不良<br>⑦冷却风扇运行异常<br>⑧冷却风扇不工作<br>⑨水箱散热不良<br>⑩冷却风扇聚风罩损坏 | ①减少发动机怠速运行时间<br>②减少发动机大负荷运转时间<br>③检修冷却液泄漏情况，添加冷却液量至标准值<br>④更换符合厂家要求的冷却液<br>⑤更换节温器<br>⑥检修发动机冷却系统<br>⑦检修发动机工作状况<br>⑧检修冷却风扇电动机及其线路，必要时更换<br>⑨清洁冷却水箱<br>⑩检修冷却水箱，必要时更换<br>⑪检修冷却风扇聚风罩，必要时更换 |
| 冷凝器温度过高 | ①冷凝器散热不良<br>②发动机水温过高 | ①清洁冷凝器<br>②检修冷凝器，必要时更换<br>③按本表"发动机冷却液温度过高"症状进行维修 |

| 故障现象 | 可能的故障原因 | 维修方案/措施 |
|---|---|---|
| 压缩机运转异常 | ①压缩机皮带打滑<br>②压缩机离合器打滑<br>③压缩机异响<br>④压缩机频繁启动<br>⑤压缩机不工作 | ①调整压缩机皮带，必要时更换<br>②检修压缩机离合器，必要时更换<br>③检查制冷剂、润滑油量，参见表22.3-3"空调制冷系统压力故障"症状进行维修<br>④检修压缩机离合器线路<br>⑤检修压缩机，必要时更换<br>⑥检修空调压力开关，必要时更换<br>⑦检修空调控制模块，必要时更换<br>⑧检修发动机控制模块，必要时更换 |
| 仪表台出风口出风量过小 | ①仪表台出风口堵塞<br>②仪表台出风口风道漏风<br>③风向控制机构异常<br>④风向控制电动机异常<br>⑤鼓风机转速低<br>⑥鼓风机调速模块异常<br>⑦空调管路结冰<br>⑧空调控制模块异常 | ①清理仪表台出风口，必要时更换<br>②检修仪表台出风口风道，必要时更换<br>③检修风向控制机构<br>④检修风向控制电动机<br>⑤检修线路<br>⑥检修鼓风机电动机，必要时更换<br>⑦更换鼓风机调速模块<br>⑧更换符合厂家标准的制冷剂<br>⑨更换膨胀阀<br>⑩检修空调控制模块线路，必要时更换模块 |
| 仪表台出风口出风温度过高 | ①被切换到外循环<br>②环境温度过高<br>③外循环风门卡滞，关闭不严<br>④内外循环电动机故障<br>⑤温度控制机构异常<br>⑥温度控制电动机异常<br>⑦光照传感器异常<br>⑧空调控制模块异常 | ①切换到内循环<br>②车辆移到阴凉的地方<br>③调整外循环风门机构，必要时更换内外循环风门机械机构<br>④更换内外循环调节电动机<br>⑤检修温度控制电动机，必要时更换<br>⑥检修光照传感器，必要时更换<br>⑦检修空调控制模块线路，必要时更换模块 |
| 空调高压压力偏高，低压偏高 | ①制冷系统中有空气<br>②制冷剂加注过多<br>③制冷剂润滑油加注过多<br>④膨胀阀开度过大 | ①检修制冷系统管路的密闭性，重新加注制冷剂<br>②排放过多的制冷剂<br>③排放过多的制冷剂润滑油<br>④更换膨胀阀 |
| 空调高压压力偏高，低压偏低 | ①膨胀阀之前的高压管堵塞<br>②膨胀阀堵塞<br>③膨胀阀开度过小 | ①清洗或更换堵塞的高压管<br>②更换膨胀阀 |
| 空调高压压力偏低，低压偏高 | ①压缩机缺油<br>②压缩机损坏 | ①补充压缩机制冷剂润滑油<br>②更换压缩机 |
| 空调高压压力偏低，低压偏低 | ①制冷剂加注量不足<br>②制冷剂泄漏 | ①按厂家规定的标准加注空调制冷剂<br>②检修空调系统泄漏状况，更换泄漏的空调系统元件 |
| 空调高压压力偏低，低压真空 | ①膨胀阀严重脏堵<br>②膨胀阀冰堵<br>③蒸发器温度传感器故障<br>④低压管路泄漏 | ①更换膨胀阀<br>②延长系统抽真空时间，加注符合厂家规定标准的空调制冷剂<br>③更换储液干燥器<br>④更换蒸发器温度传感器<br>⑤清洗或更换堵塞的低压管 |

### 22.3.2 空调系统制暖气不足故障（表 22.3-2）

表 22.3-2 空调系统制暖气不足故障

| 症状 / 故障现象 | 可能的故障部位 / 原因 | 维修方案 / 措施 |
|---|---|---|
| 发动机冷却液温度<br>未达到 82℃ | ①节温器故障<br>②发动机运行时间不足<br>③冷却系统中有空气<br>④发动机工作不良 | ①延长发动机的运行时间<br>②排空冷却系统的空气<br>③更换节温器<br>④检修发动机工况 |
| 冷暖风门漏风 | ①冷暖风门机构机械故障<br>②冷暖风门电动机故障<br>③出风风道漏风<br>④空调控制模块故障 | ①调整冷暖风门机构<br>②更换冷暖调节电动机<br>③更换冷暖风门机械机构<br>④修复漏风风道<br>⑤更换漏风风道<br>⑥更换空调控制模块 |
| 内外循环风门漏风 | ①被切换到外循环<br>②外循环风门卡滞，关闭不严<br>③内外循环电动机故障<br>④空调控制模块故障 | ①切换到内循环<br>②调整外循环风门机构<br>③更换内外循环调节电动机<br>④更换内外循环风门机械机构<br>⑤更换空调控制模块 |

 ### 22.3.3 空调制冷系统压力故障（表 22.3-3）

当空调运行时通过检查制冷剂的压力，可以掌握故障的区域或原因，因此它对确定合适的值及诊断故障非常重要。

**汽车空调系统<br>压力检测**<br>视频精讲

表 22.3-3 空调制冷系统压力故障

| 压力表显示 | 故障现象 | 可能的原因 | 维修方案 / 措施 |
|---|---|---|---|
| 高压侧和低压侧的压力都太高 | 向冷凝器上喷洒水后压力很快恢复正常 | 过量加注制冷剂 | 收集所有制冷剂，再次排空制冷循环，然后重新注入规定量的制冷剂 |
| | 冷凝器的气流不足 | 冷凝器制冷性能不足<br>①散热器和冷凝器的风扇转动不良<br>②空气导管安装不当<br>③冷凝器散热片堵塞或变脏 | ①维修或更换故障零件<br>②清洁和修理冷凝器散热片 |
| | 压缩机停止工作后，高压读数迅速降低至约 196 kPa。然后逐渐降低 | 制冷循环中混有空气 | 收集所有制冷剂，再次排空制冷循环，然后重新注入规定量的制冷剂 |
| | ①低压管的温度低于蒸发器出口的温度<br>②低压管结霜 | 膨胀阀打开过度（制冷剂流量过大） | 更换膨胀阀 |

| 压力表显示 | 故障现象 | 可能的原因 | 维修方案/措施 |
|---|---|---|---|
| 高压侧压力太高，低压侧压力太低 | 高压管和冷凝器上侧变热，但是储液罐没那么热 | 压缩机和冷凝器之间的高压管堵塞或损坏 | 修理或更换故障零件 |
| 高压侧压力太低，低压侧压力太高 | ①压缩机工作停止后，两侧的读数很快相等 ②高压侧和低压侧的温度没有差异 | 压缩机系统故障（压缩机加压操作不足）①阀门损坏或断裂 ②故障衬垫 | 更换压缩机 |
| 高压侧和低压侧的压力都太低 | ①蒸发器出口附近不变冷 ②蒸发器进口附近结霜 | 膨胀阀堵塞 ①温度传感器断裂 ②被异物堵塞 | 清除膨胀阀中的异物，或者进行更换 |
| | ①储液罐出口管和进口管附近之间有温差 ②储液罐结霜 | 内储液罐故障（集滤器堵塞） | 更换冷凝器和储液罐总成 |
| | 蒸发器结霜 | 低压管堵塞或损坏 | 修理或更换故障零件 |
| | | 进气传感器故障 | 修理或更换进气传感器 |
| | 制冷剂循环的高压管和低压管之间有小温差 | ①制冷剂不足 ②制冷剂泄漏 | ①检查是否有泄漏 ②收集所有制冷剂，再次排空制冷循环，然后重新注入规定量的制冷剂 |
| 低压侧有时变成负压 | ①有时蒸发器出口附近不变冷 ②有时蒸发器进口附近结霜 | ①因冷却器循环中混有水而导致结冰 ②储液罐的风干机损坏 | ①收集所有制冷剂 ②完全排空制冷剂循环，然后重新注入规定量的制冷剂。此时，务必更换冷凝器和储液罐总成 |

 ## 22.3.4　空调系统噪声和异响故障（表22.3-4）

表22.3-4　空调系统噪声和异响故障

| 故障现象 | 可能的故障部件 | 可能的原因 | 维修方案/措施 |
|---|---|---|---|
| 空调打开时，压缩机噪声异常 | 压缩机内部 | 内部零件磨损、断裂或异物堵塞 | 检查压缩机油 |
| | 电磁离合器 | 离合器盘与皮带轮接触 | 检查离合器盘和皮带轮之间的空隙 |
| | 压缩机机身 | 压缩机装配螺栓松动 | 检查螺栓有无松动 |
| 冷却器管路噪声异常 | 冷却器管路（管道和软管） | 夹子和支架安装不当 | 检查冷却器管路安装状况 |

续表

| 故障现象 | 可能的故障部件 | 可能的原因 | 维修方案/措施 |
|---|---|---|---|
| 空调打开时，膨胀阀噪声异常 | 膨胀阀 | 制冷剂不足 | ①检查是否有泄漏<br>②收集所有制冷剂，再次排空制冷循环，然后重新注入规定量的制冷剂 |
| | | 内部零件磨损、断裂或异物堵塞 | 清除膨胀阀中的异物，或者进行更换 |
| 皮带噪声异常 | — | 皮带松动 | 检查皮带的张紧度 |
| | | 内部压缩机部件锁定 | 更换压缩机 |

# 22.4 回收和加注制冷剂

制冷剂加注设备连接见图22.4-1。

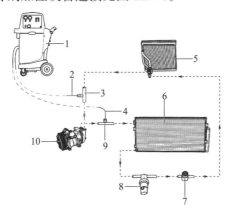

1—空调制冷剂加注机（必须按照使用说明书进行操作，使用方法参见仪器使用说明书）；2—低压软管及接口（用于连接空调低压管路，蓝色）；3—空调加注、测量排放口（低压端）；4—高压软管及接口（用于连接空调高压管路，红色）；5—蒸发器；6—冷凝器总成；7—观察孔（观察制冷剂含量）；8—空调压力开关；9—空调加注、测量排放口（高压端）；10—空调压缩机

图22.4-1 制冷剂加注设备连接

（1）回收制冷剂

❶关闭点火开关，接通设备电源。

❷连接制冷回路高、低压管路。

❸打开设备低、高压阀门开关。

❹选择设备"制冷剂回收"选项，启动设备，开始回收工作。

❺查看设备低压表压力值，当压力表达到34kPa真空度时，关闭设备，停止回收。

（2）加注制冷剂　加注制冷剂，应在补充空调压缩机润滑油之后进行。

❶连接制冷回路高、低压管。选择设备"制冷剂加注"选项，调整加注量。

❷打开低压阀门开关，启动设备进行加注。

❸观察设备显示屏，当加注量达到设定值时，屏幕显示加注完成，关闭阀门。

（3）加注慢操作　如果设备显示加注速度过慢，则按以下操作。

❶断开制冷回路高压接头，只连接低压端。

❷关闭设备高低压阀门。

**添加制冷剂**
视频精讲

③ 将汽车设置到驻车挡，启动发动机，打开空调，设定为低温模式。

④ 打开设备低压阀门，制冷剂将从低压端注入制冷管路中。

⑤ 当压力表显示达到低压标准值后，断开低压端接头。

⑥ 制冷剂加注完成。

 ## 22.5 补充冷冻油与系统抽真空

 ### 22.5.1 补充冷冻油

（1）排放冷冻油

① 连接制冷回路高、低压管路。

② 打开设备低、高压阀门开关。

③ 在空调制冷剂加注机控制板面上打开排油阀门启动设备，查看空调压缩机润滑油是否排入收集瓶中。

④ 空调压缩机润滑油排放完成后，停止排油，关闭排油阀。

⑤ 检查收集瓶，记录油量。

> **注/意**
>
> ① 制冷剂回收完成后，才进行空调压缩机润滑油的排放。
>
> ② 按照相关法规，回收处理废弃润滑油及制冷剂。
>
> ③ 清空加注机排油收集瓶。

（2）补充冷冻油

① 根据收集瓶内润滑油油量，添加新润滑油。

② 如单独更换部件，请按照修车标准补充空调压缩机润滑油。

（3）按标准添加冷冻油

① 连接制冷回路高、低压管路，打开设备高压阀门及压缩机润滑油加注开关。

② 启动空调制冷剂加注机，观察加注瓶中油面高度，直到所需油量。

③ 关闭高压阀门。

 ### 22.5.2 空调系统抽真空

① 连接制冷回路高、低压管路。

② 打开设备高压阀门，选择"抽真空"选项，设定时间为15min。启动设备抽真空，时间达到设定值时，设备自动停止工作。

③ 关闭设备高压阀门，查看低压表压力值。

④ 如果压力达到设定值，没有重新升高，则确认制冷回路没有泄漏，可以进行压缩机润滑油与制冷剂的添加。

⑤ 如果压力值上升，则检查制冷回路是否泄漏。

>  **注/意**
>
> 抽完真空后，才能添加压缩机润滑油。

# 第23章

# 防盗系统

## 防盗系统组成

发动机防盗系统基本的结构框架由防盗线圈（识读线圈、天线线圈）、发射器（防盗转换器、钥匙中射频芯片）、防盗控制器（防盗模块、智能钥匙编码装置）、发动机ECM、指示灯及连接线束等组成（图23.1-1）。

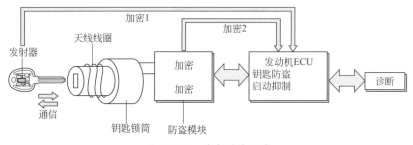

图 23.1-1　防盗系统组成

（1）转发器　钥匙中有一个防盗转发器，其内含有一个运算的射频芯片和一个细小的电磁线圈。该细小线圈在系统工作期间，与防盗线圈（识读线圈）一起完成防盗控制模块与防盗转换器中的运算芯片之间的信号及能量传递。转发器在钥匙中安装的位置应尽量远离金属部分，并尽可能靠近线圈天线。转发器布置要求如图23.1-2所示。

（2）**防盗线圈** 防盗线圈（识读线圈）产生感应磁场传输控制器和转发器之间的通信信号（图 23.1-3）。它安装在汽车的点火锁芯上，通过线束与防盗控制器相连。作为防盗控制器的负载，承担防盗控制器与转发器之间信号及能量的传递任务。

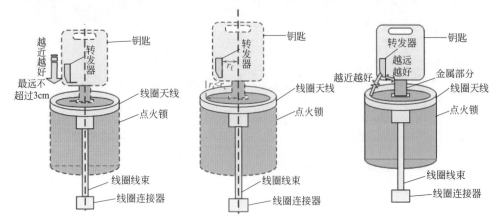

图 23.1-2　转发器布置要求

线圈天线的半径保证能套在点火锁上即可，线圈半径越小越好。线圈金属绕线部分与点火锁金属管轴之间应有塑料部分进行间隔，径向需至少有 3mm 间隔空间，轴向需比点火锁金属表面抬高。防盗线圈与防盗控制器之间的距离要求小于 500mm。

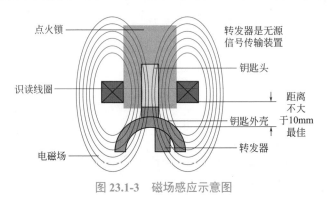

图 23.1-3　磁场感应示意图

（3）**防盗控制器** 防盗控制器内含微处理器，实现系统鉴别和系统匹配诊断等功能。通过锁止车辆发动机来实现防盗。

（4）**发动机 ECM** 发动机防盗系统都需要经过钥匙（带防盗转换器）、防盗控制器和发动机 ECM 三方的加密认证才能启动发动机。

（5）**防盗指示灯** 发动机关闭，汽车上锁，防盗系统激活，防盗灯就会闪烁，车辆处于设防状态。

## 23.2 防盗系统原理

###  23.2.1 基本原理

点火开关上的识读线圈会读取钥匙芯片 ID 信息，如果这个信息和汽车上防盗系统 IMMO（防盗控制器）ID 是一致的，则为合法钥匙，可以解除防盗，启动发动机。

###  23.2.2 控制过程

打开点火开关时，感应线圈会产生一个电磁波，在电磁波作用下射频芯片发出一个识别码。在感应线圈中读取信号，同时把信号发送到发动机 ECM 识别。如果发动机 ECM 识别该信号和 ECU 储存器中的信号一致，就允许执行相关启动操作，发动机正常启动。也就是说，打开点火开关时，发动机 ECM 就会发出一组加密电子编码信号给钥匙芯片，然后只有发动机 ECU 接收到反馈正确的防盗编码信号才允许启动发动机。

###  23.2.3 认证过程

防盗系统认证分为两级：一级为防盗控制器与转发器的无线认证；另一级为防盗控制器与发动机管理模块的总线认证。

（1）无线认证　基于转发器型号方案，转发器与防盗控制器之间采用 125kHz 低频无线双向通信，支持加密算法。

（2）总线或 K 线认证　防盗控制器与发动机 ECM 之间通过总线物理层和数据层进行通信并遵循相关标准。

防盗控制器（IMMO）通过点火开关"ON"唤醒。IMMO 在其初始化过程中，通过线圈天线（COIL）询问钥匙内转发器 ID，经 IMMO 核实正确后，IMMO 产生一组随机数发送给转发器，转发器将接收到的数据结合密钥码以及 ID，进行特定的加密运算后，将结果反馈给 IMMO，IMMO 将该运算结果与自身通过相同特定运算结果进行比较，如果吻合，则完成钥匙内转发器的无线认证。

K 线通信认证钥匙认可后，防盗控制器通过总线发起与发动机 ECM 的认证通信。两者进行类似上述介绍的相互鉴别认证。由发动机 ECM 将自己的 PIN 结合一个随机数和密钥码，进行特定的加密运算，防盗控制器将收到的数据进行解密，核对 PIN 的有效性。如果与预先存储的一致，则会回复一组随机电子数据给发动机 ECM，发动机 ECM 将此结果与自己通过特定运算的结果进行比较，结果吻合，发动机 ECM 才进行下一步的工作，允许点火、喷油，使发动机正常启动、工作。防盗系统认证过程如图23.2-1 所示。

⚙ **小贴士**

　　PIN 码（用户授权码）是进行系统匹配时输入的四位十六进制数密码，只有向防盗系统中成功输入了正确的 PIN 码，才能进行防盗系统匹配功能的操作。

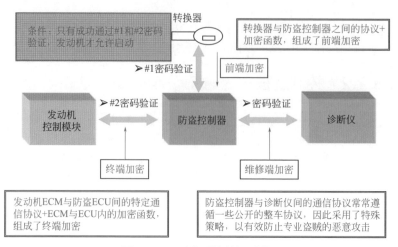

图 23.2-1　防盗系统认证过程

# 23.3　防盗系统编程与钥匙匹配

 **23.3.1　编程器基础**

　　汽车编程器是汽车电子维修作业中的一种设备，主要用于读取 CPU 数据、防盗密码读取、里程表调校、气囊数据修复、音响解密等。图片导向操作，比较简单。

 **23.3.2　遥控器原理**

　　（1）遥控系统组成　遥控系统由三个功能部件组成：手持遥控发射器（遥控钥匙）、遥控高频接收电路、CPU 和执行器驱动电路。其中，遥控高频接收电路和执行器驱动电路分成两个模块，以便于缩小接收电路的体积并与大电流电路分离，可以很灵活地选择安装位置从而优化无线信号接收性能。

　　（2）基本原理　遥控器信号是通过无线电发出来的。

　　车身控制模块通过无钥匙进入串行数据电路与遥控车门锁接收器通信。当按下无钥匙进入发射器上的任何按钮时，发射器向遥控车门锁接收器发送一个信号。根据发射器上按下的按钮，遥控门锁接收器向车身控制模块发送功能请求。车身控制模块接收信息并执行相应的功能。

 **23.3.3 遥控钥匙操作**

使用遥控钥匙（图 23.3-1）可以从远处将汽车解锁和闭锁。可以使用多把遥控钥匙。

带电池的发射器安放在遥控钥匙内。接收器在车内。遥控钥匙的作用范围在电池电量充足的情况下可在汽车周围达数十米。如果汽车无法用遥控钥匙打开或关闭，则必须对遥控钥匙重新进行同步处理或更换遥控钥匙中的电池。

图 23.3-1 遥控钥匙

（1）遥控钥匙

 **注／意**

① 每把钥匙内都有电子部件，要避免受潮和强烈振动。

② 请保持钥匙头凹槽的清洁。杂质（如织物纤维、灰尘等）会对钥匙的正常使用和点火锁造成不良影响。

③ 在驾驶员车门开着的情况下，无法用遥控钥匙将车辆闭锁，这样可以防止驾驶员将自己锁在车外。

❶ 通过便捷功能菜单，可以激活单门开启功能。激活单门开启功能后，按压一次遥控钥匙上的解锁按钮"🔓"时仅将驾驶员车门和油箱盖板解锁。再按一次遥控钥匙上的解锁按钮"🔓"，即可将全部车门和后备厢盖解锁。

❷ 遥控钥匙只有在其作用范围内才能将汽车解锁和闭锁。

❸ 汽车解锁后，如果 30s 内没有打开车门或后备厢盖，汽车便会自动重新闭锁，这一功能可防止汽车在无意中被解锁。

❹ 如果用遥控钥匙无法将汽车解锁或闭锁，则必须对遥控钥匙进行同步处理，或者更换遥控钥匙中的电池。

❺ 如果汽车附近有发射器（如无线电设备、移动电话等）以相同的频率范围工作，遥控钥匙的功能会因这种干扰而暂时受到影响。请再次按压闭锁或解锁按钮启动相应功能。

❻ 按下解锁按钮后，转向灯闪烁 2 次。

❼ 按下闭锁按钮后，待所有车门及后备厢盖关闭后，转向灯闪烁 1 次。

❽ 遥控钥匙或中央门锁失灵时，可以将遥控钥匙的折叠钥匙头翻开，手动将车门和后备厢盖解锁或闭锁。

（2）遥控钥匙同步调整　如果经常在作用范围之外按压按钮"🔓"，则汽车可能无法再用遥控钥匙解锁或锁止。在这种情况下必须按如下方式重新对遥控钥匙进行同步处理。

❶ 拆下驾驶员侧车门的车门拉手盖罩。

❷按压遥控钥匙上的按钮"🔒"。

❸在1min内用钥匙头将汽车解锁。

❹用遥控钥匙打开点火开关，同步处理完成。

（3）**中央门锁**　中央门锁能以中控方式将所有车门和后备厢盖解锁或锁止。

❶从车外用遥控钥匙。

❷从车外通过Kessy（无钥匙进入系统）。

❸从车内用中央门锁按钮。

可以通过菜单设置中的子菜单，或用故障诊断仪接通或关闭中央门锁的特殊功能。在遥控钥匙或中央门锁失灵时，可以对车门和后备厢盖进行手动解锁或锁止。

（4）**从车外将汽车解锁和锁止**　遥控钥匙上的按钮见表23.3-1。

 **注 / 意**

当所有车门和后备厢盖都已完全关闭时，中央门锁才正常工作。在驾驶员侧车门已打开时，无法用遥控钥匙将汽车锁止。

表23.3-1　遥控钥匙上的按钮

| 序号 | 功能 | 用遥控钥匙上的按钮操作 | 图示 / 示意图 |
|---|---|---|---|
| 1 | 汽车解锁 | 按压按钮"🔓"即可便捷开启 | |
| 2 | 汽车锁止 | 按压按钮"🔒"即可便捷关闭 | |
| 3 | 后备厢盖解锁 | 长按按钮"🚗"后备厢盖自动解锁 | |

 **注 / 意**

视子菜单便捷功能中设定的中央门锁功能而定，在两次按压按钮"🔓"时才会将所有车门和后备厢盖解锁。

当电池电量充足且遥控钥匙在汽车周围数十米的范围内时，遥控钥匙才能锁止汽车和解锁。会通过所有转向信号灯闪烁指示汽车锁止或解锁。

（5）**记忆座椅记忆位置的设置**　如图23.3-2所示，记忆座椅一共可以存储五个位置，座椅的记忆按钮可存储三个不同位置（1～3），两把遥控钥匙可分别绑定位置4和5。

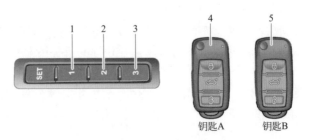

图23.3-2　记忆位置

1～3—座椅的记忆按钮；4,5—遥控钥匙

**小贴士**

> 只能在停车以后方可存储驾驶员座椅的位置。

❶ 存储功能用于正常行驶的设置。此功能可实现驾驶员座椅和车外后视镜位置的记忆。a. 为安全考虑，请接通电子驻车制动器，将变速箱挡位置于驻车挡或空挡位置。b. 接通点火开关。c. 调节驾驶员座椅和车外后视镜位置。d. 按压按钮"$\boxed{\text{SET}}$"。e. 在 10s 内按压需要设置的记忆按钮 1、2 或 3。存储于该记忆按钮的位置设置成功后会发出一个声音信号。

❷ 存储功能用于倒车的设置。此功能仅实现副驾驶员车外后视镜位置的记忆。a. 为安全考虑，请接通电子驻车制动器，将变速箱挡位置于驻车挡或空挡位置。b. 选择所需的记忆位置 1、2 或 3。c. 挂入倒车挡。d. 将后视镜调节旋钮转至位置 R，调整副驾驶员侧车外后视镜位置。e. 完成倒车后，将后视镜调节旋钮调回至 0 位置，刚刚调节好的后视镜位置即被储存。

❸ 调出存储位置。车门打开时：a. 断开点火开关的情况下，只需短按一下相应的记忆按钮 1、2 或 3，驾驶员座椅及后视镜将自动移至储存位置；b. 接通点火开关的情况下，长按相应的记忆按钮直至座椅及后视镜达到存储位置。车门关闭时：出于安全考虑，需要长按相应的记忆按钮，座椅及后视镜才能达到存储位置。倒车时：a. 当后视镜调节旋钮转至位置 R，挂入倒车挡时，右后视镜将自动移动到存储的倒车位置；b. 当以至少 15km/h 的车速向前行驶或将旋钮从位置 R 转到另一个位置时，右后视镜自动离开存储的倒车位置。

 **注 / 意**

> 倒车时的设置存储为自动记忆。调整完后归位即可，在此过程中不得按压按钮"$\boxed{\text{SET}}$"。

❹ 激活绑定功能：出厂时已默认激活一把遥控钥匙，其他遥控钥匙需自行激活。a. 关闭点火开关使车辆断电。b. 当座椅停止移动后，仍保持按按键 1、2 或 3，同时按下遥控钥匙上的解锁按钮。声音信号反馈绑定成功。

❺ 记忆位置设置。a. 确保该遥控钥匙已激活。b. 用相同的遥控钥匙将汽车解锁。c. 调节车外后视镜和驾驶员座椅位置。d. 用遥控钥匙上的闭锁按钮"$\boxed{\text{🔒}}$"将汽车锁止，使得记忆座椅控制器储存当前座椅和车外后视镜位置。

❻ 解除绑定功能。a. 汽车处于断电状态。b. 长按按钮"$\boxed{\text{SET}}$"，同时在 10s 内按压遥控钥匙上的解锁按钮"$\boxed{\text{🔒}}$"。声音信号确认绑定功能解除。

（6）记忆座椅迎宾功能 迎宾功能只能在遥控钥匙绑定功能激活状态下使用。

❶ 使用绑定过的遥控钥匙，熄火，开门下车，座位向后移动 3cm

❷再次解锁，开门上车，上电，座椅向前移动3cm，回到驾驶舒适位置。

 **注 / 意**

　　每把遥控钥匙有各自对应的不同设置，迎宾功能的移动位置与各个遥控钥匙一一对应（即使用遥控钥匙1下车闭锁后，使用遥控钥匙2解锁上车，座椅将在遥控钥匙2存储位置的基础上再移动约3cm）。如果座椅接近后部极限位置，出于安全考虑，迎宾功能将可能不会被触发。

 ## 23.3.4　钥匙匹配方法

　　汽车上的机械钥匙大概有150种，机械钥匙开槽后，对防盗钥匙进行电脑匹配。钥匙匹配需要专门的电子设备，我们平常使用的故障诊断仪也有钥匙匹配功能。以大众三代防盗系统为例，钥匙匹配步骤如下。第一步：连接专业设备。第二步：读取防盗密码。第三步：根据提示，选择需要匹配的车型。第四步：点击"防盗匹配"。第五步：根据提示输入密码。第六步：根据提示，选择要匹配的钥匙数量。第七步：根据提示，插入需要匹配的钥匙。钥匙匹配完成。

 # 23.4　防盗系统故障

　　❶防盗系统故障排除的前提是电动门锁控制系统和无线门锁控制系统工作正常。因此，对防盗系统进行故障排除前，应首先确认电动门锁控制系统和无线门锁控制系统工作正常。

　　❷表23.4-1可以帮助判断故障的原因。如果列出多个可能的原因，则表23.4-1的"可能的原因"栏中按可能性的顺序列出了故障表现的可能起因。在检查故障时，应按表中所列的顺序来检查可能的部件。

　　❸在检查故障前，应先检查与此系统相关的保险丝和继电器。

表23.4-1　防盗系统故障值

| 故障表现 | 可能的原因 |
|---|---|
| 防盗系统不能设定 | 前门控灯开关电路 |
| | 后门控灯开关电路 |
| | 前门锁总成 |
| | 后门锁总成 |
| | 后备厢门锁总成 |
| | 发动机盖控灯开关电路 |

续表

| 故障表现 | 可能的原因 |
|---|---|
| 将点火开关转到"ON"时，警报鸣响状态不能取消 | 智能进入和启动系统（启动功能） |
| | 认证 ECU（智能钥匙 ECU 总成） |
| | 对以上部位进行检查并确认正常后，如果症状仍出现，则更换主车身 ECU（多路网络车身 ECU） |
| | 点火开关电路 |
| | 未锁警告开关电路 |
| | 对以上部位进行检查并确认正常后，如果症状仍出现，则更换主车身 ECU（多路网络车身 ECU） |
| 即使车门打开，也可设定防盗系统 | 前门控灯开关电路 |
| | 后门控灯开关电路 |
| | 对以上部位进行检查并确认正常后，如果症状仍出现，则更换主车身 ECU（多路网络车身 ECU） |
| 即使发动机盖打开，也可设定防盗系统 | 发动机盖控灯开关电路 |
| 防盗系统处于警报工作状态时，车辆喇叭不鸣响 | 喇叭电路 |
| 防盗系统处于警报工作状态时，危急警告灯不闪烁 | 组合仪表总成 |
| | 对以上部位进行检查并确认正常后，如果症状仍出现，则更换主车身 ECU（多路网络车身 ECU） |
| | 安全喇叭电路 |
| 即使防盗系统未设定，危急警告灯也闪烁 | 组合仪表总成 |
| | 对以上部位进行检查并确认正常后，如果症状仍出现，则更换主车身 ECU（多路网络车身 ECU） |

**车辆钥匙的介绍**
视频精讲

**匹配钥匙**
视频精讲

# 其他电气及辅助装置

## 照明系统

 **24.1.1　车外照明系统**

车外照明系统包括大灯、前雾灯、后雾灯、驻车灯、尾灯、牌照灯、示宽灯、转向信号灯、危险警告灯、制动灯（刹车灯）、倒车灯等。

（1）近光大灯

❶ 大灯可以按三种不同的方式点亮。a. 当大灯开关置于"ON"（打开）位置时，为正常工作。b. 当大灯开关置于"AUTO"（自动）位置时，为自动灯控制。c. 当大灯开关置于"AUTO"（自动）位置时，在日间光照条件下，随着挡风玻璃刮水器在6s 的延迟后打开。

❷ 近光灯白天点亮情况。符合以下条件时，车身控制模块也将在白天指令近光大灯点亮。a. 大灯开关置于 AUTO（自动）位置。b. 挡风玻璃刮水器接通。c. 车辆置于除驻车挡外的任何挡位。车身控制模块指令近光大灯点亮时，组合仪表的内部背景照明和各种其他开关变光至仪表板变光器开关所选的亮度等级。

（2）卤素近光灯　车身控制模块（BCM）监测大灯开关的三个信号电路。将大灯开关置于"AUTO"（自动）位置时，所有三个信号电路开路；车身控制模块监视来自环境光照传感器的输入，以便根据车外照明状况判定是否需要大灯或者是否将激活日间行车灯。当大灯开关置于"OFF"（关闭）位置时，大灯开关的大灯熄灭信号电路搭铁，向车身控制模块指示应该熄灭车外大灯。当大灯开关置于"PARK"（驻车）位置时，大灯开关的驻车灯点亮信号电路搭铁，指示已向驻车灯发出请求。当大灯开关置于"HEADLAMP"（大灯）位置时，大灯开关的驻车灯点亮信号电路和大灯开关的大灯点亮信号电路均搭铁。通过点亮驻车灯和大灯，车身控制模块对输入进行响应。请求点亮近光大灯时，车身控制模块将"B+"提供至点亮近光大灯的两个近光大灯控制电路。

（3）高强度气体放电近光灯

 注 / 意

高强度气体放电系统会产生高压和大电流，切勿在高强度气体放电系统镇流器的输出连接器和电弧管总成之间进行探测。

❶ 检测信号。当转向信号／多功能开关置于关闭位置时，转向信号／多功能开关大灯熄灭信号电路搭铁，向车身控制模块指示应该熄灭车外灯。当转向信号／多功能开关置于驻车位置时，转向信号／多功能开关驻车灯点亮信号电路搭铁，指示已向驻车灯发出请求。当转向信号／多功能开关置于大灯位置时，转向信号／多功能开关驻车灯点亮信号电路和转向信号／多功能开关大灯点亮信号电路搭铁。作为对该近光请求的反应，车身控制模块向近光继电器控制电路提供搭铁，使近光继电器通电。近光继电器被通电时，开关触点闭合，使蓄电池电压通过近光保险丝。然后蓄电池电压从保险丝，通过近光控制电路提供至位于每个大灯总成内的左右大灯镇流器。当蓄电池电压通过近光控制电路提供至大灯镇流器时，镇流器给起辉器充电，使灯点亮。

高强度气体放电（HID）大灯没有类似传统灯泡的灯丝，而是起辉器使用高压变压器将输入电压转换成更高的电压。此升高后的电压用来在灯泡电极之间产生电弧。

❷ 灯的增亮。为确保灯的正常启动和增亮，每个镇流器都需要有更大的电流。增亮就是提供给灯泡额外的电能。稳态工作过程中的输入电流要低于启动电流。在灯从起辉器接收到启动信号并建立电弧后，镇流器使用其工作电压提供保持灯点亮所需的增亮电能。灯快速地增加亮度，从暗淡的辉光到高亮度，即称为稳态的亮光。灯泡建立电弧数秒后基本达到稳态。然后，很快会达到 100% 的稳态。为了在这么短的时间内使灯达到稳态，必需具备大功率电能。

❸ 高强度气体放电灯泡故障。当灯泡老化并且变得不稳定时，灯泡会出现故障并达到寿命终点。

首先灯泡可能偶尔意外自动熄灭，可能在 24h 内仅出现一次这样的情况。当灯泡开始偶尔自动熄灭时，镇流器将自动在 0.5s 内再次点亮灯泡。镇流器将快速重新触发灯泡，使灯泡看上去好像没有熄灭过。随着灯泡老化，灯泡可能会更频繁地熄灭，最终达到每分钟 30 多次。当灯泡开始更为频繁地熄灭时，镇流器接收到过多的重复性电流输入。重复而过多的重新启动或重新触发让镇流器没有时间冷却下来，从而永久性损坏镇流器。作为安全保护，当检测到重复性重新触发情况时，镇流器将不会试图使灯重新触发。随后，镇流器关闭，灯泡熄灭。明显的故障迹象有：灯光闪烁，在灯泡

故障早期阶段产生；灯光熄灭，在镇流器检测到过多的重复性灯泡重新触发情况时产生；变色，灯光可能变成暗淡的粉红色辉光。

为了使镇流器的故障电路复位，必须终止镇流器的输入电源。为了终止镇流器的输入电源，应将灯熄灭并再次点亮。将灯熄灭并再次点亮会使镇流器内的所有故障电路复位，直到过多的重复性灯泡重新触发情况再次发生。当过多的重复性灯泡重新触发情况发生时，则更换起辉器／电弧管总成。更换起动机／电弧管总成后，镇流器将开始启动过程。重复地使输入电源复位可能造成内部部件过热并导致镇流器永久性损坏。在重复进行复位操作时，须留出几分钟的冷却时间。

❹ 灯光的颜色。白光灯具有的颜色等级与常规大灯不同。与卤素灯相比，白光灯的可接受范围更宽。因此，左、右大灯之间存在色差是正常的。处在正常范围一端的高强度气体放电灯（HID）可能在颜色上看上去与处在范围另一端的高强度气体放电灯存在明显的不同。色差是正常的。只有确定电弧管处于灯泡故障阶段时，才能更换电弧管。

（4）**远光大灯**　当近光大灯点亮且转向信号／多功能开关置于远光位置时，通过远光信号电路向车身控制模块提供搭铁。作为对该远光请求的反应，车身控制模块向远光继电器控制电路提供搭铁，使远光继电器通电。远光继电器被通电时，开关触点闭合，使蓄电池电压通过左侧和右侧远光保险丝提供至远光控制电路，并继续至大灯总成内的左侧和右侧远光电磁执行器。一旦远光电磁执行器激活，每个大灯总成内的电磁挡板都打开，暴露出被使远光灯点亮至最亮的挡板覆盖的大灯的剩余部分。

（5）**自动灯控制**　自动灯默认为点亮。将开关置于"OFF"（关闭）位置可以使灯熄灭。再次切换开关将使灯点亮。只有车辆上安装有雨量传感器或雨量／光照传感器模块（RSM）时，自动灯才能使用。雨量／光照传感器模块将实际环境光照状态（明、暗）发送至车身控制模块。如果自动灯点亮，车身控制模块将通过接通／关闭近光开关对来自雨量／光照传感器模块的信息做出反应。

（6）**闪光超车灯**

❶ 闪光超车灯（标准型）。当近光大灯点亮并且转向信号／多功能开关瞬时置于闪光超车位置时，向转向信号／多功能开关提供搭铁。转向信号／多功能开关通过闪光超车灯开关信号电路向车身控制模块提供搭铁。随后，车身控制模块向远光继电器控制电路提供搭铁。这使远光继电器通电，同时闭合远光继电器的开关侧触点，将蓄电池电压提供给左右远光灯保险丝。从远光灯保险丝通过远光电源电压电路向远光大灯总成提供蓄电池电压，这导致远光大灯瞬时点亮至全亮或直到释放闪光超车灯开关。

❷ 闪光超车灯（高级）。当近光大灯点亮并且转向信号／多功能开关瞬时置于闪光超车位置时，向转向信号／多功能开关提供搭铁。转向信号／多功能开关通过闪光超车灯开关信号电路向车身控制模块提供搭铁。车身控制模块向大灯控制模块发送信息，将闸板从氙气灯上提起。这会使氙气灯瞬时将大灯点亮至全亮或直到释放闪光超车开关。

（7）**自动大灯高度调节**　自动大灯高度调节系统组成：a. 大灯控制模块；b. 左大灯高度调节执行器；c. 右大灯高度调节执行器；d. 前悬架位置传感器；e. 后悬架位置传感器。

（8）**大灯高度调节**　每个大灯总成都包含一个由大灯控制模块控制的大灯高度调节电动机。前后悬架位置传感器为大灯控制模块提供悬架位置信息。每个传感器都从大灯控制模块接收 5V 参考电压、信号和低电平参考电压电路。这些传感器连接至前后悬架的控制臂。当车辆行驶时，悬架压缩和回弹，移动悬架位置传感器臂会导致传感器的信号输出改变。

❶ 大灯高度调节（不带电子悬架控制系统）。当车辆载荷和行驶状态变化时，自动大灯高度调节系统自动保持大灯的垂直定位。大灯控制模块比较来自两个悬架位置传感器的信息，并根据需要调整大灯高度。

❷ 大灯高度调节（带电子悬架控制系统）。悬架控制模块比较四个悬架位置传感器的信息，并根据需要调整悬架。悬架控制模块通过串行数据与大灯控制模块通信。如有需要，大灯控制模块使用来自悬架控制模块的悬架位置传感器信息调节大灯高度。大灯控制模块通过 LIN 总线电路与左右大灯高度调节执行器通信。

（9）**前雾灯**　前雾灯继电器始终由蓄电池电压供电。通过按下前雾灯开关，使前雾灯开关信号电路瞬时搭铁。车身控制模块（BCM）通过向前雾灯继电器控制电路提供搭铁，使前雾灯继电器通电。当前雾灯继电器通电时，继电器开关触点闭合，通过前雾灯保险丝提供蓄电池电压至前雾灯电源电压电路，从而点亮前雾灯。

（10）**后雾灯**　当后雾灯开关置于接通位置时，车身控制模块向后雾灯提供蓄电池电压。始终向后雾灯提供搭铁。车身控制模块向仪表板组合仪表发送总线数据信息，以点亮后雾灯指示灯。

（11）**驻车灯、尾灯、牌照灯和示宽灯**　当车身控制模块接收到大灯开关点亮驻车灯的请求时，车身控制模块发送脉宽调制信号点亮驻车灯、尾灯和牌照灯。

（12）**转向信号灯**　始终向转向信号 / 多功能开关提供搭铁。转向信号灯只在点火开关置于"ON"（打开）或"START"（启动）位置时才点亮。当转向信号 / 多功能开关置于右转向或左转向位置时，通过右转向或左转向信号开关信号电路向车身控制模块提供搭铁。随后，车身控制模块通过相应的电源电压电路向前转向和后转向信号灯提供脉冲电压。车身控制模块接收到转向信号请求时，将串行数据信息发送至组合仪表，请求各转向信号指示灯点亮和熄灭。

（13）**复示灯**　复示灯一般位于前翼子板上。复示灯用作附加的转向信号灯，其操作与转向信号 / 危险警告闪光灯一样。

（14）**危险警告闪光灯**　危险警告闪光灯可以在任何电源模式中激活。当按下危险警告开关时，危险警告开关信号电路瞬时搭铁。车身控制模块（BCM）在一个"ON"（打开）和"OFF"（关闭）占空比周期中向所有 4 个转向信号灯提供蓄电池电压，以此对危险警告开关信号输入做出反应。

激活危险警告开关时，车身控制模块向仪表板组合仪表发送一个串行数据信息，请求转向信号指示灯循环点亮和熄灭。

仪表板变光器开关控制车内背景照明部件的亮度。当将仪表板变光器开关置于所需位置时，车身控制模块（BCM）从仪表板变光器开关中接收到一个信号，并作为反应，

向危险警告开关发光二极管（LED）背景照明控制电路提供一个脉宽调制（PWM）电压，点亮 LED 至所需亮度。

（15）制动灯　制动踏板位置（BPP）传感器用于感测驾驶员操作制动踏板的动作。制动踏板位置传感器提供一个模拟电压信号，当踩下制动踏板时该信号将增大。车身控制模块向制动踏板位置传感器提供一个低电平参考电压信号和一个 5V 参考电压。当可变信号达到电压阈值（即制动器接合）时，车身控制模块将向制动灯控制电路和中央高位制动灯控制电路提供蓄电池电压。控制电路通电时制动灯点亮。

（16）倒车灯　当发动机运转且变速器被置于倒挡位置时，变速器控制模块（TCM）向车身控制模块（BCM）发送一条串行数据信息。该信息指示换挡杆挂倒挡。车身控制模块向倒车灯控制电路提供蓄电池电压点亮倒车灯。一旦驾驶员将换挡杆移出倒挡位置，变速器控制模块就通过串行数据发送一条消息，请求车身控制模块从倒车灯控制电路上撤销蓄电池电压。必须运转发动机使倒车灯工作。

（17）大灯故障检测

❶将点火开关置于"OFF"（关闭）位置，断开相应不工作大灯的线束连接器。

❷断开蓄电池的负极端子。

❸测试相应的大灯搭铁电路线束连接器端子和搭铁之间的电阻是否小于 5Ω。如果高于规定值，则测试搭铁电路是否开路 / 电阻过大。

❹重新连接蓄电池的负极端子。

❺拆下相应的远光灯保险丝。

❻确认相应的大灯未点亮。如果大灯点亮，则测试保险丝输出电路是否对电压短路。

❼ 在相应的保险丝输出触点和"B+"之间安装一条带 10A 保险丝的跨接线。确认相应的远光灯点亮。如果大灯未点亮，则测试保险丝输出电路是否对搭铁短路或开路 / 电阻过大。如果电路测试正常，则更换相应的灯泡。

❽断开保险丝盒的相应线束连接器。

❾在信号电路端子和"B+"之间连接一个测试灯。

❿将点火开关置于"ON"（打开）位置，使用转向信号 / 多功能开关点亮和熄灭远光灯。测试灯应点亮和熄灭。

⓫如果测试灯始终点亮，则测试信号电路是否对搭铁短路。如果电路测试正常，则更换车身控制模块。

⓬如果测试灯始终熄灭，则测试信号电路是否对电压短路或开路 / 电阻过大。如果电路测试正常，则更换车身控制模块。

⓭如果所有电路测试都正常，则更换保险丝盒。

（18）多功能开关（转向开关）故障检测

❶将点火开关置于"OFF"（关闭）位置，断开转向信号 / 多功能开关的线束连接器。

❷断开蓄电池的负极端子。

❸将点火开关置于"OFF"（关闭）位置，测试相应搭铁电路端子和搭铁之间的电阻是否小于 5.0Ω。如果大于规定范围，则测试搭铁电路是否开路 / 电阻过大。

④ 重新连接蓄电池的负极端子。

⑤ 将点火开关置于"ON"（打开）位置，执行故障诊断仪的大灯闪光开关数据流应该为"未激活"状态。如果不是规定值，则测试相应的信号电路端子是否对搭铁短路。如果电路测试正常，则更换车身控制模块。

⑥ 确认故障诊断仪的远光选择开关数据流为"激活"。如果不是规定值，则测试相应的信号电路端子是否对搭铁短路。如果电路测试正常，则更换车身控制模块。

⑦ 在相应的信号电路端子和搭铁之间安装一条带 3A 保险丝的跨接线。执行故障诊断仪的大灯闪光开关数据流应为"激活"状态。如果不是规定值，则测试信号电路是否对电压短路或开路 / 电阻过大。如果电路测试正常，则更换车身控制模块。

⑧ 在相应信号电路端子和搭铁之间安装一条跨接线。执行故障诊断仪的远光选择开关数据流应为"激活"状态。如果不是规定值，则测试信号电路是否对电压短路或开路 / 电阻过大。如果电路测试正常，则更换车身控制模块。

⑨ 如果所有电路测试都正常，则更换多功能开关（转向开关）。

##  24.1.2　车内照明系统

车内灯由两组灯组成：一组是可通过仪表板组合仪表灯变光器开关进行变光的灯；另一组是不可变光的灯。

（1）门控灯 / 上车照明灯　通过将车内灯开关置于"ON"（打开）位置以手动方式点亮照明灯，或在开关置于"AUTO"（自动）位置时打开车门也可以点亮顶灯、举升门灯、门控灯。

车身控制模块（BCM）的门控灯电源电压电路向顶灯、举升门灯和门控灯提供蓄电池正极电压。打开任何一扇车门时，门框侧柱开关触点闭合，并向车身控制模块提供一个车门打开的输入信号。随后车身控制模块在开关置于"AUTO"（自动）位置时向车内灯提供"B+"电压，在开关置于"ON"（打开）位置时向车内灯提供搭铁。

 **注 / 意**

　　如果在所有模块处于休眠状态之后打开举升门，顶灯将不会点亮。一旦车身控制模块已经进入休眠状态，向其发送举升门微开开关输入信号也不能唤醒车身控制模块，因此顶灯不会点亮。来自遥控无钥匙进入或车门把手的输入信号会将车身控制模块唤醒，举升门打开时顶灯将点亮。

如果驾驶员误将任一车内灯点亮，车身控制模块将在 20min 倒计时后将其熄灭。如果点火开关置于"ON"（打开）位置或所有车门关闭大约 20s 之后，门控灯将立即熄灭。

（2）无钥匙进入车内照明　当接收到来自无钥匙进入发射器的车门解锁指令时，车身控制模块将闪烁驻车灯数次，点亮门控灯和驻车灯并以弱光形式点亮近光大灯。车灯将保持点亮状态直到点火钥匙转离"OFF"（关闭）位置或接收到无钥匙进入发

射器的门锁指令或在大约 20s 的延迟后。

（3）车内灯变光 车内变光等包括：空调控制模块、控制板总成；收音机；后排座椅音响；仪表板组合仪表；挡位灯（除当前选挡位置之外）；电动车窗开关；各种开关。该组灯可能混合使用了真空荧光照明、LED 和白炽灯。

当点火开关置于"ON"（打开）位置时，真空荧光显示屏和收音机以最大亮度点亮。当驻车灯或近光灯点亮时，所有白炽背景照明都以仪表板组合仪表变光器开关所指示的变光水平点亮。同时，所有荧光显示屏变光，与所指示的变光水平相匹配。大灯开关置于"PARK"（驻车）或"HEADLAMPS"（大灯）位置后，大灯开关将向车身控制模块提供输入信号。随后，车身控制模块通过变光控制电路向仪表板组合仪表变光器开关提供电压。仪表板组合仪表变光器开关的设置确定了仪表板组合仪表变光器开关向车身控制模块提供的电压水平。随后车身控制模块向所有车内灯发送一个脉宽调制电压，所有的荧光显示屏和白炽背景照明灯都获得一个特定电压。

 **注 / 意**

对于配备了自动灯功能的车辆，车内背光照明仅在环境光照传感器检测到夜间条件时变光。

当大灯开关转至驻车灯或大灯位置时，所有的白炽背景灯都以仪表板组合仪表变光器开关指示的变光水平点亮。当把仪表板组合仪表变光器开关从最小值移动到最大值时，所有荧光显示屏以及所有白炽背景灯都从最小亮度变为最大亮度，以响应仪表板组合仪表变光器开关。

 **24.1.3 蓄电池电量耗尽保护**

为提供蓄电池电量耗尽保护，在某些条件下将自动禁用车外灯。车身控制模块监测大灯开关的状态，当点火开关打开，并随后置于"OFF"（关闭）位置时，如果驻车灯或大灯点亮，则车身控制模块将启动一个数分钟的计时器。在数分钟后，车身控制模块将停止向驻车灯和大灯继电器线圈提供控制电源输出，停用车外灯。如果激活了除关机之外的其他电源模式，该功能将被取消。

 **后视镜**

 **24.2.1 带记忆的后视镜**

电动后视镜系统由座椅位置记忆控制模块、车外后视镜开关、乘客侧车窗开关、驾驶员侧车外后视镜和乘客侧车外后视镜组成。带记忆的后视镜系统框图如图 24.2-1 所示。

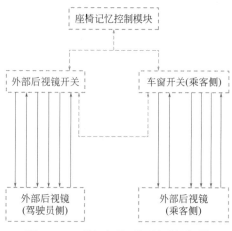

图 24.2-1　带记忆的后视镜系统框图

（1）电动后视镜系统控制装置　外部后视镜开关和乘客侧车窗开关作为主控模块，位于座椅位置记忆模块串行数据电路上。后视镜的选择和方向控制开关通过串行数据电路输入座椅位置记忆模块，座椅位置记忆模块接收到来自外部后视镜开关的开关输入信号时，后视镜输出指令通过串行数据电路发送到相应的开关上。外部后视镜开关和乘客侧车窗开关通过双向电动机控制电路来控制左侧和右侧外部后视镜。在未激活时电动机控制电路状态不稳定，必要时开关向控制电路提供电源和搭铁以将后视镜移向指令方向。

后视镜位置由各电动后视镜的水平位置和垂直位置传感器共同决定。外部后视镜开关和乘客侧车窗开关向传感器提供 5V 参考电压、低电平参考电压及水平位置和垂直位置信号电路。信号电路通过开关获得 5V 参考电压，并且信号电路电压的高低表示后视镜的位置。通过串行数据电路向座椅位置记忆模块发送后视镜位置，并将其储存以便操作记忆后视镜。当座椅位置记忆模块接收到记忆位置指令时，座椅位置记忆模块将向外部后视镜开关和乘客侧车窗开关发送就位指令，然后开关根据传感器设置将相应的后视镜电动机驱动至指令位置。

（2）折叠后视镜　后视镜选择和折叠/展开开关通过串行数据电路向座椅位置记忆模块输入信号。座椅位置记忆模块接收到外部后视镜开关的折叠/展开信号时，其记忆模块将向外部后视镜开关和乘客侧车窗开关发送折叠/展开指令，开关将根据其当前状态折叠或展开后视镜。外部后视镜开关和乘客侧车窗开关通过双向控制电路来控制折叠/展开电动机。

（3）加热型后视镜　通过后部除雾继电器控制加热型后视镜。后窗除雾器开启时，通过左侧和右侧后视镜加热元件控制电路向后视镜加热元件提供蓄电池电压。

（4）后视镜故障检测

❶带记忆功能的后视镜电路图如图 24.2-2 所示。

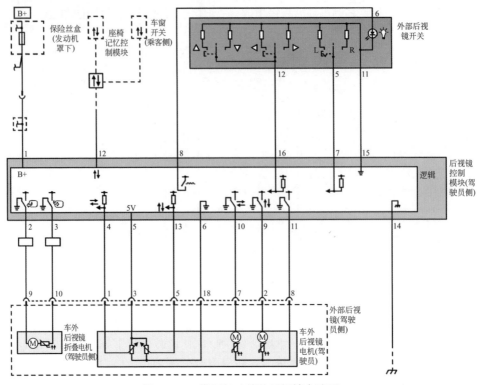

图 24.2-2　带记忆功能的后视镜电路图

❷ 车外后视镜开关故障检测见表 24.2-1。

表 24.2-1　车外后视镜开关故障检测

| 检测条件 | 检测方法 |
|---|---|
| 搭铁电路端子 5 和搭铁之间的电阻是否小于 10Ω | 将点火开关置于 "OFF"（关闭）位置，所有车辆系统关闭，断开车外后视镜开关的线束连接器 |
| | 测试搭铁电路端子 5 和搭铁之间的电阻是否小于 10Ω |
| 如果等于或大于 10Ω | 将点火开关置于 "OFF"（关闭）位置 |
| | 测试搭铁电路端对端的电阻是否小于 2Ω |
| | 如果等于或大于 2Ω，则修理电路中的开路 / 电阻过大；如果小于 2Ω，则修理搭铁连接中的开路 / 电阻过大 |
| 如果小于 10Ω | 确认 "B+" 电路端子 4 和搭铁之间的测试灯点亮 |
| 如果测试灯未点亮且电路保险丝完好 | 将点火开关置于 "OFF"（关闭）位置，拆下测试灯 |
| | 测试点火电路端对端的电阻是否小于 2Ω |
| | 如果等于或大于 2Ω，则修理电路中的开路 / 电阻过大；如果小于 2Ω，则确认保险丝未熔断且保险丝有电压 |
| 如果测试灯未点亮且电路保险丝熔断 | 将点火开关置于 "OFF"（关闭）位置，拆下测试灯 |
| | 测试 "B+" 电路和搭铁之间的电阻是否为无穷大 |
| | 如果电阻不为无穷大，则修理电路上的对搭铁短路故障 |

续表

| 检测条件 | 检测方法 |
| --- | --- |
| 如果电阻为∞ | 测试信号电路和搭铁之间的电阻是否为无穷大 |
| | 如果电阻不为无穷大，则修理电路上的对搭铁短路故障<br>如果电阻无穷大，则更换后视镜开关 |
| 如果测试灯点亮 | 更换后视镜开关 |

❸ 驾驶员侧车外后视镜移动故障检测见表 24.2-2。

表 24.2-2　驾驶员侧车外后视镜移动故障检测

| 检测条件 | 检测方法 |
| --- | --- |
| 开关"向上"和"向下"状态时，确认测试灯点亮 | 将点火开关置于"OFF"（关闭）位置，断开驾驶员侧车外后视镜处的线束连接器。将点火开关置于"ON"（打开）位置 |
| | 在控制电路端子 8 和控制电路端子 2 之间连接一个测试灯 |
| | 开关"向上"和"向下"状态时，确认测试灯点亮 |
| 如果在任何一种控制中测试灯保持熄灭 | 将点火开关置于"关闭"位置，拆下测试灯，断开车外后视镜开关处的线束连接器 |
| | 测试各个控制电路和搭铁之间的电阻是否为∞ |
| | 如果电阻不为∞，则修理电路上的对搭铁短路故障 |
| | 如果电阻为∞，则测试各控制电路端到端电阻是否小于 $2\Omega$。 |
| | 如果等于或大于 $2\Omega$，则修理电路中的开路/电阻过大；如果小于 $2\Omega$，则更换车外后视镜开关 |
| 如果测试灯始终点亮 | 将点火开关置于"关闭"位置，拆下测试灯，断开车外后视镜开关处的线束连接器，再将点火开关置于"打开"位置 |
| | 测试各控制电路和搭铁之间的电压是否低于 1V |
| | 如果等于或大于 1V，则修理电路上的对电压短路；如果低于 1V，则更换"车外后视镜开关" |
| 如果在其中一种控制中测试灯点亮 | 在控制电路端子 7 和控制电路端子 8 之间连接一个测试灯 |
| | 当用故障诊断仪指令"向左"和"向右"状态时，确认测试灯点亮 |
| 如果在任何一种控制中测试灯保持熄灭 | 将点火开关置于"关闭"位置，拆下测试灯，断开车外后视镜开关处的线束连接器 |
| | 测试各个控制电路和搭铁之间的电阻是否为∞ |
| | 如果电阻不为∞，则修理电路上的对搭铁短路故障 |
| | 如果电阻为∞，则测试各控制电路端到端电阻是否小于 $2\Omega$ |
| | 如果等于或大于 $2\Omega$，则修理电路中的开路/电阻过大；如果小于 $2\Omega$，则更换车外后视镜开关 |
| 如果测试灯始终点亮 | 将点火开关置于"OFF"（关闭）位置，拆下测试灯，断开车外后视镜开关处的线束连接器，再将点火开关置于"ON"（打开）位置 |
| | 测试各控制电路和搭铁之间的电压是否低于 1V |
| | 如果等于或大于 1V，则修理电路上的对电压短路；如果低于 1V，则更换"车外后视镜开关" |
| 如果在其中一种控制中测试灯点亮 | 测试或更换驾驶员侧车外后视镜电动机 |

 24.2.2　不带记忆功能的后视镜

每个车外电动后视镜包括 2 个电动机。上下调节电动机在垂直方向运行，左右

图 24.2-3　不带记忆功能的后视镜框图

调节电动机在水平方向运行。各电动后视镜电动机由内部断路器保护。不带记忆功能的后视镜框图如图 24.2-3 所示。

（1）电动后视镜系统控制装置　外部后视镜开关装配一个后视镜选择开关和一个 4 位后视镜方向开关。

后视镜选择开关允许驾驶员选择欲移动的后视镜，将开关按至 L（左侧）位置启动左侧外部后视镜，或将开关按至 R（右侧）位置启动右侧外部后视镜。后视镜方向开关是一个 4 位开关，使操作者将所选择的后视镜向上、向下、向左或向右移动。

（2）电动后视镜系统的操作　外部后视镜开关从发动机舱盖下保险丝盒接收流经蓄电池正极电压电路的电流。外部后视镜开关也接收持续搭铁。方向开关的 4 个位置有多个开关触点。不使用时，方向触点不与任何电路连接。每个触点通过选择开关连接至相应后视镜电动机的另一侧。根据选择开关的位置（左侧或右侧），选择开关中断或连接这些电路。如果后视镜选择开关置于 L（左侧）位置，且按下向上开关，蓄电池电压通过驾驶员侧后视镜电动机上升控制电路，提供至驾驶员侧外部后视镜垂直调节电动机，并通过驾驶员侧后视镜电动机向左 / 下降控制电路返回到后视镜开关，然后回到搭铁，后视镜将向上移动。如果按下向下开关，驾驶员侧后视镜电动机向左 / 下降控制电路提供蓄电池电压，通过驾驶员侧后视镜电动机上升控制电路输送到后视镜开关，然后到搭铁，后视镜则向下移动。后视镜其余功能的工作和上述方式相同。将后视镜控制开关置于相反位置，向左 / 向右或向上 / 向下，会使后视镜电动机的电压极性变反，使用相同的电路，后视镜将发生相应的移动。

（3）折叠后视镜　通过电子开关控制折叠后视镜系统，将后视镜选择开关置于中间位置可激活该电子开关。后视镜选择开关置于中间位置时，通过按向下箭头启用折叠 / 展开功能。折叠 / 展开开关将根据其当前状态折叠或展开后视镜。当电动折叠或展开功能启用时，蓄电池电压通过相应的折叠或展开控制电路供至折叠电动机，且相反的控制电路将电动机搭铁。

### 24.2.3　车内后视镜

带自动明暗调节功能的内部后视镜系统使用 2 个光电传感器：一个是大灯传感器，位于后视镜的镜面侧，大灯传感器用于确定后视镜镜面的光照情况；另一个是环境光照传感器，位于后视镜后部或挡风玻璃侧，环境光照传感器用于确定车外光照情况。大灯传感器检测到车外光照较弱且来自车辆后部的光照较强时，将自动使内部后视镜镜面变暗。在白天，环境光照传感器感测到车外光照较强，因此，后视镜处于正常状态。在换挡杆挂倒挡且发动机运转的情况下，倒车灯电源电压作为输入电压提供至内部后视镜。内部后视镜监检测此输入电压，停用自动明暗调节功能。

这使驾驶员在倒车时即使是在夜间也能清楚地在后视镜上看到物体。

 **24.3　刮水器和洗涤器系统**

雨刮臂的拆卸
和安装
视频精讲

 **24.3.1　挡风玻璃刮水器系统**

**（1）车身模块控制**　车身控制模块（BCM）通过挡风玻璃刮水器继电器和挡风玻璃刮水器速度控制继电器控制刮水器电动机。车身控制模块通过监测来自挡风玻璃刮水器/洗涤器开关的多个信号确定刮水器/洗涤器系统的工作模式。

**（2）车身模块的三个信号**　车身控制模块有三个信号电路。

❶ 挡风玻璃刮水器开关低电平参考电压。第一个信号电路为挡风玻璃刮水器开关低电平参考电压，车身控制模块提供低电平参考电压信号至挡风玻璃刮水器/洗涤器开关。每个车身控制模块的输入信号为其收到的各挡风玻璃刮水器/洗涤器开关输出信号提供可开关的蓄电池上拉电压。

❷ 挡风玻璃刮水器开关低速信号。第二个信号电路为挡风玻璃刮水器开关低速信号，其包括挡风玻璃刮水器/洗涤器内配置为阶梯电阻网络的 6 个电阻器。车身控制模块监测电压，请求低速挡风玻璃刮水器操作时，挡风玻璃控制开关将电阻器的不同设定连接至电路，导致车身控制模块 A/D 输入上出现不同的电压。为了启动低速操作，车身控制模块只对挡风玻璃刮水器电动机接通/断开继电器通电。从而使来自刮水器保险丝的蓄电池电压通过刮水器电动机接通/断开继电器的开关触点，以及刮水器高/低速继电器的常闭触点，施加于挡风玻璃刮水器电动机的低速控制电路。

❸ 挡风玻璃刮水器开关高速信号。第三个信号电路为挡风玻璃刮水器开关高速信号，车身控制模块监测电压，请求高速挡风玻璃刮水器操作时，车身控制模块持续施加电压至挡风玻璃刮水器继电器控制电路并施加搭铁至挡风玻璃刮水器速度控制继电器控制电路。这将导致挡风玻璃刮水器速度控制继电器中的触点关闭并通过挡风玻璃刮水器高速控制电路向挡风玻璃刮水器电动机施加"B+"，使高速刮水器运转。

**（3）停止刮水电动机**　车身控制模块监测停止电路直至停止开关将停止电路拉至搭铁。此时，车身控制模块将立即停用刮水器电动机接通/断开继电器。继电器触点将切换至其常闭位置并通过刮水器高速/低速继电器的常闭触点为刮水器电动机的电源输入提供搭铁，这将使刮水器电动机停用并动态制动到停止位置。当刮水器电动机位于循环的中间位置而刮水器开关转至关闭位置时，车身控制模块将继续操作电动机，直至刮水器到达停止位置。如果车身控制模块运行刮水器电动机，且 8s 后停止开关状态没有切换，则当刮水器开关置于"OFF"（关闭）位置时刮水器将立即停止。当刮水器处于循环的中间位置时，如果将点火开关置于"OFF"（关闭）位置，无论刮水器处于什么位置都将立即停止工作。当下一次点火开关置于"ON"（打开）位置时，车身控制模块将停止刮水器。

（4）刮水器间歇性功能　挡风玻璃刮水器间歇性操作是低速刮水器电动机的一个功能，在刮水器电动机循环之间有可变延迟间隔。延迟持续时间由挡风玻璃刮水器控制开关控制，可设置为间歇 1～间歇 5。刮水器操作方式如下所示。

❶ 车身控制模块将通过激活其挡风玻璃刮水器接通 / 断开继电器输出启用单个雨刮操作。

❷ 单个雨刮操作完成时，车身控制模块将按上述程序停止刮水器。

❸ 然后车身控制模块将刮水器暂停于其停止位置，暂停时间为间歇延迟开关设置的延迟持续时间。

❹ 当延迟时间期满，重复步骤❶和步骤❸直至系统被关闭或转出间歇模式。如果刮水器开关从较长的延迟间隔转至较短的延迟间隔，车身控制模块将立即指令雨刮循环并将延迟时间重新设置为较短的延迟间隔。

间歇刮水器操作可能对车速较为敏感。启用时，如果提速，速度补偿的间歇功能将使间歇刮水器的延迟间隔变短。随着车速降低，延迟间隔将更接近于预先设定时间。

 ### 24.3.2　挡风玻璃洗涤器系统

挡风玻璃洗涤器泵通过继电器由车身控制模块（BCM）控制。按下洗涤器开关时，车身控制模块监测来自挡风玻璃刮水器 / 洗涤器开关的挡风玻璃洗涤器开关信号电路。然后，车身控制模块通过控制电路施加电压至印制电路板挡风玻璃洗涤器泵继电器。继电器通电后，通过继电器开关触点和控制电路施加装有保险丝的蓄电池电压，启用挡风玻璃洗涤器泵。要开始洗涤操作，应按下挡风玻璃刮水器 / 洗涤器开关，使挡风玻璃洗涤器将洗涤液喷向挡风玻璃，且刮水器自动开始刮擦。

 ### 24.3.3　大灯洗涤器系统

大灯洗涤器泵由车身控制模块（BCM）通过可拆卸继电器控制。如果大灯点亮，则车身控制模块将第一次激活大灯洗涤器泵，且挡风玻璃洗涤器泵激活。开始大灯洗涤器激活后，车身控制模块仅在每 5 个挡风玻璃洗涤器循环间隔下允许大灯洗涤器操作。车身控制模块内部逻辑请求大灯洗涤器操作时，其通过控制电路施加电压至大灯洗涤器泵继电器。继电器通电后，通过继电器开关触点和控制电路施加装有保险丝的蓄电池电压，启用大灯洗涤器泵。

 ### 24.3.4　洗涤器液位指示灯

组合仪表利用来自挡风玻璃洗涤液液位传感器的信号控制检查洗涤液信息。洗涤液液位信号电路通过一个电阻器获得电压，然后由组合仪表进行监测。挡风玻璃洗涤液液位传感器为常闭型，以便在洗涤液液位不低的情况下，组合仪表可以检测到挡风玻璃洗涤液液位传感器信号电路上的电压。当洗涤液液位达到应通知驾驶员

洗涤液液位过低的位置时，洗涤液液位传感器打开。当洗涤液液位传感器闭合时，洗涤液液位信号电路电压被拉低，组合仪表在驾驶员信息中心显示"低洗涤液指示"消息。为避免在洗涤液储罐中发生晃动时显示"低洗涤液指示"消息，在一个点火循环内改变检查洗涤液信息的状态前，组合仪表被编入了 1min 的延迟。

## 24.4　喇叭

　　蓄电池正极电压始终向喇叭继电器线圈和喇叭继电器开关提供电源。按下任一喇叭开关都可向喇叭继电器控制电路提供搭铁。车身控制模块也可能在上述情况下为喇叭继电器控制电路提供搭铁。当喇叭继电器控制电路搭铁时，喇叭继电器通电，蓄电池正极电压通过喇叭控制电路施加到喇叭。喇叭继电器控制电路搭铁多久，喇叭就会响多久。

## 24.5　电动门锁

###  24.5.1　门锁开关

　　系统设有两个门锁开关：一个是位于左前门的组合开关；另一个设置在左前门钥匙锁芯内。车上其他钥匙锁芯只能解锁单个车门，不能触动中控门锁功能。两个门锁开关的上锁信号共同输入 BCM 同一个输入端子，但解锁信号确是分别输入的。

### 24.5.2　上锁和解锁

　　（1）上锁　当 BCM 接收到开关上锁输入信号或者满足自动落锁条件时，从 BCM 的上锁输出端输出电源，控制五个车门的门锁电动机执行上锁操作。对于两厢车型，上锁命令同时传送到背门门锁电动机。

　　（2）解锁　当 BCM 接收到开关解锁输入信号或者满足自动解锁条件时，从 BCM 的解锁输出端输出电源，控制四个车门外加后备厢门的门锁电动机执行解锁操作。

### 24.5.3　电动门锁故障

　　（1）目视检查

　　❶ 检查可能影响中控门锁系统操作的售后加装装置。

　　❷ 检查易于接触或能够看到的系统部件，以查明其是否有明显损坏或存在可能导致故障的情况。

　　❸ 如果所有门锁操作都失效，应先检查电源供给或接地电路处的接

更换车门锁
视频精讲

触不良或断路故障。

（2）故障列表（表24.5-1）

表 24.5-1　故障列表

| 故障表现 | 可能的故障原因 | 故障排除/措施 |
|---|---|---|
| 机械钥匙不能锁/开车门 | ①中控锁的电源故障<br>②左前门锁机内的开/闭锁开关接触不良<br>③线束插头接触不良<br>④相关接地点接触不良<br>⑤线束故障<br>⑥中控锁电动机故障<br>⑦BCM故障 | ①检修电源线路<br>②检修线束、插头<br>③检修接地点故障<br>④更换门锁电动机总成<br>⑤检修BCM，必要时更换BCM |
| 中控锁开关不能锁/开车门 | ①中控锁的电源故障<br>②左前玻璃升降开关总成上的中控锁开关故障<br>③线束插头接触不良<br>④相关接地点接触不良<br>⑤线束故障<br>⑥中控锁电动机故障<br>⑦BCM故障 | ①检修电源线路<br>②检修线束、插头<br>③检修接地点故障<br>④检修左前门玻璃升降开关<br>⑤更换门锁电动机总成<br>⑥检修BCM，必要时更换BCM |
| 只有左前门锁不能锁/开车门 | ①中控锁的电源故障<br>②左前门锁线束插头接触不良<br>③左前门锁接地点接触不良<br>④线束故障<br>⑤左前中控锁电机故障<br>⑥BCM故障 | ①检修电源线路<br>②检修线束、插头<br>③检修接地点故障<br>④更换门锁电动机总成<br>⑤检修BCM，必要时更换BCM |
| 遥控器不能锁/开车门 | ①电源电压不足<br>②线束插头接触不良<br>③相关接地点接触不良<br>④线束故障<br>⑤中控锁电动机接触开关故障<br>⑥BCM故障 | ①检修电源线路<br>②检修线束、插头<br>③检修接地点故障<br>④更换门锁电动机总成<br>⑤检修BCM，必要时更换BCM |
| 车门锁在行车中出现跳动 | ①门锁机械机构故障<br>②线束插头接触不良<br>③相关接地点接触不良<br>④线束故障<br>⑤中控锁电动机接触开关故障<br>⑥BCM故障 | ①调整门锁机械机构，必要时更换门锁机构<br>②检修线束、插头<br>③检修接地点故障<br>④更换门锁电动机总成<br>⑤检修BCM，必要时更换BCM |

# 24.6　组合仪表

## 24.6.1　组合仪表功能

组合仪表为多功能模块，通过模拟仪表向车辆操作者提供车辆操作的重要信息，如车速、发动机转速和冷却液温度。通过不同指示灯和驾驶员信息中心，组合仪表也向操作者提供操作警告和信息。驾驶员信息中心为全色多功能显示屏，位于组合仪表中。

## 24.6.2  组合仪表信号控制

组合仪表控制信号如图 24.6-1 所示。

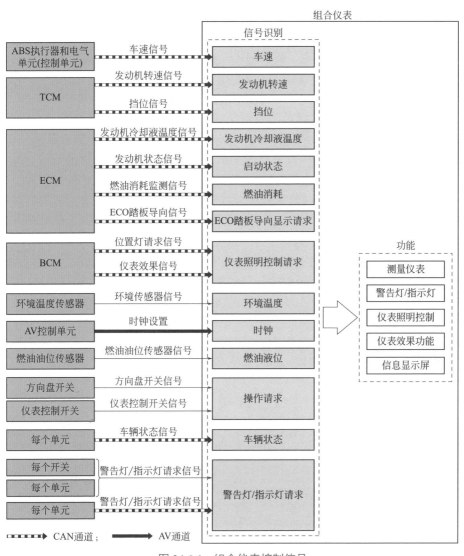

图 24.6-1  组合仪表控制信号

（1）车速表  ABS 执行器和电气单元（控制单元）通过 CAN 通信将车速信号发送至组合仪表。组合仪表根据从 ABS 执行器和电气单元接收到的车速信号在车速

表上指示车速。

（2）转速表　ECM 将曲轴位置传感器提供的脉冲信号转换为发动机转速信号并通过 CAN 通信将其发送至 TCM。TCM 通过 CAN 通信发送通过 CAN 通信接收的来自 ECM 的发动机转速信号至组合仪表。组合仪表根据通过 CAN 通信接收到的发动机转速信号在转速表上指示发动机转速。

（3）里程表　组合仪表在驾驶员信息中心显示车辆里程表。发动机控制模块通过总线向车身控制模块（BCM）发送行驶计数信息。车身控制模块使用此信息计算车辆里程。里程表数值发送至组合仪表。里程表数值存储在多个模块中。组合仪表是里程表的辅存模块，车身控制模块是主存储器。除了存储车辆里程表的值外，组合仪表和车身控制模块还存储车辆识别号。执行软件检查，确保这些模块和它们存储的里程表信息不能在不同车辆之间移动及转换。

（4）冷却液温度表　ECM 读取来自发动机冷却液温度传感器的发动机冷却液温度信号，并通过 CAN 通信将该信号发送至组合仪表。组合仪表根据通过 CAN 通信收到的发动机冷却液温度信号给发动机冷却液温度表指示发动机冷却液温度。

（5）燃油表　组合仪表根据来自发动机控制模块的信息显示燃油液位。发动机控制模块将来自燃油液位传感器的数据转换为燃油液位信号。发动机控制模块通过串行数据将燃油液位信号发送给车身控制模块，然后车身控制模块通过串行数据将信息发送给组合仪表，来显示燃油液位。如果燃油液位降至低于一定的数值，则组合仪表点亮燃油油位过低指示灯。

（6）ABS 警告灯　正常情况下，点火开关转至"ON"后，ABS 警告灯点亮并保持 1s。当检测到故障时，ABS 执行器和电气单元（控制单元）通过 CAN 通信将 ABS 警告灯信号发送至组合仪表。接收到 ABS 警告灯信号时，组合仪表点亮 ABS 警告灯。

##  24.6.3　仪表故障（表 24.6-1）

表 24.6-1　仪表故障

| 故障表现 | 可能的原因 | 排除 / 措施 |
|---|---|---|
| 车速表不工作 | 仪表盘保险丝熔断 | 检查是否短路并更换保险丝 |
| | 车速表故障 | 检查车速表 |
| | 车速传感器故障 | 检查车速传感器 |
| | 导线或搭铁故障 | 处理导线或搭铁 |
| 转速表不工作 | 仪表盘保险丝熔断 | 检查是否短路并更换保险丝 |
| | 转速表故障 | 检查转速表 |
| | 导线或搭铁故障 | 处理导线或搭铁 |
| 燃油量表不工作 | 仪表盘保险丝熔断 | 检查是否短路并更换保险丝 |
| | 燃油表故障 | 检查仪表 |
| | 燃油传感器故障 | 检查燃油传感器 |

续表

| 故障表现 | 可能的原因 | 排除 / 措施 |
|---|---|---|
| 燃油量表不工作 | 导线或搭铁故障 | 处理导线或搭铁 |
| 燃油量低警告灯不亮 | 仪表盘保险丝熔断 | 检查是否短路并更换保险丝 |
|  | LED 熔断 | 更换仪表盘 |
|  | 燃油传感器故障 | 检查燃油传感器 |
|  | 导线或搭铁故障 | 必要时维修 |
| 水温表不工作 | 仪表盘保险丝熔断 | 检查是否短路并更换保险丝 |
|  | 水温表故障 | 检查仪表 |
|  | 水温传感器故障 | 检查传感器 |
| 机油压力警告灯不亮 | 仪表盘保险丝熔断 | 检查是否短路并更换保险丝 |
|  | 灯泡烧坏 | 更换灯泡 |
|  | 机油压力开关故障 | 检查开关 |
|  | 导线或搭铁故障 | 处理导线或搭铁 |
| 驻车制动警告灯不亮 | 仪表盘保险丝熔断 | 检查是否短路并更换保险丝 |
|  | LED 熔断 | 更换仪表盘 |
|  | 制动油位警告开关故障 | 检查开关 |
|  | 驻车制动开关故障 | 检查开关 |
|  | 导线或搭铁故障 | 处理导线或搭铁 |
| 开启车门警告灯和后备厢盖警告灯不亮 | 室内灯保险丝熔断 | 检查是否短路并更换保险丝 |
|  | LED 熔断 | 更换仪表盘 |
|  | 车门开关故障 | 检查开关 |
|  | 导线或搭铁故障 | 必要时维修 |
| 安全带警告灯不亮 | 仪表盘保险丝熔断 | 检查是否短路并更换保险丝 |
|  | LED 熔断 | 更换仪表盘 |
|  | 座椅安全带开关故障 | 检查开关 |
|  | 导线或搭铁故障 | 处理导线或搭铁 |

## 24.7　电动座椅

### 24.7.1　电动座椅控制

（1）电动机运行　座椅开关为所选座椅电动机提供电源和搭铁。所有座椅电动机都可双向运行。例如，当按下座椅水平向前开关使整个座椅向前移动时，搭铁通过开关触点和座椅水平调节电动机向前控制电路供至电动机。水平调节电动机向后开关触点接通到"B+"电路，电动机运行以驱动整个座椅向前移动，直到开关松开。向后移动整个座椅和向前移动整个座椅的操作过程类似，不同的是，蓄电池电压和搭铁通过相反的电路施加在电动机上，从而使电动机反向运转。所有座椅电动机都

是这样通电运行的。

（2）**座椅加热**　座椅位置记忆控制模块 / 座椅加热控制模块通过温度传感器信号电路和位于带加热元件的坐垫中的温度传感器（热敏电阻）来监测座椅温度。温度传感器是一个可变电阻器，其电阻随着座椅温度的变化而变化。当温度传感器电阻值向座椅记忆控制模块 / 座椅加热控制模块指示座椅已经达到所需温度时，该模块通过加热型座椅加热元件控制电路断开座椅加热元件的搭铁电路。该模块随后将循环断开和闭合加热元件控制电路，以保持所需温度。

## 24.7.2　电动座椅调节

（1）**前后调节**　当操作座椅调节开关使整个座椅向前移动时，蓄电池正极电压通过开关触点和前后调节电动机向前控制电路将信号施加至电动机。通过前后调节电动机使向后开关触点和向后控制电路接地。电动机运行以驱动整个座椅向前移动，直到开关松开。向后移动整个座椅和向前移动整个座椅的操作过程类似，不同的是，蓄电池正极电压和接地通过相反的电路施加在电动机上，从而使电动机反向运转。

（2）**高度调节**　当操作座椅开关使整个座垫向上移动时，蓄电池正极电压通过高度调节电动机向上开关触点以及高度调节电动机向上控制电路施加在高度调节电动机上。通过向下开关触点以及高度调节电动机向下控制电路接地。高度调节电动机驱动整个座椅向上移动，直到开关松开。向下移动整个座椅和向上移动整个座椅的操作过程类似，不同的是蓄电池正极电压和接地通过相反的电路施加在电动机上，从而使电动机反向运转。

（3）**靠背调节**　当操作座椅靠背调节开关使座椅靠背向前倾斜时，蓄电池正极电压通过开关触点和靠背调节电动机向前控制电路施加到电动机上。电动机通过向后开关触点和靠背调节电动机向后控制电路接地。电动机运行，使座椅靠背向前移动，直到开关松开。向后移动座椅靠背和向前移动座椅靠背的操作过程类似，不同的是蓄电池正极电压和接地通过相反的电路施加在电动机上，从而使电动机反向运转。

# 24.8　天窗

## 24.8.1　天窗控制

天窗开关位于前顶置控制台上，天窗开关可控制的功能分别有滑动开启、倾斜向上开启以及滑动 / 倾斜向下关闭。当使用者操作天窗开关时，天窗控制模块会接收到不同脚位输入的电源信号，接着使天窗控制模块内部的继电器动作，通过继电器的动作以控制天窗电动机正、反转，使天窗滑动开启、关闭，或是倾斜向上或向下。

**24.8.2 天窗初始化**

（1）执行初始化时机 天窗控制模块第一次与车上蓄电池或任何电源连接时。

（2）执行初始化步骤 由于配置和智能化的不同，各种天窗的初始化方法步骤也有所不同，下述列举基本的初始化操作。

❶ 将点火开关置于"ON"位置。

❷ 将天窗置于完全关闭的位置后，按下天窗开关的关闭按钮 5s。天窗控制模块在进行初始化之后，可将天窗的滑动长度记忆在软件中，并使天窗具备完整的功能。当每执行 25 次的天窗关闭操作后，天窗控制模块会进行一次自动的零点位置重置。天窗控制模块内部另有位置传感器，能够检测天窗的位置。当天窗电动机 / 控制模块的电源被断开时，天窗的位置数据将不会丢失。

 **安全气囊系统**

 **24.9.1 辅助保护系统组成**

SRS 即辅助保护系统，也就是我们平常所说的安全气囊系统。

气囊控制模块为辅助保护系统（SRS）的主要组件。辅助保护系统包括驾驶座前气囊模块、乘客座前气囊模块、侧边气囊模块、帘式气囊模块、安全带预张紧器、驾驶员侧安全带腰部束紧器等组件，其目的是为了降低驾驶员及车上乘员因撞击而产生的伤害程度。SRS 组成见图 24.9-1；安全气囊触发框图见图 24.9-2。

 **24.9.2 维修注意事项**

❶ 维修 SRS 及座椅安全带预张紧器前，请先将点火开关置于"OFF"位置，拆开蓄电池负极接线柱导线并等待至少 15s。

❷ 拆开蓄电池线后，此时气囊与座椅安全带预张紧器还是有可能会展开。因此，至少要 15s 以上才能在任何 SRS 的接头或电线上进行作业。

❸ 在安装前应检查气囊控制模块是否有裂痕、变形或锈蚀，视需要予以更换。

❹ 因为螺旋电缆转动范围有限，所以螺旋电缆必须与中央位置对正。请勿试图在拆下转向齿轮后，转动方向盘或转向机柱。

❺ 小心处理气囊模块。驾驶员侧和乘客座前气囊模块有软垫的一面务必朝上放置。

❻ 更换任何组件后，应使用诊断仪器检查整个辅助保护系统（SRS）是否可正常作用。

❼ 请勿使用电子检测仪器对座椅安全带预张紧器和安全气囊的线束接头进行量测。

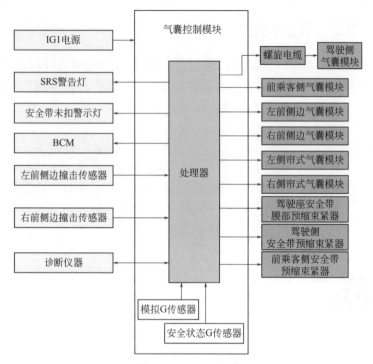

图 24.9-1　SRS 组成

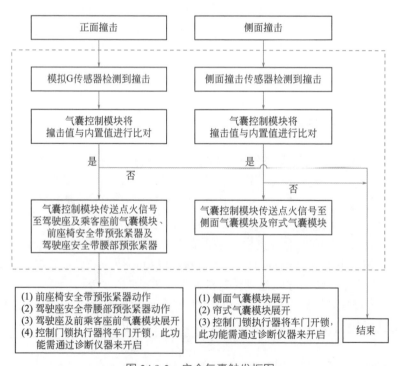

图 24.9-2　安全气囊触发框图

❽ 更换或重新安装座椅安全带预张紧器，或重新连接座椅安全带预张紧器的线束接头后，要用诊断仪器重新确认该系统功能是否正常，且不出现任何故障码。

 ## 24.9.3 故障检查

（1）SRS 正面碰撞检查（表 24.9-1）

**拆装安全气囊**
视频精讲

表 24.9-1 SRS 正面碰撞检查

| 零部件 | SRS 已启动 | SRS 未启动 |
|---|---|---|
| 气囊模块（驾驶员侧和乘客座前气囊模块） | ①更换新的气囊模块<br>②检查气囊模块固定螺栓是否有损坏，如果有损坏需予以换新<br>③驾驶座前气囊模块固定螺栓锁紧扭力 | ①拆下气囊模块，检查线束外盖与接头是否损坏，端子是否变形，线束是否熔黏<br>②将驾驶座前气囊模块装入方向盘中，检查驾驶座前气囊模块与方向盘的装配情况和对正情况<br>③将乘客座前气囊模块安装到仪表板总成，检查乘客座前气囊模块与仪表板总成的装配情况和对正情况<br>④若有损坏，则更换气囊模块<br>⑤检查气囊模块固定螺栓是否有损坏，若有损坏需予以换新<br>⑥驾驶座前气囊模块固定螺栓锁紧扭力<br>⑦乘客侧气囊模块固定螺栓锁紧扭力 |
| 座椅安全带预张紧器 | ①更换新的座椅安全带预张紧器<br>②检查座椅安全带预张紧器固定螺栓是否有损坏，若有损坏需予以换新<br>③座椅安全带预张紧器固定螺栓锁紧扭力 | ①拆下座椅安全带预张紧器。检查线束外盖与接头是否损坏，端子是否变形，线束是否熔黏<br>②检查安全带是否损坏，并检查座椅安全带预张紧器是否松动<br>③检查收缩是否作用平顺<br>④检查座椅安全带高度调整器是否损坏<br>⑤如果没有发现损坏，则重新安装座椅安全带预张紧器<br>⑥若有损坏，则更换座椅安全带预张紧器<br>⑦检查座椅安全带预张紧器固定螺栓是否有损坏，若有损坏需予以换新<br>⑧座椅安全带预张紧器固定螺栓锁紧扭力 |
| 驾驶座安全带腰部预张紧器 | ①更换新的驾驶座安全带腰部预张紧器<br>②检查驾驶座安全带腰部预张紧器固定螺栓是否有损坏，若有损坏需予以换新<br>③驾驶座安全带腰部预张紧器固定螺栓锁紧扭力 | ①拆下驾驶座安全带腰部预张紧器。检查线束外盖与接头是否损坏，端子是否变形，线束是否熔黏<br>②检查安全带是否损坏，并检查驾驶座安全带腰部预张紧器是否松动<br>③如果没有发现损坏，则重新安装座椅安全带预张紧器<br>④若有损坏，则更换座椅安全带预张紧器<br>⑤检查驾驶座安全带腰部预张紧器固定螺栓是否有损坏，若有损坏需予以换新<br>⑥驾驶座安全带腰部预张紧器固定螺栓锁紧扭力 |
| 气囊控制模块 | ①更换新的气囊控制模块<br>②检查气囊控制模块固定螺母是否有损坏，若有损坏需予以换新<br>③气囊控制模块固定螺母锁紧扭力 | ①检查外壳是否有凹陷、裂痕或变形<br>②检查接头是否有损坏，端子是否变形<br>③如果有损坏，则更换气囊控制模块<br>④检查气囊控制模块固定螺母是否有损坏，若有损坏需予以换新<br>⑤气囊控制模块固定螺母锁紧扭力 |
| 螺旋电缆 | 更换新的螺旋电缆 | ①目视检查螺旋电缆与组合开关是否损坏<br>②检查接头、线束和端子是否损坏<br>③检查方向盘是否有噪声、咬死或操作沉重<br>④如果没有发现损坏，请重新安装螺旋电缆<br>⑤如果有损坏，则更换螺旋电缆 |

| 零部件 | SRS 已启动 | SRS 未启动 |
|---|---|---|
| 方向盘 | | ①目视检查方向盘是否变形<br>②检查线束（方向盘内部）与接头是否损坏，端子是否变形<br>③将驾驶座前气囊模块装入方向盘中，检查与方向盘的装配情况和对正情况<br>④检查方向盘游隙是否过大<br>⑤如果没有发现损坏，则重新安装方向盘<br>⑥如果有损坏，则更换方向盘<br>⑦检查方向盘固定螺母是否有损坏，如果有损坏需予以换新<br>⑧方向盘固定螺母锁紧扭力 |

（2）SRS 侧面碰撞检查（表 24.9-2）

表 24.9-2　侧面碰撞 SRS 检查

| 零部件 | SRS 已启动 | SRS 未启动 |
|---|---|---|
| 帘式气囊模块（左侧或右） | 更换帘式气囊模块 | ①目视检查 B 柱碰撞端是否有明显损坏（凹陷、裂痕、变形）<br>②如果有损坏，则拆下帘式气囊模块<br>③目视检查帘式气囊模块是否损坏、撕裂等<br>④检查线束和接头是否有损坏，端子是否变形<br>⑤如果没有发现损坏，请使用新的固定螺栓重新安装帘式气囊模块<br>⑥如果有损坏，请更换新的帘式气囊模块及固定螺栓 |
| 侧面气囊模块（左侧或右侧） | 更换前排椅总成 | ①检查碰撞侧的座椅椅背是否有损坏情形（凹陷、裂痕、变形）<br>②检查线束和接头是否有损坏，端子是否变形<br>③如果有损坏，则更换前排椅总成 |
| 侧面撞击传感器 | 更换新的侧面撞击传感器及固定螺栓 | ①拆下碰撞侧的侧面撞击传感器。检查线束接头是否损坏、端子是否变形、线束是否熔黏<br>②目视检查侧面撞击传感器是否有明显的损坏（凹陷、裂痕、变形）<br>③安装侧面撞击传感器，检查它的装配固定性<br>④如果没有发现损坏，则以新的固定螺栓重新安装<br>⑤如果有损坏，则将侧面撞击传感器及固定螺栓以新品更换 |
| 气囊控制模块 | ①更换新的气囊控制模块<br>②检查气囊控制模块固定螺母是否有损坏，若有损坏需予以换新<br>③气囊控制模块固定螺母锁紧扭力 | ①检查外壳是否有凹陷、裂痕或变形<br>②检查接头是否有损坏，端子是否变形<br>③若有损坏，则更换气囊控制模块<br>④检查气囊控制模块固定螺母是否有损坏，若有损坏需予以换新<br>⑤气囊控制模块固定螺母锁紧扭力 |
| 座椅安全带预张紧器 | | ①检查安全带是否能够顺利伸缩<br>　如果安全带不能够利伸缩时：a.检查 B 柱内部是否有损坏变形；b.如果 B 柱内部没有损坏，则更换座椅安全带预张紧器<br>②拆下碰撞侧的座椅安全带预张紧器，检查线束外盖与接头是否损坏、端子是否变形及线束是否熔黏<br>③检查座椅安全带预张紧器是否有明显的损坏迹象（凹陷、裂痕或变形）<br>④检查座椅安全带高度调整器是否有损坏情形<br>⑤如果没有发现损坏，则重新安装座椅安全带预张紧器<br>⑥如果有损坏，则更换座椅安全带预张紧器 |
| B 柱内侧 | | ①检查碰撞侧的 B 柱内侧是否有损坏（凹陷、裂痕或变形）<br>②如果有损坏，则修理 B 柱内侧 |
| 饰板/车顶内衬 | | ①目视检查碰撞侧内装饰板是否有明显的损坏迹象（凹陷、裂痕或变形）<br>②如果有损坏，则更换损坏的饰板零件 |

# 第25章

# 汽车电脑

　　所谓汽车电脑也就是汽车电子控制系统中的各种电子控制单元或者叫电子控制模块，简称控制单元（控制模块）。它对各传感器输入的电信号以及部分执行器的反馈电信号进行综合分析与处理，给传感器提供参考电压，然后向执行器输出控制信号，使执行器按控制目标的要求行工作。

　　汽车软件集成存储在电子控制单元中，核心是微处理器，这种微处理器通常采用单片机，其功能扩展容易、控制精度更高，用于电子控制系统完成数据采集、计算处理、输出控制、系统监控与自诊断等。大部分电子控制单元的电路结构类似，其控制功能的变化主要取决于开发的软件及输入和输出模块的变化，根据电子控制系统的功能而定。电子控制单元与维修故障诊断仪进行通信，利用诊断仪可以查看存储于控制单元内部的故障码，扫描当前控制单元运行的系统参数即数据流，还可以利用诊断仪器对控制系统的执行器进行强制驱动测试，给电子控制系统的维修诊断提供了很大帮助。

## 25.1 汽车电子控制系统基本结构

　　电子控制单元是电子控制系统的核心部件，用于对各传感器及开关等输入信号的预处理、分析、判断，并根据信号处理的结果输出控制信号，控制执行器工作。电子控制系统基本结构见图 25.1-1。

　　（1）输入处理电路　　输入处理电路是对从传感器、开关和其他输入装置的信号进行预处理，简单地说就是除杂波和把正弦波变为矩形波，并转换成输入电平（符合计

算机要求幅值的矩形波），如图 25.1-2 所示。

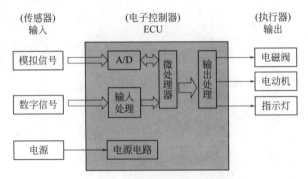

图 25.1-1　电子控制系统基本结构

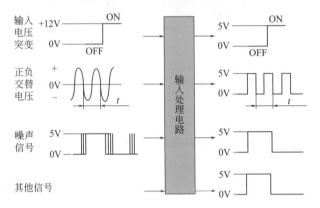

图 25.1-2　输入处理电路

A/D 转换器将模拟信号转变为数字信号。从传感器和其他输入装置输入 ECU 的信号有模拟信号和数字信号。空气流量传感器、进气温度传感器、节气门位置传感器（线性输出式）等，向 ECU 输出的是模拟信号，这是变化缓慢的连续信号。它们经输入电路处理后，都已变成具有一定幅值的模拟电压信号，但微处理器不能直接处理，还必须用 A/D 转换器把这种信号转换成数字信号。

数字信号需要通过电平转换，得到计算机可接收的信号。对超过电源电压、电压在正负之间变化、带有较高的振荡或噪声、带有波动电压等输入信号，输入电路也对其进行转换处理。电子控制器还需要通过输入电路向传感器提供稳定的 5V 电源，为传感器提供能正确识别被监测参量的电信号。

（2）**输出处理电路**　微处理器输出的信号往往用作控制电磁阀、指示灯、步进电动机等。微处理器输出信号功率小，使用 +5V 的电压，汽车上执行机构的电源大多数是蓄电池，需要将微处理器的控制信号通过输出处理电路处理后再驱动执行机构。

电子控制器中输出电路的作用是将 CPU 经 I/O 输出的控制指令转换为驱动执行器工作的控制信号，使执行器按微处理器的指令动作。电子控制器输出电路通常由信号

转换电路和驱动电路组成。微处理器经 I/O 输出的控制信号是二进制代码，不能直接控制执行器，需由信号转换电路将微处理器的控制指令转换为相应的控制脉冲，再经驱动电路控制执行器工作。执行器驱动电路根据执行器电源电压的不同，可分为车载电源供电方式和 ECU 供电方式两种。喷油器、点火线圈、继电器及各种电磁阀等执行器等，这些都是车载电源直接供电的高电压驱动电路，控制电路端子连接电子控制器。在输出电路中，一般采用大功率三极管控制执行器电路的搭铁回路，电脑输出的信号控制该晶体管导通和终止。

（3）微控制器　简单地说，微控制器是把各种传感器、开关和其他输入装置送来的信号进行运算处理，并把处理结果送至输出电路。微控制器首先完成传感器信号的 A/D 转换、周期脉冲信号测量和其他有关汽车行驶状态信号的输入处理，然后计算并控制所需的输出值，按要求适时地向执行机构发送控制信号。

（4）电源电路　电子控制单元一般带有电池和内置电源电路，以保证微处理器及其接口电路工作在 +5V 的电压下。即使在发动机启动工况等使汽车蓄电池电压有较大波动时，也能提供 +5V 的稳定电压，从而保证系统的正常工作。如果量 +5V 供电的传感器有 +5V 电压，则说明控制器内部电源模块正常工作路。如果没有 +5V 电压，则说明外部供电线路不正常。

## 25.2　发动机控制单元

### 25.2.1　发动机控制单元功能

发动机控制单元（ECU），也称为发动机控制模块（ECM），或者动力控制模块（PCM），在有些车系中也有厂家特定的缩写（例如，宝马汽油发动机控制单元英文缩写为 DME、柴油发动机控制单元缩写为 DDE），汽车维修中俗称"发动机电脑"。其功用是储存（在控制单元中有集成的 ROM 存储器）该车型的特征参数和运算中所需的有关数据信息；给各传感器提供参考电压，接收传感器或其他装置输入的电信号；并对所接收的信号进行存储、计算和分析处理，根据计算和分析的结果向执行器（元件）发出指令，使发动机各个控制系统能正常地发挥其控制功能；或根据指令输出自身已储存的信息及自我修正功能。

发动机控制单元在启动时根据发动机的转速、发动机冷却液温度等信号综合计算出喷油时间，在启动后根据进气歧管绝对压力传感器确定基本喷油量。在确定基本喷油量之后，根据发动机工况的不同对加浓、进气温度、空燃比反馈等进行修正。

### 25.2.2　发动机控制单元工作原理

发动机控制单元根据发动机的进气量和转速信号，计算出基本喷油持续时间，以

接近理想空燃比的混合气供发动机工作，并控制其运转。

例如，在冷车启动时，ECM 根据有关信号，通过增加喷油量和控制怠速控制阀等执行元件，使发动机顺利启动并控制怠速的转速。此外，ECM 还具有故障自诊断和保护功能，当发动机出现故障时，控制单元可自动诊断故障和保存故障码，并通过故障指示灯发出警告，所保存的代码在一定的触发条件下还可以输出。一旦传感器或执行器失效时，ECM 自动启动其备用系统投入工作，以保证车辆的安全，维持车辆继续行驶。

###  25.2.3　发动机电脑故障

以下是在排除其他原因之后，就发动机电脑本身所导致的汽车故障。

❶ 发动机电脑内部程序丢失会使发动机怠速不正常（或高或低或不稳）。

❷ 发动机电脑内部程序有问题会导致发动机一启动就熄火。

❸ 发动机电脑内部的 CPU 点火程序消失，会导致无高压火，但喷油正常。

❹ 发动机电脑故障，具体到控制单元内部的喷油模块损坏，会导致喷油器无搭铁信号。

❺ 发动机电脑故障，会导致换挡时熄火，或发动机不能启动。

❻ 发动机电脑程序错误，会导致汽车油耗增加。

❼ 电脑板内部程序问题或者电脑板内部硬件问题。

❽ 发动机控制单元，具体到其内部相关控制模块损坏，会导致油泵不工作、车辆冷却液温度高、风扇不转、不喷油等问题。

❾ 电脑板内部程序损坏，会导致汽车钥匙不起作用。

❿ 发动机电脑锁死，会导致给发动机控制单元供电线路断开；执行检查时故障诊断仪不能进入。

⓫ 发动机电脑受到敲击、水淹都可能会导致其损坏。

# 25.3　自动变速器控制单元

###  25.3.1　自动变速器控制单元的功能

自动变速器控制单元（TCM）根据车辆的行驶状况及发动机的负荷来控制自动变速器做一系列的动作，如图 25.3-1 ～图 25.3-3 和表 25.3-1 所示。

###  25.3.2　自动变速器控制单元故障

（1）自动变速器控制单元电压过低或过高　自动变速器控制单元（TCM）持续

监测点火电压电路上的系统电压。如果系统电压低于正常值，则可能无法正确操作变速器控制电磁阀。电磁阀工作不正常可能导致变速器运行不稳定，并由此导致内部损坏。

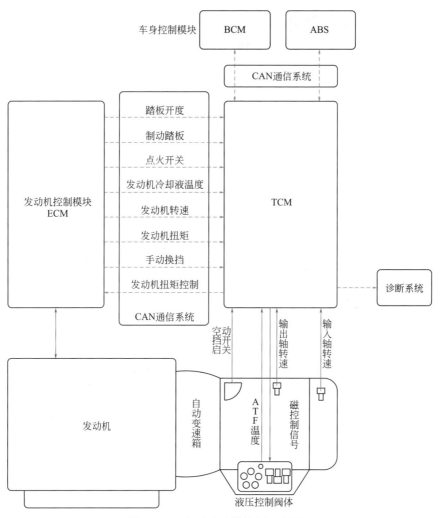

图 25.3-1　自动变速器控制示意图

（2）自动变速器控制单元程序和存储器故障　这是控制电磁阀总成的内部故障检测。该故障在控制电磁阀总成内部处理，不涉及外部电路。

（3）自动变速器控制单元温度过高　自动变速器控制单元（TCM）温度传感器位于控制电磁阀总成内，基本没有可维修零件。变速器控制模块监视变速器控制模块传感器是否有高温保护。

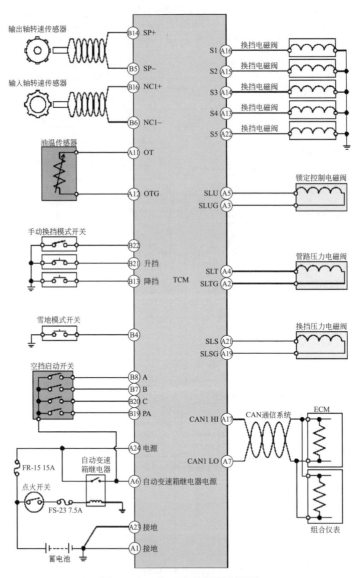

图 25.3-2  自动变速器控制系统

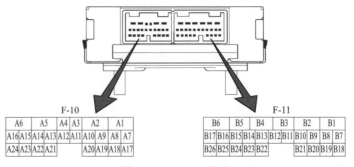

图 25.3-3  TCM 针脚

表 25.3-1　某款汽车 TCM 针脚定义和参数（对应图 25.3-3）

| 接头 | 端子 | 线色 | 信号名称 | 作用或状况 | | 参数（近似值） |
|---|---|---|---|---|---|---|
| F-10 | A1 | B | 接地 | — | | 0V |
| | A2 | P/B | 管路压力电磁阀接地（SLTG） | — | | 0V |
| | A3 | O/B | 锁定控制电磁阀接地（SLUG） | — | | 0V |
| | A4 | P | 管路压力电磁阀（SLT） | 换挡时（N 到 D） | |  |
| | A5 | O | 锁定控制电磁阀（SLU） | N 挡时 | | |
| | A6 | BR | 自动变速箱继电器 | 点火开关 ON | | 蓄电池电压 |
| | A7 | G/B | CAN | — | | — |
| | A11 | GR | 油温传感器（OT） | 点火开关 ON | 油温传感器（OT）接头拔开 | 5V |
| | A12 | GR/B | 油温传感器接地（OTG） | — | | 0V |
| | A13 | L | 换挡电磁阀（S4） | 以 3 挡、4 挡或 5 挡行驶时 | | 蓄电池电压 |
| | A14 | W | 换挡电磁阀（S3） | 以 1 挡、2 挡或 3 挡行驶时 | | 蓄电池电压 |
| | A15 | GR | 换挡电磁阀（S2） | 以 1 挡或 5 挡行驶时 | | 蓄电池电压 |
| | A16 | G | 换挡电磁阀（S1） | 以 1 挡行驶时 | | 蓄电池电压 |
| | A17 | G/R | CAN1HI | — | | — |
| | A19 | Y/B | 换挡压力电磁阀接地（SLSG） | — | | 0V |
| | A21 | Y | 换挡压力电磁阀（SLS） | 换挡时 | | |
| | A22 | LG | 换挡电磁阀（S5） | 以倒挡行驶时 | | 蓄电池电压 |
| | A23 | B | 接地 | — | | 0V |
| | A24 | R | 电源（蓄电池）"FR-15" | 点火开关 OFF | | 蓄电池电压 |
| F-11 | B4 | L | 雪地模式开关 | 按下→放开 | | 0V→蓄电池电压 |
| | B5 | LG/B | 输出轴速度传感器（SP–） | 车辆行驶时 | | |
| | B6 | L7B | 输入轴速度传感器（NC1–） | 发动机运转时 | | |

| 接头 | 端子 | 线色 | 信号名称 | 作用或状况 | | 参数（近似值） |
|------|------|------|----------|------------|----|----------------|
| F-11 | B7 | G/L | 空挡启动开关（B） | 点火开关 ON | "R 挡""N 挡"或"D 挡" | 蓄电池电压 |
| | B8 | G/0 | 空挡启动开关（A） | 点火开关 ON | "P 挡"或"R 挡" | 蓄电池电压 |
| | B13 | L | 手动换挡模式开关（降挡） | 手动换挡模式（降挡）→其他挡位 | | 0V→蓄电池电压 |
| | B14 | G | 输出轴速度传感器（SP+） | 点火开关 ON | | 蓄电池电压 |
| | B16 | L | 输入轴速度传感器（NC1+） | 点火开关 ON | | 蓄电池电压 |
| | B19 | G | 空挡启动开关（PA） | 点火开关 ON | "P 挡"或"N 挡" | 蓄电池电压 |
| | B20 | G/Y | 空挡启动开关（C） | 点火开关 ON | "D 挡" | 蓄电池电压 |
| | B21 | W | 手动换挡模式开关（升挡） | 手动换挡模式（升挡）→其他挡位 | | OV→蓄电池电压 |
| | B22 | W/L | 手动换挡模式开关 | 手动换挡模式→自动换挡模式 | | OV→蓄电池电压 |

## 25.4 底盘管理控制单元

一体式底盘管理系统（ICM），主要有两个目的：一是提高各个动态行驶系统的性能；二是改善各个动态行驶系统的共同作用。ICM 控制单元内部结构如图 25.4-1 所示。

1—冗余横向加速度传感器；2—纵向和横向加速度传感器；3—伺服转向助力系统阀和 ECO 阀的末级；4—FlexRay 控制器；5—微处理器；6—偏航角速率传感器；7—冗余偏航角速率传感器

图 25.4-1 ICM 控制单元内部结构

在 ICM 控制单元中，安装了一些原来被单独布置在 DSC 传感器内的传感器。利用这些传感器，ICM 控制单元可计算出纵向加速度和纵向上的车辆倾斜、横向加速度和横向上的车辆倾斜及偏航角速度。这些参数些对于车辆的动态行驶状态至关重要。ICM 控制单元将进行必要的换算，为此所需的修正值将通过 ICM 控制单元调试时所做的匹配进行确定并保存。

在更换了 ICM 控制单元之后，需要对所集成的传感器进行匹配。匹配必须在车辆位于纵向和横向上均为水平的底面上的情况下进行。这时，总线端 15 必须接通。

# 第26章
# 汽车传感器

 **26.1** 汽车传感器类型

空气流量计检测
视频精讲

 **26.1.1  汽车传感器大类划分（表 26.1-1）**

表 26.1-1  汽车传感器大类划分

| 分类 | | 说明 |
|------|------|------|
| 被测量 | | 位移、速度、力矩、压力、真空度、温度、电流、气体流量、浓度传感器等 |
| 电源 | 被动型 | 需要外加输入电源才能产生电信号的传感器。汽车中多为这类传感器，如节气门位置传感器、进气压力传感器、曲轴位置传感器、凸轮轴位置传感器、转速传感器等 |
| | 主动型 | 不需额外增加电源，自身在一定条件下可以产生电信号的传感器，例如爆震传感器 |
| 控制功能 | 控制汽车运行的传感器 | 指汽车电控单元控制汽车各部分工作必需的传感器，例如节气门位置传感器、进气压力传感器、进气温度传感器、空气流量计、曲轴位置传感器、凸轮轴位置传感器等 |
| | 反应汽车运行特征的传感器 | 其作用是向驾驶人反映汽车行驶运行状况，例如冷却液温度表传感器、发动机转速表传感器、里程表传感器等 |
| 工作原理 | | 电感式、热电式、光电式、光敏式、压电式、电阻式、电容式、应变式等 |
| 输出信号 | 模拟式 | 根据一定的条件输出模拟电信号的传感器，例如节气门位置传感器、温度传感器、压力传感器 |
| | 数字式 | 根据一定的条件能够输出数字信号的传感器 |

| 分类 | | 说明 |
|---|---|---|
| 信号转换关系 | 电量转换传感器 | 由一种非电量信号转换成电量信号，或者两种电量信号之间的确转换传感器，例如压电式传感器、温度传感器、日照传感器等 |
| | 非电量转换传感器 | 两种非电量信号之间的转换，在此过程中没有电量信号参与 |

 **26.1.2  汽车传感器具体类型（表 26.1-2）**

表 26.1-2  汽车传感器具体类型

| 传感器 | 结构/说明 | 安装位置 | 用途 |
|---|---|---|---|
| 冷却液温度传感器 | 负温度系数热敏电阻 | 冷却水道上 | 测量水温 |
| 水温表热敏电阻式温度传感器 | 负温度系数热敏电阻 | 仪表板上 | 测量水温 |
| 车内外空气温度传感器 | 负温度系数热敏电阻 | 车内：挡风玻璃底下 车外：前保险杠内 | 测量车内、外空气温度 |
| 进气温度传感器 | 热敏电阻 | 空气流量计内或空滤器内；进气总管；进气导管内 | 测量进气温度 |
| 蒸发器出口温度传感器 | 热敏电阻 | 空调蒸发器片上 | 空调蒸发器出口温度 |
| 排气温度传感器 | 热敏电阻，热电偶，熔断器 | 三元催化转换器上 | 测量排气温度 |
| EGR 监测温度传感器 | 热敏电阻 | EGR 进气道上 | EGR 循环气体温度和 EGR 工作情况 |
| 散热器冷却风扇传感器 | 热敏铁氧体 | 水箱上 | 控制散热器风扇转速 |
| 变速器油液温度传感器 | 热敏电阻 | 液压阀体上 | 测量油液温度，向 ECU 输入温度信息，以便控制换挡、锁定离合器结合、控制油压 |
| 真空开关传感器 | 膜片、弹簧 | 空滤器上 | 检测空滤器是否堵塞 |
| 油压开关传感器 | 膜片、弹簧 | 发动机主油道上 | 检测发动机油压 |
| 制动主缸油压传感器 | 半导体式 | 制动主缸的下部 | 控制制动系统油压 |
| 绝对压力传感器 | 硅膜片式 | 悬架系统 | 检测悬架系统油压 |
| 相对压力传感器 | 半导体式 | 空调高压管上 | 检测冷媒压力 |
| 半导体压敏电阻式进气压力传感器 | 半导体压敏电阻 | 进气总管上 | 检测进气压力 |
| 真空膜盒式进气压力传感器 | 真空膜盒、变压器 | 进气总管上 | 检测进气压力 |
| 电容式进气压力传感器 | 膜片式 | 进气总管上 | 检测进气压力 |
| 表面弹性波式进气压力传感器 | 压电基片 | 进气总管上 | 检测进气压力 |
| 涡轮增压传感器 | 硅膜片 | 涡轮增压机上 | 检测增压压力 |
| 制动泵压力传感器 | 半导体式 | 主油缸下部 | 检测主油缸输出压力 |
| 叶片式空气流量传感器 | 叶片、电位计 | 进气管上 | 检测进气量 |
| 卡尔曼涡流式空气流量传感器 | 涡流发生器、超声波发生器、光电管 | 进气管上 | 检测进气量 |

续表

| 传感器 | 结构/说明 | 安装位置 | 用途 |
|---|---|---|---|
| 热线式空气流量传感器 | 铂金热线 | 进气管上 | 检测进气量 |
| 热膜式空气流量传感器 | 铂金属固定在树脂膜上的发热体 | 进气管上 | 检测进气量 |
| 量芯式空气流量传感器 | 量芯、电位计 | 进气管上 | 检测进气量 |
| 二氧化锆式氧传感器 | 锆管、加热元件 | 排气管、三元催化转化器上 | 控制空燃比 |
| 二氧化钛式氧传感器 | 钛管、加热元件 | | |
| 全范围空燃比传感器 | 二氧化锆元件、陶瓷加热器 | | |
| 凸轮轴位置传感器 | 脉冲、霍尔信号 | 凸轮轴旁 | |
| 曲轴位置传感器 | 光电、磁感应、 | 曲轴旁 | 检测发动机转速 |
| 烟雾浓度传感器 | 发光元件、光敏元件、信号电路 | 车内 | 净化空气 |
| 触发叶片式霍尔曲轴位置传感器 | 内、外信号轮 | 曲轴前端 | 检测曲轴转角位置、测量发动机转速 |
| 稀薄混合气传感器 | 二氧化锆固体电解质 | 三元催化转化器上 | 测量排气中氧浓度，控制空燃比 |
| 磁致伸缩式爆震传感器 | 磁芯、感应线圈、永久磁铁 | 发动机缸体上 | 检测爆震信号、输入 ECU |
| 共振型压电式爆震传感器 | 压电元件、振荡片 | 发动机缸体上 | 检测爆震信号、输入 ECU |
| 非共振型压电式爆震传感器 | 平衡重、压电元件 | 发动机缸体上 | 检测爆震信号、输入 ECU |
| 线性输出型节气门位置传感器 | 怠速触点、全开触点电阻器、导线 | 节气门体上与节气门连接 | 判断发动机工况，控制喷油脉宽 |
| 开关型节气门位置传感器 | IDL 触点、PSW 功率触点、凸轮、导线 | 节气门体上与节气门连接 | 判断发动机工况，控制喷油脉宽 |
| 滚球式碰撞传感器 | 滚球、磁铁、导缸、触点 | 两侧翼子板内；两侧前照灯支架下；散热器支架左右两侧；驾驶室仪表盘和手套箱下方或车身前部中央位置 | 检测汽车加速度 |
| 滚轴式碰撞传感器 | 滚轴、触点、片状弹簧 | | |
| 偏心锤式碰撞传感器 | 偏心锤、臂、触点、弹簧、轴 | | |
| 水银开关式碰撞传感器 | 水银、电极 | | |
| 电阻应变计式碰撞传感器 | 电子电路、应变计、振动块、缓冲介质 | | |
| 无触点式扭矩传感器 | 线圈、扭力杆 | 转向轴上 | 测量方向盘与转向器之间相对扭矩 |
| 滑动可变电阻式扭矩传感器 | 电位器、滑环、齿轮、扭杆 | 转向轴上 | |
| 光电式车身高度传感器 | 光电耦合元件、遮光盘、轴 | 悬架系统减振器杆上 | 将车身高度转换成电信号，输入 ECU |
| 座椅位置传感器 | 霍尔元件、永久磁铁 | 座椅调节装置上 | 调节座椅状态 |
| 方位传感器 | 线圈、铁芯 | GPS 终端机上 | 车辆导航 |
| 舌簧开关型车速传感器 | 舌簧开关、磁铁 | 变速器输出轴或组合仪表内 | 测量汽车行驶速度 |

续表

| 传感器 | 结构／说明 | 安装位置 | 用途 |
|---|---|---|---|
| 光电耦合型车速传感器 | 光电耦合器、转子 | 组合仪表内 | 测定变速器输入轴转速 |
| 电磁型车速传感器 | 转子、线圈 | 变速器输出轴上 | |
| O/D 直接挡离合器转速传感器 | 与车速传感器相同 | 变速器输出轴上 | |
| 电磁式轮速传感器 | 传感头、齿圈 | 变速器输入轴上 | 检测轮速 |
| 霍尔式轮速传感器 | 霍尔元件、触发齿圈、永久磁铁 | 车轮上、减速器或变速器上 | |
| 日照传感器 | 光电管、滤光片 | 挡风玻璃下、仪表盘上侧 | 把太阳照射情况转变成电流，修正车内温度 |
| 光电式光量传感器 | 硫化镉、陶瓷基片、电极 | 仪表盘上方灯光控制器内 | 汽车灯具亮、熄自动控制 |
| 光敏二极管式光亮传感器 | 光敏二极管、放大器 | 仪表盘上，可接收外来灯光处 | 检测车辆周围亮度，自动控制前照灯的亮度 |
| 雨滴传感器 | 振动板、压电元件、放大电路 | 发动机室盖板上 | 检测降雨、控制雨刷器转速 |
| 蓄压力传感器 | 半导体压敏电阻元件 | 油压控制组件上方 | 检测油压控制组件的压力 |
| 空调压力开关传感器 | 膜片、活动触点、固定触点、感温包 | 高压压力开关安装在高压管路上 | 高压压力开关：高压回路压力高于规定值时使压缩机停机 |
| | | 低压压力开关安装在低压管路上 | 低压压力开关：高压回路压力低于规定值时使压缩机停转 |

## 26.2 传感器的检测

（1）自诊断测试　执行故障诊断仪检测，利用故障码和数据流帮助分析和判断可能发生传感器的故障。利用故障诊断仪执行故障检测，看其传感器是否有无故障，结合数据流帮助确定是执行器还是传感器本身发生故障，还是线束问题。

（2）目视检查　对传感器可目测到的部位进行直观检查和判断。例如对传感器的导线、连接器是否脱开松动；密封性；腐蚀氧化；搭铁腐蚀氧化等进行检查。

（3）导线和线束检测　检测传感器与电子控制单元之间的线束有无短路、断路或搭铁故障。用万用表电阻挡，测量传感器与电子控制连接线束的电阻值，具体是传感器信号端、地线端分别与对应控制单元的两端子间电阻。

监测线路应导通，如果不导通或电阻值大于规定值，说明传感器线束存在断路或插接器插头接触不良，应进一步检修。

（4）电源电压的检测　如果没有电源电压，传感器就不会有信号输出，是一定不会工作的。对传感器所对应的外部供电电源进行检测，通常为5V或12V电源电压。

（5）传感器本体检测　外观形态上，传感器本体检查利用上述目视检查来判断。若对设备进行检测，对于传感器本体通常是检测其电阻，各种汽车的同一传感器电阻可能也不尽相同，所以最好要根据汽车的原厂数据或同款车进行对比性检测。

还有就是实验检测，最典型的就冷却液温度传感器检测，拆下传感器置于一个热水的容器中，测得其温度变化中的电阻。如果在车间修车用这种方法解决问题，笔者不太建议，因为该方法费时费事，不太符合维修实际。所以，我们对这样的技术问题，只建议知晓即可。

（6）信号检测 对于传感器输出信号，可以利用数字式万用表对其电压和电流进行检测。通常是点火开关置于"ON"位置时，测得传感器的输出信号电压。

# 26.3 空气流量传感器

（1）类型 空气流量传感器也叫空气流量计，有 5 种类型：热膜式空气流量计、热线式空气流量计、翼片式空气流量计、量芯式空气流量计和卡门涡流式空气流量计。其中后三种属于体积空气流量计，已经淘汰。部分车还在采用热线式空气流量计；热膜式空气流量计应用最广泛。

（2）热膜式空气流量计检测

❶ 电阻检测。电阻检测主要是检测线束的导通性，以确认线束通畅情况，无断路、短路，插接器是否牢靠，各信号传递无干扰。在实际测量中，由于种种原因会导致误差，所以这些数值均为约数，不作为标准值。a.线束导通性测试。关闭点火开关，拔下传感器插头与电控单元插接器，使用数字式万用表分别测量各线束间的电阻。分别测试空气流量计 3、4、5 号针脚对应至电控单元 12、11、13 号针脚的电阻，这些电阻都应低于 5Ω。b.线束短路性测试。将数字式万用表设置在电阻 200kΩ 挡，测量空气流量计针脚 2 与电控单元针脚 11、12、13 之间电阻，应为 ∞。测量空气流量传感器针脚与电控单元针脚：3-11、13；4-12、13；5-11、12 之间电阻均应为 ∞。空气流量传感器插头端子参数见表 26.3-1。

表 26.3-1 空气流量传感器插头端子参数

| 端子名称 | 状态 | 电压 /V | 定义 | 电路图 |
| --- | --- | --- | --- | --- |
| 1 端子 | 空 | — | 空脚 | |
| 2 号端子 | — | 约 12 | 12V 电压 | |
| 4 号端子 | — | 约 5 | ECU 内搭铁 | |
| 5 号端子 | 怠速 | 约 1.4 | 5V 参考电压 | |
| 5 号端子 | 急加速 | 约 2.8 | 反馈信号 | |

❷ 电压检测。电压检测有电源电压检测和信号电压检测两部分，其中信号电压检测是确定空气流量传感器是否失效的主要依据。a.电源电压检测。打开点火开关，

测量 2 号端子与接地间电压，启动起动机时应显示 12V。具体方法：将数字式万用表设置在直流电压 20V 挡，红色表针置于空气流量计针脚 2，黑色表针置于蓄电池负极或其他车身搭铁，启动起动机时应显示 12V 左右的电压。红色表针置于空气流量计针脚 4，黑色表针置于蓄电池负极或其他车身搭铁，应显示 5V 左右电压。b. 信号电压检测。启动发动机并使其达到工作温度，将数字式万用表设置于直流电压 20V 挡，测量信号反馈电压。具体方法：红色表针置于空气流量计针脚 5，黑色表针置于空气流量计针脚 3、蓄电池负极或进气歧管壳体，急速时应显示电压 1.5V 左右，急加速时电压应变化到 2.8V。如果不符合上述变化，或电压反而下降，在电源电压与参考电压完好的前提下，可以断定空气流量计损坏。

（3）热线式空气流量传感器检测　对热线式空气流量计进行检测时，应主要检测空气流量计的输出信号电压（图 26.3-1）。首先关闭点火开关，拔下传感器插接器；然后将点火开关转至"ON"位置，但不启动发动机；用万用表电压挡测量空气流量计信号端子和搭铁端子之间的电压，即 1 端子与 2 端子间的电压，该电压应为 5V；当该空气流量计输出电压正常时，可用电吹风向该空气流量计进气口处吹风，其信号电压应随吹风量大小的变化而变化，而且应符合标准规定值范围，否则说明空气流量计已损坏，需要以更换。

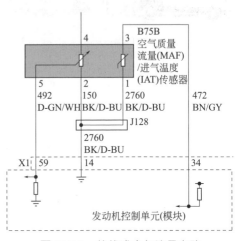

图 26.3-1　热线式空气流量电路

 26.4.1　冷却液温度传感器

（1）特性　冷却液温度传感器进行温度记录时，使用的是与温度有关的电阻器，可测量与温度有关的电阻值。通过一条传感器特有的特性线转换成温度值。在冷却液温度传感器中安装有一个热敏电阻（NTC），其电阻值随温度的上升而下降（负温度系数电阻）。

 小贴士

冷却液温度传感器在电控系统中相当重要，冷却液温度还用于喷油量和急速理论转速计算的测量值。

（2）检测

❶ 电压检测。a. 拔下传感器线束插头，打开点火开关，测量插头上的电压，应为 5V 左右。b. 测量电脑端的输出电压，也应为 5V。c. 插好线束插头，启动发动机，测量传感器侧两端子之间的电压，应在 0.5 ～ 4V 之间变化，温度越低时电压越高；温度越高时电压越低。

❷ 线路检测。检测时，先拆开冷却液温度传感器线束插接器及电脑端子，再测量两个端子与电脑相应端子之间有无断路，对地有无短路。电阻应该在 1Ω 内。

❸ 本体检测。拆下传感器插头，测量其两个端子之间的电阻，其测量值与温度成反比，正常发动机温度其电阻应该在 1000Ω 上下。

## 26.4.2　进气温度传感器

（1）特性　进气温度传感器安装在空气流量计内，用来监视进气温度。进气温度传感器（IAT）和冷却液温度传感器一样，利用了一个对温度改变敏感的可变电阻器的电热调节器。该电热调节器的电阻值随温度的升高而降低。

（2）检测

❶ 就车检测。关闭点火开关，拔下传感器插头，测量两个端子之间电阻，应在 0.2 ～ 20kΩ 之间，否则应更换传感器。

❷ 电压检测。打开点火开关，用万用表的两个表笔分别连接进气温度传感器信号线或者发动机控制单元信号线端子与接地线端子，检测其输出电压，其测量值与温度成反比，温度越高电压越低，应为 0.5 ～ 3.5V。否则应更换传感器。

## 26.4.3　发动机机油压力温度传感器

（1）特点　发动机机油压力温度传感器（图 26.4-1）信号用于油泵的特性线控制，温度信号用于发动机热量管理。此传感器安装在主机油道中，并承受那里的油压和机油温度。因此不再测量油底壳中的机油温度，而是测量发动机中的实际机油温度。

发动机机油压力温度传感器测量发动机油的绝对压力及其温度。测量值作为按脉冲宽度调制的信号输出。该测量方法基于一个微机械压阻式压力传感器（硅），它提供一个与压力成正比的输出信号。温度测量通过一个二极管实现。

在介于 –40 ～ 160℃之间的允许温度下，传感器的测量范围在 0.5 ～ 10.5bar 之间。传感器在 5V 的电压下运行。

（2）检查　发动机机油压力温度传感器具有自诊断性，温度信号和压力传感器信号可以分开诊断。诊断结果包含在按脉冲宽度调制的

图 26.4-1　发动机机油压力温度传感器

1—发动机油压力温度传感器；2—3 芯插头连接

信号中，并由发动机控制系统进行分析。发动机机油压力温度传感器失灵时，将出现以下情况：a. 在发动机控制单元记录故障码；b. 以替代值紧急运行。

 **压力传感器**

## 26.5.1 进气压力传感器

（1）**特点**　进气压力传感器安装在发动机的进气歧管上，用来检测进气压力，并将检测到的压力信号转化为电信号输入发电机控制单元（ECU），实现 ECU 对喷油量的调节。

（2）**电路**　进气压力传感器接线包括 3 个电路。发动机控制模块（ECM）向5V 参考电压电路上的传感器提供经过调节的 5V 电压。发动机控制模块向低电平参考电压电路提供搭铁。歧管绝对压力传感器向发动机控制模块提供信号电压，以响应歧管绝对压力传感器信号电路上的压力变化。

❶ 检查传感器信号电路。a. 转动点火开关至"OFF"位置。b. 断开进气歧管绝对压力传感器线束连接器。c. 断开 ECM 线束连接器。d. 测量进气歧管绝对压力传感器线束连接器的相应端子与 ECM 线束连接器的相应端子之间的电阻值，应小于 $1\Omega$，检查是否存在断路情况，否则修理故障部位。e. 测量进气歧管绝对压力传感器线束连接器的相应端子与可靠接地之间的电阻值，检查是否存在对地短路情况，应为 $10k\Omega$ 或者更大，否则修理故障部位。f. 测量进气歧管绝对压力传感器线束连接器的相应端子与可靠接地之间的电压值，检查是否存在对电源短路情况，应为 0V，否则修理故障部位。

❷ 检查传感器接地电路。a. 转动点火开关至"OFF"位置。b. 断开进气歧管绝对压力传感器线束连接器。c. 断开 ECM 线束连接器。d. 测量进气歧管绝对压力传感器线束连接器的相应端子与 ECM 线束连接器的相应端子之间的电阻值，应小于 $10k\Omega$。

## 26.5.2 机油压力传感器

（1）**特点**　油压力传感器是一个压力开关，在汽车维修中，又叫机油压力开关或机油压力感应塞。当发动机系统油压力低于设定值时，机油压力传感器内部弹簧力就会关闭触点，点亮仪表内的发动机机油压力警告灯。当正常着车启动后由于机油泵向系统输送压力，所以此开关断开，仪表内的发动机机油压力警告灯熄灭。

（2）**电路**　发动机控制模块（ECM）监视发动机机油压力开关电路上的电压，如果点火开关接通，但发动机不运行或发动机机油压力低于设定值，则发动机机油压力开关使发动机控制模块（ECM）电压输入端接地，发动机控制模块（ECM）通过数据电路，将发动机机油压力信息发送到仪表板组合仪表，仪表板组合仪表控制发动机机油压力指示器。

（3）检查

❶ 检查端子。检查发动机控制模块（ECM）和线束连接器端子是否松脱、不匹配、锁片折断、变形或损坏和导线连接是否有故障。

❷ 检查线束。检查线束是否损坏，如果未发现故障，则断开发动机机油压力开关，接通点火开关并移动与发动机机油压力开关电路相关的线束，测试发动机机油压力开关连接器接头间的电压。如果电压显示变化表明该部位有故障。

 ### 26.5.3　燃油压力传感器

燃油压力传感器安装在下部燃油分配管上，它测量高压燃油系统中的燃油压力。其核心机构是一个钢膜，在钢膜上安装有应变电阻。只要压力作用在钢膜的一侧，则应变电阻由于变形而改变其阻值。发动机控制单元提供 5V 电压，压力升高，电阻减少，信号电压升高，信号电压可折算到相应的压力值。发动机控制单元会分析这个信号，并通过高压泵内的燃油压力调节阀来调节高压燃油压力。

如果这个传感器信号中断了，发动机控制单元就以（一个固定值）传感器信号来控制燃油压力调节阀。

 # 26.6　加热型氧传感器

（1）作用　在加热型氧传感器比较完大气和废气的氧浓度后，把废气的氧浓度信息传送给 ECM。当空燃比浓或稀时，分别产生约 1V 和 0V 的电压信号（表 26.6-1）。ECU 根据氧传感器的这个信号，不断对喷油时间和喷油量进行修正，使混合气浓度保持在理想的范围内，实现空燃比的反馈控制。

（2）参数　为了使传感器的正常工作，使传感器端部的温度应高于预定温度。它含有一个由 ECM 占空比信号控制的加热器。废气温度低于规定值时，加热器加热传感器端部。

表 26.6-1　氧传感器输出电压和空燃比关系

| | 空燃比 | 输出电压 /V |
|---|---|---|
| 前、后氧传感器 | 浓 | 0.6 ～ 1.0 |
| | 稀 | 0 ～ 0.4 |

（3）检测

❶ 电压检测。启动发动机，检测氧传感器插头 A 与 B 针脚之间的电压应在 0.45V 左右（图 26.6-1）。

❷ 导通性检测。关闭点火开关，断开前氧传感器插头，断开发动机控制单元相应插头。测量上述两个相应端子和针脚之间的导通性，应导通。

❸ 搭铁检测。打开点火开关。测量前氧传感器插头 B 与车身接地之间的电压应在 0.45V 左右。关闭点火开关，断开前氧传感器插头，测量 A 与车身接地之间应导通（图 26.6-2）。

**氧传感器检测**
视频精讲

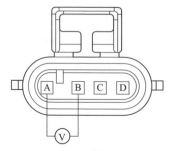

图 26.6-1　氧传感器电压检测

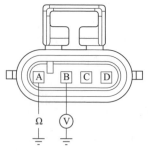

图 26.6-2　氧传感器搭铁检测

## 26.7 空燃比传感器（A/F）

（1）特点　空燃比传感器是宽域氧传感器，检测范围要比普通氧传感器大。三元催化转化器前使用空燃比传感器不但能检测出排出气体的浓度高低，同时也可以正确地检测出实际的空燃比状况（图 26.7-1）。采用这种传感器，不但可以控制高精度的空燃比，同时可以大大地减少燃料费用上升以及有害气体的排出。

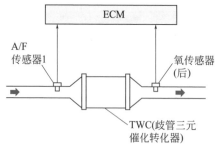

图 26.7-1　空燃比传感器控制示意图

（2）检测　空燃比传感器不像氧传感器是采用电压检测，而是采用电流检测。过浓空气燃油混合气会造成空燃比传感器电流过低，过稀空气燃油混合气会造成空燃比传感器电流过高。因此，加速期间传感器输出变低，节气门全关的减速期间传感器输出会变高。ECM 在燃油切断期间监视空燃比传感器电流并检测异常电流值。如果空燃比传感器输出为 2.2mA 或更大、小于 0.7mA 累计超过 3s，则 ECM 判断空燃比传感器故障并存储故障码。

## 26.8 位置传感器

 ### 26.8.1　曲轴位置传感器

（1）特点　曲轴位置传感器（CKP）也叫发动机转速传感器，用来检测曲轴位

置（发动机转速），它是发动机控制系统最重要的传感器之一。如果没有 CKP 信号输入，则不供应燃油，即在无 CKP 信号的情况下车辆不能运行。传感器安装在气缸体或变速器壳上的后端附件上，发动机运转时由传感器和信号盘形成的磁场的磁通量发生变化，从而产生电压信号。

（2）检测

❶ 电压检测。拔下传感器插头，打开点火开关，检查插头上电源端子与接地之间的电压，应为 5V。如果无电压，则应检查传感器与 ECU 之间的线路及 ECU 上相应端子的电压；如果 ECU 相应端子有电压，则为传感器到 ECU 之间线路断路，否则为 ECU 故障（图 26.8-1）。

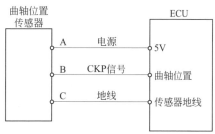

图 26.8-1　曲轴位置传感器电路

❷ 输出信号检测。将传感器插头插回，启动发动机，测量传感器输出端子信号的输出电压值，其值应为 3～6V。如果不符，则为传感器故障。如某车型输出信号是矩形脉冲信号，高电位为 5V，低电位为 0.3V。

 **26.8.2　凸轮轴位置传感器**

曲轴位置
传感器检测
视频精讲

（1）**特点**　凸轮轴位置传感器（CMP）为霍尔传感器，使用霍尔元件检测凸轮轴位置。它与曲轴位置传感器（CKP）结合，检测活塞上止点位置，这是 CKP 所不能检测的。CMPS 安装在发动机缸盖罩上，使用安装在凸轮轴上的信号轮。此传感器有一个霍尔效应 IC，当电流通过 IC 时产生磁场，其输出电压变化。

（2）**检测**

❶ 电压检测。断开点火开关，拔下传感器导线连接器插头，用万用表的正、负表笔分别与连接器 1、3 端子相连接，接通点火开关时，电压应在 4.5V 以上。若电压为零，说明线束存在断、短路，或 ECU 有故障；当断开点火开关后，应继续检查导线是否存在断路或短路。

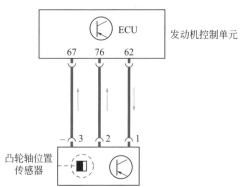

图 26.8-2　凸轮轴位置传感器电路

❷ 电阻检测。用万用表的电阻挡检查传感器的电源正极端子 1 与 ECU 的 62 端子、传感器的信号输出端子 2 与 ECU 的 76 端子、传感器的电源负极端子 3 与 ECU 的 67 端子的电阻值，各导线间电阻值应不大于 1.50Ω。如果电阻过大或为无穷大，则说明线束接触不良或导线断路，应进行维修或更换线束（图 26.8-2）。

用万用表电阻挡继续检查传感器连接器端子 1 与 2 和 3 端子间的电阻，或检查

ECU 的 62 端子与 76 和 67 端子间的电阻，测得的电阻均应为无穷大。如果阻值不是无穷大，则说明导线存在短路，应进行更换。

##  26.8.3　节气门位置传感器

（1）电子节气门控制系统　ETC（电子节气门控制）系统是电子节气门控制设备，包括 ETC 电动机、节气门体和节气门位置传感器（TPS）。机械节气门控制系统经由加速踏板与节气门之间的拉线接收驾驶员意图信号，而 ETC 系统从安装在加速踏板上的加速踏板位置传感器（APS）接收信号（图 26.8-3）。ECM 接收 APS 信号并计算节气门开度后，使用 ETC 电动机激活节气门。

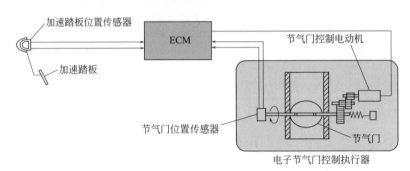

图 26.8-3　节气门控制

　　ETC 系统节气门有两个节气门位置传感器：一个节气门位置传感器的输出电压信号随着节气门体的开度增加而增加；另外一个节气门位置传感器的输出电压信号则随节气门体开度的增加而减小。两个节气门位置传感器为补偿关系（图 26.8-4）。

（2）检测

❶ 电压检测。a. 打开点火开关。b. 用万用表测量电子节气门插头 2 针脚与车身接地之间的电压应为 5V 左右。c. 启动发动机，反复踩踏油门踏板。测量端子 1 到 2、2 到 4 的电压应在正常范围内波动（图 26.8-5）。

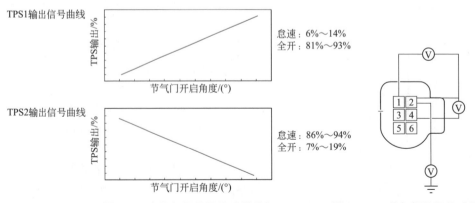

图 26.8-4　节气门位置传感器特征　　　图 26.8-5　节气门位置传感器检测

❷ 电阻检测。电子节气门体低参考电压端子与 5V 参考电压端子之间的电阻一般在 1.0 ～ 2.8kΩ。

❸ 波形特点。也可以利用示波器检测 TPS 传感器的输出信号，输出波形的线条应该圆滑而且没有杂波。如果节气门体转动某一角度时，输出信号突然为零或者突然下降，则应更换节气门总成。

## 26.8.4　加速踏板位置传感器

（1）**特点**　加速踏板位置传感器（APP）也是双输出传感器设计，两个传感器的输出电压信号都随油门踏板的位置增加而增加（图 26.8-6）。

传感器是一种电位计，可将加速踏板位置转变成输出电压，并将电压信号发送至 ECM。另外，传感器还会检测加速踏板的开合速度，并将电压信号发送至 ECM。ECM 根据这些信号判断加速踏板当前的开启角度，并根据这些信号控制节气门电动机。ECM 通过从加速踏板位置传感器接收到的信号判断加速踏板怠速位置。ECM 使用这些信号进行发动机操作，比如切断燃油。

（2）**检测**

❶ 电压检测。a. 断开加速踏板位置（APP）传感器的线束接头。b. 将点火开关转至 "ON" 位置。c. 用万用表检测加速踏板位置传感器线束端子 2、3 与接地之间电压（图 26.8-7），应为 5V。

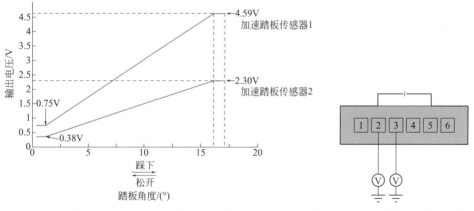

图 26.8-6　加速踏板位置传感器特性　　　图 26.8-7　加速踏板位置传感器检测

❷ 控制检测。a. 将点火开关转至 "OFF" 位置。b. 将点火开关转至 "ON" 位置。c. 检查表 26.8-1 中所示 ECM 线束接头端子之间的电压。

## 26.8.5　燃油油位传感器

（1）**特点**　燃油油位传感器安装在燃油泵内，依油箱内燃油量多少通过机械式浮子高低移动使可变电阻产生变化，由燃油油位传感器输出电压给 ECU，ECU 再通

过 CAN 线路传送信号给组合仪表板。燃油油位传感器由两个零件所组成：一个是机械式浮子；另一个是可变电阻器。

表 26.8-1　加速踏板传感器检测

| ECM 插头端子 | | 信号 | | 加速踏板状态 | 电压（近似值）/V |
| --- | --- | --- | --- | --- | --- |
| + | − | 信号名称 | 输入/输出 | | |
| 150 | 151 | 加速踏板传感器 1 | 输入 | 完全松开 | 0.6 ～ 0.9 |
| | | | 输入 | 完全踩下 | 3.9 ～ 4.7 |
| 143 | 144 | 加速踏板传感器 2 | 输入 | 完全松开 | 0.3 ～ 0.6 |
| | | | 输入 | 完全踩下 | 1.95 ～ 2.4 |

（2）检测

❶ 关闭点火开关，断开燃油油位传感器上的连接器。

❷ 测试燃油油位传感器接地电路端子 5 和接地之间是否小于 5Ω。
如果超过规定范围，则测试接地电路是否开路/电阻过高。

❸ 点火接通，测试燃油油位传感器接地电路端子 5 和燃油油位传感器信号电路端子 1 之间电压是否是在规定范围内。如果低于规定范围，则测试燃油油位传感器电压电路是否对地短路。如果测试正常，则更换发动机控制模块。如果高于规定范围，则测试燃油油位传感器电压电路是否对电压短路。

 **爆震传感器与氮氧化合物传感器**

 **26.9.1　爆震传感器**

（1）特点　爆震传感器（KS）对 ECM 的反馈信号可以使 ECM 对点火正时的控制达到理想的状态，点火系统达到最佳性能，同时也为了防止发动机受到潜在的爆震损坏。KS 传感器位于进气歧管下面的缸体上，它通过一个压电元件感知发动机的爆震情况。来自缸体的敲击震动以震动压力的形式自动检测，该压力转化成一个电压信号传送至 ECM。KS 传感器产生的交流信号电压随发动机运行时的振动程度而变化。发动机控制模块根据 KS 传感器信号的振幅和频率调节火花正时。

（2）检查

❶ 物理损坏检查。a. 检查 KS 传感器安装是否正确，力矩过大过小都会影响爆震传感器的工作性能。b.KS 传感器安装面上是否有毛刺、铸造飞边和异物。c. 爆震传感器必须远离软管、托架和发动机线路。

❷ 电路检测。a. 转动点火开关至"OFF"位置。b. 断开爆震传感器线束连接器。c. 断开 ECM 线束连接器。d. 检查线路是否存在断路情况。用万用表检测爆震传感器线束连接器的端子与 ECM 线束连接器上的相应端子之间的电阻值，应小于 1Ω。e. 检

查线路是否存在对地短路情况。测量爆震传感器线束连接器端子与可靠接地之间的电阻值，电阻应在 $10k\Omega$ 上下，或更高。f. 检查线路是否存在对电源短路情况。测量爆震传感器线束连接器端子与可靠接地之间的电压值，应为 0V。

### 26.9.2　氮氧化合物传感器

氮氧化合物传感器安装在三元催化转化器下游的氮氧化合物储存催化转换器上，用来识别和检查三元催化转化器的功能是否正常。它由有效的测量探头和一种相关的控制单元组成，控制单元通过 CAN 与发动机控制单元进行通信。为了补偿废气的增加以及三元催化转化器再生能力的降低，发动机需要配备其他功能部件来对废气进行处理。每个三元催化转化器的下游都连接一个氮氧化合物储存催化转换器。废气中的氮氧化合物在这些储存催化转换器内进行隔离，然后转化成无害的物质。

## 26.10　速度传感器

### 26.10.1　输出轴速度传感器

输出轴转速传感器（OSS）是一个霍尔效应传感器。将输出轴转速传感器安装在控制阀体总成下的变速器壳体上，并通过线束和连接器连接至控制电磁阀（带阀体和变速器控制模块）总成。传感器朝向驻车齿轮齿状机加工面。传感器连接到输入轴转速传感器 / 输出轴转速传感器电源电压电路中，由变速器控制模块提供电压。随着前差速器分动箱主动齿轮的转动，传感器根据驻车齿轮的机加工表面产生信号频率。OSS 信号传输至变速器控制模块（TCM），变速器控制模块使用 OSS 信号以确定管路压力、变速器换挡模式、变矩器离合器（TCC）滑差转速和传动比。

### 26.10.2　输入轴转速传感器

输入轴转速传感器（ISS）也是一个霍尔效应传感器。将输入轴转速传感器安装至变速器壳体总成，并通过线束和连接器连接到控制电磁阀（带阀体和变速器控制模块）总成上。传感器朝向 3-5-R 挡离合器活塞壳体齿状机加工面。传感器连接到输入轴转速传感器 / 输出轴转速传感器电源电压电路中，由变速器控制模块提供电压。随着 3-5-R/4-5-6 挡离合器活塞壳体的转动，传感器根据 3-5-R/4-5-6 挡离合器活塞壳体的机加工表面产生信号频率。ISS 信号通过输入轴转速传感器信号电路传输至控制电磁阀（带阀体和变速器控制模块）总成。变速器控制模块使用输入轴转速传感器信号以确定管路压力、变速器换挡模式、变矩器离合器（TCC）滑差转速和传动比。

# 第27章

# 汽车总线

## 27.1 总线的作用与原理

（1）**总线的作用** 汽车网络通信技术采用多路设计，如果传感器的信号能够先传输到一个控制模块，接着通过车辆上各个控制模块之间所连接的数据传输电路，而将此传感器的信号与其他有需要的控制模块共享，如此便可节省传感器与电路的使用。另外，除了传感器的信号可共享之外，执行器的工作要求信号也能够通过数据传输电路来传递，使车辆获得更多的功能，同时增加了可靠性与电脑诊断的能力。

（2）**总线的原理** 如图27.1-1所示，在站台A（站台，英语叫网关）到达一列

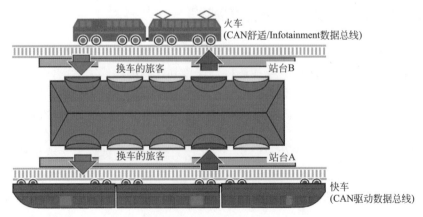

图27.1-1　总线原理示意图

快车（CAN 驱动数据总线，500kbit/s），车上有数百名旅客。在站台 B 已经有一辆火车（CAN 舒适 /Infotainment 数据总线，100kbit/s）在等待，有一些乘客就换到这辆火车上，有一些乘客要换乘快车继续旅行。车站 / 站台的这种功能，即让旅客换车，以便通过速度不同的交通工具到达各自目的地的功能，与 CAN 驱动数据总线和 CAN 舒适 /Infotainment 数据总线两系统网络的网关功能是相同的。网关的主要任务是使两个速度不同的系统之间能进行信息交换。

## 总线类型与特点

 **27.2.1　CAN 数据总线**

CAN 数据总线是用于传输数据的双向数据线，最常用的介质是双绞线，通过数据总线将数据发送给各控制单元，各控制单元接收后进行计算（图 27.1-1）。

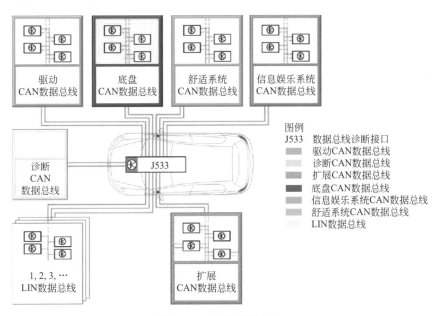

图 27.2-1　总线系统结构

为了防止外界电磁波干扰和向外辐射，CAN 数据总线采用两条线缠绕在一起的方式，两条线上的电位是相反的，如果一条线的电压是 5V，另一条线就是 0V，两条线的电压和总等于常值，而且所产生的电磁场效应也会由于极性相反而互相抵消。因此采用此种方法，CAN 数据总线可得到保护而免受外界电磁场干扰，同时 CAN 数据总线向外界辐射也保持中性，即无辐射。CAN 数据总线上的每个节点（ECU）都有自己的地址，连续监视着总线上发出的各种数据。

## 27.2.2　LIN 总线

　　LIN（Local Interconnect Network，内联局域网）是一种低成本的局部互联串行通信网络协议，适用于对数据速率传输要求较低的场合。LIN 总线的目标是为车载网络（如 CAN 数据总线）提供辅助功能。LIN 总线（图 27.2-2）是单线式总线，仅靠一根导线传输数据，主要用在防盗系统、自适应前照灯、氙气前照灯、驾驶人侧开关组件、外后视镜、中控门锁、电动天窗、空调系统的鼓风机、加热器控制等。

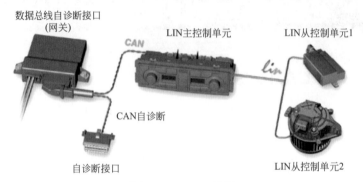

图 27.2-2　LIN 总线

## 27.2.3　MOST 总线

　　MOST 是 Media Oriented Systems Transport 的缩写，即面向媒体的传输系统。MOST 总线以光纤为载体，单向（封闭环）传输，传输速度快，用于通信和信息娱乐领域。MOST 总线是以光纤总线为传输媒体的高速网络，传输速度快，并且在减重和抗干扰方面有独特的优势。MOST 网络是环状结构，光信号从一个节点传送到另一个节点，接收设备收到信号后，将其转换成电信号，再由 MOST 处理器进行处理，最终转换成光信号。如图 27.2-3 所示，信息娱乐系统控制单元的数据交换通过MOST 总线进行，它可以达到非常高的数据传输率，如在传输音频数据时需要的那样。电视调谐器、倒车摄像头或 DVD 换碟机的图像信号以 FBAS 信号的形式通过模拟视频线传输到信息电子设备 1 控制单元 J794。

## 27.2.4　FlexRay 总线

　　FlexRay 总线是双线式总线系统（图 27.2-4），其数据传输速度是 10Mbit/s。这两根总线，一根标为正总线（导线颜色为粉红色），另一根标为负总线（导线颜色为绿色）。FlexRay 总线在单线状态时是无法工作的，因为工作中要对这两条线之间的电位差进行分析。目标是在电气与机械电子组件之间实现可靠、实时、高效的数据传输，以确保满足汽车网络技术的需要。对于 Flexray 总线来说，数据总线诊断接口起着控制器的作用。在 J533 上有四个 Flexray 总线分支，连接八个控制单元（指配备齐了所有装备时）。每个分支末端的控制单元都配备了一个低阻值电阻，中间的控制单元有一个高阻值内电阻。理论上讲，每个分支范围内导线长度最长不应超过 12m。

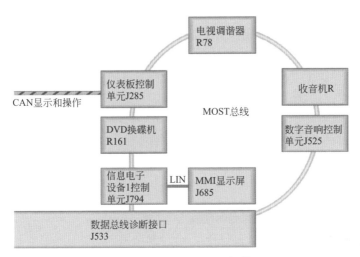

图 27.2-3　MOST 总线环形拓扑图

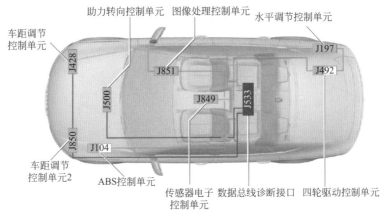

图 27.2-4　FlexRay 总线拓扑图

# 27.3　通信协议与网关

（1）通信协议　电脑之间通信与数据传输所依据的规则称为"通信协议"（Protocols），即电脑语言。如果同时采用两个拥有不同数据速率的通信系统时，不同的电脑语言会因为数据传输速率而变化。因此，需要配备网关控制模块，来针

对不同的通信协议的数据信号进行转换调整，以适应车上不同网络协议的通信。视车辆的使用需求不同，在同一部车上可能会同时采用两个或两个以上的车用网络通信系统。以 CAN BUS 为例，整部车辆的网络系统可能会包含 CAN B（中速 CAN）与 CAN C（高速 CAN）。其中 CAN C（高速 CAN）常用于发动机、自动变速箱、ABS 等需要快速即时传输信号的主要控制模块之间；而 CAN B（中速 CAN）则用于其他较为次要控制系统。由于 CAN C（高速 CAN）的数据传输速度约在 500kbit/s，而 CAN B（中速 CAN）的传输速度为 83.3 ～ 125.5kbit/s，如果要在拥有不同数据传输速率的通信系统间互相传递信号时，则必须通过网关控制模块来作为连接不同数据传输系统的界面装置。

（2）网关　汽车网关能对不同网络系统的不同通信协议进行处理，为处理多个 ECU 的核心 CPU 之间的通信提供一种综合性接口。它必须具备从一个网络协议到另一个网络协议转换信息的能力，因此网关实际上是一个单片机，具有监视网络系统的功能，当一个网络频繁发生错误时，网关会发出报警或进入中断状态。

## 27.4　控制单元接口

如图 27.4-1 所示，发电机上装备有一个 LIN 调节器，有两个接头：一个是螺栓接头 B+；另一个是个两脚插头（但是只有针脚 1 是与 LIN 线连接的，针脚 2 未使用），数据总线诊断接口 J533 将 LIN 总线信息发到 LIN- 调节器上。这个信息预先确定了 12.2 ～ 15V 这个电压规定值（根据车载电网的工作状态），这个值随后由调节器来调节。如果没有形成这个电压规定值（比如因 LIN 总线断路），那么调节器会识别出这个情况，在经过了预定的时间后，会设置出 14.3V 这个恒定的发电机电压。

带有超越离合器的皮带轮　发电机　螺栓接头B+　LIN-线连接插头（针脚1）

图 27.4-1　发电机

在"15 号线接通"的情况下来检测指示灯的话，组合仪表上的充电指示灯不会亮起。只有当发电机有故障时，这个指示灯才会亮起。发电机的检测需要使用诊断仪内的相关检测程序来进行，并由 J533 内的电能管理系统评估发电机的内部情况。借助于诊断仪，还可以读取故障记录以及发电机的历史数据。

## 27.5 诊断 CAN 数据总线

诊断 CAN 数据总线（图 27.5-1）用于确保外接诊断测试仪与车辆电子系统之间可通过数据总线诊断接口 J533 进行快速通信。已经取消了多余的 K 线。根据诊断测试仪的类型，与数据总线诊断接口既可以采用电缆与车辆诊断接口相连，也可以采用无线连接的方式。车辆中的诊断接口位于左侧脚部空间的继电器和保险丝支架下方。

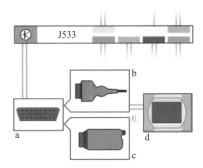

图 27.5-1 诊断 CAN 数据总线

J533—数据总线诊断接口；a—车辆诊断接口；b—诊断电缆；c—用于无线连接的连接适配器；d—适用的诊断设备

## 27.6 总线系统故障特点

（1）电源系统故障引起的 CAN 数据总线故障 车载网络传输系统的核心部分是含有通信芯片的电控模块 ECM。电控模块 ECM 的正常工作电压为 10.5 ～ 15.0V。如果汽车电源系统提供的工作电压低于该值，就会造成一些对工作电压要求高的电控模块 ECM 出现短暂的停滞工作，从而使整个车载网络传输系统出现短暂的无法通信的情况。这种现象就如同用故障诊断仪在未启动发动机时就已经设定好要检测的传感器界面，当发动机启动时，由于电压下降导致通信中断，致使故障诊断仪又回到初始界面。

（2）节点故障 节点是车载网络传输系统中的电控模块，因此节点故障就是电控模块故障，包括软件故障和硬件故障。软件故障即传输协议或软件程序有缺陷或冲突，从而使车载网络传输系统通信出现混乱或无法工作，这种故障一般成批出现，且无法维修；硬件故障一般由于通信芯片或集成电路故障，造成车载网络传输系统无法正常工作。对于采用低版本信息传输协议的汽车 CAN 数据总线系统，如果有节点故障，将出现整个汽车多路传输系统无法工作。

（3）链路故障 当车载网络传输系统的链路出现故障时，如通信线路的短路、断路及线路物理性质引起的通信信号衰减或失真，都会引起多个电控单元无法工作或电控系统错误动作。判断是否为链路故障时，一般采用示波器或汽车专用光纤诊断仪来观察通信数据信号是否与标准通信数据信号相符，也可借助故障检测仪测出关于总线的故障码。

# 汽车数据流

## 第28章

在汽车维修中，从广义上讲，数据流是汽车诊断和检测设备捕捉到的汽车各种工况下的即时数据、图形、状态和故障码。狭义上讲，是指在汽车电子控制单元的路径中，汽车诊断仪捕捉到的汽车各种工况下的即时数据或状态。汽车维修用数据流下文简称数据流。

### 28.1.1 广义数据流

（1）捕捉数据流所需的设备　广义汽车数据流中，所需的主要设备有故障诊断仪、示波器和万用表。其他的还有气缸压力表、燃油压力表、空调压力表、温度计、冰点仪等，这些都可以检测到即时数据。

（2）数据流形态

❶ 以数据的形态显示的数据流。这些数据流可以是电压、温度、转速等。例如，发动机冷却液温度、发动机转速、蓄电池电压等显示的具体数据，见图28.1-1～图28.1-3。

❷ 以图形的形态显示的数据流，见图28.1-4～图28.1-6。

❸ 以故障码显示的数据流。故障信息：在检汽车是否存在故障码，可用诊断仪可以读取。所以，广义的数据流应该包括故障码，因为如果存在故障码，就应该读取、分析和研判故障码数据流，最终确定故障根本原因，这样的维修逻辑才算完整。

故障码数据流见图 28.1-7 ～图 28.1-9。

图 28.1-1　数据流（宝马专用诊断仪检测数据流）

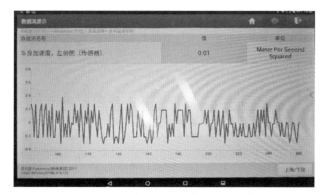

图 28.1-2　数据流（通用诊断仪检测的数据流）

图 28.1-3　万用表检测的数据流

图 28.1-4　数据流（一）（单一图形 / 波形）

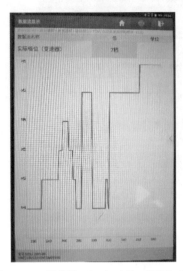

图 28.1-5　数据流（二）（单一图形 / 波形）

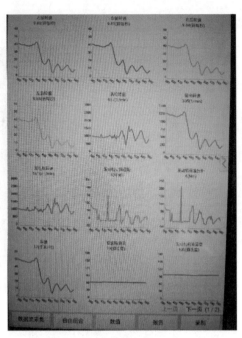

图 28.1-6　数据流（组合图形 / 波形）

图 28.1-7　数据流（有故障）

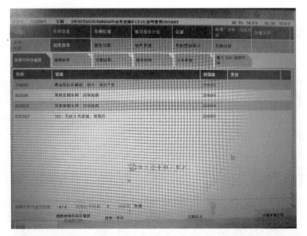

图 28.1-8　数据流（有故障）（宝马专用诊断仪检测数据流）

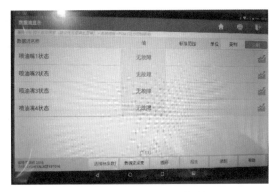

图 28.1-9　数据流（无故障）

❹ 以状态显示的数据流。显示部件工作性能和状态，见图 28.1-10 和图 28.1-11。

图 28.1-10　数据流（部件工作状态）　　　图 28.1-11　数据流（部件工作状态 / 性能）

 28.1.2　狭义数据流

由狭义数据流定义可知，该数据流的捕捉有一定的条件范围：

❶ 捕捉数据流路径，必须是汽车电子控制单元。

❷ 检测设备必须是汽车故障诊断仪。

❸ 捕捉到的仅为数据或状态。这样，其实就是汽车故障诊断仪显示器中，仅限于显示"读取数据流"界面的内容（图 28.1-12），包括数据名称、数值、状态、单位、标准参数。但不仅限于这种结构、形式，因为各种诊断设备的软件设置是有所不同的。

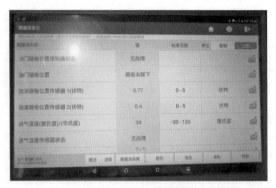

图 28.1-12　读取数据流

以 X431 诊断仪为例，在故障诊断仪"选择数据流"界面的这些内容，都称为数据流名称（图 28.2-1）。选取了的数据流名称，就可以读取数据流（图 28.2-2）。

图 28.2-1　数据流名称

图 28.2-2　数据流

28.3.1　例举数据流诊断报告 1（图 28.3-1）

（1）数据流分析　对于短期和长期燃油调节，理想的燃油调节值都接近 0，实际中的燃油调节应在 ±10% 内。燃油调整值为正数表明发动机控制模块正在增加脉宽来增加燃油，从而补偿燃油过稀情况。报告中，−4.69% 和 −5.47% 的燃油调整值表示控制模块正在减少脉宽来减少燃油量以补偿燃油偏浓状况。

燃油供应的变化将改变长期和短期燃油调整值。短期燃油调节值将快速地发生变化以响应加热型氧传感器信号电压的变化，这些变化将对发动机供油进行微调。

## 汽车数据流诊断报告
该报告由 元 征 LAUNCH X-431 提供

### 检测机构

修理厂名称：微共享汽车学院修理厂
地址：河北省石家庄市长安区北二环东路辅路
电话：1234567890
X431序列号：987696033307
诊断时间：2020-04-23 18:32:41
检测人员：技师001
客户名称：2020423

### 车辆信息

车系：中国雪佛兰
车型：科沃兹
年款：2019
VIN：LSGKB52H9KV
行驶里程：17934 km
车型软件版本：V51.15
诊断应用软件版本：V6.00.038
诊断路径：自动搜索(建议优先使用此菜单测试) > 系统选择 > ECM(发动机控制模块)

读取数据流：

| 数据流名称 | 值 | 标准范围 | 单位 |
|---|---|---|---|
| 发动机负载 | 21.57 | | % |
| 发动机冷却温度 | 74 | | 摄氏度 |
| 短期燃油调节 | -5.47 | | % |
| 长期燃油调节 | -4.69 | | % |
| 进气歧管绝对压力 | 34 | | 千帕 |
| 发动机转速 | 700.75 | | 转/分钟 |
| 车速 | 0 | | 千米/时 |
| 点火正时 | -1 | | 度 |
| 进气温度 | 21 | | 摄氏度 |
| 节气门位置传感器 | 16.47 | | % |

图 28.3-1　数据流诊断报告图

长期燃油调节对供油进行粗调，以回到居中位置并恢复对短期燃油调节的控制。可使用故障诊断仪来监测短期和长期燃油调整值。长期燃油调整诊断以多个长期速度负荷读入单元的平均值作为基础。发动机控制模块根据发动机转速和发动机负荷选择所需的单元。如果发动机控制模块检测到燃油过稀或过浓情况，发动机控制模块将设置燃油调整故障诊断码。

（2）数据流名称解释

❶ 短期燃油修正（调节）。就是用来维持混合比在理论值的短期燃油补偿。来自前加热式氧传感器的信号指示与理论值比较是否为浓或稀。

❷ 长期燃油修正（调节）。长期进行燃油补偿，因短期燃油修正连续偏离中间值的补偿，此类的偏差是由于发动机个别的不同磨耗与使用环境变化而发生的。

❸ 喷油脉宽。喷油脉宽指的是发动机控制单元控制喷油器每次喷油的时间长度，是发动机喷油器工作是否正常的最主要的指标。发动机油路中油压是一定的，因此喷油时流速也是一定的，喷油量只能通过喷油持续时间来控制，由于发动机喷油器

通过电磁阀来控制开闭，而发动机转速较高，喷油时间很短，因此发动机控制单元给出的喷油信号是一个很短暂的脉冲信号，这个信号的时间宽度就是喷油脉宽。

##  28.3.2　例举数据流诊断报告 2（图 28.3-2）

维修前

**汽车数据流诊断报告**
该报告由 元征 LAUNCH X431 提供

### 检测机构

修理厂名称：微共享汽车学院修理厂
地址：河北省石家庄市长安区北二环东路辅路
电话：1234567890
X431序列号：987696033307
诊断时间：2020-04-23 18:43:52
检测人员：技师001
客户名称：2020423

### 车辆信息

车系：中国雪佛兰
车型：科沃兹
年款：2019
VIN：LSGKB52H9KV
行驶里程：17934 km
车型软件版本：V51.15
诊断应用软件版本：V6.00.038
诊断路径：手动选择 > 雪佛兰(Chevrolet) > 2019 > 科沃兹 > ECM(发动机控制模块)

读取数据流：

| 数据流名称 | 值 | 标准范围 | 单位 |
|---|---|---|---|
| 节气门位置传感器1的最小读入值 | 4.27 | | 伏特 |
| 节气门位置传感器2的最小读入值 | 0.67 | | 伏特 |
| 节气门执行器控制电机控制 | 14.51 | | % |
| 发动机控制点火继电器指令 | 打开 | | |
| 发动机继电器电压 | 12.50 | | 伏特 |
| 发动机舱盖状态信号无效 | 否 | | |
| 发动机舱盖状态 | 关闭 | | |

图 28.3-2　数据流诊断报告图

（1）数据流分析　节气门位置传感器 1 和节气门位置传感器 2 为补偿关系，这两个传感器电压之和接近且不超过 5V。诊断报告中两个传感器电压相加等于 4.94V，符合节气门位置传感器特性，为正常值。且从报告中能推断出：该车处于怠速状态，加上踏板位置应为 0。

（2）节气门位置传感器信号电压　发动机控制模块向节气门位置传感器提供 1 个通用 5V 参考电压电路、1 个通用低电平参考电压电路和 2 个独立的信号电路。

节气门位置传感器 1 和节气门位置传感器 2，两个传感器的功能相反。当踩下加速踏板至节气门全开（WOT）位置时，节气门位置传感器 1 信号电压降低，节气门位置传感器 2 信号电压升高。

### 28.3.3　例举数据流诊断报告 3（图 28.3-3）

**汽车数据流诊断报告**

该报告由元征 **LAUNCH** X431 提供

维修前

**检测机构**

修理厂名称：微共享汽车学院修理厂
地址：河北省石家庄市长安区北二环东路辅路
电话：1234567890
X431序列号：987696033307
诊断时间：2020-04-27 18:44:30
检测人员：技师001
客户名称：000

**车辆信息**

车系：宝马
车型：525Li
年款：2015.09
VIN：LBV5S310X
行驶里程：71281 km
车型软件版本：V50.40
诊断应用软件版本：V6.00.038
诊断路径：自动搜索 > 系统选择 > 驱动部分 > ECM (发动机控制模块 - DME/DDE)

读取数据流：

| 数据流名称 | 值 | 单位 |
| --- | --- | --- |
| 行驶速度 | 75.34 | 千米/时 |
| 加速踏板位置 | 10.26 | 百分比 |
| 油门踏板，霍尔效应传感器1：电压 | 1.21 | 伏 |
| 油门踏板，霍尔效应传感器2：电压 | 0.61 | 伏 |
| 点火提前角（发动机运行时） | 18.00 | 曲柄角度 |
| 汽缸1失火：计数器 | 0 | |

图 28.3-3　数据流诊断报告图

（1）**数据流分析**　油门踏板霍尔效应传感器 1 和油门踏板霍尔效应传感器 2 信号比例（%）随加速踏板踩下降而增加，诊断报告中，加速踏板位置为 10.26%，对应的电压分别为 1.21V 和 0.61V。

（2）**油门踏板霍尔效应传感器**　油门踏板霍尔效应传感器所提供的信号电压随踏板位置而变化。ECM 向每个传感器提供 1 个 5V 参考电压电路、1 个低电平参考电压电路和 1 个信号电路。

传感器 1 和 2 信号比例（%）随踏板踩下降而增加，从静止位置的 0 至完全踩下时的 95% 以上。怠速时，传感器 1 的电压为 0.8V 上下，传感器 2 的电压为 0.4V 上下；油门踏板全开时，传感器 1 的电压为 4.6V 上下，传感器 2 的电压为 2.3V 上下。

# 第29章

# 汽车故障诊断

## 29.1  机油消耗故障诊断方法

### 29.1.1　就车诊断机油消耗故障

　　排气管冒蓝烟是烧机油的症状表现。但冒白烟也很大可能是烧机油（机油消耗），以下具体分析这一故障。当机油燃烧造成在排气中能看到白烟时，改变发动机每分钟转数以改变白烟的量，判断是否有机油通过活塞环损失或通过气门导管损失的情况。

　　（1）通过排气判断故障

　❶ 活塞环原因导致的机油损耗。发动机空转转速为 2000 ～ 3000r/min，检查排气状况。a. 当发动机空转时白烟增多。b. 当转速增加时白烟增多。

　❷ 气门油封原因导致的机油损耗。怠速运转数分钟，然后加速空转以检查排气的状况。在开始空转时白烟将排出约 1min，但烟量会逐渐减少。

　　（2）机油从活塞环损耗（图 29.1-1）分析

　❶ 当发动机怠速运转时，燃烧室里的温度是较低的，因此即使发生机油通过活塞环损失，机油也不燃烧。因此，白烟的量是少的。

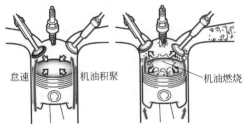

怠速　　　机油积聚　　　机油燃烧

图 29.1-1　机油通过活塞环损耗

❷ 当发动机转速增大时，燃烧室里的温度升高，供至气缸的机油量也增多，结果排出的白烟的量就增多。

（3）机油通过气门导管损耗（图 29.1-2）分析

❶ 当发动机怠速运转时，进气管的负压很高，因此，机油从气门杆上被吸入燃烧室。然而，燃烧室内的温度是低的，因此机油附着在积炭上，并积聚在气门或燃烧室上，从而使白烟的量减少。

❷ 当使发动机加速时，燃烧室的温度升高，立即燃烧积聚起来的机油使得大量的白烟排出。当机油完全燃烧后，白烟的量就会减少。

❸ 如果发动机连续空转，燃烧室内的温度会升高。因此即使机油被吸入，它在积聚起来前就燃烧掉了，从而使白烟的量减少。

（4）故障排除　通过更换气门油封，排除机油从气门导管损耗。通过更换活塞环，排除机油从活塞环损耗。

## 29.1.2　拆解发动机诊断机油消耗故障

（1）机油从活塞环损耗分析　很多积炭附着在活塞顶部的外周上。

（2）机油通过气门导管损耗　很多积炭附着在进气门上，附着在活塞的顶部上，或附着在排气门杆上（图 29.1-3）。拆下进气门和排气门并检查。

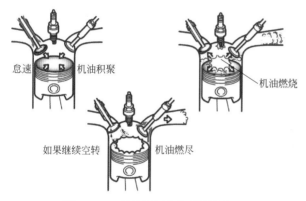

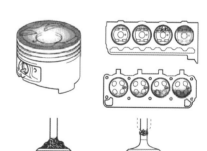

图 29.1-2　机油通过气门导管损耗　　　　图 29.1-3　发动机拆卸检查积炭

# 29.2　发动机启动故障诊断方法

## 29.2.1　发动机启动故障类型

❶ 发动机启动故障大致分为两类：a. 发动机不能正常转动；b. 发动机能转动，但不容易启动。

❷ 在排除发动机启动困难的故障时要注意以下两点。a. 为了能够启动发动机，重要的因素是发动机中的"三要素"。因此，针对重点进行系统性检查，以找出故障原因所在的位置。b. 有效地使用发动机控制单元的诊断功能，进行故障排除。

## 🔧 29.2.2 诊断方法和流程

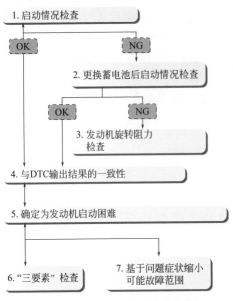

图 29.2-1 发动机启动检查流程

（1）启动情况检查（图 29.2-1）

❶ 启动发动机需要一定的转速。检查中要判断是否能够保持发动机启动所需要的速度。

❷ 达到足够的转速时，继续检查点火、燃油和压缩系统，这就是发动机运转的"三要素"。

❸ 如果由于启动系统的故障导致无法达到足够的转速，即使发动机情况正常也无法启动。

（2）更换蓄电池后的启动情况检查　如果蓄电池更换之后仍然不正常，无法达到足够的转速，应检查启动系统和发动机。

（3）检查发动机系统　如果发动机旋转不正常，可能是由两个原因造成的：启动系统故障以及发动机系统其他故障，包括机械故障和电气故障。如果发动机的运转正常，启动系统可能发生故障，启动系统的启动能力下降，发动机无法获得足够的转速。如果发动机运转不正常，这样就造成了发动机旋转阻力过大。启动系统正常，但发动机旋转阻力过大使发动机无法获得足够的转速。

（4）与检测故障结果的一致性　尽管故障码输出结果显示异常，然而故障码所显示的故障信息与汽车症状并不相同，在这种情况下就要检查故障码和症状之间的关系。要结合故障码和症状去分析检查，也可以说是故障汽车的临床表现和设备诊断相结合，最终确定故障原因（图 29.2-2）。

（5）症状确认　"发动机启动困难"并没有表达出故障的真实原因。根据是否有启动迹象，或者发动机启动时间长等不同情况造成发动机启动困难的原因各有不同（图 29.2-3）。在此步骤要弄清楚发动机启动困难的具体症状，只有这样才能缩小故障范围，最终排除故障。

（6）基本"三要素"的检查　如果没有启动的迹象，可以判定是故障出在"三要素"上。"三要素"的检查可以将故障原因范围缩小到点火、燃油或压缩系统。

❶点火系统。如果点火火花很弱或者根本没有火花，会导致故障。

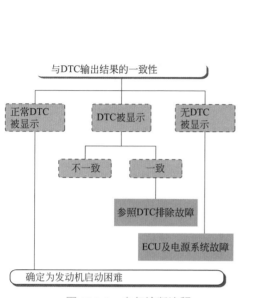

图 29.2-2　电气诊断流程

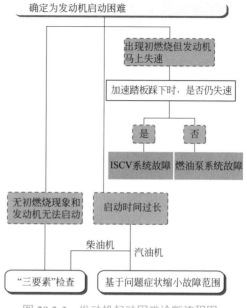

图 29.2-3　发动机起动困难诊断流程图

❷ 燃油系统。检查燃油是否有压力，喷油器是否工作。如果燃油没压力，可以判定故障出在燃油泵或其相关部位。如果由于供油不足造成发动机启动困难，一般不会是 2 个以上气缸同时发生故障，这是因为故障很可能出现在燃油流经的零件，比如喷油嘴或输油管。因此，这些零件并不是导致故障的主要原因，在这种情况下就要系统性地检查与喷油泵相通的零件以缩小故障原因范围。

❸ 压缩系统。气缸压力下降可导致发动机启动困难。如果压缩压力下降，在出现发动机启动困难之前就会出现由于怠速不良或动力不足造成的故障。

### ◉ 小贴士

　　合适的空燃比对于启动发动机是非常重要的。空燃比对发动机稳定性的影响非常大，所以在查找故障原因时要根据故障出现时的情况首先查找那些影响空燃比的因素。

# 29.3　发动机怠速故障诊断方法

（1）核实怠速不良　对怠速不良的症状进行核实，怠速不良的原因视"怠速不稳"或"怠速异常"各异。所以，只有了解怠速不良的情况才能缩小故障原因的范围。

❶ 怠速不稳。怠速不稳的症状就是发动机转动不稳，有振动。

❷怠速异常。怠速异常的症状就是发动机转速不在规定范围之内。a.怠速过高。b.怠速过低。c.转速波动。d.发动机负荷变化时转速下降等。

⊛ 注 / 意

①尽管症状是怠速不良，然而有时这种故障可能是由于怠速异常（怠速过低）造成的。

②柴油机的振动高于汽油机的振动。发动机怠速转动时，如果维修师无法找到故障原因，可以将故障车与同车型的另一辆车进行比较，然后根据比较结果做出更客观的判断。

（2）与DTC输出结果的一致性　尽管DTC显示异常，然而DTC所显示的故障与用户所述的故障并不一样，因此要检查DTC与问题症状之间的关系。

（3）断缸检查　判断这种故障是影响某个气缸还是对所有气缸都有影响。如果这种故障只影响某个气缸，就检查这个气缸的火花塞、点火线圈、喷油器、气缸压力。如果这种故障对所有气缸都有影响，就检查空燃比。

## 29.4　发动机熄火和喘抖故障诊断方法

 ### 29.4.1　发动机失速

在如下很多情况下可出现发动机失速。

❶发动机怠速运转时，发动机转速不稳定导致发动机失速。

❷遇到红灯时，油门踏板松开时发动机失速。

❸加速或爬坡时，发动机动力减弱，发动机失速。

多数时候重现发动机失速的症状是非常困难的。在诊断故障时为了重现这个症状，维修员有必要询问用户以确定在什么情况下发动机失速。发动机失速后会经常发生启动困难或怠速不良，这是故障检修中的又一个要点。

 ### 29.4.2　发动机喘抖

发动机喘抖被认为是发动机失速造成的一个症状。但是这种症状可能只是暂时现象，所以出现这种症状后要马上对车辆进行快速准确的检查。至于造成这种现象的原因，大体上有两种类型，即发动机机械故障，如气门黏滞，以及发动机电气故障。同时也要考虑另一个因素，如自动变速器问题，所以在处理此类问题时要多从几个角度认识这种故障。

# 29.4.3 故障诊断流程（图 29.4-1）

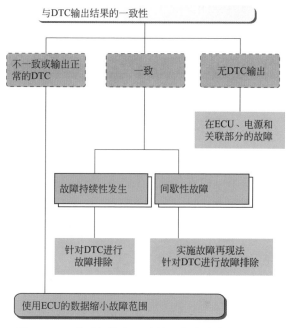

图 29.4-1 发动机熄火和喘抖现象故障诊断流程图

（1）与 DTC 输出结果的一致性　当汽车喘抖时，使用故障诊断仪捕捉确定出现瞬间故障，帮助判定和确定故障部位及范围，然后缩小故障原因查找范围。

（2）使用 ECU 数据缩小故障范围　故障出现时对 ECU 数据进行分析，然后判断能否缩小这种传感器范围/性能问题或执行器的故障范围。

（3）症状出现条件确认　关于发动机的失速或喘抖，这些症状出现的条件各异。例如当发动机再启动困难或出现怠速不稳时，或者使故障症状出现时等，在这里采用与症状相符的故障检修法可以有效地缩小故障原因范围。

❶ 发动机失速后再启动困难。当这种症状出现时，按照上述"发动机启动困难"的故障诊断方法进行。

❷ 发动机失速后能够再启动但出现怠速故障。如果发动机由于怠速过低而熄火，则按照"怠速故障"的检修程序检查车辆。

❸ 发动机失速但无怠速故障和发动机再启动困难。这种症状出现，既没有启动困难也没有怠速不良这种症状出现，只是瞬间的，因此观察这种症状比较困难。但是当这种症状出现时如果检查了下列各项，就能将故障原因缩小到供油系统或点火系统。a. 将故障原因缩小到点火系统。能够清楚地判断故障出在点火系统是非常困难的事情，所以将故障范围缩小到供油系统，在确认该系统没有故障后使用"故障再现法"检查点火系统的各个零件和接头。b. 将故障原因缩小到供油系统。当这种症状出现时，

检查燃油有没有压力。检查燃油供给及其控制系统，喷油器和喷油控制及相关部位，包括燃油泵，燃油泵控制系统。c.空燃比检查。当这种症状出现时，使用手持式测试仪，根据氧传感器电压检查空燃比。d.发动机机械原因。

## 发动机动力不足故障诊断方法

### 29.5.1 动力不足类型

造成动力不足的原因大体上分为以下两类。

（1）加速性能差　汽车可以平稳地行驶，但是不能完成加速操作。节气门开度变化时动力没有反应。

（2）动力不足　爬坡时车辆不能获得足够的加速。当油门完全打开时动力不足。

### 29.5.2 故障诊断流程（图29.5-1）

（1）车辆状况检查（图29.5-2）

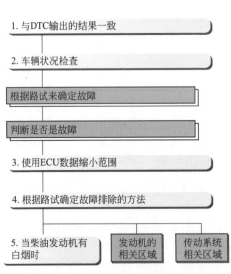

图29.5-1　动力不足故障诊断流程

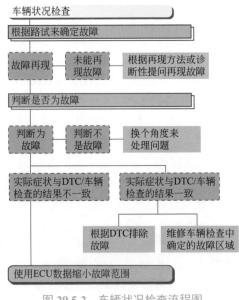

图29.5-2　车辆状况检查流程图

❶ 基本检查。检查，必要时路试确认症状。故障原因很可能通过基本检查就能发现，基本检查就是对用户指出的症状进行确认前对车辆进行的一种检查。在检查过程中，要检查车况、做记录，然后在不改变车况的前提下进行路试。

❷ 通过路试对故障症状进行确认。对系统进行确认，判断这种症状是不是一种

故障，判断 DTC 输出结果、车辆检查结果及故障之间是否一致。在路试过程中如能使用每一个 DTC 功能找出故障原因就变得比较容易，能帮助解决故障。a. 如果以检查模式进行路试，发现故障原因的可能性就会大增。b. 执行故障诊断仪检测，进行路试，然后分析故障出现时的 ECU 数据。这些程序可以发现 DTC 不能输出的异常，例如传感器范围 / 性能问题或执行器的故障。

（2）使用 ECU 数据缩小故障范围　故障发生时分析 ECU 数据，判断能否将 DTC 无法检测到的传感器范围 / 性能故障以及执行器故障的原因缩小在一定范围内。

（3）确定故障排除的方法（图 29.5-3）　动力不足的症状视故障原因的不同具有不同的特点，因此在路试过程中要牢记故障原因和故障症状特点是非常重要的。

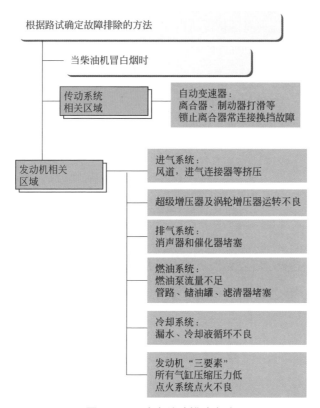

图 29.5-3　确定故障排除方法

## 29.6　自动变速器啮合噪声故障诊断方法

 29.6.1　自动变速器振动类型

（1）振动故障特点　自动变速器驱动系统的强烈振动症状大致分为以下两种。

a. 只能感觉到振动。b. 振动和振动噪声都能感觉到。

如果振动和振动噪声都能感觉到，即使振动本身并不很强烈，但由于这种能够听到的振动噪声和身体能够感受到的振动是同步发生的，能感觉到强烈的异常。车辆振动情况视原因不同而各异，比如启动、变速、加速、节气门开度突然变化等。

（2）注意事项　对自动变速器汽车传动系统的强烈振动进行检修时要注意以下各点。

❶ 判断这种振动是否达到故障级别是非常重要的，因为由于自动变速器车辆的自身结构和功能的缘故，当车辆变速时发出振动是在所难免的。为了做出正确的判断，通过日常驾驶自动变速器车辆能够熟悉各种自动变速器车型的基本特性，从而对这种振动症状是否是故障形成一种良好的判断感觉也是非常重要的。

❷ 可以根据故障出现时的情况将汽车振动大的原因大大缩小到一定范围内。要同时考虑除自动变速器以外的其他原因，所以准确了解症状发生时的情况和问题症状是非常重要的。

 **29.6.2　故障诊断流程**

（1）基本检查　基本检查流程见图29.6-1。

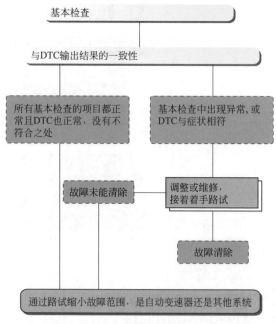

图 29.6-1　基本检查流程

（2）与DTC输出结果的一致性

❶ 检查 ECU 数据。

❷ DTC 和症状。当检测到 DTC 时，该代码可能与减振控制有关。但这些对发

动机或 ECT 控制有非常大的影响，当该故障出现时可能伴有其他问题症状。

（3）路试 通过路试缩小故障范围，确定是自动变速器系统问题还是其他系统。使变速器工作在一个挡位上，确认在加速和减速时是否发生振动，将故障原因限定在自动变速器或其他别的部位上。

如果在这种情况下发生振动，可以判断故障出在传动系统和悬架装置上而非自动变速器上，在这种情况下出现振动时齿轮还会发出噪声。自动变速器以外其他原因为传动系统和悬架出现故障，例如：a. 发动机安装支架故障；b. 驱动轴有间隙，发出噪声，传动轴尺寸过大；c. 差速器的齿隙过大；d. 悬架安装条件差等。

（4）症状再现 根据症状出现的情况和检查结果缩小故障范围。

由于自动变速器的原因，所产生的强烈振动只有在换挡时才发生，因此要根据发生振动时的情况考虑哪些因素可以影响振动。换挡杆移动和变速过程中，发生强烈振动。造成这种症状的原因并不在于每个执行元件，而更多的是在于与所有执行元件有关的油路压力太大。

## 29.7 电气故障诊断方法

### 29.7.1 电气端子检查

如果接头进水，可能使内部电路的短路，也可能导致间歇性的故障问题产生。

（1）橡胶密封物检查 大部分防水接头在公接头和母接头之间都有橡胶密封圈。如果密封圈遗失，会失去防水性。密封圈在拆开接头时可能会脱落，所以每次重新连接接头时，需确定密封圈是否正确装在公接头或母接头上。

（2）电线密封圈检查（图 29.7-1） 电线密封圈必须装在防水接头的电线插接部位，需确定电线密封圈正确地安装。

（3）端子固定检查（图 29.7-2） 拉扯接头端的电线以检查端子是否可被拉开。可被拉开的端子可能会在电路中产生断断续续的信号。

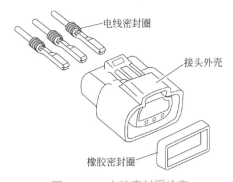

图 29.7-1 电线密封圈检查

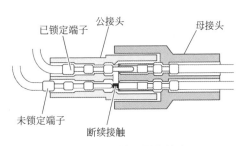

图 29.7-2 端子固定检查

## 29.7.2 诊断流程（图 29.7-3 和表 29.7-1）

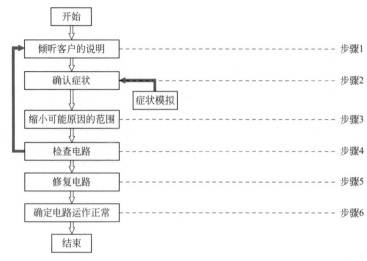

图 29.7-3　诊断流程

表 29.7-1　电气故障诊断流程表

| 步骤 | 说明 | | |
|---|---|---|---|
| 1 | 了解对汽车诊断有用的信息 | 收集基本的信息 | 了解客户的问题；车型、发动机、变速箱形式等 |
| | | 什么时间发生 | 哪个时间点、发生时的天气状况及出现的频率 |
| | | 在哪里发生 | 道路状况与交通状况 |
| | | 如何发生 | 了解汽车情况：了解是否为操作某系统时才会发生、之前有无维修史等 |
| 2 | 模拟故障发生时的各种条件及状况，如果无法重现故障，必要时进行路试 | | |
| 3 | 同时应取得适当的诊断材料和设备：适用的基本参数信息（厂家手册）、故障诊断仪等 | | |
| 4 | 检查系统是否有机械性干涉、接头松动或线路损坏<br>判断某一个电路与元件 | | |
| 5 | 修理或更换故障的电路或元件 | | |
| 6 | 以完整的模式来操作系统，确认系统在任何状况下都能正确作用<br>竣工检查，并确定在进行诊断或维修操作时，没有因为不小心而造成新的人为故障 | | |

## 29.7.3 故障模拟测试

有时当汽车送检维修时，故障的症状并不会表现出来。如果可能，应重现故障出现时的状况。这么做将有助于避免进行不必要的故障诊断。以下说明通常电气发生故障时的条件与环境。

（1）常见电气发生故障时的条件与环境　a. 车辆振动；b. 对热敏感；c. 结冻；d. 漏水；e. 电气负载过大；f. 冷车或热车启动。

诊断故障时应要求客户提供关于故障发生时的详细描述，这对于模拟故障问题的状况非常重要。

（2）车辆振动　问题可能在粗糙路面上行驶或发动机振动（怠速时开启空调）时发生或变得更糟。在这种情况下，应检查与振动有关的状况。

（3）接头与线束

❶ 检查。决定哪一个接头与线束与正在检查的电气系统有关。轻轻摇晃每个接头与线束的同时监视正尝试让故障重现的系统（图 29.7-4）。这个测试可能显示松动或电气接触不良的状况。

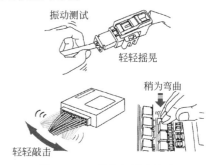

图 29.7-4　接头与线束检查

❷ 可能原因。接头可能长期暴露在较湿的空气中，导致接头端子上可能产生一层锈蚀薄膜。如不拆开接头进行目视检查，可能无法得知这个情况。所以如果出现间歇性的故障时，也许该故障是由于锈蚀所引起的。建议应拆开检查，并清理系统相关接头上的端子。

（4）传感器与继电器　轻轻对所检查系统的传感器与继电器施加轻微的振动，这个测试可能显示出传感器、继电器松动或安装不良。

（5）发动机舱　在车辆或发动机的振动方面，许多原因会引起电气方面的故障，可能的原因如下：a. 接头插接不完全；b. 线束不够长，且由于发动机的振动或摇动而被扯紧；c. 电线铺设通过托架或活动的元件；d. 接地线松动、肮脏或腐蚀；e. 电线铺设的地点过于靠近高温元件。要检查发动机盖下的元件，应先从确认接地连接的完整性开始。首先检查系统是否正确接地，然后依照前面的说明轻轻摇晃线路或元件，检查连接是否松动。可利用配线图检查线路的导通性。

（6）仪表板后面　安装元件时，不正确的线束铺设或夹置，可能会使线束受到不正常的挤压。当车辆振动时，可能使沿着托架铺设或靠近螺栓的线束被损坏。

（7）座位下方区域　车辆振动时，没有夹好松动的线束，可能会被座椅的元件（例如滑轨）夹坏。如果线路通过座位下方区域，应检查电线的铺设路径是否可能被损坏或夹坏。

（8）对热敏感　有时在天气炎热或车辆内部温度过高时，可能会有故障出现。在这种情况下，可以对检修的电气元件执行热敏感检查。要确定电气元件是不是对热敏感，可用吹风机或类似物品对元件加热（注意，不要太热，导致元件损坏）。如果故障情形在对装置加热时出现，则需更换或适当地隔离元件。

（9）结冻

❶ 故障表现条件。故障情况可能会在车辆暖车后消失或是在较寒冷的地方才会出现。

❷ 可能原因。原因可能与线路／电气系统中某个地方因天气寒冷而凝结水汽有关。

❸ 检查。可以选择这种传统的维修办法进行判断和确定故障。将元件放入冰箱一段时间来检查是否有任何水分结冰。重新将零件安装到车上并检查故障情况是否

再次出现。如果出现，则修理或更换元件。

（10）漏水　故障可能只发生在高湿度的环境或下雨/下雪的天气中。在这种情况下，故障可能是因为电气零件浸水所引起的。这样的故障情况可以利用冲水或让车辆通过洗车道来进行模拟。

### 注/意

请勿直接在任何电气元件上喷水。

（11）电气负载过大　故障可能与对电气负载过大或干扰有关。打开所有电气附件（包括空调、后车窗除雾器、音响、雾灯）来进行诊断。

（12）冷车或热车启动　某些偶发的电气故障只有在冷车启动时会发生，或者可能在热车车辆短暂熄火后重新启动时才会发生。在这些情况下，可能必须要求车主将车辆留下来至少一个晚上才能进行适当的诊断。

## 29.7.4　电路检查

在开始电路检查之前，需要基本的电路检修知识，即取得所有关于要测试系统的相关信息。同时，应对系统的操作有彻底的了解。然后采用适当的设备，并依照正确的测试程序来进行电路检查（表29.7-2），必要时可能模拟车辆的振动。可以轻轻摇晃线束或电气元件，来达到仿真振动时的效果。

表 29.7-2　电路检查表

| 断路 | 如果电路的某个部分没有导通，即表示有断路的情形 | |
| --- | --- | --- |
| 短路 | 电路短路 | 一个电路接触到另一个电路，并且造成正常电阻的变化 |
| | 短路到接地 | 一个电路接触到接地，并且使电路接地 |

（1）检查断路　在开始诊断与测试系统之前，应粗略地绘制要进行检修的系统简图，这有助合乎逻辑地进行诊断步骤。绘制草图也可以强化对系统作用的认识。

❶ 电阻检查法。电阻检查法（图29.7-5）可以用来找出电路中有无断路。使用欧姆表测量电路导线的电阻值，测量前需先将欧姆表设定在最高电阻值范围，如测量出的电阻值为无穷大，即代表电路导线内部发生断路现象。a.拆开蓄电池负极接线柱导线。b.拆开被检查电路导线两端的接头。c.将欧姆表的两支探针分别连接同一条电路导线的两端。d.使用欧姆表测量同一条电路导线的电阻值。e.查看电阻值是否为无穷大。f.如

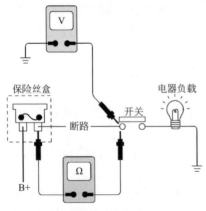

图 29.7-5　电阻检查法（一）

测量出的电阻值为无穷大，即代表电路导线内部发生断路现象。

❷ 电压检查法。电压检查法可在任何通电的电路中，找出电路中有无断路。使用电压表测量电路导线的电压值，测量前需先寻找到一个已知且接地良好的接地点。a. 将电压表负极探针连接在一个已知且接地良好的接地点。b. 使用电压表正极探针分别测量同一条电路导线两端的电压值。c. 在未开启电气负载时，查看同一条电路导线两端是否都测量到电压值。d. 如测量出同一条电路导线一端有电压，另一端无电压，即代表电路导线内部发生断路现象。

（2）检查短路　在开始诊断与测试系统之前，应粗略地绘制要进行检修的系统简图，这有助于合乎逻辑地进行诊断步骤。绘制草图也可以强化对系统作用的认识。

❶ 电阻检查法。电阻检查法（图 29.7-6）可以用来找出电路中有无与接地短路。使用欧姆表测量电路导线与接地之间的导通性，如测量出的电阻值非无穷大，即代表电路导线与接地发生短路现象。测量前需先查找到一个已知且接地良好的接地点。a. 拆开蓄电池负极接线柱导线。b. 拆开受检查电路导线两端的接头。c. 将欧姆表的一支探针连接在一个已知且接地良好的接地点。d. 将欧姆表的另一支探针连接在电路导线的其中一端。e. 查看电阻值是否非无穷大。f. 如有测量出的电阻值为非无穷大，即代表电路导线与接地发生短路现象。

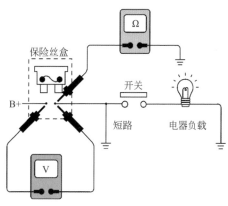

图 29.7-6　电阻检查法（二）

❷ 电压检查法。电压检查法可在发生保险丝烧断的状况下，找出电路中有无与接地发生短路。测量前需先了解此保险丝正电源的属性（点火开关 OFF、ACC、ON 或 START）。a. 拆下已烧断的保险丝，并关闭电气负载。b. 将电压表正极探针连接在保险丝的正电源端。c. 使用电压表负极探针测量保险丝的另一端。d. 查看电压表是否有测量到电压值。e. 如测量出电压值，即代表电路导线与接地发生短路现象。

（3）接地检查　接地连接对于电气与电子控制电路的正常作用十分重要。接地的连接经常会暴露在湿气、灰尘与其他腐蚀性成分中。腐蚀（锈蚀）可能会变成不必要的电阻，这个不必要的电阻可能会改变电路元件的作用。电子控制电路对于接地的正确性非常敏感，松动或锈蚀的接地会对电子控制电路造成极大的影响。不良或锈蚀的接地很容易对电路造成影响。即使接地的连接部位看起来很干净，表面也可能有一层薄锈蚀。

检查接地的连接时，请遵循下列规则。

❶ 拆下接地螺栓或螺钉。

❷ 检查配合面是否有肮脏、灰尘或锈蚀等。

❸ 进行必要的清理以确保良好的接触。

❹ 重新安装螺栓或螺钉。

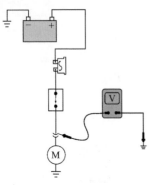

图 29.7-7　检查电压

⑤ 检查可能干扰接地电路的"加装"配件。

⑥ 如果几条电线同时系接在同一个环形接地端子上，则检查是否连接正确。确定所有配合面都干净、紧密地连接，并形成良好的接地路径。如果多条电线连接在同一个杯形接地端子中，需确定没有绝缘线过长的接地线。

（4）检查电压（图 29.7-7）

① 将电压表负极探针连接在一个已知且接地良好的接地点。

② 将电压表的正极探针连接到选定的测试点上。

测量前需先关闭点火开关，必要时需改变点火开关的状态。

（5）检查电流

① 拆开同一电路导线上的元件或接头。

② 将电流表的两支探针分别连接到同一电路导线上，即刚才拆开的元件或接头的两端。

测量前需先关闭点火开关，必要时需改变点火开关的状态。

### 注 / 意

　　检查电流时不可拆下负载，否则会造成保险丝的烧毁、检测仪器的损坏、线路的损坏。

（6）检查电阻（图 29.7-8）

① 拆下要检修电路的保险丝，或拆开蓄电池负极接线柱导线。

② 分别将欧姆表的两支探针连接到要进行测试的电路导线或元件的两端。

测量前需先了解所检修的电路导线或元件的电阻值规范值是多少，才能正确判断电路导线或元件的好坏。

（7）检查电压降（图 29.7-9）

① 检查方法。a. 将电压表的两支探针分别连接到要检修的电路元件两端。b. 正极探针连接到靠近蓄电池正电源电路的一端。c. 负极探针连接到要检修的电路元件的另一端。d. 电压表会显示这个电路元件的电压降。

电压降测试经常被用来找寻元件或电路内是否有过高的电阻。电路中的电压降是由于电路在作用时，内部电阻所造成的。例如使用欧姆表测量电阻时，若导线内只剩单股线芯连接，此时电阻值会为 0，这

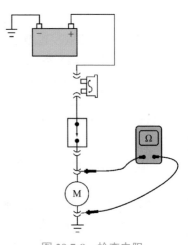

图 29.7-8　检查电阻

时可能会判断此电路良好。但是当电路作用时，单股线芯并不能够承载过多的电流，因此单股线芯会对电流产生极高的电阻。此时测量电路元件的电压降时，只会得到很轻微的电压降数据，如此即可判断连接电路元件的导线好坏。

❷ 不正常的电压降可能由下列情况导致。a. 电路导线的直径过细（例如单股线芯）。b. 开关接点锈蚀。c. 电线连接松动。

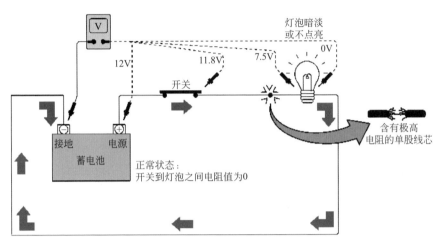

图 29.7-9　检查电压降

 注 / 意

如果需要维修，务必使用相同规格的导线。

 **29.7.5　循序渐进法**

循序渐进法在寻找电路系统（如电子控制模块等）内过大的电压降时最为有效。电子控制模块中的电路通常使用非常低的电流。电子控制模块可能会受到系统中任何电阻值的变化而造成不利的影响，这样的电阻变化可能是接触不良、安装不正确、电线粗细不正确或锈蚀所造成的。循序渐进的电压降测试可以找出电阻过高的元件或电线。

 **29.7.6　控制单元测试电路**

（1）控制单元控制电气负载电源（图 29.7-10）

如开关侧有高电阻的单股线芯，则控制单元无法在端子 1 检测到蓄电池电压，即使开关处于"ON"位置，控制单元也无法检测到开关位于"ON"的状态，所以控制单元将不会提供动作电压至电气负载。

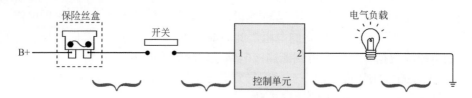

短路：保险丝烧断　　　短路：当开关"ON"时保险丝烧断　短路：电气负载无作用　短路：没问题
断路：电气负载无作用　断路：电气负载无作用　　　　断路：电气负载无作用　断路：电气负载无作用

图 29.7-10　电路测试（一）

（2）控制单元控制电气负载接地（图29.7-11）　如开关侧有高电阻的单股线芯，控制单元则无法在端子 2 检测到 0V 电压，即使开关处于"ON"位置，控制单元也无法检测到开关位于"ON"的状态，所以控制单元将无法提供接地至电气负载。

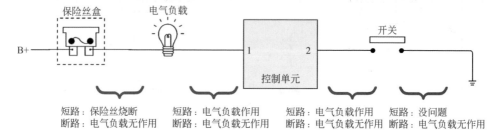

短路：保险丝烧断　　　短路：电气负载作用　　短路：电气负载作用　　短路：没问题
断路：电气负载无作用　断路：电气负载无作用　断路：电气负载无作用　断路：电气负载无作用

图 29.7-11　电路测试（二）

（3）控制单元与电气元件检查注意事项

❶ 切勿将蓄电池正、负极接线柱导线颠倒安装。

❷ 只能安装车辆所指定的零件。

❸ 在更换控制模块之前，请检查零部件的输入、输出及功能。

❹ 拆开接头时，请勿过度用力。

❺ 拆开拔杆型接头时，应沿着图 29.7-12 中箭头 A 所指的方向拉开拔杆，然后拆下接头。

❻ 安装拔杆型接头时，应沿着图 29.7-13 中箭头 B 所指的方向将拔杆向下拉，然后推入接头直到听见"喀哒"声响为止。

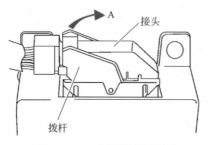

图 29.7-12　拆开拔杆型接头

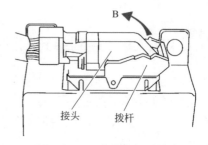

图 29.7-13　安装拔杆型接头

⑦ 请勿摔落或敲击控制模块，使它承受过度的震动。

⑧ 小心避免控制模块因迅速的温度变化而产生水分凝结，也不要让任何水分或雨水侵入控制模块内部。如果发现控制模块内部有水，应等它完全晾干，然后再将它安装到车上。

⑨ 不要让机油进入控制模块的接头。

⑩ 避免使用挥发性清洁剂清洁控制单元。

⑪ 请勿拆解控制单元，并且不要将控制模块的上、下盖拆开。

⑫ 使用测量仪器时，不要让测量探针互相接触，以避免控制模块内部的功率晶体管与蓄电池电压短路而损坏。

⑬ 检查控制单元的输入与输出信号时，请使用指定的检查转接头。

 **29.8 电路故障表述（表 29.8-1）**

表 29.8-1　电路故障表述

| 电路故障名称 | 释义 |
| --- | --- |
| 对蓄电池短路 | 该子类别用于电子控制单元测量到车辆系统（蓄电池正极）电压超出规定时间期限或期望某个其他数值时出现的故障 |
| 对搭铁短路 | 该子类别用于电子控制单元测量到搭铁（蓄电池负极）电压超出规定时间期限或期望某个其他数值时出现的故障 |
| 电压过低 | 该子类别故障是指电子控制单元测量的某个电压低于指定范围但不一定是对搭铁短路 |
| 开路 | 该子类别故障是指电子控制单元通过偏置电压不足、低电流、没有响应输出的输入状态改变等确定开路 |
| 电压过高（过低）/ 开路 | 该子类别故障是指电子控制单元测定的状况与任一指定故障模式相同 |
| 电压过高 | 该子类别故障是指电子控制单元测量的某个电压高于指定范围但不一定是对蓄电池短路 |
| 性能 - 信号无效 | 该子类别故障是指信号值相对于给定运行条件并不合理 |
| 信号传送过快（过慢） | 该子类别故障是指信号传送过快（过慢）、超过（低于）合理限值 |
| 电流过大（过小） | 该子类别故障是指电子控制单元测量的当前电流大于（小于）指定范围 |
| 电阻过大（过小） | 该子类别故障是指电子控制单元推断电路电阻大于（小于）指定范围 |
| 信号不稳定 | 该子类别故障是指信号瞬间不可靠（对于信号无效而言不够长）或不连续 |
| 输入过高（过低） | 该子类别故障是指某些电路数量超过（低于）指定范围 |
| 电压过低（过高）/ 温度过高（过低） | 该子类别故障是指具有负温度系数的温度传感器检测到电压低于（高于）指定范围 |
| 性能 - 信号上升（下降）时间失效 | 该子类别故障是指信号上升（下降）时间超出指定范围 |
| 性能 - 信号形状 / 波形错误 | 该子类别故障是指信号的形状（振幅随时间的变化曲线）不正确（例如电路阻抗不正确） |

| 电路故障名称 | 释义 |
| --- | --- |
| 信号幅度过低（过高） | 该子类别故障是指电子控制单元测量的某个信号电压低于（高于）指定范围但不一定是对搭铁（蓄电池）短路（例如增益太低/太高） |
| 性能-偏置电平超出范围 | 该子类别故障是指电子控制单元施加偏置电压到叠加有一个信号电压的电路上（例如氧传感器电路） |
| 信号交叉耦合 | 该子类别故障是指当电子控制单元控制两个电路时检测到一个电路对另一个电路短路 |
| 不稳定 | 该子类别故障是指电子控制单元暂时检测到上述定义的情况之一但其长度不足以设定一个特定的子类别 |
| 不正确周期 | 该子类别故障是指电子控制单元测量的一个输出循环的不正确周期 |
| 低电平时间过短（过长） | 该子类别故障是指电子控制单元检测到低脉冲相对于时间过窄（过宽） |
| 高电平时间过短（过长） | 该子类别故障是指电子控制单元检测到高脉冲相对于时间过窄（过宽） |
| 频率过低（过高） | 该子类别故障是指电子控制单元检测到在指定的时间周期内循环次数太少（太多） |
| 频率不正确 | 该子类别故障是指电子控制单元检测到在指定的时间周期内循环次数不正确 |
| 脉冲过少（过多） | 该子类别故障是指电子控制单元测量到脉冲数过少/过多（例如位置校准计数从一个极端走向另一个极端） |
| 丢失参考 | 该子类别故障是指电子控制单元未检测到一个信号电路或一组信号电路的参考 |
| 内部校验和错误 | 该子类别故障是指电子控制单元指示不正确的校验和计算，其中未指定存储器类型 |
| 一般存储器故障 | 该子类别故障是指电子控制单元指示存储器故障，其中未指定存储器类型 |
| 特殊存储器故障 | 该子类别故障是指电子控制单元指示存储器故障，其中未在本类别中定义特殊存储器类型 |
| 随机存取存储器故障 | 该子类别故障是指电子控制单元指示一个随机存取存储器（RAM）故障 |
| 随机只读存储器故障 | 该子类别故障是指电子控制单元指示一个只读存储器（ROM）故障 |
| EEPROM 性能/故障 | 该子类别故障是指电子控制单元指示一个电子可擦除可编程只读存储器（EEPROM）故障 |
| 软件故障 | 该子类别故障是指电子控制单元指示操作软件的执行出现故障 |
| 监控软件故障 | 该子类别故障是指电子控制单元指示操作软件的执行出现循环时间错误 |
| 内部故障 | 该子类别故障是指电子控制单元指示检测到内部电路故障 |
| 组件安装不正确 | 电子控制单元通过该子类别指示连接至电子控制单元的硬件和电子控制单元预期的硬件不匹配 |
| 自检故障 | 该子类别故障是指电子控制单元指示电子控制单元命令启动的传感器自检失败 |
| 内部通信故障 | 电子控制单元通过该子类别指示内部通讯线路（例如双微处理器配置的微处理器之间的通信线路）丢失 |
| 未编程 | 该子类别用于指示电子控制单元内只有启动软件 |
| 校准未编程 | 该子类别用于指示有操作软件但没有校准数据 |
| 编程错误 | 该子类别用于指示可以通过对模块重新编程来纠正的 EEPROM 错误 |
| 安全访问未激活 | 该子类别用于指示在未解锁电子控制单元的情况下尝试进行编程 |
| 变量未编程 | 该子类别用于指示需要输入（编程）子系统选装设备 |
| 配置未编程 | 该子类别用于指示需要输入（编程）车辆选装设备 |
| VIN 未编程 | 该子类别用于指示需要输入（编程）车辆识别号（VIN） |

续表

| 电路故障名称 | 释义 |
| --- | --- |
| 安全码未编程 | 该子类别用于指示需要输入（编程）防盗 / 安全码 |
| RAM 编程错误 | 该子类别故障是指电子控制单元指示通过重新编程纠正的随机存取存储器（RAM）故障 |
| 校验和编程错误 | 该子类别故障是指电子控制单元指示不正确的校验和计算，其中未指定存储器类型 |
| 校准数据未读入 | 电子控制单元通过该子类别指示传感器或执行器的密码、操作范围等必须通过电子控制单元读入 |
| 故障诊断码存储器已满 | 电子控制单元通过该子类别指示检测到的故障诊断码超出分配给 DTC 存储器可容纳的容量 |
| 堆栈溢出 | 电子控制单元通过该子类别指示在堆栈中使用的内存超过分配给该程序的内存 |
| 温度过低（过高） | 该子类别用于电子控制单元根据某些运行参数的持续时间计算出低温（高温）状况的故障情况 |
| 信号传送过少（过多） | 该子类别用于电子控制单元监测到一个参数超出规定限值内的时间并检测到少于（多于）预期的传送次数的故障情况 |
| 性能 | 该子类别用于电子控制单元未发现预期的某个或某组参数变化响应特定事件的故障情况 |
| 保护暂停 | 该子类别用于电子控制单元检测到某项功能的启用超出规定的时间期限的故障情况 |
| 不合理 | 该子类别用于电子控制单元比较两个或多个输入参数的合理性的故障情况 |
| 卡滞 | 该子类别用于电子控制单元未检测到任何动作响应电动机、电磁阀、继电器等通电的故障情况 |
| 卡在打开（关闭）位置 | 该子类别用于电子控制单元在指令电动机、电磁阀、继电器等运行以关闭（打开）一些设备时未检测到任何动作的故障情况 |
| 检测到滑动 | 该子类别用于电子控制单元在指令电动机、电磁阀、继电器等运行以移动一些设备至期望位置的时间过长的故障情况 |
| 无法到达紧急位置 | 该子类别用于电子控制单元无法指令电动机、电磁阀、继电器等运行以移动一些设备至紧急位置的故障情况 |
| 不正确安装 | 该子类别用于服务器检测到未正确安装的组件（例如加速度传感器显示一个 90° 的位置误差）的故障情况 |
| 不正确组装 | 该子类别用于控制模块检测到组件安装不正确（例如液压管路交叉、电路交叉连接）或极性错误的故障情况 |
| 无效数据 | 电子控制单元通过该子类别指示接收到的信号的相应有效位等于无效或信号后处理测定其无效 |
| 信号计数不正确 | 电子控制单元通过该子类别指示收到的信号无相应的滚动计数值被正确更新 |
| 奇偶错误 | 电子控制单元通过该子类别指示处理的信息偶校验计算不正确 |
| 总线信号校验和错误 | 电子控制单元通过该子类别指示处理的信息保护（校验和）计算不正确 |
| 串行数据链路输入过高（过低） | 该子类别故障是指通过串行数据报告的某些电路数量超过（低于）指定范围 |
| 总线信号不稳定 | 该子类别用于通过串行数据报告的信号暂时不可靠或不连续的故障情况 |

# 第30章

# 车身基础

## 30.1 概述

　　汽车车身可以设计成为承载式车身或者非承载式车身，两条设计原则已经应用在车身设计中，前端与后端的设计旨在通过褶皱区吸收冲击能量。采用现代设计和制造方法并利用整形与强度特性得到极好平衡的车身板，既使重量减轻，也能达到所有相关安全要求。汽车车身（图30.1-1）主要包括：车身壳体、车门、车窗、车身内外装饰件和车身附件等。车身壳体是一切车身部件的安装基础，通常是指梁和支柱等主要承力元件以及与它们相连接的钣件共同组成的刚性空间结构。车身壳体通常还包括在其上敷设的隔声、隔热、防振、防腐、密封等材料及涂层。这些钣制制件形成了容纳发动机、车轮、车架等部件的空间。

## 30.2 承载式车身

　　（1）结构　承载式车身结构采用了不同连接技术（胶粘、点焊、激光焊接、焊接）的外壳、钢筋、支撑板及型材，使其互相连接不可分割，这种支承的功能是单独由该结构来实现的。

　　在纯的弯曲/扭转或剪切力的作用下，作为密封/外壳使用的部件（例如在非承载式车身中）没有区别。在汽车市场中，承载式车身是技术发展和制造技术的结果，它具有结构方便、经济的优势。

　低碳钢
　高强度钢
　新型高强度钢
　超高强度钢
　铝
　塑料
　镁铸件

图 30.1-1　汽车车身

　　刚性很强的车身很重要，它可以使部件弹性形变最小化，避免运行时的噪声。零部件间很小的间隙只有在刚性很强的车身上才有可能实现。高的车身刚度也会对车辆驾驶性能产生影响（例如在很差的道路上）。

　　（2）特点

❶ 重量轻。

❷ 制造成本低。

❸ 具有高的抗扭刚度和高的弯曲强度。

❹ 车身前端与后端具备规定的变形特性。

　　（3）维修特征　　"定制板"所指的是在白车身的制造中将两种不同厚度和 / 或强度的金属进行连接（图 30.2-1 中箭头处表示激光焊接）。该连接是通过激光焊接进行的，损坏后不建议再维修，因为很难做到同等质量焊接。

　　在紧挨着激光焊缝的区域不允许切割、焊接，因此，也不允许进行局部维修，只能更换。典型的部件有：

❶ 纵梁；

❷ 车门内部加固 / 门框；

❸ 轮拱；

❹ 门槛区域内部加固；

❺ 顶部横梁内部加固。

　　承载式车身后部激光焊接位置如图 30.2-2 所示。

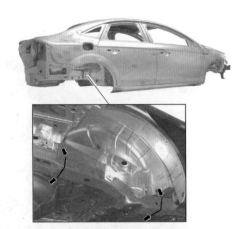

图 30.2-1　承载式车身纵梁　　　　图 30.2-2　承载式车身后部激光焊接位置

# 30.3　非承载式车身

（1）结构　非承载式车身（图 30.3-1）安装在一个框架或一个底盘上，在运行时出现的整体载荷由车辆底盘承受。作为框架有不同的设计形式，例如所谓的前部阶梯型架或钢管架。非承载式车身是在车身构造中最初使用的方式，如今还用于卡车和越野车。

（2）特点

❶具有部分大面积板以及大容量成形件。

❷车架区域的材料更厚、加强件更多。

❸具有高扭转刚度以及高抗挠强度的底板。

❹侧板对车身的稳定性影响很小。

（3）维修特征　由于车架结构十分稳定，应注意对其进行的矫正操作与轿车的矫正操作完全不同，车架与附带车身的修理应分开进行。因此，在对非承载式车身进行受损评估时，须彻底检查车架和车身这两个车辆组件。同所有车辆一样，检查撞击区和吸震区有无损坏相当重要。还须进行以下检查：

图 30.3-1　非承载式车身

❶车架焊接处油漆是否裂缝；

❷车架组件有无变形；

❸安装点（橡胶金属铰节）是否移位和损坏；

❹橡胶密封阀是否移位；

❺附件的安装合适程度和功能。

第**31**章

# 汽车钣金与喷涂

## 31.1　更换翼子板加强件

### 🔧 31.1.1　拆卸方法

（1）更换部件

❶ 外侧翼子板加强件。

❷ 内侧翼子板加强件。

内侧和外侧翼子板加强件通过点焊焊接在一起，可以整体进行拆除和安装。

外侧翼子板加强件的前端以及后端可以进行局部更换。切割线如图 31.1-1 所示。所有钣金件切割更换的基本步骤：选定切割范围；切割；打磨焊点；安装新部件。

更换上述翼子板加强件，需要拆卸车门、车轮罩内衬、保险杠包围和保险杠、挡泥板、大灯引擎盖关闭钣件。

（2）磨除焊点

❶ 如图 31.1-2 所示，磨除焊点，焊点大约是两块钣材的厚度。

❷ 研磨平焊点。

❸ 研磨金属熔化二氧化碳气体保护焊焊接的接头（图 31.1-3）。

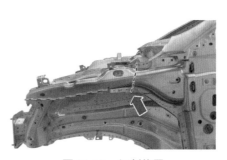

图 31.1-1　切割位置

图 31.1-2　磨平焊点（一）

图 31.1-3　磨平焊点（二）

## 31.1.2　安装方法

❶ 如图 31.1-4 所示，翼子板加强件的焊接区域需要达到 10mm，车身上的二氧化碳保护焊残留物需要磨除。

❷ 在安装时，把新的翼子板加强件焊接在 A 柱盖板和 A 柱加强件上。

❸ 为了可以接近 A 柱下部的加强件，需要使用回转铣刀磨平 A 柱盖板上的区域（图 31.1-5）。

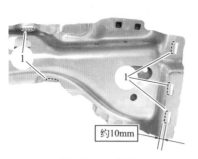

约10mm

图 31.1-4　焊接
1—用回转铣刀将焊接区域抛光

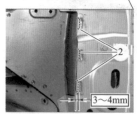

3～4mm

图 31.1-5　打磨焊点
1—磨除二氧化碳保护焊铜焊残渣；
2—磨平 A 柱盖板上的焊接区域

❹ 分别利用熔焊（电阻点焊）、二氧化碳保护焊焊接翼子板加强件。

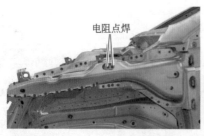

电阻点焊

二氧化碳保护焊焊接

图 31.1-6　电阻点焊和二氧化碳保护焊焊接

# 31.2 更换侧围钣金部件

## 31.2.1 门槛钣金件

（1）拆卸

❶ 更换门槛钣金件需要拆卸前门和后门，密封条，车门铰链，A 柱、B 柱和 C 柱饰板，门槛饰板，驾驶员或乘客座椅，后排座椅。

❷ 在远离工作区域的地方重新安装地垫和线束。

❸ 切割位置因损伤范围的不同而异。如图 31.2-1 所示可大体说明完成的更换步骤。

（2）安装

❶ 在对厚度大于和等于 3mm 的车身钣金件进行电阻点焊时，必须遵守焊接设备使用说明（图 31.2-2）。

❷ 焊接区域严禁使用密封胶或黏合剂，将结合部或密封区域彻底密封。

图 31.2-1　门槛切割位置（选择区域）

图 31.2-2　熔焊（电阻电焊）

## 31.2.2 踏脚板内部加强件

（1）拆卸

❶ 如图 31.2-3 所示，选择门槛加强件切割区域。

❷ 如图 31.2-4 所示，打磨焊接点。

图 31.2-3　切割区域

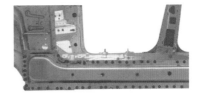

图 31.2-4　打磨焊接点

（2）安装

❶ 在对厚度大于和等于 3mm 的车身钣金件进行电阻点焊时，必须遵守焊接设

备使用说明。

❷焊接区域严禁使用密封胶或黏合剂，将结合部或密封区域彻底密封。

### 31.2.3　B柱和加强件

（1）拆卸注意事项　只能对B柱外部面板进行切割，标注切割线并对B柱和下侧围板进行切割。

（2）安装注意事项

❶B柱（图31.2-5）和加强件更换维修过程中需要使用比较强大的具有反用换流技术的电阻焊接设备。

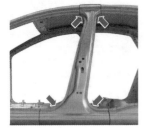

图31.2-5　B柱更换维修范围

❷前、后门缝中的焊接点仅能用电阻点焊法进行焊接，不能采用二氧化碳保护焊熔焊法进行焊接。

❸B柱加强件由高强度钢板制成。不允许对B柱加强件进行部分更换。切割区域所需的连续二氧化碳保护焊焊缝引起结构改变，将使B柱加强件强度大幅下降。

❹由于B柱加强件的强度，不能总是使用常规车身工具对其进行加工。

❺在B柱和下侧围板区域进行切割时必须严格遵守规定的尺寸要求。

❻安装好B柱内部钣金件、B柱加强件与B柱外部钣金件并紧固。

❼按规定尺寸切割B柱外侧板，并使用校正角度仪器以及车门来检查和调校。

❽用门下围板内侧与车顶架内部的二氧化碳保护焊焊点来补焊内侧B柱内部钣金件与B柱加强件。

### 31.2.4　更换后部钣金件

（1）拆卸注意事项　后侧围板切割范围如图31.2-6所示。

（2）安装注意事项

❶车轮拱罩边缘上的黏合剂不应被涂抹到门下围板上切割点的部位，应该保持20mm的间隔距离（图31.2-7）。

❷由于此区域没有黏合剂，因此焊接之后务必彻底密封。

❸将黏合剂涂于车轮拱罩❷边缘，即图31.2-7中1的位置。

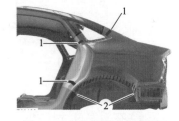

图31.2-6　后围板切割范围　　　　　图31.2-7　涂抹黏合剂范围

## 31.3　漆面处理

### 31.3.1　日常漆面受损类型及处理方法

漆面受损是汽车中很常见的问题，应该及时处理。受损原因也很多，主要有以下述几种类型。

① 生物油漆污染所导致的油漆受损，如鸟类或昆虫的排泄物、树脂和蚜虫等。

② 烟、燃料、酸、油等工业污染物引起的化学油漆受损。

③ 运行过程中与石头的碰撞，汽车清洗和停车时的剐擦所引起的机械受损。

④ 不当处理所引起的油漆受损。油漆流淌痕迹或油漆皱皮等涂抹缺陷。

⑤ 油漆层中的夹入杂质，如表面涂层中的灰尘或纺织物绒毛。

⑥ 腐蚀引起的油漆受损。

日常漆面受损类型及处理见表 31.3-1。

表 31.3-1　日常漆面受损类型及处理

| 类型 | 故障特点 | 原因 / 后果 | 措施 / 排除 | 图示 |
|---|---|---|---|---|
| 鸟类排泄物引起的油漆受损 | 鸟类排泄物通常以无光泽的、大小不定的侵蚀在表面涂层区出现。该类排泄物在车辆上长时间停留会导致深至填料层的龟裂和侵蚀 | ①鸟类排泄物与热量和湿气一起共同作用时，其不良影响更大。尿素（白色部分）含盐量极高，具有极强的腐蚀性<br>②损害强度因类型、数量、接触时间和范围的不同而有所不同<br>③它将会导致裂缝、侵蚀、斑点，甚至表面涂层溶解 | 如果受损较轻，则进行抛光维修 | |
| 昆虫引起的油漆受损 | 在机盖、车顶和保险杠上，油漆标记被轻度侵蚀或完全侵蚀，填料会出现部分可见斑点 | ①短时间内，表面涂层会因表面膨胀和侵蚀而受损。<br>②碰撞昆虫粘在油漆表面，在湿气和热量的共同作用下，昆虫的身体会因合成酸而陷入油漆的表面涂层<br>③腐蚀为类似 U 形或 O 形的形状，且有几毫米厚 | ①清洗车辆，用除虫剂处理受污区域；清洗油漆表面数次<br>②用硬蜡进行保护 | |
| 树脂或树液引起的油漆受损 | 汽车水平部件上的黄棕色斑点或液滴。这类液滴在阳光下会融化。树脂引起的受损仅发生在温暖的夏季 | 由于其化学成分，树脂会与油漆的表面涂层紧密地结合或黏着在一起，导致表面涂层膨胀。温度越高，树脂与油漆表面涂层表面之间的化学黏结就越强 | 用浸有汽油或煤油混合物的布浸透数次 | |

| 类型 | 故障特点 | 原因/后果 | 措施/排除 | 图示 |
|---|---|---|---|---|
| 柏油污点引起的油漆受损 | 黄色或黑色痕迹 | 粘得很紧的柏油斑点会导致表面褪色。在某些情况下，柏油斑点会穿过清漆进入表面涂层 | 用柏油去除剂清洗油漆表面并抛光 | |
| 灰浆等引起的油漆受损 | 受损部位以白色无光泽斑点状出现在表面涂层 | 与湿气反应的腐蚀性强碱混合物 | ①如果污染时间较短，应立即清洗 ②如果污染物已变干，用醋溶解、中和，然后用水彻底清洗并漂清 ③如果受损较轻，则进行抛光维修 | 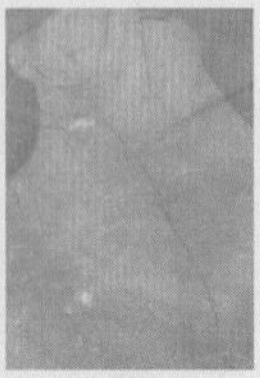 |
| 飘落物中的铁锈膜/沉积物 | 车辆水平表面上出现圆形小痕迹，大小约1mm，形状各异，颜色为黑色、灰色、蓝色和红色 | ①来自燃油系统和工业装置的沉降物导致油漆表面涂层受损，尤其是在高湿度和逆温天气情况下 ②随活动时间的增加会形成所谓的铁锈晕圈。只要沉积物继续腐蚀下去，它们就会延伸开去 ③含铁的工业飘落物在几天后就无法除去 | ①用工业飘落物去除剂除去铁锈并进行彻底清洗 ②抛光油漆表面 | 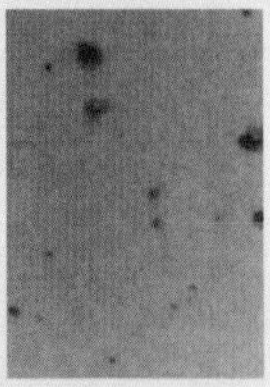 |
| 酸液引起的油漆受损。 | 油漆层侵蚀，面漆分解 | 高温将加速对表面涂层的侵蚀。50℃时，表面涂层在约15min后就会分解，所谓的把漆面"烧坏" | ①即时用大量清水冲洗溅出的酸液，并用汽车清洗液进行中和 ②如果酸液接触时间较短，则进行抛光维修 | 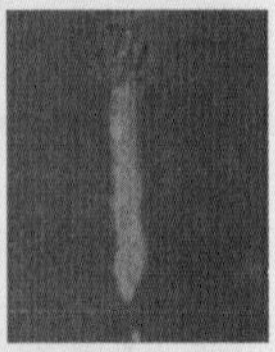 |
| 制动液引起的油漆受损 | 制动液处理不慎。制动液中所含的乙二醇将导致膨胀现象 | 温度和接触时间至关重要。溅出的制动液将导致光泽度下降和颜色变淡 | ①立即用大量清水清洗 ②用辐射式加热器或涂料干燥烤炉在最高温度60℃下处理约1h就可完全除去膨胀现象 | 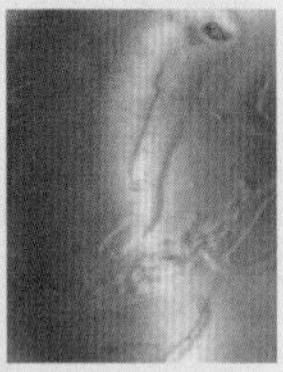 |
| 石子或其他机械式受损 | 硬物的冲击所引起的机械式受损将很快导致相邻表面的油漆下方发生腐蚀和生锈，这类受损可达金属板 | 外部因素导致的油漆受损，受损部位可达填料、底漆或金属板 | ①打磨或吹砂 ②使用防腐蚀底漆 ③涂抹表面涂层 | |

续表

| 类型 | 故障特点 | 原因 / 后果 | 措施 / 排除 | 图示 |
|---|---|---|---|---|
| 腐蚀引起的油漆受损 | 漆膜的气泡状或水泡状凸起 | ①反复涂抹被腐蚀的钣金件<br>②喷雾空气冷凝<br>③打磨用水未晾干或盐结晶体残留<br>④道路碎片和道路冬季含盐砂砾 | ①打磨受损影响部位或车身组件并重新涂抹漆面漆<br>②必须使用相应的维修涂漆技术对更严重的且范围更大的铁锈进行维修 |  |

## 31.3.2　施工不当导致漆面的故障的排除方法

如果对漆面处理方法或耗材使用不当等施工问题，会导致以下漆面故障：漆面开口；油漆气泡；黏合缺陷；黏合缺陷（清漆）；打磨划痕；形成色条；塑料部分起皮 / 起泡；聚酯材料起泡；金属油漆填涂的过氧化物痕迹；形成裂纹；皱缩区边缘痕迹；起泡；侵蚀；油漆起皱 / 褶皱；形成污斑；斑点 / 金属物质；位变异构 / 色差；洗不净；失去光泽；稀释油漆的覆盖能力 / 范围；流动问题 / 油漆皱皮；金属底漆中的灰尘；表面涂层中的灰尘；水痕；油漆流淌痕迹；螺旋纹。

处理不当引起漆面故障排除方法见表 31.3-2。

表 31.3-2　处理不当引起的漆面故障排除方法

| 类型 | 故障特点 | 原因 / 后果 | 措施 / 排除 | 图示 |
|---|---|---|---|---|
| 漆面开口 | 在表面涂层或中间层单独或广泛出现的边缘凸起的焊口状凹陷 | ①基底用硅清洗剂清洗不当<br>②油残留物和积水导致喷雾空气受污<br>③过滤器隔板不合要求<br>④使用含有硅的磨光剂、清洗剂或喷雾<br>⑤油、蜡、润滑脂、硅含残留物<br>⑥工作服被含硅材料污染 | 打磨油漆表面，用硅清洗剂清洗并薄薄地喷涂一遍。待其完全干燥后再薄薄的喷涂几遍 | |
| 油漆气泡 | 油漆表面涂层出现闭合的或破裂的硬状小气泡，在整个表面成群出现或分散出现。经打磨后形成更大的空洞，可见其下方的底漆 | ①涂抹油漆的涂层过厚<br>②对上一涂层进行再次涂抹时未遵守规定的闪蒸和干燥时间<br>③未遵守规定的涂刷黏度和喷涂压力<br>④使用不合适的硬化剂和稀释剂材料（油漆系统中的溶剂组合未达到最佳匹配）<br>⑤喷漆室条件不佳 | ①单个的气泡可通过抛光去除<br>②待其彻底干燥后，打磨受损部位的表面涂层，用硅清洗剂清洗，再重新上漆。若还有小气泡存在，用双组分丙烯酸填料填充<br>③彻底打磨受损面积较大的表面涂层，并涂抹新的面漆 | |

续表

| 类型 | 故障特点 | 原因/后果 | 措施/排除 | 图示 |
|------|---------|----------|----------|------|
| 黏合缺陷 | 整个涂层与基底或单个涂层相互分离。有时，黏合缺陷要经过外力作用才能被发现，如石头的碰撞 | ①基底准备不当（铁锈、润滑脂、湿气、打磨、清洗）<br>②使用不合适的材料<br>③干燥时间和闪蒸时间过短<br>④未在前一道底漆干燥前涂覆一道底漆，中间的干燥时间过长<br>⑤中间打磨故障<br>⑥由于温度波动而形成冷凝<br>⑦中间填料过热 | 打磨受损部分并重新涂抹面漆。严格按照一般技术信息的要求涂抹面漆 | |
| 清漆的黏合缺陷 | 清漆与底漆分离 | ①底漆涂层过厚<br>②底漆的中间和最后闪蒸时间过长<br>③清漆/硬化剂混合配量不对 | 修整打磨并重新涂抹面漆 | |
| 打磨划痕 | 为单个的或大面积成簇的划痕或打磨痕迹，其边缘常凸起。在金属漆上呈浅黑色色条 | ①嵌填料打磨过于粗糙<br>②填料打磨过于粗糙<br>③打磨前，填料未彻底干燥<br>④旧漆涂层打磨过于粗糙<br>⑤软弹性基底，如TPA基，因用腐蚀性过强的稀释剂处理而被腐蚀<br>⑥表面涂层涂抹过薄 | ①如果受损程度低，待表面涂层干燥后，精细打磨油漆表面，再通过抛光技术重新磨光<br>②如果受损严重或受损部分位于金属油漆上，打磨油漆表面或基底，必要时将其去除，然后给裸露的金属重新上漆 | |
| 形成色条 | 在金属面漆的黑色/浅色区域形成不同的条形颜色 | ①喷枪（喷嘴）不佳<br>②喷涂压力不对<br>③稀释剂不合适<br>④喷雾黏度不对<br>⑤闪蒸时间过短<br>⑥作业温度不合适 | ①均匀地涂抹底漆<br>②维修或更换喷枪<br>③待清漆完全干燥后，打磨表面并重新上漆 | |
| 塑料部分起皮/起泡 | 表面涂层与填料和/或底漆涂层之间的油漆黏合性不足。整个面漆与塑料脱离的现象时有发生 | ①塑料物品未清洗干净、未回火或回火不当<br>②使用不合适的清洁剂<br>③使用不合适的材料<br>④湿气<br>⑤面漆烘烤不足或过度<br>⑥中间打磨不佳或未进行中间打磨 | ①打磨掉有问题的油漆涂层并重新涂抹面漆<br>②受损特别严重时，使用新的零件 | |
| 金属油漆填涂的过氧化物痕迹 | 干燥更长一段时间后，色泽变化处出现不规则痕迹 | ①聚酯挡块添加的硬化剂过多（超过3%可引起这种受损模式）<br>②聚酯挡块不能充分混合 | 打磨，填充聚酯或环氧化物填料，并重新上漆 | |

续表

| 类型 | 故障特点 | 原因 / 后果 | 措施 / 排除 | 图示 |
|---|---|---|---|---|
| 形成裂纹 | 长度和深度各异的裂纹向四面八方延伸开去 | ①涂层过厚<br>②多次上漆<br>③温度波动<br>④机械效应，如变形<br>⑤基底未彻底硬化<br>⑥旧漆涂层未完全干燥<br>⑦未添加硬化剂或添加不足 | 将未受损基底上的涂层打磨干净，制作新面漆（底漆、填料、涂抹表面涂层） |  |
| 皱缩区边缘痕迹 | 表面涂层出现边缘区（表面涂层的边缘更为突出）隆起或凹陷、流动问题和光泽度损失 | ①旧漆面未彻底擦拭，新旧漆面未实现无缝切换<br>②粘塑基底漆上的嵌填料和填料<br>③填料未完全硬化就进行打磨和反复涂抹<br>④上述材料反复涂抹间隔过短，基底硬化不够<br>⑤涂抹底漆的涂层过厚，且底漆干燥时间不够<br>⑥砂纸过于粗糙<br>⑦表面涂层过薄 | 表面涂层彻底硬化后，精细打磨表面并抛光，必要时涂抹填料并再上一次漆 | |
| 起泡 | 上漆结构上出现点状气泡或水泡形小高点。在封闭的漆膜上，它们的尺寸大到大头针针头，小到大头针针尖。其排列和分布变化较大。如果继续发展下去，会有圆形的油漆片从基底上脱落。这既不是气泡也不是腐蚀 | ①基底吸收的湿气<br>②湿打磨后基底干燥不足（尤其是在聚酯材料上）<br>③上漆前湿度过高；由于温度波动而形成冷凝<br>④基底的气孔 / 收缩孔未打磨掉<br>⑤未涂聚酯材料<br>⑥手上的汗液<br>⑦打磨用水所含的盐及矿物质<br>⑧喷雾空气受污 | 打磨掉受损部分，粗略打磨表面其他部分，用硅清洗剂清洗，填充填料并重新上漆 | |
| 侵蚀 | 底漆被清漆侵蚀，这将导致铝颜料改变它们的排列。被侵蚀的底漆颜色比正常的底漆暗淡。结果是清漆的表面结构越来越无光泽 | ①底漆过湿<br>②无中间闪蒸时间<br>③涂层过厚 | 打磨并重新上漆 | |
| 油漆起皱 / 折皱 | 油漆表面隆起 / 褶皱 | ①先涂的油漆未彻底干燥或被侵蚀<br>②未用填料将打磨到底漆部分的清漆区隔开，或使用了不合适的填料<br>③基底不合适（如喷漆含 TPA 或硝基）<br>④使用不合适的底漆、油漆和稀释剂材料<br>⑤油漆系统相互不匹配<br>⑥在湿碰湿过程中，未遵守规定的闪蒸时间<br>⑦合成树脂表面涂层（醇酸树脂）反复涂抹间隔过短 | ①待其彻底干燥后，将受损区的表面涂层连同受损基底一起除去，并重新涂新面漆<br>②涂抹表面涂层前，彻底擦拭整个表面 | |

续表

| 类型 | 故障特点 | 原因/后果 | 措施/排除 | 图示 |
|---|---|---|---|---|
| 形成污斑 | 在金属面漆的黑色/浅色区域形成不同的条形颜色 | ①喷枪、喷嘴、喷涂压力不对<br>②喷雾黏度、喷涂方式、闪蒸时间、喷涂室温度多变<br>③稀释剂不合适 | 涂抹清漆前采用液滴法 |  |
| 斑点 | 漆膜出现凸点 | 喷涂的金属底漆过干，以至于金属颗粒不能完全融入油漆。清漆不能覆盖直立的颗粒，因为喷雾空气过热或室温过高 | 待油漆表面干燥后，用等级为P800的砂纸轻轻打磨，然后用硅清洗剂清洗，再重新涂抹清漆 | |
| 同色异谱/色差 | 当同一色泽因光源改变（日光/人造光）而出现的色彩变化时可见。原油漆和维修油漆的颜料成分不同 | ①使用颜料不符合标准的油漆，例如绿色可由黄色和蓝色制成，或是直接用绿色制成<br>②使用不合适的需配制的或已制好的油漆进行调色 | 用正确的油漆重新上漆 | |
| 洗净 | 在新涂的还未晾干的油漆上，表面拉力和各种颜料的不同密度之间的相互作用会导致漩涡状的湍流，进而导致各种颜料分离 | 涂层过厚，油漆搅拌不够 | 打磨并重新上漆 | |
| 失去光泽 | 油漆出现乳状的暗淡污点，失去光泽的部分较均匀 | ①低空气湿度、低温<br>②高空气湿度、高温<br>③基底可能被侵蚀<br>④硬化剂失效或使用的硬化剂不对<br>⑤油漆过分稀释<br>⑥由于搅拌不良导致颜料比例过高<br>⑦未进行最佳干燥 | 烘干后，通过抛光除去无光泽影响。如果上述法不行，则彻底擦拭整个区域，再重新上漆 | |
| 稀释油漆的覆盖能力/范围 | 表面出现不同的色泽。此处未达到最小层厚。影响范围从杂色喷涂区局部色光变化到表面涂层完全遗失 | ①无正确、统一的基底（油漆效果）<br>②三层系统的填料错误<br>③表面涂层涂抹不足 | 打磨表面并重涂面漆 | |
| 流动问题/油漆皱皮 | 表面结构不平、有木纹，表面类似于橘子皮 | ①油漆黏度过高<br>②使用易蒸发、挥发性高的稀释剂<br>③室温过高<br>④喷枪距离太远、喷涂材料过少<br>⑤喷嘴过大<br>⑥喷涂压力不对 | ①较小的表面：精细打磨并抛光<br>②打磨掉表面并重新涂抹面漆 | |

续表

| 类型 | 故障特点 | 原因 / 后果 | 措施 / 排除 | 图示 |
|------|---------|-----------|-----------|------|
| 金属底漆中的灰尘 | 金属底漆出现大小形状各异的污染杂物（颗粒或绒毛） | ①待漆表面的灰尘未清理干净<br>②油漆材料未筛滤<br>③上漆设备的功能未达到最佳效果<br>④过滤器受污<br>⑤覆盖不合适的布罩 | 打磨并重新上漆 | |
| 表面涂层中的灰尘 | 表面涂层里或油漆层下方出现大小和形状各异的污染杂物（颗粒或绒毛） | ①待漆表面的灰尘未清理干净<br>②油漆材料未筛滤<br>③上漆设备的功能未达到最佳效果<br>④过滤器受污<br>⑤覆盖不合适的布罩 | ①单个的杂物：待其彻底硬化后，用等级为 1200 ～ 1500 号的砂纸打磨，并用合适的无硅蜡打磨或喷漆胶重新抛光<br>②大面积污染：打磨并重新上漆 | |
| 水痕 | 油漆表面出现环形痕迹 | ①新涂的还未完全硬化的面漆出现水滴蒸发（通常只见于水平表面）<br>②涂层过厚<br>③干燥时间过短<br>④硬化剂失效或不能继续使用<br>⑤使用不合适的硬化剂和稀释剂材料 | ①仅用 1000 ～ 1200 号砂纸擦掉细小的痕迹，然后抛光<br>②对于较重的痕迹，打磨表面无光泽的部分，用硅清洗剂清洗，并重新上漆 | |
| 油漆流淌痕迹 | 垂直表面的表面涂层或中间层出现波状油漆流淌痕迹，通常出现在型模线、焊缝或开口处（在这些地方为油漆流淌痕迹，在其他地方为帘状） | ①油漆涂抹不均匀<br>②未遵守规定的黏度<br>③使用不合适的稀释剂材料<br>④空气、材料或房间的温度过低<br>⑤涂层过厚<br>⑥喷枪（喷嘴）不佳 | ①待其彻底干燥后，将不平处打磨平整，必要时，操作完成后烘干<br>②小面积的受损部分可用油漆平刨整平，然后再打磨、抛光或重新上漆 | |
| 螺旋纹 | 三维螺旋纹以污水或污点的形式出现在油漆表面。在直射阳光下，这种效果将增强 | ①用抛光机对未完全硬化的油漆进行抛光<br>②抛光间隙过长或根本就无间隙<br>③抛光时压力过高<br>④抛光材料或工具不对 | ①油漆完全硬化后再抛光<br>②如果受损部分不可修复，彻底擦拭并涂上新的清漆 | |

## 31.4　漆面修补

 ### 31.4.1　表面预处理

（1）清洁受损区域　彻底清洁受损表面，以便观察受损程度。使用硅树脂清洗剂进行清洁，使表面无油脂。

不仅喷漆前的有效脱脂重要，而且所有打磨阶段前的有效脱脂都很重要，有以下两个原因。

❶ 在打磨油脂污染表面期间，打磨灰尘可能形成球状。将出现打磨标志并且打磨剂快速变得不可用。

### 注/意

在溶剂蒸发前，必须使用干净且干燥的布摩擦已处理表面，否则将无清洁效果。

❷ 通过研磨剂颗粒的作用，使油和油脂嵌入表面并不易移除。确定受损区与维修阶段，这样以确定必须进行的拆卸工作量。在现阶段进行颜色试验，屏蔽维修区域，以便进行准备工作。

（2）打磨受损位置　打磨（图31.4-1）时，使已油漆过的区域与裸金属的衔接处保持光滑。先使用偏心打磨机和P80或P120研磨板。再使用P150或P180结束打磨。必须完全清除剩余附着的打磨灰尘。

（3）清洁和脱脂　使用硅树脂清洗剂彻底清洁表面，以去除来自手和其他污染的残留油脂及汗液。使用溶剂性测试，以确定是否可以侵蚀旧油漆。使用干净的布将双组分稀释剂涂于受损区域，轻轻擦约1min。如果可以侵蚀表面下的区域，则必须对其进行预处理。

图31.4-1　打磨

图31.4-2　清洁和脱脂

（4）喷涂底漆填料　在涂抹嵌填料前，将底漆涂于已打磨且裸露的表面。使用P220～P400干燥机，使底漆干燥，然后轻轻用手进行打磨（所谓的调料，指腻子）。

### 注/意

大多数嵌填料可直接涂在裸金属上。但是，底漆填料的应用提供了更好的防腐保护效果。避免打磨穿过裸金属。必须使用底漆填料，对已打磨的点进行再处理。

（5）喷涂嵌填料（图31.4-3）　使用偏心打磨机和P80干燥机，对硬化的嵌填料进行预打磨，然后使用P120～P140干燥机对其进行最后打磨。使用硅树脂清洗剂清洁已打磨表面。将双组分嵌填料用于已填满的表面，必须薄薄地涂上嵌填料复合物。

###  注/意

建议使用测试粉末，以便可以更容易地检查打磨过程。

（6）填料喷涂（图 31.4-4）　填料可用于干燥的维修区域。根据制造商说明，选择色调合适的填料。另外，借助颜色匹配卡，可以混合色调合适的填料。

图 31.4-3　喷涂嵌填料

图 31.4-4　填料喷涂

（7）打磨填料（图 31.4-5）　通过采用新的掩蔽，扩大工作区域。这样，就可能使受损区域与车辆油漆作业的衔接处保持平坦。必须仔细打磨底漆填料，发现表面涂层中底漆填料层中的瑕疵。打磨过程包括两个阶段：粗糙打磨使填料底漆表面保持水平；精细打磨确保必要的表面结构，该结构使表面涂层黏合较好并覆盖打磨痕迹。使用偏心打磨机和 P400 ～ P500 干燥机打磨填料。

图 31.4-5　打磨填料

　　使用硅树脂清洗剂清洁已打磨的填料表面。使用精细的消光海绵，对已油漆的区域进行消光处理，然后彻底清洁该区域。

（8）待油漆的表面　准备对已修补的表面涂抹底漆。

## 31.4.2　油漆喷涂

（1）油漆喷涂　再一次检查油漆材料，并在涂抹油漆之前，检查是否已正确调整喷枪。油漆喷涂分两步或三步来涂抹底漆。首先，使用第一种油漆涂抹维修区域。喷涂范围一层比一层稍宽以做过渡。

（2）晾干　晾干油漆，直至表面无光泽。这样即实现了向初始涂料的最佳衔接。下一步油漆喷涂应适用于更广泛的领域。底漆在指定时间内干燥后，涂抹清漆。使用脱漆剂，处理下一步向初始油漆喷涂工作的衔接。这样可以消除喷雾并形成理想的油漆表面。

（3）喷涂面漆　喷涂范围完全覆盖底色漆范围。喷涂第二道面漆，喷涂范围为完全覆盖第一层清漆。

第32章

# 汽车美容与改装

汽车美容,《国家职业技能标准》中全称叫汽车美容装潢工,是汽车维修工职业的其中一个工种,目前现行的正式标准中只有初级工和中级工,没有高级工、技师和高级技师的级别。汽车美容工作内容除了汽车内外部清洗外,还包括汽车内外翻新与养护;汽车电子产品安装;汽车玻璃贴膜。

## 32.1 汽车美容设备和工具

(1)清洗设备 高压清洗机、高压水枪、高压气枪、泡沫机、抛光机、打蜡机、封釉机、吸尘器、高温蒸汽清洗机和臭氧消毒机、地毯脱水机。

❶ 使用高温蒸汽清洗机和臭氧消毒机的目的是杀菌消毒。

❷ 主要是清洗玻璃、仪表、坐垫、地毯、顶篷、后备厢等,尤其是犄角旮旯的地方。

❸ 高温蒸汽清洗机时要注意电气元件,不要喷洗消毒,以免损坏。

(2)施工工具 美容装潢常用的工具有铲刀、刮刀、尺子、刮板、标记笔、剪刀、内饰拆卸专用工具、胶扣起子、剪切钳、剥线钳、电工刀、电工测试笔、电工胶布、热风枪、砂轮机、手提电钻、底盘装甲安全防毒面具、底盘装甲特殊喷枪、喷壶、各种型号毛巾等。

## 32.2 汽车清洗流程

(1)冲洗泥土沙尘 冲洗车轮没有固定的步骤,通常按照习惯和同等质量情况

下，能少用水冲就少用水的方式去操作。用高压水枪冲去车表层、车轮、轮眉和底盘的泥土、沙尘。通常应该先从车顶开始，然后从上往下、从前往后冲，再冲四个轮眉及车轮。如果有泥土，应先冲泥土位置，然后按照前述顺序去冲。尤其有泥土的位置应尽量避免反向冲洗，以免倒扑，否则既费时费力又费水。根据脚垫的材质，选择冲洗或擦拭方式。

（2）擦洗　用清洗剂擦洗，全车不留缝隙，全擦到位。

（3）冲洗泡沫　泡沫擦洗完毕，进行冲洗，同样全车不留缝隙。

（4）擦车

❶ 外部擦拭。通常使用大的毛巾，两位技师合作，脸对脸在车的各一侧，铺开毛巾从车机盖到后备厢拖擦一遍，然后进行一个人擦拭。

❷ 后备厢清洁。先用吸尘器清理后备厢内部，然后用毛巾擦拭。

❸ 内部擦拭。先用吸尘器清理内部，然后擦拭座椅、仪表台、门饰板等。

（5）竣工验收　主要检查车灯、保险杠；车顶和天窗、车窗玻璃；车轮和轮胎；油箱盖以及其他车内犄角旮旯。

（6）打蜡和抛光　如果需要打蜡，汽车清洗验收竣工后即可进行。要保证车身表面干燥，然后上蜡。蜡刚刚干燥而不粘手时即可进行抛光，抛光可以用手工抛光或抛光机抛光。应确保车身表面及边角缝干净，表面光滑透亮，无露白现象。

（7）镀膜　抛光完毕后，如需要镀膜和封釉，即可进行。注意，镀膜剂涂抹前应该先向汽车表面喷洒适量的水，再将数滴镀膜剂滴在镀膜海绵上，要涂抹均匀。

（8）封釉　封釉能防紫外线，保护汽车漆面。用封釉机封釉，封釉完毕后再用毛巾打磨一遍。

## 32.3　翻新修复

### 32.3.1　内饰翻新

真皮内饰使用过程中因为各种原因，容易掉皮掉色，但可以修复。真皮修复需要一种专门的修复剂，使用修复剂后，真皮表面能用内纹理片压出与其他部位相似的纹理，然后再喷涂所需要改的内饰颜色涂料，这样基本可以修复到很新的效果。

### 32.3.2　大灯翻新

大灯用久之后灯罩不够明亮，甚至发黄和龟裂，可以通过对其进行翻新来解决。大灯灯翻新的主要一道工序就是用砂纸打磨灯罩外表，然后进行抛光至恢复亮度。

# 32.4 玻璃贴膜

## 32.4.1 车膜鉴别

**（1）看透光率**

❶ 普通膜。普通的染色太阳膜采用的是普通染色工艺，靠颜色隔热，所以颜色很深，从车里向外看总有蒙蒙的感觉。

❷ 防爆膜。防爆膜无论颜色深浅，透视性均比较好。在各种天气情况下，贴防爆膜的玻璃视线均较好。

**（2）看颜色**

❶ 普通膜。普通膜是将颜色直接溶在胶膜中，撕掉上层塑料纸后，用力刮削粘贴面，就会有颜色脱落现象，这种膜使用两三年就会有褪色和起泡现象。也可以找小块零碎的样膜，划擦试试，如果颜色是散落的掉色，那么这种膜质量就比较差。如果采用这种方法检测后不掉色或者用力划擦是硬痕划掉的颜色，那么这种膜应该比较可靠。

❷ 防爆膜。防爆膜是一种高科技产品，它采用金属溅射工艺，将镍、银、钛等金属涂于高张力的天然胶膜上，基本不会掉色褪色。

**（3）手感**

❶ 普通膜。普通膜手感很薄，不够厚实，比较脆。

❷ 防爆膜。防爆膜手感厚实。

## 32.4.2 贴膜施工流程

（1）车身清洗　裁切车膜时车膜牢牢地贴在车窗表面或玻璃上，所以对车身表面应该进行彻底的清洗。

（2）贴膜轮廓初裁　根据汽车需要贴膜的块数和尺寸，从大体量卷膜中剪下车膜。

（3）车膜热定形　热定形工艺主要针对的是车身表面或玻璃外表面的弧度和球形弯曲。使用热风枪把车膜精确地收缩定形于大部分复合曲面上，消除在曲面上出现的褶皱。

（4）轮廓精裁　热定形后再对车膜进行精裁，按照车身及玻璃的尺寸和弧度进行进一步精准剪裁，确保车膜边缘平滑、整齐美观。

（5）车膜伏贴　确保精准位置，撕开车膜的保护膜，伏贴车膜。

（6）挤水工艺　使用软刮板将车膜与玻璃之间的残留水分彻底刮赶干净。

（7）边缘检查　检查车膜的所有边缘，并用刮板挤封所有边缘，保证不产生气泡。

**注／意**

> 刚贴膜后，通常建议三天之内不使用电动车窗开窗，否则可能会导致的车膜翻卷和划损。

 **汽车性能改装**

汽车改装就好像自己家装修房子，看个人喜好，但安全性要保证。汽车上，从外观、结构，再到性能，大部分都可以升级或者改装，比如保险杠、照明、内饰、座椅、方向盘、地板、车顶、发动机系统、制动系统、悬架系统等。总的目的是外观漂亮、操控自如、性能提高。

 ### 32.5.1　改装发动机控制单元

分电器点火系统时代，改装点火系统比较容易，可以改装成电流损耗小，同时能避免高压电传输过程中所产生的电磁干扰影响其他电气系统高压线。但现在都是无分电器的电子控制点火系统，这样的方式当然是行不通了，只能从发动机电子控制单元进行改装。

改装发动机控制单元（ECM）就是对原厂的 ECM 程序进行升级、重刷，使其有效提升动力和降低油耗。通常 ECM 改装方法有三种：a.更换发动机电脑芯片；b.刷新为改装设定的程序；c.根据需要编程，直接加装一个发动机电脑来替换原车电脑。

 ### 32.5.2　改变压缩比

一般不提倡从改变发动机机械构造而改变发动机性能的改装，理论上讲，消磨气缸盖、更换改装特制的气缸垫、改变活塞、改变连杆长度等都可以实现提高压缩比。

 **制动系统改装**

 ### 32.6.1　原车制动升级

制动升级就是在原车的基础上，在不改变原车参数的情况下，对制动盘、制动片以及刹车油管进行更换。

（1）制动盘升级　可以选用与原车尺寸一样的制动盘进行升级，可以升级为实心盘、通风盘、孔线盘、非孔划线盘。

图 32.6-1　打孔/划线制动盘

❶ 实心盘与通风盘。制动时由于温度过高会导致刹车性能减弱，所以通风盘的效果要比实心盘效果好。更经济实用的是可以将前轮更换为通风盘，后轮使用实心盘。

❷ 孔线盘与非孔线盘。在制动盘上用专用车床设备划线，使用划线后的制动盘能够刮掉刹车盘上的粉尘和其他杂质等。制动盘上打孔，在一定程度上能提高通风性和美观性（图 32.6-1）。

（2）制动片升级　制动片升级只需适配原来的刹车盘，更换半金属制动片、金属制动片、陶瓷制动片、NAO（无石棉有机型刹车片），不同材质的耐热性及导热性不同。半金属和金属导热性良好，但是耐热性不够。与它们比较，陶瓷性能相对更胜一筹。NAO 由玻璃纤维、碳、陶瓷等十几种材料混合制成，噪声和耐热性比较好。

（3）刹车油管升级　制动软管（汽车改装中通常叫钢喉）升级比较简单，就是将原来的橡胶材质的油管改装为外表包裹金属丝的钢喉。这样够有效抑制橡胶管的膨胀，对制动性能能够有效提升。

 ## 32.6.2　制动改装

（1）制动盘　改装加大尺寸的制动盘（图 32.6-2）有很多明显优势，制动能力明显提高。改装加大尺寸制动盘时首先需要与轮毂大小匹配合适。

（2）制动钳　制动钳大小必须与制动盘匹配。制动钳分为四活塞、六活塞（图 32.6-3）、八活塞，但制动钳并不是活塞越多性能越好，而更多是改善脚踏踩的感觉。因为制动性能是根据活塞接触实际面积的大小来决定的，活塞多并不意味着接触面积大，比如大四制动钳就不一定比小六制动钳的制动性能差。

图 32.6-2　制动盘　　　　　图 32.6-3　六活塞制动钳

（3）制动片　制动片（图 32.6-4）要与制动钳相匹配，质量过硬。

（4）桥码　桥码也叫桥位（图 32.6-5），用来连接制动钳和羊角，目的是把制动钳固定在羊角上。

图 32.6-4　制动片　　　　　　　　　图 32.6-5　桥位

## 32.7　悬架改装

### 32.7.1　防倾杆改装

（1）防倾杆　防倾杆（图 32.7-1）就是横向稳定杆，是汽车悬架中的一种辅助弹性元件。它的作用是防止车身在转弯时发生过大的横向侧倾，防止汽车横向倾翻和改善平顺性。横向稳定杆是用弹簧钢制成的扭杆弹簧，形状呈"U"形，横置在汽车的前端和后端。杆身的

图 32.7-1　防倾杆

中部，用套筒与车架铰接，杆的两端分别固定在左右悬架上。当车身只做垂直运动时，两侧悬架变形相同，横向稳定杆不起作用。当车身侧倾时，两侧悬架跳动不一致，横向稳定杆发生扭转，杆身的弹力成为继续侧倾的阻力，起到横向稳定的作用。正常行驶时防倾杆是不起作用的，当车辆转弯时弯道内侧悬挂被拉伸，外侧被压缩，此时防倾杆起到一个抗扭作用，以减少拉伸与压缩幅度，从而控制车辆的侧倾幅度。

防倾杆的宽度与性能有关，一般来讲，防倾杆越粗、杆身越硬，弹性越小，左右车轮上下运动的幅度差限制就越大，防倾作用就越明显，但是前轮防倾阻力太大会转向不足，后轮防倾阻力太大会转向过度，所以要进行合理的安装调校。

（2）防倾杆拉杆　防倾杆拉杆（图 32.7-2）的作用其实就是连接防倾杆和下摆臂，它的一头连接防倾杆，另一头连接下摆

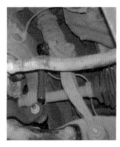

图 32.7-2　防倾杆拉杆

臂，通过防倾杆把一侧车轮的运动以及所受拉力或压力传递给另一侧车轮。

原车的防倾杆是量产平衡杆连杆，是按标准高度设计的，有一定的局限性，防倾杆与连杆的角度基本都是直角。改装成可调式防倾杆拉杆具有更大优势，通过调节拉杆的长度，来修正防倾杆与连杆的角度。更能体现防倾杆的效果。

 ## 32.7.2　减振器改装

（1）短弹簧　最简单的减振性能提升就是更换短的高性能减振器弹簧。短的高性能弹簧比原厂减振器弹簧要短。更换后车身高度就能立刻降下来，效果明显。车身降低了，操控性和稳定性大大提高，悬架的侧倾抑制能力也有所提高。

如图32.7-3（a）所示，活塞作用行程长，阀门到底，但不会触撞到底而感觉硬生；如图32.7-3（b）所示，保留活塞作用行程，阀门到底，也不至于触底；如图32.7-3（c）所示，活塞作用行程大幅缩短，阀门容易触底。

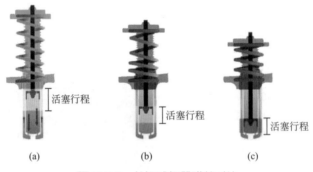

（a）　　　　　　　　（b）　　　　　　　（c）

图32.7-3　长短减振器弹簧对比

（2）减振器筒　减振器筒有单筒式和复筒式。也可以只更换减振筒依然使用原车弹簧来改善减振效果。但最佳的搭配是减振器弹簧和减振器筒一起更换，这样的改装效果更明显。

❶ 单筒式。单筒式是在避振器下端有一个储存高压氮气的储气罐，储气罐上方为浮动活塞，它的作用就是将阻尼油与高压氮气隔离，筒身上部就是活塞运动的范围。

❷ 单筒式。复筒式是在单筒式内部再加多一个筒，而里面的筒才是活塞工作的空间，外部筒身是供内部筒身的阻尼油能往外移动的缓冲空间。复筒式活塞动作时感觉比较柔软，所以操控性能不如单筒式。

# 第33章

# 新能源汽车基础

新能源汽车包括纯电动汽车、混合动力电动汽车、太阳能电动汽车、燃料电池电动汽车、气体燃料汽车和生物燃料汽车等。

## 33.1 纯电动汽车

### 33.1.1 结构组成

纯电动汽车是指以车载电源为动力，用电动机驱动车轮行驶，它是完全由可充电电池提供动力源的汽车。基本结构主要可分为电动源、电力驱动系统、能量管理系统。电动汽车结构见图 33.1-1。

（1）**电力驱动系统** 电力驱动系统是电动汽车的核心。由控制系统、电动机、机械传动系统和驱动车轮等部分组成。

（2）**电动源** 电动源由主电源和能量管理系统构成。通常电动汽车的动力电池采用三元锂电池，这种电池以钴酸锂、锰酸锂或镍酸锂等化合物为正极，以可嵌入锂离子的碳材料为负极，使用有机电解质。

动力电池总成安装在车体下部，动力电池的组成部件包括：各模组总成、CSC采集系统、电池控制单元（BMU）、电池高压分配单元、维修开关等部件。

（3）**能量管理系统** 能量管理系统是实现电源利用控制、能量再生、协调控制等功能的关键部件。

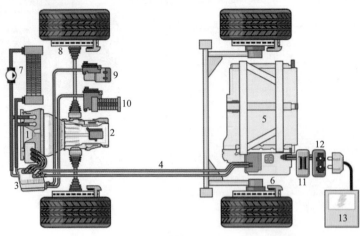

1—电动机；
2—带差速器的变速箱；
3—动力电子元件；
4—高压电缆；
5—高压蓄电池；
6—电子设备盒（带控制单元，用于蓄电池管理）；
7—冷却系统；
8—制动系统；
9—高压空调压缩机；
10—高压供热器；
11—蓄电池充电器；
12—用于外部充电的充电触点；
13—外部充电

图 33.1-1　电动汽车结构

 33.1.2　工作原理

电动汽车是蓄电池提供电流，经过电力调节器后输出至电动机，然后由电动机提供转矩，经传动装置后驱动车轮实现车辆的行驶，即蓄电池→电流→电力调节器→电动机→动力传动系统→驱动汽车行驶。

### 33.1.3　类型

电动汽车类型见表 33.1-1。

表 33.1-1　电动汽车类型

| 类型划分 | | 特点／说明 |
| --- | --- | --- |
| 电动驱动系统的组成和布置形式 | 机械传动型 | 保留了内燃机汽车的传动系统，不同之处是将内燃机换成了电动机<br>这种结构对驱动电动机要求低 |
| | 无变速器型 | 取消了离合器与变速器采用固定速比减速器，通过控制电动机来实现变速功能 |
| | 无差速器型 | 采用两台电动机，通过固定速比减速器来分别驱动两个车轮，能够实现对每个电动机转速的独立调节 |
| | 电动轮型 | 电动机直接安装在驱动轮内，即轮毂电动机 |
| 车载电源 | 单电源 | 结构比较简单，但主电源的瞬时输出功率容易受蓄电池性能的影响，车辆制动能量的回馈效率也会受制于蓄电池的最大可接受电流及蓄电池的荷电状态 |
| | 多电源 | 汽车起步、加速、爬坡时，辅助蓄能装置（超级电容器、飞轮电池）能够短时间内输出大功率，协助蓄电池供电，使电动汽车的动力性提高；当汽车制动时，则利用辅助蓄能装置接受大电流充电，增大制动能量回馈的效率 |
| 驱动系统布置形式 | 集中驱动系统 | 小型电动汽车中，单电动机驱动代替内燃机，而传统内燃机汽车零部件和结构不改变 |
| | 轮毂驱动系统 | 轮毂驱动系统可以设置在纯电动汽车的两个前轮、两个后轮或四个车轮的轮毂中，成为前轮驱动、后轮驱动或四轮驱动的纯电动汽车 |

## 33.2 混合动力汽车

混合动力技术这个概念用于两个方向：其一是双燃料动力；其二是驱动混合动力技术。

驱动混合动力技术是指将两种不同的动力装置组合在一起来使用，且这两种动力装置的工作原理是不同的。本节讲述的混合动力是指，将内燃机与电动机组合在一起的形式。混合动力汽车见图 33.2-1。

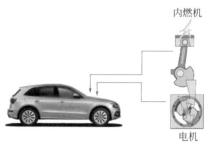

图 33.2-1　混合动力汽车

###  33.2.1　微混合型混合动力汽车

其实，严格地讲，微混合动力车辆并不能算是混合动力车辆，因为它仅有一种驱动类型。微混合动力车辆描述的是初级混合动力车辆。采用了普通 12V 蓄电池技术的微混合动力车辆的电动机功率为 2 ~ 3kW。由于功率和电压较小，因此限制了制动和滑行阶段中能量回收利用的效率。将微混合动力车辆回收的电能提供给 12V 车载网络。以发动机为主要动力源，电动机为辅助动力，具备制动能量回收功能的混合动力电动汽车，电动机的峰值功率和总功率的比值小于 10%。仅具有停车怠速停机功能的汽车也可称为微混合型混合动力电动汽车。如图 33.2-2 所示，使用微混合动力驱动结构，电动部件（起动机 / 发电机）只是用来执行启动 - 停止功能。一部分动能在制动时又可作为电能使用（能量回收）。不能以纯电动方式驱动车辆来行驶。

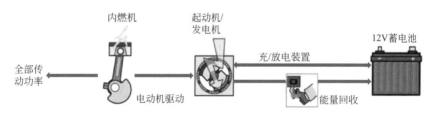

图 33.2-2　微混合动力汽车驱动

###  33.2.2　部分混合动力系统汽车

部分混合动力系统汽车以发动机为主要动力源，电动机作为辅助动力。部分混合动力系统中的电动机可以在车辆起步和制动时为内燃机提供支持。在一些部分混合系统中，当高压蓄能器处于足够的充电状态且以约 50km/h 的速度匀速行驶时可以停止为内燃机提供燃油。此时仅使用电动机驱动车辆，因此可以节省燃油。

 **小贴士**

　　部分混合动力驱动在技术上和部件方面都与完全混合动力驱动是一样的，只是它不能以纯电动方式驱动车辆来行驶。它也有能量回收、启动－停止以及助力功能。

 **33.2.3　完全混合动力汽车**

　　完全混合动力汽车以发动机或电动机为动力源，电动机可以独立驱动车辆正常行驶。如图33.2-3所示，全混合动力汽车是将一台大功率电动机与内燃机组合在一起，可以以纯电动方式来驱动车辆行驶。一旦条件许可，该电动机会辅助内燃机来工作。车辆缓慢行驶时，是纯粹通过电动方式来提供动力的。可以实现启动－停止功能。还有能量回收功能，用以给高压蓄电池充电。内燃机和电动机之间有一个离合器，通过它可以断开这两个系统。内燃机只在需要时才接通工作。

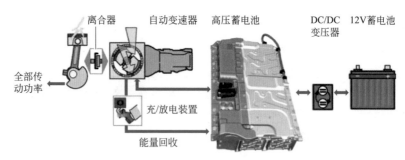

图 33.2-3　完全混合动力汽车驱动

 **33.2.4　插电式混合动力**

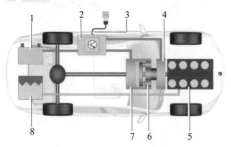

图 33.2-4　插电式混合动力的组件

1—高压蓄电池；2—供电电子装置；3—电源插头；
4—发电机；5—内燃机；6—行星齿轮箱；
7—电动机；8—燃油箱

　　插电式混合动力指汽车上使用了混合动力装置，而其高压蓄电池还可以通过外接电源（充电站或者家用插座）来充电。插电式混合动力是目前是最为广泛的一种技术。使用插电式混合动力可以进一步降低耗油量。

　　插电式混合动力汽车的电池相对比较大，可以外部充电，可以用纯电模式行驶，电池电量耗尽后再以混合动力模式（以内燃机为主）行驶，并适时向电池充电。插电式混合动力的组件见图33.2-4。

插电式混合动力汽车与普通混合动力汽车的区别是，普通混合动力汽车的电池容量很小，仅在启 / 停、加 / 减速的时候供应和回收能量，不能外部充电，也不能用纯电模式较长距离行驶。

## 33.3 燃料电池汽车

燃料电池汽车（FCBEV）（图33.3-1）采用燃料电池驱动。车辆以氢气做燃料，并从燃料电池模块为电动机获取电能。在该模块中，氢气转化为水以产生电能。根据操作模式，使用高压蓄电池的充电电压用于驱动。

在发动机中，通过燃烧将储存在燃料分子中的化学能转化为热能。

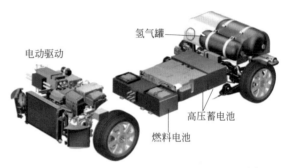

图 33.3-1 燃料电池汽车

由此产生的热能可用于驱动变速箱或供给交流发电机，这样，大量能量由于摩擦转化为热能。在燃料电池中，化学能转化为电能。与发动机不同，无须额外的交流发电机进行发电。

## 33.4 太阳能汽车

太阳能汽车是通过贴在车身上的太阳能光电池板吸收太阳能，然后通过光电的转化将电能储存到蓄电池中。太阳能光电池板（阵列）目前主要有两种：硅电池和砷化合物电池。一般的太阳能汽车通常使用硅电池板。上千个独立的硅片组合在一起，形成太阳电池板。依靠光伏电源供电驱动太阳能汽车。这些电池板的工作电压通常为 50 ~ 200V，并能提供 1000W 的电力。通常，汽车在运行时，被转换的太阳能会被直接送到电动机，多余的能量会被蓄电池储存备用。电力控制系统最基本的任务就是控制和管理整个系统中的电力。太阳能汽车使用的电动机类型有很多，其中有一种是双线圈直流无刷电动机，使用效率极高。

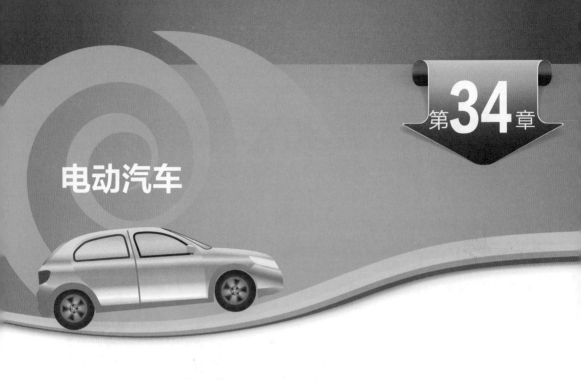

# 第34章

# 电动汽车

# 34.1 动力电池

## 34.1.1 蓄能器类型

蓄能器的用途是可以将以后某一时刻需要使用的能量存储起来。通常将能量以另外一种能量形式进行存储，需要使用时再进行转换，以便能够将静态损失的缺点降至最低。例如存储在燃油箱内的化学能（燃油）可以在内燃机中转换为热能和机械能。在能量存储和能量转换的过程中始终会出现能量损失。蓄能器种类繁多，例如机械式、热敏式、化学式、磁场式和静电式。

原电池是蓄能器系统的核心部件，所以相应的电池槽选择将会对蓄能器特性产生决定性影响。当电池槽的电压和 / 或容量不能满足需求时，可以将多个电池槽进行串联和并联。蓄能器的特性见表 34.1-1。

表 34.1-1　蓄能器的特性

| 蓄能器 | 电池槽电压 /V | 功率密度 /（W/kg） | 能量密度 /（W·h/kg） | 记忆效应 | 工作温度 /℃ |
|---|---|---|---|---|---|
| 铅酸蓄电池 | 2 | 最高为 500 | 30 | — | 最高为 45 |
| 镍镉电池 | 1.2 | 最高为 1000 | 40 | 有 | 最高为 65 |
| 镍氢混合动力电池 | 1.2 | 最高为 1000 | 80 | 较小 | 最高为 60 |
| 锂离子电池 | 3.6 | 300～1500 | 95～190 | 无 | 最高为 50 |
| 双层电容器 | 2.3～2.7 | 最高为 10000 | 5 | 无 | 最高为 65 |

## 34.1.2 镍氢电池

镍氢（NiMH）电池槽可以提供 1.2V 的电压。NiMH 电池的能量密度约为 80W·h/kg，几乎是镍镉（NiCd）电池能量密度的 2 倍。在 NiMH 电池中几乎不会出现前面所说的记忆效应，这种电池可以在短时间内以几乎恒定的电压释放存储的电能（图 34.1-1）。NiMH 电池对过渡充放电、过热和电极错

图 34.1-1　镍氢混合动力电池外观

误的反应较为敏感，此外对温度也比较敏感。当达到冰点附近的温度时会出现明显的容量损失。镍氢电池的正极是活性物质氢氧化镍，负极是储氢合金，用氢氧化钾作为电解质，在正负极之间设置隔膜，共同组成镍氢单体电池。放电时氢被氧化，同时在两个电极处产生 1.32V 的电压。为了在放电结束时防止替代氢而氧化金属，负电极的尺寸比正电极大得多。

## 34.1.3 锂离子电池

（1）锂离子电池的特点　目前能量需求较高的便携设备（移动电话、数码相机、笔记本电脑等）基本都采用了锂离子电池为其提供能量。锂离子电池能量密度较高，其自放电较小，所以对电动和混合动力车辆领域尤为有益。此外它在放电时可提供恒定的电压且没有记忆效应。锂离子电池的自放电较小，且因为锂离子的移动力较高，所以其效率可达 96%。该效率的大小取决于温度，在低温下将会大幅下降。一个普通锂离子电池槽可以提供的额定电压为 3.6V。锂离子电池槽的电压是镍氢混合动力蓄电池的 3 倍。过度放电至 2.4V 会导致电池出现不可逆损坏和容量损失，因此不允许过度放电。相应的功率密度为 300～1500W/kg，能量密度几乎是镍镉电池的 2 倍。

（2）锂离子电池的结构　常见锂离子电池的正极由多层锂金属氧化物制成。负极则由多层石墨制成。两个电极都位于无水电解液中。隔板安装在两个电极之间，如图 34.1-2 所示。

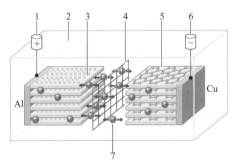

图 34.1-2　锂离子电池槽的结构

1—正极；2—带有电解液的壳体；3—锂金属氧化物；
4—隔板；5—石墨层；6—负极；7—锂离子

（3）锂离子电池的机理　通过推移锂离子在锂离子电池上可以产生一个源电压。在电池充电过程中带有正电荷的锂离子通过电解液由正极移动至负极的石墨层。锂离子与石墨（碳）进行化合，同时不破坏石墨的分子结构。放电时锂离子重新返回至金属氧化物中，电子可以通过外部电路流至正极。锂离子和石墨层反应后在负极上可以产生一个保护层，该保护层可以让较小的锂离子通过，而电解液中的分子则无法通过。

###  34.1.4 动力电池组

　　电动汽车所需的电压通常为 260～400V，把单体的镍氢电池或锂离子电池都串联成电池组的形式安装到电动汽车中，这种电池组就形成了电动汽车所需电压的动力电池组。安装位置通常在汽车底部前、后桥及两侧纵梁之间（图 34.1-3）。

空气减振器

驱动电动机

前悬架

后悬架

电池组

图 34.1-3　特斯拉动力电池安装位置

##  34.2 驱动电动机

###  34.2.1 电动机结构原理

　　（1）电动机的任务　电动机旋转磁场和定子线圈共同作用产生转矩。这与传统汽油机不同，电动机没有怠速，即使车辆由静止到起步的临界状态，电动机也可产生最大驱动转矩，可保证提供给车辆较好的加速度。

　　（2）驱动电动机的结构　驱动电动机具有效率高、体积小、重量轻及可靠性高等优点（驱动电动机零部件见图 34.2-1），是动力系统的重要执行机构，是电能与机械能转化的部件，且自身的运行状态等信息可以被采集到驱动电动机控制器。依靠内置传感器来提供电动机的工作信息，这些传感器包括旋转变压器和温度传感器。

　　旋转变压器用来检测电动机转子位置，控制器解码后可以获知电动机转速。温度传感器用来检测电动机的绕组温度，控制器可以保护电动机避免过热。

　　（3）基本工作原理　驱动电动机的基本工作原理见图 34.2-2。当三相交流电被接入定子线圈中时，即产生旋转的磁场，这个旋转的磁场牵引转子内部的永磁体，产生和旋转磁场同步的旋转扭矩。

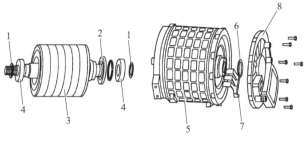

1—轴用弹性挡圈；
2—旋变转子；
3—转子总成；
4—深沟球轴承；
5—定子壳体总成；
6—波形弹簧；
7—圆柱销；
8—后端盖总成

图 34.2-1　驱动电动机零部件

使用旋转变压器检测转子的位置和电流传感器检测线圈的电流，从而控制驱动电动机的转矩输出。旋变信号的作用是反应驱动电动机转子当前的旋转相位，电动机控制器通过旋变信号计算当前的驱动电动机转速。如帝豪 EV 旋转变压器采用磁阻式旋转变压器，其结构如图 34.2-3 所示，旋变转子与驱动电动机转子同轴连接，随电动机转轴旋转。旋变定子内侧有感应线圈，安装在驱动电动机定子上。驱动电动机旋转时，带动旋变转子旋转。旋变器与电动机控制器中间通过 6 根低压线束连接，其中 2 根是电动机控制器激励信号，另外 4 根分别是旋变器输出的正弦信号和余弦信号。6 根线当中任何一根线路出现故障都会导致驱动电动机无法正常工作。

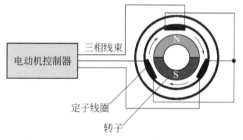

图 34.2-2　驱动电动机的基本工作原理

图 34.2-3　旋转变压器的结构

##  34.2.2　电动机控制系统

（1）电动机控制器　驱动电动机控制器通常简称 MCU，功能类似于传统汽车的发动机控制单元。主要用于管理和控制驱动电动机的转速、旋转方向以及将驱动电动机作为发电机发电。

电动机控制器的结构如图 34.2-4 所示。电动机控制器内部包含 1 个 DC/AC 逆变器和 1 个 DC/DC 直流转换器，逆变器由 IGBT、直流母线电容、驱动和控制电路板等组成，实现直流（可

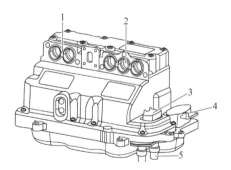

图 34.2-4　电动机控制器的结构

1—高压线束接口；2—驱动电动机三相线束接口；
3—低压信号接口；4—低压充电（DC/DC）接口；
5—冷却管口

变的电压、电流）与交流（可变的电压、电流、频率）之间的转变。直流转换器由高低压功率器件、变压器、电感、驱动和控制电路板等组成，实现直流高压向直流低压的能量传递。电动机控制器还包含冷却器（通冷却液）给电子功率器件散热。

电动机控制器采用 CAN 通信控制，控制着动力电池组到电动机之间能量的传输，同时采集电动机位置信号和三相电流检测信号，精确地控制驱动电动机运行。电动机控制器结构原理见图 34.2-5。电动机控制系统电气原理框图见图 34.2-6。

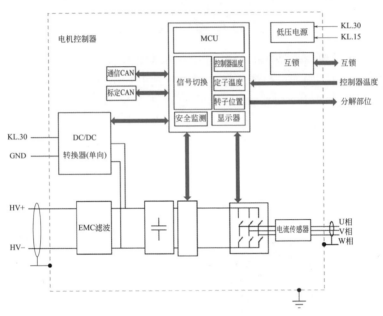

图 34.2-5　电动机控制器结构原理

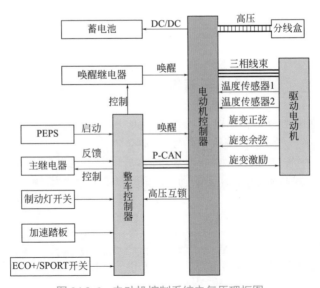

图 34.2-6　电动机控制系统电气原理框图

（2）控制路径　电动机控制器是一个既能将动力电池中的直流电转换为交流电以驱动电动机，同时具备将车轮旋转的动能转换为电能（交流电转换为直流电）给动力电池充电的设备。

车辆制动或滑行阶段，电动机作为发电机应用。它可以完成由车轮旋转的动能到电能的转换，给电池充电。DC/DC 转换器集成在电动机控制器内部，其功能是将电池的高压电转换成低压电，提供整车低压系统供电。电动机控制器控制路径原理框图见图 34.2-7。

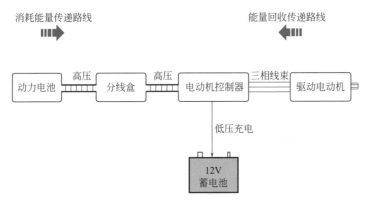

图 34.2-7　电动机控制器控制路径原理框图

（3）驱动电动机维修　熟悉系统功能和操作内容以后再开始系统诊断，这样在出现故障时有助于确定正确的故障诊断步骤，更重要的是这样还有助于确定驾驶员描述的状况是否属于正常操作。电动机控制系统检查诊断和维修中，要对电动机控制模块线束连接器端子熟知。

## 34.3　整车控制系统

整车控制单元（VCU）的功能是根据踏板信号和挡位状态解释驾驶员的驾驶意图，依据动力系统部件状态协调动力系统输出动力，还有冷却风扇控制、仪表显示等辅助功能。整车控制系统见图 34.3-1。

（1）制动与加速　VCU 读取换挡控制单元（SCU）的 PRND 信息及制动开关信号。VCU 根据加速踏板的位置信号，发送给驱动电动机控制单元（MCU）进行输出控制。

（2）动力模式管理

❶ VCU 能够根据车辆状态获取期望的转矩并将这些信息发送到 MCU。

❷ BMS 监控当前高压电池包的状态并反馈给 VCU，VCU 结合这些状态信息及当前的功率输出需求来平衡高压电功率的使用。

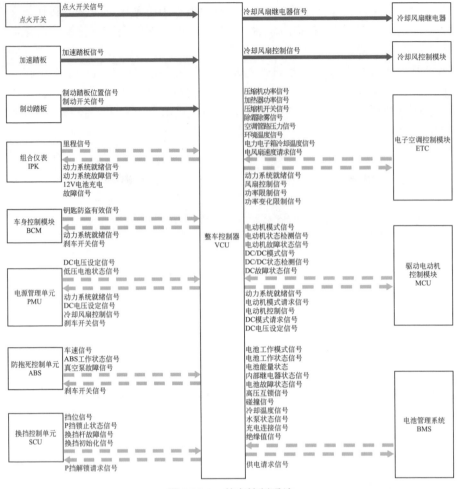

图 34.3-1　整车控制系统

❸ 电动空调压缩机和 PTC 高压电模块必须根据当前的 VCU 动力限制或者坡度限制开始工作。

（3）制动能量回收　滑行或者减速的时候，整车控制系统能够进行制动能量的回收。制动能量通过驱动电动机转换为电能储存到高压电池组中。

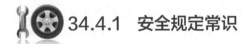　安全操作和措施

### 34.4.1　安全规定常识

❶ 必须遵守有关安装和健康保护的说明和规定。

❷ 必须使用现有防护装备。

❸ 必须按规定使用装备（工具、车辆）。

❹ 如果发现装备损坏，则必须自己按专业要求排除。如果不能排除，则必须向上级通报，以便按专业要求排除故障。

在电动汽车中带危险电压的是"高电压组件"，这些危险通过如图 34.4-1 ～图 34.4-3 所示的安全标签表示出来，或者信号颜色为橙色（高电压导线）。

图 34.4-1　危险电压警告　图 34.4-2　高电压组件警告提示牌　图 34.4-3　高电压组件警告提示牌

 注 / 意

绝不允许在带电运行部件上进行工作。开始工作前必须关闭供电（无电压），工作期间也必须确保系统无电压。详细具体的安全规定源于这个最高安全规定。开始进行高电压组件方面的工作前，每位售后服务人员都必须按这些规定执行。只有通过遵守这些规定才能保护健康和生命。

这些安全规定包括：a. 关闭供电（无电压）；b. 固定住以防重新接通；c. 确定系统无电压；d. 接地和短路；e. 盖住相邻的导电部件。

如果在短路的高电压蓄电池上重新施加电压，则会有很高的短路电流流过，这可能导致高电压蓄电池失火。盖住相邻部件可确保工作期间保持运行的相邻电流不带来危险（例如与断电的电路短路）。

 **34.4.2　预防危险的措施**

（1）关闭供电　进行高电压组件方面的工作时，维修技师可能接触高电压导线的接口等部件。行驶期间这些工作部件带有危险电压。高电压组件上不允许带电作业，最简单的方法是关闭能源（无电压），即高电压蓄电池。

拉起一个插头即可断开串联蓄电池组的连接，因此可从外面接触到的高电压蓄电池上不再有电压。可用于断开连接的插头称为"高电压安全插头"。在最新车辆中高电压安全插头可以从外观和技术方面区分（图 34.4-4）。除了断开串联蓄电

图 34.4-4　宝马某款混合动力车辆中
的高电压安全插头

1—高电压蓄电池；2—高电压安全插头

池组外，还使用另一种工作原理的高电压安全插头。这种高电压安全插头是控制单元的一个控制输入端。只要识别到拉起高电压安全插头，控制单元就会立即中断接触器的供电，随后接触器触点自动打开。其作用与断开串联蓄电池组时相同：拉起高电压安全插头后，高电压蓄电池的电极上不再有危险电压。

（2）确定系统无电压　关闭高电压系统并将其固定住以防重新接通后，必须注

图 34.4-5　高电压系统无电压符号

意并执行另一个安全规定，即必须检查高电压系统是否确实处于无电压状态。高电压系统设计要求是可以自动确定系统无电压。高电压组件借助用于测量电压的集成式元件自动测量电压。测量结果通过总线系统传输给组合仪表。如果所有测量结果都表明电压值低于危险限值，则组合仪表显示高电压系统已成功降低且确实处于无电压状态。如图 34.4-5 所示，这个检查控制符号中高电压危险符号（闪电）带有斜线，这也直观表示不再有危险电压。取决于车型，显示方式可能与此处图示的符号不同。

 **34.4.3　高压组件标记**

　　每个高电压组件的壳体上都带有一个标记，可以通过标记很直观地看出高电压可能带来的危险。所有警告提示牌都基于符合国际标准且大家所熟知的危险电压警告标志。

　　如图 34.4-6 所示，有关标记的特殊情况是高电压导线。因为导线长度可能为几米，所以在一处或两处通过警告提示牌标记意义不大。维修技师容易忽视这些标牌。取而代之的是用橙色警告色标记出所有高电压导线。高电压导线的某些插头以及高电压安全插头也可能采用橙色规格。

(a) 发动机室内的橙色标记

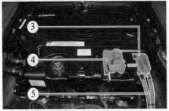

(b) 高电压蓄电池上的橙色标记

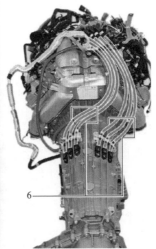

(c) 主动变速箱上的橙色标记

1—发动机室内的高电压导线；
2—高电压导线上的插头；
3—高电压蓄电池上的接线端；
4—高电压安全插头；
5—高电压蓄电池上的高电压导线；
6—主动变速箱上的高电压导线

图 34.4-6　高电压导线的橙色标记

第**35**章

# 事故车与二手车

 **35.1** **事故车鉴别**

## 35.1.1 汽车漆色检查

（1）改色检查　改色有两种情况，一是仅仅不喜欢原车颜色而改变的；还有一种是事故后改色。如果是后者，按事故车鉴别进行。

（2）漆面颜色　在宽敞明亮的场地检查车身的曲线部位线条是否流畅，迎光认真检查漆面是否有褶皱，后修补的漆相对较暗，有一定色差，检查确定后补漆的范围，进而判断故障部位和范围。查看车身是否有重新做油漆的痕迹，车顶、发动机舱内、后备厢内等逐一检查。

## 35.1.2 车漆形态检查

❶ 迎光近距离仔细观察，漆面是否有麻点或砂眼儿。如果有，则是修复喷过漆的。

❷ 敲击漆面，认真仔细听声音，如果腻子厚则和正常声音不一样，腻子很厚的地方声音沉闷。

❸ 检查车门、车窗、大灯、尾灯、保险杠等部件边缘或密封条结合处，观察是否有余残漆点。如果有则是修复喷过漆的。

❹ 检查钥匙孔、油箱盖、门锁、铰链、减振器托盘处等是否有不均匀的喷漆，

可能有的地方只有痕迹没有漆色。如果有这些情况，则是修复喷过漆的。

⑤ 检查翼子板与机器盖、后备厢与保险杠边缘结合处是否有不均匀喷漆。如果有，则是修复喷过漆的。

⑥ 如果喷过漆的，与原车漆不一样。非原车喷漆工艺操作和设备使用不当导致的漆面大面积出现橘皮现象，在阳光的照射下仔细观察可以分辨出来。

### 35.1.3 使用漆面测试仪检测

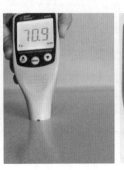

漆面测试仪也叫涂层测厚仪（图35.1-1），是专门检测油漆涂层厚度的仪器，是二手车评估师必备的利器。

汽车喷漆都是自动均匀的，按照图35.1-2所示位置（但不仅限于图中位置），使用漆面测试仪每个位置测量三次，同一车身表面测得的漆层厚度差别较大，说明大的数值位置是修复喷涂过的。

图 35.1-1　漆面测试仪

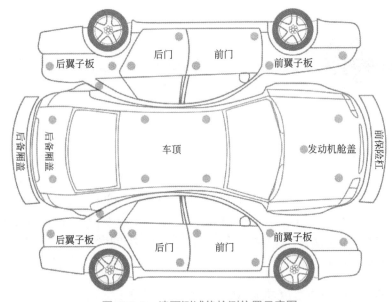

图 35.1-2　漆面测试仪检测位置示意图

### 35.1.4 钣金件缝隙检查

按照图35.1-2所示的车身相邻的两个钣金件之间的安装缝隙来判断车辆是否重新安装或更换过。如果缝隙都均匀一致，匀称美观，基本可以说明车身情况良好。如果是修复过的，尤其是翼子板、保险杠、机盖、后备厢盖等缝隙宽窄不一，缝隙不均匀，感观上比较容易发现，如果怀疑是修复过的，要重点逐一检查。

## 35.1.5　车身造型检查

正常的原车车身曲线精致美观,点、线、面和谐自然,不硬生,左右对称,上下协调。如果车门被撞击过,就破坏了原车的腰线,再修复的和原车的流畅特征有所区别,认真仔细观察可分辨出来。

## 35.1.6　车架检查

车架结构在第31章已介绍,这里不再重复。如果纵梁和A柱发生变形,正所谓"伤筋动骨",对汽车的安全性影响很大。

（1）检查纵梁变形　如果纵梁变形,那么该车事故发生较大,修复后一定有很多"蛛丝马迹"。焊接和接口没有密封好,会有明显的锈蚀甚至开裂。从上往下观察,打开发动机舱盖,检查两侧纵梁的对称性、喷漆和封胶情况;从下往上观察,举升车辆检查纵梁的修复情况。一般都会发现很明显的问题。

如果B柱和A柱是修复过的,要拆开车窗密封条,会有很明显的锈迹或残漆,接口和原焊接点也不一样,原焊接点比较均匀,焊点和焊点之间距离也基本一致,而修复后的和原车差别很大。

（2）检查防撞梁和前横梁　检查防撞梁和前横梁,一般得拆下保险杠才能直观清楚的发现问题。如果是修复的,会发现钣金修整不够平整,甚至依然扭曲和开裂,自然喷漆也就会锈迹斑斑。如果是更换的防撞梁和前横梁,一般重量和材质不如原车厚实,会发现漆面很薄,有锈蚀,螺栓或螺母位置不均匀,两侧位置不够对称等直观问题。

（3）门槛检查　门槛的焊接主要也是看焊接点是否均匀,和B柱检查方法一样,如果修复后的,焊接不够均匀。还要检查门槛底部外表喷漆和封胶情况,如果有明显褶皱可能就不是原车装配。

## 35.1.7　车内检查

车内检查比较直观,主要检查安全带、座椅、挡把、各种按键开关等,如果汽车行驶里程数较多,原车的安全带、座椅、挡把等都会有很明显的陈旧表象。而且如果有标签,可以看出安全带是否和汽车生产日期基本相一致,即可推断出该车是否对安全带进行过更换。如果安全带和安全气囊更换过,那么该车一定是发生过事故。

如果仪表台缝隙过大,而且掀开驾驶舱或者副驾驶的A柱内侧的饰板会看见明显的锈蚀、不平整、搭铁线安装随意、线束和接线盒的安装不规范不整齐等,说明该车发生过事故。

 **35.2** **公里数差异化识别**

 **35.2.1 检查踏板**

检查制动踏板、油门踏板、手动挡车还要检查离合器踏板，根据这些踏板的新旧磨损情况，按常理判断是否与汽车里程比较一致。进而找出可能发生过事故的问题。

**35.2.2 检查玻璃**

原车汽车玻璃有品牌标识，以挡风玻璃为例，在其左下角，有玻璃的生产日期代码，这样就可以用玻璃的生产日期与汽车生产日期的一致性来判断汽车是否更换过玻璃。各种玻璃生产日期的编码方式有所不同，下述是常见的两种主要识别方法。

（1）识别方法一 重要的汽车玻璃上有生产日期。汽车玻璃上 3C 认证标志"⟨⟨⟨"最下边会有"几个点＋阿拉伯数字"或者"阿拉伯数字＋几个点"格式的内容，点在数字前面表示上半年生产的，点在数字后边则表示是下半年生产的。例如"……8"，就是表示该玻璃是 2018 年上半年生产的（对于 2010 年之前产的车就是 2008 年），而 8 前边的 6 个点是表示 1 月份，即，计算公式：7-6=1。下半年生产的，则是用 13- 点数。如图 35.2-1 所示，1 表示 2011 年，月份为 7-2=5，即 2011 年 5 月份生产的玻璃。

（2）识别方法二 第二种识别方法相对比较简单。生产日期识别码是由数字和大小点组成，开头的数字表示生产年份的最后一位，然后是"小点"表示季度，自然是最多只能有四个小点，后几位"大点"表示是月份。如图 35.2-2 所示，表示 2016 年第四个季度的第三个月，即，2016 年 12 月生产的玻璃。

图 35.2-1 玻璃识别（一）

图 35.2-2 玻璃识别（二）

### 35.2.3 轮胎检查

轮胎检查详见"21 章汽车轮胎",这里不再重复。同样利用轮胎的生产日期和汽车生产日期的差异化来判断汽车是否更换过轮胎。

## 35.3 二手车评估

### 35.3.1 评估概述

二手车的评估方法和标准很多,而且计算精细。重置成本标准评估法是一种常用的评估方法;还有收益现值标准、清算价格标准(通常是单位资产评估内容,用于破产清算),以及现行的市场价值比较标准,这种方法评估二手车包含了二手车的各种贬值因素,如损耗的贬值、功能性贬值和经济性贬值、品牌效应等。

### 35.3.2 简单的估价方法

(1)评估规律 实际二手车评估中,运用简单评估的方法比较多,尤其是在比较大众化的合资品牌车型中,结合市场保有量、保值率、车况和配置等。车况比较好,除了小磕小碰以外,没有出过大事故的汽车,按照第 1 年掉价 20%(8 折),第 2 ~ 5 年每年掉价 10%,第 6 年开始每年掉价 5% 左右(3.6 折)来计算。

(2)车型差异 从现在市场表现规律来讲,车型差异较大。

❶ 国产车。三年的汽车,折旧基本在一半,甚至一半以上。

❷ 美系、法系、韩系车型。这几系车型大概在三年半折旧五成左右。

❸ 德系、日系车型。这两系车型在市场上表现的保值率最高,大概在五年折旧一半,甚至还不到一半。

大众电路图识读
视频精讲

奥迪电路图识读
视频精讲

通用电路图识读
视频精讲

福特电路图识读
视频精讲

# 参 考 文 献

[1] 张振文.电工手册[M].北京：化学工业出版社，2017.

[2] 林绪东.手把手教你鉴定评估二手车[M].北京：机械工业出版社，2019.

[3] 安永东，张德生.汽车改装技术与实例[M].北京：机械工业出版社，2012.

[4] 王兵.实用钣金技术手册[M].北京：化学工业出版社，2015.

[5] 周晓飞.汽车电工从入门到精通[M].北京：化学工业出版社，2019.

[6] 交通运输部职业资格中心.机动车机电维修技术（检测维修工程师）[M].北京：人民交通出版社股份有限公司，2018.

[7] 人力资源和社会保障部.汽车维修专业国家技能人才培养标准及一体化课程规范（试行）[M].北京：中国劳动社会保障出版社，2015.

[8] 人力资源和社会保障部职业能力建设司.汽车维修工（试行）[M].北京：中国劳动社会保障出版社，2017.

[9] 人力资源和社会保障部，交通运输部.国家职业技能标准：汽车维修工（2018年版）[M].北京：中国劳动社会保障出版社，2019.

[10] 交通运输部.中华人民共和国交通运输行业标准 JT/T 632—2018 汽车故障电脑诊断仪[M].北京：人民交通出版社股份有限公司，2018.

丰田电路图识读
视频精讲

现代电路图识读
视频精讲

日产电路图识读
视频精讲

广汽传祺电路图识读
视频精讲

长安电路图识读
视频精讲